HISTOIRE
DU
CONSULAT
ET DE
L'EMPIRE

TOME V

PARIS, IMPRIMÉ PAR PLON FRÈRES, 36, RUE DE VAUGIRARD.

HISTOIRE
DU
CONSULAT
ET DE
L'EMPIRE

FAISANT SUITE
A L'HISTOIRE DE LA RÉVOLUTION FRANÇAISE

PAR M. A. THIERS

TOME CINQUIÈME.

PARIS
PAULIN, LIBRAIRE-ÉDITEUR
60, RUE RICHELIEU

1845

HISTOIRE
DU CONSULAT
ET
DE L'EMPIRE.

LIVRE DIX-NEUVIÈME.

L'EMPIRE.

Effet produit en Europe par la mort du duc d'Enghien. — La Prusse, prête à former une alliance avec la France, se rejette vers la Russie, et se lie à cette dernière puissance par une convention secrète. — Quelle était en 1803 la véritable alliance de la France, et comment cette alliance se trouve manquée. — La conduite de MM. Drake, Smith et Taylor dénoncée à tous les cabinets. — Le sentiment qu'elle inspire atténue l'effet produit par la mort du duc d'Enghien. — Sensation éprouvée à Pétersbourg. — Deuil de cour pris spontanément. — Conduite légère et irréfléchie du jeune empereur. — Il veut réclamer auprès de la Diète de Ratisbonne contre la violation du territoire germanique, et adresse des notes imprudentes à la Diète et à la France. — Circonspection de l'Autriche. — Celle-ci ne se plaint pas de ce qui s'est passé à Ettenheim, mais profite des embarras supposés du Premier Consul pour se permettre en Empire les plus grands excès de pouvoir — Spoliations et violences dans toute l'Allemagne. — Énergie du Premier Consul. — Réponse cruelle à l'empereur Alexandre, et rappel de l'ambassadeur français. — Indifférence méprisante pour les réclamations élevées à la Diète. — Expédient imaginé par M. de Talleyrand pour faire aboutir ces réclamations à un résultat insignifiant. — Conduite équivoque des ministres autrichiens à la Diète. — Ajournement de la question. — Signification à l'Autriche de cesser ses violences dans l'Empire. — Déférence de cette cour. — Suite du procès de Georges et Moreau. — Suicide de Pichegru. — Agitation des esprits. — Il résulte de

Avril 1804.

cette agitation un retour général vers les idées monarchiques. — On considère l'hérédité comme un moyen de consolider l'ordre établi, et de le mettre à l'abri des conséquences d'un assassinat. — Nombreuses adresses. — Discours de M. de Fontanes à l'occasion de l'achèvement du Code civil. — Rôle de M. Fouché dans cette circonstance. — Il est l'instrument du changement qui se prépare — M. Cambacérès oppose quelque résistance à ce changement. — Explication du Premier Consul avec celui-ci. — Démarche du Sénat préparée par M. Fouché. — Le Premier Consul diffère de répondre à la démarche du Sénat, et s'adresse aux cours étrangères, pour savoir s'il obtiendra d'elles la reconnaissance du nouveau titre qu'il veut prendre. — Réponse favorable de la Prusse et de l'Autriche. — Conditions que cette dernière cour met à la reconnaissance. — Disposition empressée de l'armée à proclamer un Empereur. — Le Premier Consul, après un assez long silence, répond au Sénat en demandant à ce corps de faire connaître sa pensée tout entière. — Le Sénat délibère. — Motion du tribun Curée ayant pour objet de demander le rétablissement de la monarchie. — Discussion sur ce sujet dans le sein du Tribunat, et discours du tribun Carnot. — Cette motion est portée au Sénat, qui l'accueille, et adresse un message au Premier Consul, pour lui proposer de revenir à la monarchie. — Comité chargé de proposer les changements nécessaires à la Constitution consulaire. — Changements adoptés. — Constitution impériale. — Grands dignitaires. — Charges militaires et civiles. — Projet de rétablir un jour l'empire d'occident. — Les nouvelles dispositions constitutionnelles converties en un sénatus-consulte. — Le Sénat se transporte en corps à Saint-Cloud, et proclame Napoléon Empereur. — Singularité et grandeur du spectacle. — Suite du procès de Georges et Moreau. — Georges condamné à mort, et exécuté. — MM. Armand de Polignac et de Rivière condamnés à mort, et graciés. — Moreau exilé. — Sa destinée et celle de Napoléon — Nouvelle phase de la Révolution française. — La République convertie en monarchie militaire.

État de l'Europe au moment de la mort du duc d'Enghien.

L'effet produit par la sanglante catastrophe de Vincennes fut grand sans doute en France; il fut plus grand encore en Europe. Nous ne nous écarterons pas de la vérité rigoureuse, en disant que cette catastrophe devint la principale cause d'une troisième guerre générale. La conspiration des princes français, et la mort du duc d'Enghien qui en était la suite, furent de ces coups réciproques, par lesquels la révolution et la contre-révolution s'excitèrent à une nouvelle et violente lutte, qui s'étendit bientôt depuis les Alpes et le Rhin jusqu'aux bords du Niémen.

Avril 1804

Nous avons exposé la situation respective de la France et des diverses cours, à partir du renouvellement de la guerre avec la Grande-Bretagne; les prétentions de la Russie à un arbitrage suprême, accueillies froidement par l'Angleterre, courtoisement par le Premier Consul, mais bientôt repoussées par celui-ci, dès qu'il avait reconnu les dispositions partiales du cabinet russe; les appréhensions de l'Autriche, craignant de voir la guerre redevenir générale, et cherchant à se distraire de ses inquiétudes par des excès de pouvoir dans l'Empire; les perplexités de la Prusse, tour à tour agitée par les suggestions de la Russie, ou attirée par les caresses du Premier Consul, presque séduite par les paroles de ce dernier à M. Lombard, prête enfin à sortir de ses longues hésitations en se jetant dans les bras de la France.

Telle était la situation un peu avant la déplorable conjuration dont nous venons de raconter les tragiques phases. M. Lombard était retourné à Berlin tout plein de ce qu'il avait entendu à Bruxelles, et en communiquant ses impressions au jeune Frédéric-Guillaume, il l'avait décidé à se lier définitivement avec nous. Une autre circonstance avait contribué beaucoup à produire cet heureux résultat. La Russie s'était montrée peu favorable aux idées de la Prusse, qui consistaient dans une sorte de neutralité continentale, fondée sur l'ancienne neutralité prus-

Le roi de Prusse mécontent de la Russie et séduit par les discours tenus à Bruxelles par le Premier Consul, se décide pour l'alliance de la France.

sienne, et elle avait cherché à substituer à ces idées un projet de tiers-parti européen, qui, sous prétexte de contenir les puissances belligérantes, aurait abouti bientôt à une nouvelle coalition, dirigée contre la France, et soldée par l'Angleterre. Frédéric-Guillaume, blessé de l'accueil qu'avaient reçu ses propositions, des conséquences visibles que pouvait entraîner le projet russe, sentant que la force était du côté du Premier Consul, lui fit offrir, non plus une stérile amitié, comme il faisait depuis 1800, par l'insaisissable M. d'Haugwitz, mais une véritable alliance. D'abord il avait offert, à la France ainsi qu'à la Russie, une extension de la neutralité prussienne, qui devait comprendre tous les États d'Allemagne, et être payée de l'évacuation du Hanovre, ce qui n'aurait eu pour nous d'autre effet que de rouvrir le continent au commerce anglais, et de nous fermer la route de Vienne. Le Premier Consul, conférant à Bruxelles avec M. Lombard, n'avait pas voulu en entendre parler. Depuis le retour de M. Lombard à Berlin, et la conduite récente de la Russie, le roi de Prusse nous faisait proposer tout autre chose. Dans ce nouveau système, les deux puissances, la France et la Prusse, se garantissaient le *status presens*, comprenant, pour la Prusse, tout ce qu'elle avait acquis en Allemagne et en Pologne depuis 1789; pour la France, le Rhin, les Alpes, la réunion du Piémont, la présidence de la République italienne, la propriété de Parme et Plaisance, le maintien du royaume d'Étrurie, l'occupation temporaire de Tarente. Si pour l'un de ces intérêts la paix était troublée, celle des deux puissances qui ne serait point immédiatement menacée, devait s'entremettre pour prévenir la guerre. Si ses bons offices demeuraient inefficaces, les deux puissances s'engageaient à réunir leurs forces, et à soutenir la lutte en commun. Pour prix de ce grave engagement, la Prusse demandait qu'on évacuât les bords de l'Elbe et du Weser, qu'on réduisît l'armée française en Hanovre au nombre d'hommes nécessaire pour percevoir les revenus du pays, c'est-à-dire à 6 mille; et enfin, si à la paix les succès de la France avaient été assez grands pour qu'elle pût en dicter les conditions, la Prusse exigeait que le sort du Hanovre fût réglé d'accord avec elle. C'était, d'une façon indirecte, stipuler que le Hanovre lui serait donné.

Avril 1804.

Ce qui avait décidé Frédéric-Guillaume à entrer aussi avant dans la politique du Premier Consul, c'était la certitude de la paix continentale, qui dépendait, à son avis, d'une solide alliance entre la Prusse et la France. Il avait vu, avec une justesse de coup d'œil honorable pour lui, honorable surtout pour M. d'Haugwitz, son véritable inspirateur, que, la Prusse et la France étant fortement unies, personne sur le continent n'oserait troubler la paix générale. Il avait reconnu en même temps qu'en enchaînant le continent, il enchaînait aussi le Premier Consul; car la garantie donnée à la situation présente des deux puissances, était une manière de fixer cette situation, et d'interdire au Premier Consul de nouvelles entreprises. Si la Prusse eût

Raisons qui avaient décidé la Prusse à s'engager aussi avant dans la politique de la France.

persisté dans de telles vues, et si on l'avait encouragée à y persévérer, les destinées du monde eussent été changées.

Les mêmes raisons qui avaient décidé la Prusse à faire la proposition que nous venons de rapporter, auraient dû décider le Premier Consul à l'accepter. Ce qu'il voulait, en définitive, du moins alors, c'était la France jusqu'au Rhin et aux Alpes, plus une domination absolue en Italie, une influence prépondérante en Espagne, en un mot la suprématie de l'occident. Il avait tout cela en obtenant la garantie de la Prusse, et il l'avait avec un degré de certitude presque infaillible. Sans doute le continent était rouvert aux Anglais par l'évacuation des bords de l'Elbe et du Weser; mais ces facilités rendues à leur commerce ne leur faisaient pas autant de bien que leur faisait de mal l'immobilité du continent, désormais assurée par l'union de la Prusse avec la France. Et, le continent immobile, le Premier Consul était certain, en y appliquant son génie pendant plusieurs années, de frapper tôt ou tard quelque grand coup sur l'Angleterre.

Il est vrai que le titre d'alliance manquait à la proposition de la Prusse: la chose y était certainement, mais le mot y manquait par la volonté très-réfléchie du jeune roi.

Ce prince, effectivement, n'avait pas voulu l'y mettre; il avait même tenu à diminuer l'importance apparente du traité, en l'appelant une convention. Mais qu'importait la forme, quand on avait le fond; quand l'engagement de joindre ses forces aux nôtres était formellement stipulé ; quand cet engagement pris par un roi honnête et fidèle à sa parole, méritait qu'on y comptât? C'est ici le cas de remarquer l'une des faiblesses d'esprit, non pas seulement de la cour de Prusse, mais de toutes les cours de l'Europe à cette époque. On admirait le nouveau gouvernement de la France, depuis qu'il était dirigé par un grand homme ; on aimait ses principes autant qu'on respectait sa gloire ; et cependant on s'en tenait volontiers à part. Même quand un intérêt pressant obligeait à s'en rapprocher, on ne voulait avoir avec lui que des rapports d'affaires : non pas qu'on éprouvât, ou qu'on osât manifester pour lui le dédain aristocratique des vieilles dynasties pour les nouvelles ; le Premier Consul ne s'était pas encore exposé à des comparaisons de ce genre, en se constituant chef de dynastie, et la gloire militaire, qui faisait son titre principal, était l'un de ces mérites devant lesquels le dédain tombe toujours. Mais on aurait craint, en se déclarant formellement son allié, de passer aux yeux de l'Europe pour déserteur de la cause commune des rois. Frédéric-Guillaume se serait trouvé embarrassé devant son jeune ami Alexandre, et même devant son ennemi l'empereur François. La belle et jeune reine, qui avait autour d'elle une coterie pleine des passions et des préjugés de l'ancien régime, coterie où l'on raillait M. Lombard parce qu'il était revenu de Bruxelles enthousiasmé du Premier Consul, où l'on haïssait M. d'Haugwitz parce qu'il était l'apôtre de l'alliance française, la belle et jeune reine et ses

Avril 1804.

Raisons qui portaient la Prusse à diminuer l'importance apparente du traité de garantie.

entours auraient jeté les hauts cris, et accablé le roi de leur blâme. Ce n'était là, sans doute, qu'un désagrément intérieur, et Frédéric-Guillaume était souvent exposé à en éprouver de semblables. Mais il n'aurait pu concilier ce traité formel d'alliance, avec le langage équivoque, et dépourvu de franchise, qu'il tenait ordinairement aux autres cours. Il voulait pouvoir leur présenter les engagements pris avec le Premier Consul, comme un sacrifice qu'il avait fait malgré lui au besoin le plus pressant de ses peuples. Ses peuples en effet avaient un besoin urgent que le Hanovre fût évacué, afin que l'Elbe et le Weser fussent débloqués. Pour obtenir de la France l'évacuation du Hanovre, il fallait bien, aurait-il dit, lui concéder quelque chose, et il s'était vu obligé de lui garantir ce que d'ailleurs toutes les puissances, l'Autriche notamment, lui avaient garanti, soit par des traités, soit par des conventions secrètes. A ce prix, qui n'était pas une concession nouvelle, il avait délivré l'Allemagne des soldats étrangers, et rétabli son commerce. Ajoutez à la convention proposée le mot d'alliance, et cette interprétation devenait impossible. Il est vrai que la stipulation relative au Hanovre était aussi compromettante qu'aurait pu l'être le mot d'alliance, mais elle se trouvait reléguée dans un article qu'on avait promis sous parole d'honneur de laisser secret. Cette cour était, comme on le voit, aussi faible qu'ambitieuse; mais on pouvait compter sur sa promesse une fois écrite. Il fallait donc la prendre telle qu'elle était, se plier à ses faiblesses, et se hâter de saisir cette occasion unique de l'enchaîner à la France.

De nos jours, depuis que l'ancien empire germanique a été brisé, il subsiste peu de sujets de rivalité entre la Prusse et l'Autriche, et il en existe un fort redoutable entre la Prusse et la France, dans les provinces rhénanes. Mais en 1804 la Prusse, placée assez loin du Rhin, n'avait avec la France que des intérêts semblables, et avec l'Autriche que des intérêts contraires. La haine que le grand Frédéric éprouvait pour celle-ci, et qu'il lui inspirait, survivait tout entière. La réforme de la constitution germanique, la sécularisation des territoires ecclésiastiques, la suppression de la noblesse immédiate, le partage des votes entre les catholiques et les protestants, étaient autant de questions ou résolues ou à résoudre, qui remplissaient les deux cours de ressentiment, pour le passé et pour l'avenir. La Prusse, enrichie de biens d'église, représentant la révolution en Allemagne, en ayant les intérêts, et presque le mauvais renom auprès des vieilles monarchies, était notre alliée naturelle; et, à moins de ne vouloir aucun ami en Europe, c'était à elle évidemment qu'il fallait s'attacher.

En effet, l'Espagne comme alliée n'était plus rien, et, pour la régénérer, on était condamné à se jeter plus tard dans des difficultés immenses. L'Italie, déchirée en lambeaux dont nous avions la presque totalité, ne pouvait pas nous procurer encore une force réelle; elle nous donnait à peine quelques soldats, qui, pour devenir bons, car ils en étaient capables, avaient besoin d'être long-temps encadrés avec les nôtres.

Avril 1804.

Avantages de l'alliance prussienne

Avril 1803.

L'Autriche, plus habile, plus astucieuse que toutes les autres cours ensemble, nourrissait la résolution, qu'elle dissimulait à tout le monde et presque à elle-même, de se précipiter sur nous à la première occasion, pour recouvrer ce qu'elle avait perdu. Et il n'y avait à cela rien d'étonnant, ni de condamnable. Tout vaincu cherche à se relever, et en a le droit. Autant la Prusse représentait en Allemagne quelque chose d'analogue à nous, autant l'Autriche y représentait ce qu'on pouvait imaginer de plus contraire, car elle était l'image accomplie de l'ancien régime. Une raison, d'ailleurs, la rendait inconciliable avec la France : c'était l'Italie, objet de sa passion la plus vive, et d'une passion égale de la part du Premier Consul. Dès qu'on tenait à dominer l'Italie, il ne fallait espérer que des trêves, plus ou moins longues, avec l'Autriche. Entre les deux cours allemandes toujours divisées, l'option pour celle de Vienne était donc impossible. Quant à la Russie, en prétendant dominer le continent, il fallait se résigner à l'avoir pour ennemie. Les dix dernières années le prouvaient suffisamment. Même sans aucun intérêt dans la guerre que nous soutenions contre l'Allemagne, avec un intérêt conforme au nôtre dans celle que nous soutenions contre l'Angleterre, elle avait sous Catherine pris une attitude hostile, sous Paul Ier envoyé Suwarow, et sous Alexandre elle finissait, en voulant protéger les petites puissances, par aboutir à un protectorat du continent, incompatible avec la puissance que nous voulions y exercer. La jalousie continentale en faisait pour nous une ennemie, comme la jalousie maritime en faisait une de l'Angleterre. Ainsi l'Espagne, alors déchue, n'ayant aucune force à nous offrir, l'Autriche étant irréconciliable à cause de l'Italie, la Russie étant notre jalouse sur le continent, comme l'Angleterre l'était sur les mers, la Prusse, au contraire, n'ayant que des intérêts semblables aux nôtres, jouant parmi les vieux gouvernements le rôle d'une parvenue, la Prusse se trouvait notre alliée naturelle et forcée. La négliger c'était consentir à être tout seul. Être tout seul, toujours, dans tous les cas, c'était consentir à périr au premier revers.

Avril 1804.

M. de Talleyrand, quand il s'agissait des alliances, conseillait mal le Premier Consul. Ce ministre, chez lequel les goûts ont exercé plus d'influence que le calcul, avait pour l'Autriche une préférence d'habitude. Plein des souvenirs de l'ancien cabinet de Versailles, dans lequel on détestait le grand Frédéric à cause de ses sarcasmes, dans lequel on aimait la cour de Vienne à cause de ses flatteries, il croyait se trouver à Versailles même, quand on était en bons rapports avec l'Autriche. Pour ces mauvaises raisons, il était froid, railleur, méprisant à l'égard de la Prusse, et détournait le Premier Consul de se fier à elle. Ses conseils, au reste, agissaient peu. Le Premier Consul, dès son avénement, avait jugé avec son ordinaire sagacité de quel côté se trouvait l'alliance souhaitable, et il avait incliné vers la Prusse. Toutefois, plein de confiance en sa force, il n'était pas pressé de choisir ses amis. Il reconnaissait l'utilité d'en avoir, il ap-

Le Premier Consul, sans méconnaître les avantages de l'alliance prussienne, croit pouvoir différer encore avant de choisir un allié.

préciait la véritable valeur des uns et des autres, mais il croyait qu'il aurait toujours le temps de s'en donner, et il voulait s'y prendre à loisir.

Avril 1804.

Quand M. de Lucchesini, par suite des conférences de Bruxelles, apporta une lettre du roi lui-même, et le projet d'alliance, moins le titre, le Premier Consul fut vivement piqué. Il regardait avec raison les relations avec la France comme assez honorables, surtout comme assez profitables, pour qu'on les avouât hautement. — J'accepte, dit-il, les bases proposées; mais je veux que le mot d'alliance soit dans le traité. Il n'y a qu'une profession publique de notre amitié par la Prusse, qui puisse intimider l'Europe, et qui me permette de diriger toutes nos ressources contre l'Angleterre. Avec un traité pareil, je diminuerai l'armée de terre, j'augmenterai l'armée de mer, et je me consacrerai tout entier à la guerre maritime. Avec moins qu'une alliance publique et formelle, je ne pourrais pas opérer sans danger ce revirement de nos forces, et j'aurais fait le sacrifice de la clôture des fleuves, sans avantage suffisant. —

Il est blessé de ce que le mot d'alliance n'est pas contenu dans le traité offert par la Prusse.

Le Premier Consul veut l'insertion formelle du mot d'alliance dans le traité dont il s'agit.

Il y avait beaucoup de vérité dans ce raisonnement. L'aveu complet de notre alliance nous aurait donné une puissance morale, qu'un demi-aveu ne pouvait nous assurer. Mais le fait même de l'union des forces avait une valeur immense, et le fond devait ici l'emporter sur la forme. La Prusse, liée avec nous jusqu'à l'obligation de prendre les armes dans certains cas, aurait été bientôt compromise aux yeux de l'Europe, poursuivie des mauvais propos des cabinets, irritée de ces propos, et poussée malgré elle dans nos bras. Un premier pas vers nous rendait le second inévitable. C'était donc une faute que de ne pas l'accueillir. Le Premier Consul, outre le mot d'alliance qu'il voulait absolument, contestait certaines des conditions demandées par la Prusse. Quant au Hanovre, il était très-coulant, et ne faisait aucune difficulté de le céder, le cas échéant, à la Prusse; car c'était la brouiller fondamentalement avec l'Angleterre. Mais il était toujours très-difficile relativement à l'ouverture des fleuves. Il s'indignait à l'idée de rouvrir une partie du continent aux Anglais, aux Anglais qui fermaient toutes les mers. Il était allé jusqu'à dire au ministre de Prusse : — Comment, pour une question d'argent, pouvez-vous m'obliger de renoncer à l'un des moyens les plus efficaces de nuire à la Grande-Bretagne? Vous avez donné un secours de trois ou quatre millions d'écus aux marchands de toiles de Silésie; il faut leur en donner encore autant. Faites votre calcul : combien vous en coûtera-t-il? six ou huit millions d'écus? Je suis prêt à vous les fournir secrètement, pour que vous renonciez à la condition de l'ouverture des fleuves. —

Cet expédient n'était pas du goût de la Prusse, qui voulait pouvoir dire aux cours de l'Europe, qu'elle ne s'était autant engagée avec le Premier Consul, que pour éloigner les Français de l'Elbe et du Weser.

Quand la proposition ainsi modifiée revint à Ber-

Avril 1804.

Effroi du roi

Avril 1804.

de Prusse, quand on lui demande un traité formel d'alliance avec la France.

Efforts de M. d'Haugwitz pour rapprocher le roi de Prusse et le Premier Consul.

lin, le roi fut effrayé de l'idée d'une alliance explicite. L'empereur Alexandre, les cours allemandes, étaient sans cesse présents à sa pensée, lui faisant mille reproches de sa félonie. Il appréhendait aussi le caractère entreprenant du Premier Consul, et il craignait, en s'enchaînant trop complétement à lui, d'être entraîné à la guerre, qui était ce qu'il redoutait le plus au monde. La cour fut même divisée, et agitée par cette question. Bien que le cabinet fût très-secret, il perça au dehors quelque chose de ce qui le préoccupait si vivement; et la cour se déchaîna contre M. d'Haugwitz, qu'elle accusait d'être l'auteur d'une telle politique. Cet homme d'état éminent, qu'une certaine duplicité apparente, tenant plutôt à sa situation qu'à son caractère, faisait calomnier en Europe, mais qui alors comprenait mieux qu'aucun Prussien, nous dirons volontiers mieux qu'aucun Français, les intérêts combinés des deux puissances, faisait tous ses efforts pour raffermir le cœur de son roi épouvanté, et pour persuader au Premier Consul de n'être pas trop exigeant. Mais ses efforts étaient vains, et dans son dégoût il forma le projet de se retirer, projet qu'il exécuta bientôt. Le ministre de Russie à Berlin, M. d'Alopeus, Russe fougueux et arrogant comme M. de Markoff, troublait Potsdam de ses cris. La diplomatie autrichienne le remplissait de ses intrigues. Toutes les passions étaient coalisées contre l'idée d'une alliance avec la France. Néanmoins cette agitation intérieure ne s'étendait pas au delà du cercle intime de la cour, et n'avait pas acquis à Berlin la notoriété d'un événement public.

Telle était la situation lorsqu'arriva subitement la nouvelle de l'enlèvement du duc d'Enghien sur le sol germanique. Elle produisit un effet immense. Le déchaînement du parti anti-français passa toutes les bornes. L'embarras du parti contraire fut extrême. L'argument du consul Lebrun, disant que cet acte causerait un grand bruit en Europe, se trouva pleinement réalisé. Cependant, pour atténuer quelque peu l'effet de cette nouvelle, on ajoutait que c'était une mesure de pure précaution; que le Premier Consul avait voulu se saisir d'un otage, mais qu'il n'avait pu entrer dans sa pensée de frapper un jeune prince d'un nom aussi illustre, étranger d'ailleurs à ce qui venait de se tramer à Paris. On était à peine arrivé à faire écouter ces excuses, quand on apprit la terrible exécution de Vincennes. Le parti français fut dès lors réduit à se taire, et à ne plus présenter même des excuses. Le ministre de France Laforest, jouissant d'une grande considération personnelle, se trouva subitement abandonné de la société prussienne, et il raconta lui-même dans ses dépêches qu'on ne lui adressait plus la parole. Il répéta, dans l'un de ses rapports quotidiens, ces propres expressions d'une personne fort amie de la légation française : « A » juger de l'exaspération des esprits par l'exalta- » tion des propos, je ne doute pas que tout ce qui » tient au gouvernement français ne fût insulté, pour » ne rien dire de pire, s'il n'existait pas en Prusse

Avril 1804.

La nouvelle de l'enlèvement du duc d'Enghien, survenue au milieu des hésitations du cabinet prussien.

Effet qu'elle produit.

» des lois protectrices, et un roi dont on connaît les
» principes. »

M. de Laforest disait encore, à la même date, que ces clabaudeurs, après avoir témoigné une vive sensibilité, en apparence du moins, *ne pouvaient contenir une sorte de joie insultante, et qu'ils s'applaudissaient comme s'ils avaient remporté un succès important.*

C'était, en effet, un succès important pour les ennemis de la France que ce cruel événement, car il donna partout le dessous au parti français, et fit nouer des alliances qui ne purent se dénouer qu'à coups de canon.

<small>A l'effet produit par la mort du duc d'Enghien, on oppose la publication des lettres de MM. Drake et Spencer Smith.</small>

Les fautes d'un adversaire sont une triste compensation aux fautes qu'on a pu faire. L'Angleterre cependant nous ménagea cette compensation. Elle avait commis un acte difficile à qualifier, en fournissant l'argent nécessaire à un complot, et en ordonnant ou en souffrant que trois de ses agents, ses ministres à Cassel, à Stuttgard et à Munich, entrassent dans les plus criminelles intrigues. Le Premier Consul avait envoyé un officier sûr, qui, s'étant déguisé et se donnant pour un agent de la conspiration, s'était introduit dans la confiance de MM. Drake et Spencer Smith. Il avait reçu d'eux, pour les transmettre aux conjurés, et à titre de léger à-compte, vu la difficulté de réunir à l'instant même des valeurs suffisantes en numéraire, plus de cent mille francs en or, qu'il avait livrés sur-le-champ à la police française. Le rapport de cet officier, les lettres autographes de

MM. Drake et Spencer, avaient été immédiatement réunis, déposés au Sénat, et communiqués au corps diplomatique, pour constater l'authenticité des écritures. Le fait ne pouvait être nié. Ce rapport et ces pièces, insérés au *Moniteur*, et adressés à toutes les cours, firent succéder un blâme sévère pour l'Angleterre, au blâme passionné dont la France était depuis quelques jours l'objet exclusif. Les hommes impartiaux virent bien que le Premier Consul avait été provoqué par des actes odieux, et regrettèrent, pour sa gloire, qu'il ne se fût pas contenté de la répression légale qui devait frapper Georges et ses complices, de la réprobation que devait encourir la conduite de la diplomatie anglaise. MM. Drake et Smith, renvoyés avec indignation de Munich et de Stuttgard, traversèrent l'Allemagne précipitamment, n'osant se montrer nulle part. M. Drake notamment, passant par Berlin, reçut de la police prussienne l'injonction de ne pas s'y arrêter un seul jour. Il ne fit que traverser cette capitale, et alla s'embarquer en toute hâte pour l'Angleterre, emportant avec lui la honte qui s'attachait à la profanation des fonctions les plus sacrées.

La conduite de M. Drake et de son collègue apporta quelque diversion à la mort du duc d'Enghien. Cependant le cabinet prussien, observant du reste dans ses propos une parfaite convenance, devint tout à coup silencieux, froid, impénétrable pour M. de Laforest : plus un mot d'alliance, plus un mot d'affaires, pas même une parole sur le cruel évé-

Avril 1804.

Réprobation générale en Europe contre MM. Drake et Spencer Smith.

nement qu'on déplorait en tous lieux. On savait que MM. d'Haugwitz et Lombard étaient désolés d'un accident qui ruinait leur politique; on savait que M. d'Haugwitz en particulier avait pris la résolution de quitter le timon des affaires, et de se retirer dans ses terres de Silésie, fort appauvries par la guerre. Mais ces deux personnages ne disaient plus rien. M. de Laforest ayant voulu provoquer une explication, M. d'Haugwitz écouta ses observations avec beaucoup d'égards, et lui répondit par ces graves paroles : En tout ceci, monsieur, soyez persuadé que le roi a été particulièrement sensible à ce qui touchait la gloire du Premier Consul. Quant à l'alliance, il n'y faut plus penser. On a voulu trop exiger du roi; et d'ailleurs il vient d'être rejeté subitement vers d'autres idées, par suite d'un événement imprévu, dont ni vous ni moi ne pouvons empêcher les conséquences. —

En effet, les dispositions du roi de Prusse étaient complétement changées. Il songeait maintenant à se rapprocher de la Russie, et à se ménager auprès d'elle l'appui qu'il avait d'abord cherché auprès de la France. Il avait désiré obtenir du Premier Consul la réduction de l'armée de Hanovre, et l'évacuation des bords de l'Elbe et du Weser, en s'engageant à partager toutes les chances qui pouvaient menacer la France. Décidé désormais à n'avoir rien de commun avec elle, il se résignait à souffrir l'occupation du Hanovre, la clôture des fleuves qui en était la conséquence, et cherchait, dans un concert intime avec la Russie, les moyens de prévenir, de limiter au moins les inconvénients qui pouvaient résulter de la présence des Français en Allemagne. Il entra donc sur-le-champ en pourparlers avec l'ambassadeur de Russie. Il était facile de mener une telle négociation à bonne fin, car elle répondait à tous les vœux de cette cour.

Avril 1804.

Pendant que l'effet du tragique événement dont l'Europe était occupée s'affaiblissait à Berlin, il commençait à Saint-Pétersbourg. Il y fut encore plus grand qu'ailleurs. Dans une cour jeune, vive, inconséquente, dispensée d'être prudente par la distance qui la séparait de la France, les manifestations ne furent point ménagées. C'est un samedi que le courrier parvint à Pétersbourg. Le lendemain dimanche était jour de réception diplomatique. L'empereur, blessé des hauteurs du Premier Consul, et peu disposé à se contenir pour lui complaire, n'écouta, en cette circonstance, que ses ressentiments, et les cris d'une mère passionnée. Il fit prendre le deuil à toute sa maison, sans même consulter son cabinet. Lorsque le moment de la réception arriva, l'empereur et sa cour se trouvèrent en deuil, au grand étonnement des ministres eux-mêmes, qui n'avaient pas été prévenus. Les représentants de toutes les cours de l'Europe virent avec joie ce témoignage de douleur, qui était une véritable insulte pour la France. Notre ambassadeur, le général Hédouville, assistant, comme les autres, à cette réception, se trouva pour quelques instants dans une situation cruelle. Mais il montra un calme, une dignité, qui frap-

Effet produit à Pétersbourg par l'événement de Vincennes.

La cour de Russie prend spontanément le deuil.

Sang-froid du général Hédouville, notre ambassadeur

pèrent tous les témoins de cette scène étrange. L'empereur passa devant lui sans proférer une parole. Le général, ne paraissant ni troublé, ni embarrassé, promenant autour de lui un regard tranquille, fit respecter par sa contenance la nation française, compromise par un grand malheur.

Après cet éclat imprudent, l'empereur se mit à délibérer avec ses ministres sur la conduite à tenir. Ce jeune monarque sensible, mais aussi vain que sensible, était impatient de jouer un rôle. Il en avait déjà joué un dans les affaires allemandes, mais il s'était bientôt aperçu que la politique du Premier Consul le lui avait accordé, plutôt qu'il ne l'avait conquis. Il avait recommandé Naples, le Hanovre, sans être écouté; il avait été blessé de la hauteur avec laquelle le Premier Consul s'était plu à relever les torts de M. de Markoff, bien qu'il blâmât lui-même la conduite de cet ambassadeur. Dans ces dispositions, la moindre occasion lui suffisait pour éclater, et, en cédant à la vanité blessée, il crut n'obéir qu'aux sentiments d'humanité les plus honorables. Qu'on ajoute à cela un caractère impressionnable au plus haut point, un défaut absolu d'expérience, et on s'expliquera ses soudaines résolutions.

A l'esclandre que nous venons de rapporter, il voulut joindre une démarche politique, qui fût quelque chose de plus sérieux qu'une démonstration de cour. Après lui avoir résisté, ses conseillers imaginèrent pour le satisfaire un moyen très-hasardeux, celui de réclamer contre l'invasion du territoire de Baden, en se disant garant de l'empire germanique. C'était, comme on va le voir, une démarche parfaitement inconsidérée.

Avril 1804.

La qualité de garant de l'empire germanique, que s'attribuait ici la cour de Russie, était fort contestable, car la dernière médiation, exercée de moitié avec la France, n'avait pas été suivie d'un acte formel de garantie. Et cet acte était si nécessaire pour que la garantie existât, que les ministres de France et de Russie avaient souvent délibéré, avec les ministres allemands, sur la nécessité qu'il y avait à le faire, et sur la forme qu'il convenait de lui donner. L'acte pourtant n'avait pas eu lieu. A son défaut, restait le titre qu'on pouvait tirer du traité de Teschen, par lequel la France et la Russie avaient garanti, en 1779, l'arrangement intervenu entre la Prusse et l'Autriche, relativement à la succession de Bavière. Cet engagement, limité à un objet spécial, conférait-il le droit de se mêler à une question de police intérieure de l'empire? La chose était douteuse. En tout cas, l'empire ayant à se plaindre d'une violation de territoire, c'était d'abord à l'État lésé, c'est-à-dire au grand-duc de Baden, à réclamer, tout au plus à une puissance allemande, mais certainement pas à une puissance étrangère. On était donc entièrement dépourvu de titre en soulevant cette question. On allait embarrasser l'Allemagne, la désobliger même, car, bien qu'offensée, elle n'avait pas envie de commencer une querelle dont l'issue était aisée à prévoir. On commettait enfin, en faisant cet éclat, la plus grande des légèretés.

Elle veut réclamer contre la violation du territoire germanique.

Quatre ans à peine étaient écoulés, depuis qu'un crime, que des calomniateurs appelaient un parricide, avait ensanglanté Pétersbourg, et procuré la couronne au jeune monarque. Les assassins du père entouraient encore le fils, et aucun d'eux n'avait été puni. N'était-ce pas s'exposer, de la part du plus audacieux adversaire, à une réplique foudroyante? M. de Woronzoff, malade, avait été remplacé par le jeune prince Czartoryski, et il faut dire, à la louange de celui-ci, qu'il fit, tout jeune qu'il était, de fortes objections. Mais les hommes âgés du conseil ne montrèrent pas plus de sagesse en cette occasion, que le monarque adolescent lui-même: car les passions, en fait de prudence, égalisent tous les âges. En conséquence, le cabinet de Saint-Pétersbourg décida qu'il serait adressé à la Diète germanique une note, pour éveiller sa sollicitude, et provoquer ses délibérations sur la violation de territoire récemment commise dans le grand-duché de Baden. Même note sur le même sujet dut être adressée au gouvernement français.

On ne borna pas là les manifestations inspirées par la circonstance. On voulut témoigner à la cour de Rome une désapprobation éclatante, pour la condescendance qu'elle venait de montrer à l'égard de la France, en livrant à celle-ci l'émigré Vernègues. Le ministre de Russie à Rome fut rappelé à l'instant même. Le nonce du pape fut renvoyé de Saint-Pétersbourg. On ne pouvait pas se permettre une censure plus déplacée, plus blessante, des actes d'une cour étrangère, ces actes fussent-ils blâmables. La Saxe, inquiète du déplaisir que causait au Premier Consul la présence de M. d'Entraigues à Dresde, avait prié la Russie de le rappeler. Le cabinet de Saint-Pétersbourg répondit que M. d'Entraigues resterait à Dresde, car on n'avait point à consulter les convenances des autres cours, dans le choix des agents de la Russie.

Après ces démarches d'une haute imprudence, on s'occupa d'en prévenir les suites, en cherchant à nouer des alliances. On avait naturellement prêté une oreille complaisante et empressée au nouveau langage de la Prusse, qui, après avoir quitté la Russie pour la France, quittait maintenant la France pour la Russie, et tendait à s'unir avec le Nord. On aurait bien désiré entraîner Frédéric-Guillaume jusqu'à former une sorte de coalition continentale, indépendante de l'Angleterre, mais inclinant vers elle. Cependant on fut obligé de se contenter de ce qu'offrait le roi de Prusse. Ce prince, contraint de laisser le Hanovre aux Français, depuis qu'il avait renoncé à négocier avec eux, cherchait à se garantir des inconvénients attachés à leur présence, au moyen d'une entente avec la Russie. Il ne voulait que cela, et il était impossible de l'amener à vouloir davantage.

En conséquence, après s'être efforcé, chacun de son côté, de faire aboutir le résultat aux fins qu'on préférait, on convint d'une espèce d'engagement, consistant dans une double déclaration de la Prusse à la Russie, de la Russie à la Prusse, rédigée dans des termes différents, et empreinte de l'esprit de

Avril 1804.

Blâme contre l'extradition de l'émigré Vernègues.

Il refuse de rappeler de Dresde l'émigré d'Entraigues.

Empressement de la Russie pour la Prusse.

L'alliance manquée de la Prusse avec la France, convertie en une alliance de la Prusse avec la Russie.

Avril 1804.

chacune des deux cours. Voici le sens de cet engagement. Tant que les Français se borneraient à l'occupation du Hanovre, et ne dépasseraient pas le nombre de trente mille hommes dans cette partie de l'Allemagne, les deux cours devaient demeurer inactives, et s'en tenir au *statu quo*. Mais, si les troupes françaises étaient augmentées, et si d'autres États allemands étaient envahis, elles se concerteraient alors pour résister à cette nouvelle invasion; et, si leur résistance à ce progrès des Français vers le nord entraînait la guerre, elles devaient unir leurs forces, et soutenir en commun la lutte engagée. L'empereur, pour ce cas, mettait, sans aucune réserve, toutes les ressources de son empire à la disposition de la Prusse. Ce déplorable contrat, signé par la Prusse le 24 mai 1804, était toutefois accompagné de sa part d'une foule de restrictions. Le roi disait dans sa déclaration, qu'il n'entendait pas se laisser entraîner légèrement à la guerre, qu'ainsi ce ne serait pas une augmentation de quelques centaines d'hommes dans l'armée qui occupait le Hanovre, envoyés pour le recrutement annuel et régulier de cette armée, que ce ne serait pas une collision accidentelle avec l'une des petites puissances allemandes, qui le porteraient à braver une rupture avec la France, mais bien l'intention formelle de s'étendre en Allemagne, manifestée par une augmentation réelle et considérable des forces françaises en Hanovre. Quant au jeune empereur, il n'apportait à son engagement aucune restriction de ce genre. Il s'obligeait purement et sim-

Engagement de la Prusse envers la Russie, signé le 24 mai 1804.

plement à joindre ses armées à celles de la Prusse, en cas de guerre[1].

Ce traité, de forme si singulière, dut rester secret, et nous demeura, en effet, complétement inconnu. A peine était-il conclu, que le roi de Prusse, courant perpétuellement d'un côté à l'autre, pour prévenir tout danger de guerre, craignit, après s'être garanti du côté de la Russie, de s'être trop découvert du côté de la France. La manière brusque dont il avait cessé de parler d'alliance avec nous, le silence grave et sévère gardé sur l'affaire du duc d'Enghien, lui

[1] Ce traité, sous forme de double déclaration, ne doit pas être confondu avec le traité secret de Potsdam, conclu le 3 novembre 1805 pendant que Napoléon marchait d'Ulm à Austerlitz, et qui fut arraché à la Prusse par suite de la violation du territoire d'Anspach et de Bareuth. Celui dont nous parlons ici n'a jamais été publié dans aucun recueil diplomatique; il est même resté inconnu à la France. Parvenu à le connaître, je le publie ici pour l'éclaircissement d'un fait important, l'abandon de l'alliance française par la Prusse.

Déclaration de la cour de Prusse.

Nous Frédéric-Guillaume III, etc., etc.

La guerre qui s'est rallumée entre l'Angleterre et la France ayant exposé le nord de l'Allemagne à une invasion étrangère, les suites qui dès à présent en sont résultées pour notre monarchie et pour nos voisins ont excité toutes nos sollicitudes; mais celles surtout qui pourraient en résulter encore ont exigé de nous de peser et de préparer à temps les moyens d'y porter remède.

Quelque pénible que soit l'occupation du Hanovre et son résultat indirect, la clôture des fleuves, après avoir épuisé, pour faire cesser cet état de choses, tout ce qui n'était pas la guerre, nous avons résolu de faire à la paix ce sacrifice de ne point revenir sur le passé, et de ne point procéder à des mesures actives tant que de nouvelles usurpations ne nous y auront pas forcé.

Mais si, malgré les promesses solennelles données par le gouvernement français, il étendait au delà du *statu quo* de ce moment-ci ses entreprises contre la sûreté de quelqu'un des États du Nord, nous som-

parurent un péril pour la paix. Il chargea donc M. d'Haugwitz de faire au ministre de France une déclaration solennelle de neutralité, neutralité absolue de la part de la Prusse, tant que les troupes françaises occupant le Hanovre ne seraient pas augmentées. En conséquence, M. d'Haugwitz, sortant tout à coup avec M. de Laforest d'un silence contraint, lui déclara que son roi engageait sa parole d'honneur de rester neutre, quoi qu'il arrivât, si le nombre de trente mille Français n'était pas dé-

mes décidé à leur opposer les forces que la Providence a mises entre nos mains.

Nous en avons fait à la France la déclaration solennelle, et la France l'a acceptée; mais c'est surtout envers S. M. l'empereur de toutes les Russies que la confiance et l'amitié nous faisaient un devoir de nous en ouvrir, et nous avons eu la satisfaction de nous convaincre que nos résolutions étaient absolument dans les principes de notre auguste allié, et que lui-même était décidé à les maintenir avec nous. En conséquence, nous sommes tombé d'accord avec S. M. Impériale des points suivants :

1° On s'opposera de concert à tout nouvel empiétement du gouvernement français sur les États du Nord étrangers à sa querelle avec l'Angleterre.

2° Pour cet effet, on commencera à donner une attention suivie et sévère aux préparatifs de la République. On attachera un œil vigilant sur les corps de troupes qu'elle entretient en Allemagne; et, si le nombre en est augmenté, on se mettra, sans perte de temps, en posture de faire respecter la protection que l'on est intentionné d'accorder aux États faibles.

3° Si le cas d'une nouvelle usurpation existe en effet, nous sentons qu'avec un adversaire aussi dangereux les demi-moyens seraient funestes. Ce serait alors avec des forces proportionnées à la puissance immense de la République que nous marcherions contre elle. Ainsi, en acceptant avec reconnaissance l'offre de notre auguste allié, de faire joindre incessamment nos troupes par une armée de 40 ou de 50 mille hommes, nous n'en compterions pas moins sur les stipulations antérieures du traité d'alliance entre la Russie et la Prusse; stipulations qui lient tellement les destinées des deux empires, que, dès qu'il s'agit de l'existence de l'un, les devoirs de l'autre n'ont plus de bornes.

passé en Hanovre. Il ajouta que cela valait presque
l'alliance manquée, car l'immobilité de la Prusse,
certaine aux conditions qu'il y mettait, assurait
l'immobilité du continent. L'emphase de cette déclaration, assez peu motivée dans le moment, surprit M. de Laforest, mais ne lui révéla rien. Néanmoins elle lui parut singulière. Frédéric-Guillaume
avait cru, par là, se mettre en règle avec tout le
monde. Il n'y a rien de plus triste à voir que la faiblesse malhabile, s'embarrassant dans le labyrinthe

> 4° Pour déterminer le moment où le *casus fœderis* existera, il faut voir les choses en grand et dans leur esprit. Les petits États d'empire situés au delà du Weser peuvent offrir passagèrement des scènes qui répugnent aux principes, soit parce qu'ils sont le théâtre continuel du passage des troupes françaises, soit parce que leurs souverains sont ou vendus par l'intérêt à la France, comme le comte de Bentheim, ou dépendants d'elle sous d'autres rapports, comme le comte d'Aremberg. Là les déviations minutieuses qu'une représentation redresse, comme à Meppen, ou qui ne compromettent la sûreté de personne, sont étrangères à un concert dont la sûreté fut le motif. C'est sur les bords du Weser que les intérêts deviennent essentiels, parce que de ce point là il s'agit du Danemark, du Mecklembourg, des villes anséatiques, etc.; et le *casus fœderis*, par conséquent, aura lieu à la première entreprise des Français contre un État de l'empire situé sur la droite du Weser, et particulièrement contre les provinces danoises et le Mecklembourg, dans la juste attente où nous sommes que S. M. le roi de Danemark fera alors conjointement avec nous cause commune contre l'ennemi.
>
> 5° Les marches énormes que les troupes russes auraient à faire pour joindre les nôtres, et la difficulté d'arriver à temps pour prendre part aux coups décisifs, nous font juger qu'il serait convenable qu'on adoptât pour les différentes armes un mode de transport différent. Ainsi, tandis que la cavalerie russe et les chevaux d'artillerie défileront à travers nos provinces, il semblerait préférable que l'infanterie et le canon partissent par mer et fussent débarqués dans quelque port de la Poméranie, du Mecklembourg ou du Holstein, selon les opérations de l'ennemi.
>
> 6° Immédiatement après le commencement des hostilités, ou plus tôt si la convenance en est reconnue par les deux cours contractantes, le Danemark et la Saxe seront invités à adhérer à ce concert, et à y coo-

Avril 1804.

de la politique, et se compromettant à force de vouloir parer à tout, comme un faible oiseau qui se prend dans un filet, à force de s'agiter pour en sortir.

Ainsi furent jetés, par la politique ambiguë du roi de Prusse, et sous la vive impression de l'événement de Vincennes, les fondements de la troisième coalition. La Russie, charmée d'avoir engagé la Prusse, commença en même temps à tourner ses soins vers l'Autriche, et s'efforça de complaire à cette puis-

pérer par des moyens proportionnés à leur puissance, ainsi que tous les autres princes et États du nord de l'Allemagne qui, par la proximité de leur pays, doivent participer aux bienfaits du présent arrangement.

7° Dès lors, nous nous obligeons à ne poser les armes et à n'entrer en accommodement avec l'ennemi que du consentement de S. M. Impériale, et après un accord préalable avec elle, plein de confiance dans notre auguste allié, qui a pris les mêmes engagements envers nous.

8° Après qu'on aura atteint le but qu'on s'y propose, nous nous réservons de nous entendre avec S. M. Impériale sur les mesures ultérieures à prendre, afin de purger entièrement le nord de l'Allemagne de la présence des troupes étrangères, et d'assurer d'une manière solide pour l'avenir cet heureux résultat, en avisant à un ordre de choses qui n'expose plus l'Allemagne aux inconvénients dont elle a dû souffrir depuis le commencement de la guerre actuelle.

Cette déclaration devant être échangée contre une autre signée par S. M. l'empereur de Russie et conçue dans le même sens, nous promettons sur notre foi et parole royale de remplir fidèlement les engagements que nous y avons pris.

En foi de quoi nous avons signé les présentes de notre main, et y avons fait apposer notre sceau royal.

Fait à Berlin, le 24 de mai, l'an de grâce 1804, et de notre règne le huitième.

Signé : FRÉDÉRIC-GUILLAUME.

Contresigné, HARDENBERG.

Contre-déclaration de la part de la Russie.

La situation critique où se trouve le nord de l'Allemagne et la gêne

sance, un peu plus qu'elle n'avait fait jusqu'alors. Elle en avait le moyen facile dans les mains : c'était de ne plus dire comme la France à propos des questions pendantes encore en empire, et de dire exactement comme la cour de Vienne.

Il faut faire connaître maintenant de quelle manière avait été pris à Vienne l'événement qui venait de troubler si profondément les cours de Berlin et de Saint-Pétersbourg. S'il y avait une cour que l'enlèvement du duc d'Enghien sur le sol germanique

Avril 1804.

Conduite de la cour de Vienne dans l'affaire du duc d'Enghien.

imposée à son commerce, de même qu'à celui de tout le Nord, par le séjour des troupes françaises dans l'électorat de Hanovre; de plus, les dangers imminents qui sont à prévoir pour la tranquillité des États qui, dans cette partie du continent, n'ont pas encore subi le joug des Français, ayant excité toute notre sollicitude, nous nous sommes appliqué à chercher les moyens propres à calmer nos appréhensions à cet égard.

L'invasion de l'électorat de Hanovre n'ayant pu être prévenue, et les circonstances ayant malheureusement empêché dans le temps de le délivrer de la présence des troupes françaises, nous avons jugé convenable de n'adopter pour le moment aucune mesure active, tant que le gouvernement français se bornera à l'occupation des possessions allemandes de S. M. Britannique; mais aussi de ne point permettre que les armées françaises dépassent en Allemagne la ligne derrière laquelle elles se trouvent maintenant.

S. M. le roi de Prusse, que nous avons prévenu en toute confiance de nos alarmes et des mesures qui nous paraissaient indispensables pour écarter le danger que nous prévoyons, ayant exprimé son assentiment à nos vues, ainsi que son désir de concourir à des soins aussi salutaires, et de s'opposer à de nouveaux empiétements du gouvernement français sur d'autres États de l'empire étrangers à sa querelle avec l'Angleterre, nous sommes tombé d'accord avec Sadite Majesté des points suivants :

1° L'audace et l'activité reconnues du gouvernement français lui faisant entreprendre et exécuter spontanément ses desseins, il est de nécessité absolue de surveiller les préparatifs qu'il peut employer pour la confection de ses projets sur le nord de l'Allemagne. On attachera donc un œil vigilant sur le corps de troupes qui séjourne dans ces contrées, et, en cas que leur nombre soit augmenté, on s'empressera sans perdre

Avril 1804.

Cette cour montre une modération voisine de l'indifférence.

dût toucher, c'était assurément celle d'Autriche. Cependant, les seuls ministres modérés en cette circonstance furent ceux de l'empereur. Il ne leur échappa aucune expression blessante pour le gouvernement français, aucune démarche dont il eût à se plaindre. Et pourtant le chef de l'empire, gardien naturel de la sûreté, de la dignité, du territoire de l'Allemagne, était chargé, ou personne ne l'était au monde, d'élever la voix contre l'acte commis dans le grand-duché de Baden. Il faut même

de temps à se mettre en posture propre à faire respecter la protection qu'on est intentionné d'accorder aux États qui, par leur faiblesse, ne sauraient se soustraire aux dangers dont ils sont menacés.

2° Pour prévenir toute incertitude sur l'époque de la mise en activité des moyens destinés de part et d'autre, et ci-dessus énoncés, à préserver le nord de l'Allemagne de toute invasion étrangère, il est convenu avant tout, entre nous et S. M. Prussienne, de déterminer le *casus fœderis* du présent arrangement. A cet effet, on s'est accordé à l'envisager comme échu au premier empiétement que les troupes françaises stationnées dans les États électoraux de S. M. Britannique se permettront sur les pays adjacents.

3° Le *casus fœderis* échéant, S. M. le roi de Prusse, se trouvant plus à portée du théâtre des événements, n'attendra pas pour agir la réunion des forces respectives qui seront ci-dessous spécifiées, et fera commencer les opérations aussitôt qu'elle aura la nouvelle que les troupes françaises ont franchi la ligne qu'elles occupent présentement dans le nord de l'Allemagne.

4° Tous les moyens que nous nous proposons d'employer à cette même fin se trouvant prêts pour être mis en activité, nous nous engageons de la manière la plus formelle à marcher au secours de S. M. Prussienne au premier signal qui nous en sera donné et avec toute la célérité possible.

5° Les forces qui seront employées de notre part à la défense du reste du nord de l'Allemagne s'élèveront à 40 mille hommes de troupes réglées, et pourront être augmentées jusqu'à 50 mille hommes, suivant le besoin. S. M. le roi de Prusse s'oblige, de son côté, d'employer à ce même usage un nombre égal de troupes réglées. Une fois les opérations militaires commencées, nous nous obligeons de ne poser les armes, ni

le dire, pour être vrai, tout eût été à sa place, si le calme que montra la cour d'Autriche en cette rencontre s'était fait voir à Pétersbourg, et si la promptitude à réclamer s'était manifestée à Vienne. Personne n'eût trouvé surprenant que l'empereur demandât avec modération, mais avec fermeté, des explications au Premier Consul, sur une violation de territoire qui devait profondément inquiéter l'Allemagne. Il n'en fut rien, ce fut même le contraire qui eut lieu. On était jeune, inexpérimenté, à Péters-

d'entrer en accommodement avec l'ennemi commun, que du consentement de S. M. Prussienne, et après un accord préalable avec elle; bien entendu que S. M. le roi de Prusse s'imposera également l'obligation de ne poser les armes ni d'entrer en accommodement avec l'ennemi commun que de notre consentement et après un accord préalable avec nous.

6° Immédiatement après le commencement des hostilités, ou plutôt si la convenance en est reconnue entre les deux cours contractantes, le roi de Danemark et l'électeur de Saxe seront invités à adhérer à ce concert, et à y coopérer par des moyens proportionnés à leur puissance, ainsi que tous les autres princes et États du nord de l'Allemagne qui, par la proximité de leur pays, doivent participer aux bienfaits du présent arrangement.

7° Après qu'on aura atteint le but qu'on s'y propose, nous nous réservons de nous entendre avec S. M. Prussienne sur les mesures ultérieures à prendre, afin de purger entièrement le sol de l'empire germanique de la présence des troupes étrangères, et d'assurer d'une manière solide pour l'avenir cet heureux résultat, en avisant à un ordre de choses qui n'expose plus l'Allemagne aux inconvénients dont elle a dû souffrir depuis le commencement de la guerre actuelle.

Cette déclaration devant être échangée contre un acte signé par S. M. le roi de Prusse et conçu dans le même sens, nous promettons sur notre foi et parole impériale de remplir fidèlement les engagements que nous y avons pris.

En foi de quoi nous l'avons signée de notre propre main, et y avons fait apposer le sceau de notre empire.

Donné à Saint-Pétersbourg, le . . . . l'an 1804, de notre règne le quatrième.

bourg, on était surtout loin de la France; on était sage, dissimulé à Vienne, et surtout très-proche du vainqueur de Marengo. On se tut. M. de Cobentzel, provoqué plutôt par M. de Champagny que le provoquant lui-même, dit qu'il comprenait les dures nécessités de la politique, qu'il regrettait à la vérité un événement propre à susciter de nouvelles complications en Europe, mais que le cabinet de Vienne veillerait, quant à lui, avec plus de zèle que jamais, au maintien de la paix continentale.

Pour comprendre la conduite du cabinet de Vienne en cette circonstance, il faut savoir qu'en attendant l'occasion favorable de regagner ce qu'il avait perdu, occasion qu'il ne voulait pas faire naître imprudemment, ce cabinet regardait avec une ardente curiosité ce qui se passait à Boulogne, formant des vœux bien naturels pour que les armées françaises s'engloutissent dans l'Océan, mais ne voulant aucunement les attirer sur le Danube, car il connaissait leur supériorité désormais irrésistible. Dans l'intervalle, il profitait des occupations que la guerre maritime venait de créer à la France, pour résoudre à son gré les questions qui n'avaient pas été résolues par le recès de 1803. Ces questions, laissées en suspens faute de temps, étaient, comme on doit s'en souvenir, les suivantes : la proportion à établir entre les voix catholiques et protestantes dans le Collége des princes; le maintien ou la suppression de la noblesse immédiate; la nouvelle division en cercles, pour la police et le maintien de l'ordre en Allemagne ; la réorganisation de l'Église germanique; le séquestre des biens mobiliers et immobiliers appartenant aux principautés ecclésiastiques sécularisées; diverses affaires enfin de moindre importance. La plus grave de ces questions par ses conséquences, c'était le retard apporté à la nouvelle organisation des cercles, car il en résultait un défaut de police qui laissait tout au pouvoir du plus fort. La France étant en ce moment entièrement tournée vers la guerre maritime, et séparée en outre de la Russie, il n'y avait plus aucune influence extérieure capable de venir au secours des États opprimés, et l'empire tombait de toutes parts dans l'anarchie.

Sur la fin de la négociation de 1803, l'Autriche avait séquestré les dépendances des principautés sécularisées, qui se trouvaient sous sa main. On se souvient que ces anciennes principautés ecclésiastiques avaient, les unes des fonds déposés à la banque de Vienne, les autres des terres enclavées dans divers États allemands. Ces fonds et ces terres devaient appartenir naturellement aux princes indemnisés. L'Autriche, alléguant on ne sait quelle maxime de droit féodal, avait séquestré pour plus de trente millions de capitaux déposés à la banque de Vienne, ou placés dans les rentes. C'étaient la Bavière et la maison d'Orange qui éprouvaient la plus notable perte. L'Autriche n'avait pas borné là ses entreprises. Elle traitait avec une foule de petits princes, pour leur arracher certaines possessions qu'ils avaient en Souabe, et se ménager ainsi une position sur les bords du lac de Constance. Elle avait acheté la ville de Lindau du prince de Bretzenheim, et lui avait cédé en échange des terres en Bohême, avec la promesse d'un vote viril à la Diète. Elle traitait avec la maison de Kœnigseck, pour en obtenir, à de pareilles conditions, des territoires situés dans la même contrée. Enfin elle poursuivait auprès de la Diète la création de nouvelles voix catholiques, pour arriver à l'égalité entre les voix catholiques et protestantes. La majorité de la Diète ne semblant pas disposée à la satisfaire, elle menaçait d'interrompre toute délibération, jusqu'à ce que cette question de la proportion des suffrages fût résolue conformément à ses désirs.

Les princes germaniques, lésés par les violences de l'Autriche, se vengeaient en commettant des violences semblables sur les États plus faibles qu'eux. La Hesse, le Wurtemberg faisaient envahir les terres de la noblesse immédiate, avouant tout haut leurs projets d'incorporation. La noblesse immédiate de Franconie s'étant adressée à la chambre impériale de Wetzlar, afin de provoquer un décret contre les usurpations dont elle était menacée, le gouvernement hessois avait fait déchirer partout les affiches du jugement rendu par la chambre impériale, donnant ainsi l'exemple du plus étrange mépris pour les tribunaux de l'empire. On ne s'en tenait pas à ces excès, on refusait de payer les pensions du clergé, dépouillé de ses biens par les sécularisations. Le duc de Wurtemberg n'en voulait acquitter aucune. Au milieu de cette réciprocité de violences, chacun se taisait dans l'espoir d'obtenir l'impunité pour son propre compte. On ne se plaignait pas des séquestres de l'Autriche, pour qu'elle laissât exécuter tout ce qu'on entreprenait contre la noblesse immédiate, ou contre les malheureux pensionnaires privés de leur pain. La Bavière, la plus maltraitée par l'Autriche, s'en vengeait sur le prince archichancelier, dont l'électorat avait été transféré de Mayence à Ratisbonne. Le voyant avec peine sur le territoire de Ratisbonne qu'elle ambitionnait depuis long-temps, elle le poursuivait de ses menaces, lui prenait une quantité d'enclaves, et lui inspirait mille inquiétudes sur son existence. La Prusse imitait ces façons d'agir en Westphalie, et ne restait en arrière, en fait d'usurpations, ni de la Bavière ni de l'Autriche.

Deux États seulement se conduisaient avec justice : premièrement le prince archichancelier, qui, devant son existence aux arrangements de 1803, s'appliquait à les faire respecter par les membres de la Confédération; secondement l'électeur de Saxe, qui, désintéressé au milieu de ces prétentions de tout genre, demeuré immobile dans son ancienne principauté, sans avoir rien perdu ni acquis, votait stérilement pour le respect des droits de chacun, par sagesse et par honnêteté.

Tout ce qu'on avait fait de coupables concessions à l'Autriche, en lui permettant d'opprimer les uns, pour qu'elle permît d'opprimer les autres, ne l'avait point désarmée, particulièrement à l'égard de la Bavière. Se croyant assez forte pour ne plus rien ménager, elle venait de prendre fait et cause pour la noblesse immédiate, dont elle était la protectrice naturelle et intéressée, à cause du recrutement de ses armées.

Avril 1804.

L'Autriche prend fait et cause pour la noblesse immédiate.

On a déjà vu que la noblesse immédiate, relevant de l'Empereur, et non des princes territoriaux chez lesquels ses terres étaient enclavées, ne devait pas à ceux-ci de contingent militaire. Ceux des habitants qui avaient le goût des armes, s'enrôlaient dans les troupes autrichiennes, et procuraient, dans la Franconie seule, plus de deux mille recrues par an, appréciables par la qualité bien plus que par le nombre. C'étaient, en effet, de vrais Allemands, fort supérieurs aux autres soldats de l'Autriche pour l'instruction, la bravoure et les qualités guerrières. Ils fournissaient tous les sous-officiers des armées impériales, et formaient en quelque sorte le cadre allemand, dans lequel l'Autriche versait les sujets de tant d'espèces qu'elle renferme dans ses vastes États. Aussi était-elle résolue sur ce point à tout braver, excepté la guerre avec la France, plutôt que de céder. Sans s'inquiéter de ce qu'on pourrait lui reprocher d'excès de pouvoir, elle déféra au Conseil aulique, comme un acte de violence relevant exclusivement de la police de l'empereur, les empiétements commis contre la noblesse immédiate; et, avec une promptitude peu ordinaire à la procédure germanique, elle fit rendre une décision provisoire, qualifiée de *Conservatorium* dans la langue constitutionnelle de l'empire, et en confia l'exécution à quatre États confédérés : Saxe, Baden, Bohême, Ratisbonne. Elle fit marcher par la Bohême d'un côté, par le Tyrol de l'autre, dix-huit bataillons, et menaça la Bavière d'une invasion immédiate, si elle ne retirait ses troupes des diverses seigneuries qu'elle avait envahies. On comprend que, dans une telle situation, l'Autriche avait fort à ménager le Premier Consul; car, bien qu'occupé du côté de l'Océan, il n'était homme à reculer nulle part. L'irritation d'ailleurs qu'on venait d'exciter en lui, le rendait plus susceptible et plus redoutable que de coutume. C'est là ce qui explique la réserve des diplomates autrichiens dans l'affaire du duc d'Enghien, et l'indifférence réelle ou apparente qu'ils montrèrent en cette grave circonstance.

<small>Avril 1804.</small>

Nous avons déjà signalé les dispositions qu'avaient fait naître, chez le Premier Consul, les attaques dirigées contre sa personne. Les bienfaits dont il s'était plu à combler les émigrés n'avaient point désarmé leur haine. Les égards qu'il avait témoignés à l'Europe n'avaient point calmé sa jalousie. Irrité au plus haut point d'obtenir si peu de retour, il avait senti s'opérer dans son âme une révolution subite, et il était disposé à maltraiter tout ce qu'il avait le plus ménagé jusqu'alors. La réponse aux manifestations que nous venons de rapporter ne se fit pas attendre; et après avoir déploré l'égarement de ses passions, nous allons avoir de nouveau l'occasion d'admirer toute la grandeur de son caractère.

La cour de Prusse s'était tue, et avait cessé de parler d'alliance. On se tut avec elle; mais le Premier Consul fit réprimander durement M. de Laforest, pour avoir rapporté trop fidèlement dans ses dépêches les impressions du public de Berlin. Quant à la cour de Russie, la réplique fut instantanée, et

<small>Réponse du Premier Consul à toutes les cours, et sa conduite au sujet des violences de l'Autriche dans l'empire.</small>

cruelle. Le général Hédouville eut ordre de quitter Saint-Pétersbourg sous quarante-huit heures, sans alléguer d'autre raison de son départ que celle de sa santé, raison d'usage chez les diplomates, pour donner à deviner ce qu'ils ne veulent pas dire. Il devait laisser ignorer s'il partait pour quelque temps, ou pour toujours. M. de Rayneval devait seul continuer à résider, en prenant la qualité de chargé d'affaires. Il n'y avait du reste à Paris, depuis le renvoi de M. de Markoff, qu'un agent de ce grade, M. d'Oubril. Le Premier Consul opposa ensuite à la dépêche du cabinet russe une réponse qui fut douloureuse pour l'empereur. On rappelait, dans cette réponse, que la France, après avoir usé jusqu'ici des meilleurs procédés envers la Russie, et l'avoir mise de moitié dans toutes les grandes affaires du continent, n'était point payée de retour; qu'elle trouvait les agents russes, sans exception, malveillants et hostiles; que, contrairement au dernier traité de paix, qui obligeait les deux cours à ne se créer aucun embarras l'une à l'autre, le cabinet de Saint-Pétersbourg accréditait des émigrés français auprès des nations étrangères, et couvrait des conspirateurs du prétexte de la nationalité russe, pour les soustraire à la police de la France; que c'était violer à la fois l'esprit et la lettre des traités; que si on voulait la guerre, il n'y avait qu'à le dire franchement; que le Premier Consul, qui ne la désirait pas, ne la craignait pas non plus, car le souvenir de la dernière campagne n'avait pas de quoi l'alarmer (allusion au désastre de Suwarow):

que, relativement à ce qui s'était passé à Baden, la Russie se constituait bien légèrement la garante du sol germanique, car ses titres pour intervenir étaient fort contestables; qu'en tout cas, la France avait usé d'un droit de défense légitime contre des complots tramés sur sa frontière, au vu et au su de certains gouvernements allemands, comblés par elle de biens, et la payant par la plus noire ingratitude; qu'au surplus, elle s'en était expliquée avec eux, qu'elle s'en expliquerait avec eux seuls, et qu'à sa place la Russie en aurait fait autant; car, si elle avait été informée que les assassins de Paul Ier étaient réunis à une marche de sa frontière, et sous sa main, se serait-elle abstenue d'aller les y saisir?

Avril 1804.

L'ironie était cruelle envers un prince auquel on reprochait de n'avoir puni aucun des meurtriers de son père, et que, pour ce motif, on accusait, bien injustement d'ailleurs, de complicité dans un horrible attentat. Elle devait prouver à l'empereur Alexandre combien il était imprudent à lui de se mêler de l'affaire du duc d'Enghien, quand la mort de Paul Ier rendait la réplique si facile et si terrible.

Allusion cruelle à la mort de Paul Ier, dans la réponse adressée à la Russie.

Relativement à l'Allemagne, la Russie ayant récemment approuvé la conduite de l'Autriche, et la prétention qu'affichait celle-ci de déférer au Conseil aulique les questions constitutionnelles, le Premier Consul déclarait nettement que la France se séparait désormais de la diplomatie russe, pour la suite à donner aux affaires germaniques; qu'elle n'admettait pas que les questions restées en sus-

Avril 1804.

pens fussent résolues dans le Conseil aulique, simple tribunal de l'empereur plutôt que de l'empire; que ces questions devaient, comme toutes les autres, se traiter à la Diète, corps suprême, seul dépositaire de la souveraineté allemande. Ainsi, le dissentiment était complet sur tous les points; les résolutions étaient aussi tranchées que le langage.

Conduite à l'égard de l'Autriche.

Quant à l'Autriche, le Premier Consul n'avait qu'à se louer de l'indifférence qu'elle avait manifestée pour la victime d'Ettenheim. Mais il voyait clairement qu'on abusait à Vienne des empêchements que semblait lui créer la guerre maritime. Il voulut que l'Autriche fût bien édifiée à cet égard. Il avait deux manières de battre l'Angleterre, l'une en se prenant corps à corps avec elle dans le détroit de Calais, l'autre en écrasant ses alliés du continent. Au fond, la seconde manière était plus facile et plus sûre que la première, et, quoique moins directe, ne laissait pas que d'être efficace. Si l'Autriche le provoquait, il était décidé, sans perdre un instant, à lever son camp de Boulogne, et à entrer en Allemagne; car il ne voulait passer la mer que lorsqu'il aurait désarmé tous les alliés patents ou secrets de la Grande Bretagne. Il fit dire aux deux Cobentzel, tant à celui qui était ambassadeur à Paris qu'à celui qui dirigeait les affaires à Vienne, que la Bavière était l'alliée de la France depuis des siècles, qu'il ne la livrerait donc pas au mauvais vouloir de l'Autriche; que si elle avait eu tort d'envahir trop brusquement les biens de la noblesse immédiate, l'Autriche, par ses injustes séquestres, avait réduit tous les princes allemands à se dédommager par des violences des violences qu'ils subissaient; que la Bavière avait pu faillir, mais qu'il ne la laisserait pas accabler impunément, et que si l'Autriche ne rappelait pas les bataillons qu'elle avait réunis en Bohême et en Tyrol, il était résolu à diriger un corps de quarante mille hommes sur Munich, lequel y tiendrait garnison en attendant la retraite des troupes impériales.

Avril 1804

Cette déclaration précise et positive jeta messieurs de Cobentzel dans un embarras indicible. Ils en sortirent par de nouvelles doléances sur l'incessante inimitié dont l'Autriche était l'objet de la part de la France, et sur l'état de profond désespoir auquel on allait la réduire. Cependant M. de Talleyrand et M. de Champagny insistèrent, et il fut convenu des deux côtés, que la Bavière évacuerait les terres de la noblesse immédiate, mais que les troupes autrichiennes, s'arrêtant d'abord où elles se trouvaient, finiraient ensuite par rétrograder, afin de ne pas compromettre la dignité de l'empereur par une retraite trop précipitée. Le cabinet autrichien fit entendre de nouveau que, si on se prêtait à ses désirs, relativement à la proportion des voix catholiques et protestantes dans la Diète, on pourrait compter sur lui dans toutes les circonstances, dans celle notamment qui allait s'offrir à l'occasion de la note adressée par la Russie à la Diète germanique.

Cette note était arrivée à Ratisbonne, par le même courrier qui avait porté à Paris les dépêches de Saint-

Embarras des princes allemands

Pétersbourg. Elle embarrassait cruellement les princes allemands, pour leur dignité et pour leur sécurité, car c'était une cour étrangère qui les invitait à se montrer sensibles à une violation du territoire germanique, et, s'ils se montraient sensibles à cette violation, ils encouraient au plus haut point le ressentiment de la France. Matériellement on n'avait pas eu le temps d'envoyer des instructions aux ministres près de la Diète; mais ceux-ci, présumant les dispositions de leur cour, avaient paru plutôt disposés à négliger la note qu'à lui donner un grand retentissement. Le ministre prussien, M. de Goertz, le même qui a déjà figuré dans les négociations germaniques, aurait voulu, quant à lui, mettre toute cette affaire au néant. Mais les ministres autrichiens ayant reçu leurs instructions, grâce à la proximité de Vienne, et jouant, suivant leur usage, un double jeu, trouvant la note inconvenante quand ils étaient en face des agents français, promettant de la faire accueillir lorsqu'ils étaient en face des agents russes, imaginèrent un moyen terme. On prit la note en considération, mais chaque ministre dut en référer à sa cour, pour statuer ultérieurement sur son contenu. — Vous voyez, dit M. de Hugel au ministre de Russie, que nous avons fait admettre votre note. Vous voyez, dit-il au ministre de France, qu'en ajournant la discussion à deux mois nous l'avons amortie, car dans deux mois personne ne pensera plus à la démarche de l'empereur Alexandre. —

Tel devait être effectivement le sort de cette démarche inconsidérée. Mais, pour arriver à ce résultat, il y avait cependant plus d'un embarras à vaincre. Les gouvernements allemands ne voulaient ni blesser la France, dont ils avaient peur, ni désobliger la Russie, dont éventuellement ils pouvaient avoir besoin. Leurs ministres s'agitaient donc à Paris pour trouver la solution. — Arrangez-vous comme il vous conviendra, leur dit le Premier Consul. Si la discussion s'engage dans deux mois, de manière à parvenir officiellement à la France, je ferai une réponse si haute, si dure, que la dignité du corps germanique en sera cruellement humiliée. Il ne vous restera qu'à souffrir cette réponse, ou à prendre les armes, car je suis résolu, s'il le faut, à commencer par le continent la guerre que je fais à la Grande-Bretagne. —

M. de Talleyrand, fidèle à sa préférence ordinaire pour la paix, chercha par des expédients à prévenir la rupture. Les ministres étrangers craignant le Premier Consul, trouvant au contraire dans M. de Talleyrand une grâce parfaite, et une facilité qui du reste n'excluait pas la hauteur, le recherchaient assidûment. Parmi les plus soigneux et les plus intelligents se trouvait M. le duc de Dalberg, neveu du prince archichancelier, et alors ministre de Baden à Paris. C'est de lui que se servit M. de Talleyrand pour agir sur la cour de Baden. Après avoir rappelé à cette cour tout ce qu'elle devait à la France, qui avait tant agrandi ses États dans les arrangements de 1803, on lui fit comprendre aussi tout ce qu'elle en pouvait redouter, si

Avril 1804.

Expédient imaginé par M. de Talleyrand pour annuler les conséquences de la note russe.

Avril 1804.

la guerre venait à éclater de nouveau. On l'engagea donc à déclarer à Ratisbonne, qu'elle avait reçu du gouvernement français des explications satisfaisantes, et qu'elle désirait en conséquence qu'il ne fût donné aucune suite à la note russe. Tandis que M. de Talleyrand en exigeait sous main une déclaration pareille, le cabinet de Saint-Pétersbourg, s'appuyant sur la parenté de la maison de Baden avec la famille impériale de Russie, tâchait de modifier cette déclaration, au point de la rendre insuffisante. Mais la France était plus proche et plus forte, et devait l'emporter. Du reste, deux mois allaient s'écouler avant le jour de l'ouverture des débats; on envoyait de Paris à Carlsruhe, de Carlsruhe à Paris, des projets de rédaction, sans cesse modifiés, et on ne pouvait manquer de trouver bientôt une solution convenable.

Le Premier Consul ne s'inquiétait guère de ces allées et venues, et laissait faire son ministre des affaires étrangères. Il avait offensé la Russie, et obligé l'Autriche à se tenir tranquille. Il inquiétait la Prusse de sa froideur, et, quant à la Diète de Ratisbonne, il la traitait comme la représentation d'un corps tombant de vétusté, malgré tout ce qu'il avait fait pour le rajeunir; et il était prêt ou à ne pas lui répondre du tout, ou à lui opposer quelque réplique humiliante. Toutes ces affaires suscitées au dehors par la catastrophe de Vincennes, avaient à peine détourné son attention des affaires du dedans, livrées en ce moment à une véritable crise.

Bien qu'en peu de jours, l'impression produite par

la mort du duc d'Enghien eût reçu du temps l'atténuation qu'en reçoivent bientôt les impressions même les plus vives, cependant il restait une cause permanente d'agitation dans le procès de Georges, Moreau et Pichegru. C'était en effet une fâcheuse, mais inévitable nécessité, que de faire comparaître devant la justice tant de personnages d'espèce si différente, les uns comme MM. de Rivière et de Polignac, chers à l'ancienne aristocratie française, les autres comme Moreau, chers à tout ce qui aimait la gloire de la France, et de les faire comparaître au milieu de la curiosité publique vivement excitée, au milieu du déchaînement des malveillants, toujours prompts à tirer des moindres circonstances les interprétations les plus subtiles ou les plus absurdes. Mais il fallait bien que justice fût rendue, et ce procès allait troubler, pour un ou deux mois encore, le calme ordinaire au gouvernement du Premier Consul.

Un accident, tout à fait imprévu, vint ajouter à l'aspect sombre et sinistre de cette situation. Pichegru, prisonnier du Premier Consul, se défiant d'abord de sa générosité, et croyant difficilement aux offres de sa clémence que M. Réal lui avait apportées, s'était rassuré bientôt, et s'était livré avec confiance à l'idée de conserver la vie, et de recouvrer l'honneur en fondant un grand établissement à Cayenne. Les offres du Premier Consul étaient sincères, car dans sa résolution de ne frapper que les royalistes, il voulait gracier Moreau et Pichegru. M. Réal, incapable d'un mauvais sentiment, eut dans la poursuite de

Avril 1804.

Procès de Georges et Moreau.

Suicide de Pichegru.

cette grande affaire un second malheur. Il était arrivé trop tard à Vincennes; il parut trop rarement dans le cachot de Pichegru, où l'intérêt de l'instruction l'appelait peu, vu qu'on n'espérait rien tirer d'un homme aussi concentré et aussi ferme que l'était cet ancien général de la République. Absorbé par mille soins, M. Réal négligea Pichegru, qui, n'entendant plus parler des propositions du Premier Consul, et apprenant la sanglante exécution de Vincennes, crut qu'il n'y avait point à compter sur la clémence qu'on lui avait offerte et promise. Mourir n'était pas ce qui coûtait le plus à cet homme de guerre : c'était le dénoûment presque forcé des intrigues coupables dans lesquelles il s'était engagé en sortant de la droite route dès 1797; mais il fallait paraître entre Moreau et Georges, l'un qu'il avait compromis, l'autre auquel il avait livré son honneur, en venant figurer à ses côtés dans une conspiration royaliste. Toutes les dénonciations qu'il avait essuyées à l'époque du 18 fructidor, et qu'il avait repoussées avec une feinte indignation, allaient se trouver justifiées. Il perdait avec la vie les tristes restes de son honneur déjà si compromis. Cet infortuné préféra la mort immédiate, mais la mort sans la honte qui devait résulter d'un débat public. Ce sentiment prouve qu'il valait un peu mieux que sa conduite antérieure ne le faisait supposer. Il avait emprunté à M. Réal les œuvres de Sénèque. Une nuit, après avoir lu pendant plusieurs heures, et avoir laissé le livre ouvert à un passage où il est traité de la mort volontaire, il s'étrangla, au moyen d'une cravate de soie dont il avait fait une corde, et d'une cheville de bois dont il avait fait un levier. Vers la fin de la nuit, les gardiens, entendant quelque agitation dans sa chambre, entrèrent, et le trouvèrent suffoqué, le visage rouge, comme s'il avait été frappé d'apoplexie. Les médecins et les magistrats appelés ne laissèrent aucun doute sur la cause de sa mort, et la mirent en parfaite évidence pour tous les hommes de bonne foi.

<small>Avril 1804</small>

Mais il n'y a point de preuve assez claire pour les partis, résolus à croire une calomnie, ou à la propager sans y croire. Sur-le-champ il fut admis chez les royalistes, qui naturellement se plaisaient à imputer tous les crimes au gouvernement, et chez les oisifs, qui sans méchanceté aiment à voir dans les événements plus de complications qu'il n'y en a, il fut admis que Pichegru avait été étranglé par les sicaires du Premier Consul. Cette catastrophe, dite du Temple, était le complément de la catastrophe dite de Vincennes; l'une faisait suite à l'autre. Le caractère du nouveau Néron se déroulait ainsi rapidement. A l'exemple du prince romain, il passait du bien au mal, de la vertu au crime, presque sans transition. Et comme il fallait à ceux qui se donnaient la peine de motiver leurs mensonges, une raison à faire valoir pour expliquer un tel forfait, ils disaient que, n'espérant pas convaincre Pichegru, on l'avait assassiné, pour que sa présence aux débats manquât à la justification de ses coaccusés.

<small>Calomnies dont la mort de Pichegru devient l'occasion.</small>

C'était la plus absurde comme la plus odieuse des inventions. S'il y avait un accusé dont la présence aux débats fût nécessaire, dans l'intérêt du Premier Consul, c'était Pichegru. Pichegru, personnellement, ne pouvait passer pour un rival à craindre, depuis que son affiliation constatée au parti royaliste l'avait perdu dans l'opinion publique; d'ailleurs les dépositions des accusés de tous les partis l'accablaient également. L'homme à redouter, s'il y en avait un, par sa gloire encore intacte, par la difficulté de le convaincre, c'était Moreau; et s'il y avait un accusé utile contre lui, c'était Pichegru, qui avait servi de lien entre les républicains et les royalistes. Pichegru, en effet, amené au débat, ne pouvant nier ni ses relations avec Georges, ni ses relations avec Moreau, ne pouvant pas plus les expliquer que les nier, servait inévitablement à rattacher Moreau aux royalistes, c'est-à-dire à le couvrir d'une juste confusion. Pichegru était donc une immense perte pour l'accusation. Et enfin, à commettre un crime pour se délivrer d'une rivalité redoutable, c'était Moreau, non Pichegru, dont il fallait ainsi terminer la procédure. La supposition était donc aussi stupide qu'atroce. Il n'en fut pas moins admis par les discoureurs des salons royalistes, que le Premier Consul, pour se débarrasser de Pichegru, l'avait fait étrangler. Cette indigne accusation devait tomber promptement, mais en attendant elle jetait du trouble dans les esprits, et les colporteurs de fausses nouvelles, en la répétant, servaient la perfidie des inventeurs. Ce nouveau malheur réveilla pour quelques jours les tristes impressions déjà produites par la conspiration des princes émigrés. Cependant ces impressions ne pouvaient être durables. Si les gens éclairés, amis du Premier Consul, jaloux de sa gloire, devaient conserver au fond du cœur d'inconsolables regrets, les masses sentaient bien qu'elles pouvaient reposer sans crainte à l'abri d'une main ferme et juste. Personne ne croyait sérieusement que les exécutions, les exils, les spoliations allaient recommencer. Il faut même l'avouer, les hommes individuellement engagés dans la Révolution, soit qu'ils eussent acquis, ou des propriétés nationales, ou des fonctions publiques, ou une célébrité embarrassante, étaient secrètement satisfaits de voir le général Bonaparte séparé des Bourbons par un fossé rempli de sang royal.

Avril 1804

Du reste, les sensations produites par les événements politiques se renfermaient alors dans un nombre de personnes chaque jour plus restreint. La participation extraordinaire que la nation avait prise aux affaires publiques, pendant la Révolution, avait fait place à une sorte d'inattention, provenant à la fois de lassitude et de confiance. Dans les premiers temps du Consulat, on tenait encore les yeux fixés sur le gouvernement avec une certaine anxiété; mais bientôt, en le voyant si habile et si heureux, on s'était laissé aller à la sécurité, au repos, et on était revenu au soin de ses affaires privées, long-temps négligées pendant une révolution orageuse, qui avait bouleversé à la fois la propriété, le commerce et l'industrie. De ces masses soulevées, il ne restait d'attentives aux événements du jour que ces classes qui ont assez de loisir et de lumières pour s'occu-

Divergences de l'opinion publique à l'occasion des derniers événements.

per des affaires de l'État, et les intéressés de tous les partis, émigrés, prêtres, acquéreurs de biens nationaux, militaires, gens en place.

Or, dans ce public, les impressions étaient partagées. Si les uns déclaraient abominable l'acte commis sur la personne du duc d'Enghien, les autres ne trouvaient pas moins abominables les complots sans cesse renouvelés contre la personne du Premier Consul. Ceux-ci disaient que les royalistes, pour ressaisir le gouvernement, dont ils étaient indignes et incapables, s'exposaient à détruire tout gouvernement en France; que le Premier Consul mort, personne ne pourrait tenir les rênes du pouvoir d'une manière assez ferme; que l'on retomberait dans l'anarchie et dans le sang; qu'on avait bien fait, après tout, de se montrer sévère, afin de décourager les scélérats et les imprudents; que les royalistes étaient incorrigibles; que, comblés de biens par le Premier Consul, ils ne savaient être ni reconnaissants, ni même résignés; qu'il avait fallu, pour en finir avec eux, les faire trembler, au moins une fois. C'est là ce qu'on répétait dans les cercles formés autour du gouvernement, où figuraient les chefs de l'armée, de l'administration, de la magistrature, les membres du Sénat, du Tribunat, du Corps Législatif. Et même, l'impression produite par la mort du duc d'Enghien commençant à s'effacer, on disait des choses à peu près semblables chez les gens paisibles, désintéressés, qui demandaient qu'on les laissât enfin reposer à l'abri du bras puissant qui gouvernait alors la France.

De ce conflit des esprits jaillit instantanément une idée, propagée bientôt avec la promptitude de l'éclair. Les royalistes, considérant le Premier Consul comme le seul obstacle à leurs projets, avaient voulu le frapper, espérant que le gouvernement périrait tout entier avec lui. Eh bien! s'écriait-on, il fallait tromper leurs criminelles espérances. Cet homme qu'ils voulaient détruire, il fallait le faire roi ou empereur, pour que l'hérédité, ajoutée à son pouvoir, lui assurât des successeurs naturels et immédiats, et que, le crime commis sur sa personne devenant inutile, on fût moins tenté de le commettre. Ainsi qu'on le voit, le retour vers les opinions monarchiques avait été rapide depuis quelques années. De cinq directeurs nommés pour cinq ans, on avait passé à l'idée de trois consuls nommés pour dix ans: puis de l'idée de trois consuls, à celle d'un seul consul de fait, ayant le pouvoir à vie. Dans une telle voie on ne pouvait s'arrêter qu'après avoir franchi le dernier pas, c'est-à-dire après être revenu au pouvoir héréditaire. Il suffisait pour cela de la moindre secousse imprimée aux esprits. Cette secousse, les royalistes s'étaient chargés de l'imprimer eux-mêmes, en voulant assassiner le Premier Consul; et ils donnèrent là un spectacle fort ordinaire, car, le plus souvent, ce sont les ennemis d'un gouvernement qui, par leurs attaques imprudentes, lui font faire ses progrès les plus rapides.

En un instant, soit au Sénat, soit au Corps Législatif, soit au Tribunat, non-seulement à Paris, mais dans les chefs-lieux de département, où les

Avril 1804.

Du conflit des opinions, naît une idée qui envahit en un instant tous les esprits, celle du rétablissement de la monarchie.

collèges électoraux étaient assemblés, dans les camps répandus sur les côtes, on entendit presque spontanément préconiser les idées de monarchie et d'hérédité. Ce mouvement d'opinion était naturel; il était aussi quelque peu excité par les manifestations des diverses assemblées qui voulaient plaire, par les préfets qui cherchaient à signaler leur zèle, par les généraux qui désiraient attirer sur eux les regards d'un maître tout-puissant, tous sachant bien qu'en proposant la monarchie ils devinaient la secrète pensée de ce maître, et qu'ils ne le blesseraient certainement point, si par hasard ils devançaient le moment fixé par son ambition.

Sans être dicté, le langage fut uniforme partout. Il fallait, disait-on, mettre un terme aux hésitations, aux faux scrupules, et en venir à la seule institution qui fût stable, c'est-à-dire à la monarchie héréditaire. Tant que les royalistes espéreraient détruire le gouvernement et la Révolution d'un seul coup, ils renouvelleraient leurs forfaits, et peut-être ils finiraient par réussir. Ils ne recommenceraient plus, ou du moins ils auraient un moindre intérêt à recommencer, quand ils verraient à côté du Premier Consul des enfants ou des frères prêts à lui succéder, et le gouvernement nouveau ayant, comme l'ancien, la propriété de se survivre à lui-même. Placer une couronne sur cette tête précieuse et sacrée, sur laquelle reposaient les destinées de la France, c'était y placer un bouclier, qui la protégerait contre les coups des assassins.

En la protégeant, on protégerait tous les intérêts nés de la Révolution; on sauverait d'une réaction sanguinaire les hommes compromis par leurs égarements; on conserverait aux acquéreurs de domaines nationaux leurs biens, aux militaires leurs grades, à tous les membres du gouvernement leurs positions, à la France le régime d'égalité, de justice et de grandeur qu'elle avait conquis. D'ailleurs tout le monde, ajoutait-on, était revenu à de saines idées. Tout le monde avait peine à comprendre comment on s'était laissé entraîner, par des théoriciens insensés, à faire de cette vaste et vieille France une République, comme celles de Sparte et d'Athènes. Tout le monde reconnaissait qu'en détruisant la monarchie pour la république, on avait dépassé les premiers et légitimes vœux de la Révolution de 1789, qui ne voulait que la réforme des abus, l'abolition du régime féodal, la modification de l'autorité royale, et non son renversement ; que si en 1802, lors de l'institution du Consulat à vie, une fausse honte avait retenu les législateurs de la France, aujourd'hui que cette fausse honte était passée, aujourd'hui que les crimes des royalistes avaient achevé de dessiller tous les yeux, il fallait prendre son parti, et constituer le gouvernement par un acte complet et définitif; qu'après tout on ne ferait ainsi qu'ajouter le droit au fait, car en réalité le général Bonaparte était roi, mais roi absolu; tandis qu'en lui décernant la royauté, sous sa véritable forme, on traiterait avec lui, on limiterait cette royauté, on donnerait d'un même coup

Avril 1804.

Spectacle singulier et instructif de la France retournant à la monarchie.

de la durée au gouvernement, et des garanties à la liberté.

Tel était le langage général, quelques jours après les scènes douloureuses que nous avons rapportées plus haut.

Quel spectacle que celui de cette nation qui, après avoir essayé de la république sanglante sous la Convention, de la république modérée mais inerte sous le Directoire, dégoûtée subitement de ce gouvernement collectif et civil, demandait à grands cris la main d'un militaire pour la gouverner, se montrait si pressée d'en avoir un qu'elle allait prendre l'infortuné Joubert en l'absence du général Bonaparte; courait au-devant de celui-ci à son retour d'Égypte, le suppliait d'accepter un pouvoir qu'il n'était que trop impatient de saisir, le faisait consul pour dix ans, puis consul à vie, et enfin monarque héréditaire, pourvu qu'elle fût garantie, par le bras vigoureux d'un homme de guerre, de cette anarchie dont le spectre effrayant la poursuivait sans cesse! Quel enseignement pour les sectaires, qui avaient cru, dans le délire de leur orgueil, faire de la France une république, parce que le temps en avait fait une démocratie! Qu'avait-il fallu pour ce changement d'idées? Quatre années seulement, et une conspiration avortée contre l'homme extraordinaire, objet de l'amour des uns, de la haine des autres, de l'attention passionnée de tous! Et admirez encore la profondeur de cet enseignement! Cet homme venait d'être en butte à une tentative criminelle; mais il venait, à son tour, de commettre un acte sanguinaire; et, dans ce moment même, on ne craignait pas de l'élever sur le pavois, tant on le sentait nécessaire! On le prenait non pas moins glorieux, mais moins pur. On l'avait pris avec son génie, on l'aurait pris sans ce génie, on l'aurait pris quel qu'il fût, pourvu qu'il fût puissant; tant on souhaitait la force, au lendemain de si grands désordres! N'avons-nous pas vu autour de nous, et de nos jours, des nations effrayées se jeter dans les bras de soldats médiocres, parce qu'ils présentaient au moins les apparences de la force?

À Rome, vieille république, il avait fallu le besoin long-temps senti d'un chef unique, l'inconvénient souvent répété de la transmission élective du pouvoir, il avait fallu plusieurs générations, César d'abord, puis Auguste après César, et même Tibère après Auguste, pour habituer les Romains à l'idée d'un pouvoir monarchique et héréditaire. Il ne fallait pas tant de précautions en France pour un peuple façonné depuis douze siècles à la monarchie, et depuis dix ans seulement à la république. Il fallait un simple accident, pour revenir du rêve de quelques esprits généreux mais égarés, aux vivants et indestructibles souvenirs de la nation entière.

En tout pays déchiré par des factions, menacé par des ennemis extérieurs, le besoin d'être gouverné et défendu amènera, tôt ou tard, le triomphe d'un personnage puissant, guerrier comme César à Rome, riche comme les Médicis à Florence. Si ce pays a vécu long-temps en république, il faudra plusieurs générations pour le façonner à la monarchie; mais si ce pays a toujours vécu en monarchie, et que la folie des factions l'ait pour un instant arraché à son état naturel, pour en faire une république éphémère, il faudra quelques années de troubles pour inspirer l'horreur de l'anarchie, moins d'années encore pour trouver le soldat capable d'y mettre un terme, et un vœu de ce soldat, ou un coup de poignard de ses ennemis, pour le faire roi ou empereur, et ramener ainsi le pays à ses habitudes, et dissiper le songe de ceux qui avaient cru changer la nature humaine avec de vains décrets, avec des serments plus vains encore. Rome et Florence, long-temps républiques, aboutirent, l'une aux Césars, l'autre aux Médicis, et mirent plus d'un demi-siècle à se donner à eux. L'Angleterre et la France, républiques de dix années, aboutirent, en trois ou quatre ans, à Cromwell et à Napoléon.

Ainsi la Révolution, dans ce retour rapide sur elle-même, devait venir à la face du ciel confesser ses erreurs, l'une après l'autre, et se donner d'éclatants démentis! Distinguons cependant : lorsqu'elle avait voulu l'abolition du régime féodal, l'égalité devant la loi, l'uniformité de la justice, de l'administration et de l'impôt, l'intervention régulière de la nation dans le gouvernement de l'État, elle ne s'était point trompée; elle n'avait aucun démenti à se donner; et elle ne s'en est donné aucun. Lorsqu'elle avait, au contraire, voulu une égalité barbare et chimérique, l'absence de toute hiérarchie sociale, la présence continuelle et tumultueuse de la multitude dans le gouvernement, la république dans une monarchie de douze siècles, l'abolition de tout culte, elle avait été folle et coupable, et elle devait venir faire, en présence de l'univers, la confession de ses égarements! Mais qu'importent quelques erreurs passagères, à côté des vérités immortelles qu'au prix de son sang elle a léguées au genre humain! Ses erreurs mêmes contenaient encore d'utiles et graves leçons, données au monde avec une incomparable grandeur. Toutefois, si, dans ce retour à la monarchie, la France obéissait aux lois immuables de la société humaine, elle allait vite, trop vite peut-être, comme il est d'usage dans les révolutions. Une dictature, sous le titre de Protecteur, avait suffi à Cromwell. La dictature, sous la forme de consulat perpétuel, avec un pouvoir étendu comme son génie, durable comme sa vie, aurait dû suffire au général Bonaparte, pour accomplir tout le bien qu'il méditait, pour reconstruire cette ancienne société détruite, pour la transmettre, après l'avoir réorganisée, ou à ses héritiers s'il devait en avoir, ou à ceux qui, plus heureux, étaient destinés à profiter un jour de ses œuvres. Il était, en effet, arrêté dans les desseins de la Providence, que la Révolution, poursuivant son retour sur elle-même, irait plus loin que le rétablissement de la forme monarchique, et irait jusqu'au rétablissement de l'ancienne dynastie elle-même. Pour accomplir sa noble tâche, la dictature, à notre avis, sous la forme du consulat à vie, suffisait donc au général

Bonaparte, et en le créant monarque héréditaire, on tentait quelque chose qui n'était, ni le meilleur pour sa grandeur morale, ni le plus sûr pour la grandeur de la France. Non que le droit manquât à ceux qui voulaient avec un soldat faire un roi ou un empereur : la nation pouvait incontestablement transporter à qui elle voulait, et à un soldat sublime plus qu'à tout autre, le sceptre de Charlemagne et de Louis XIV. Mais ce soldat, dans sa position naturelle et simple de premier magistrat de la république française, n'avait point d'égal sur la terre, même sur les trônes les plus élevés. En devenant monarque héréditaire, il allait être mis en comparaison avec les rois, petits ou grands, et constitué leur inférieur en un point, celui du sang. Ne fût-ce qu'aux yeux du préjugé, il allait être au-dessous d'eux en quelque chose. Accueilli dans leur compagnie, et flatté, car il était craint, il serait en secret dédaigné par les plus chétifs. Mais, ce qui est plus grave encore, que ne tenterait-il pas, devenu roi ou empereur, pour devenir roi des rois, chef d'une dynastie de monarques relevant de son trône nouveau! Que d'entreprises gigantesques, auxquelles succomberait peut-être la fortune de la France! Que de stimulants pour une ambition déjà trop excitée, et qui ne pouvait périr que par ses propres excès!

Si donc, à notre avis du moins, l'institution du Consulat à vie avait été un acte sage et politique, le complément indispensable d'une dictature devenue nécessaire, le rétablissement de la monarchie sur la tête de Napoléon Bonaparte, était non pas une usurpation (mot emprunté à la langue de l'émigration), mais un acte de vanité de la part de celui qui s'y prêtait avec trop d'ardeur, et d'imprudente avidité de la part des nouveaux convertis, pressés de *dévorer* ce règne d'*un moment*. Cependant, s'il ne s'agissait que de donner une leçon aux hommes, nous en convenons, la leçon était plus instructive et plus profonde, plus digne de celles que la Providence adresse aux nations, quand elle était donnée par ce soldat héroïque, par ces républicains récemment convertis à la monarchie, pressés les uns et les autres de se vêtir de pourpre, sur les débris d'une république de dix années, à laquelle ils avaient prêté mille serments. Malheureusement, la France, qui avait payé de son sang leur délire républicain, était exposée à payer de sa grandeur leur nouveau zèle monarchique; car c'est pour qu'il y eût des rois français en Westphalie, à Naples, en Espagne, que la France a perdu le Rhin et les Alpes. Ainsi, en toutes choses, la France était destinée à servir d'enseignement à l'univers : grand malheur, et grande gloire pour une nation!

Il faut, à chaque changement, des hommes qui se chargent de réaliser les idées qui sont dans tous les esprits, c'est-à-dire des instruments. Il s'en trouva un, pour la révolution qui se préparait, bien singulièrement approprié à la circonstance. M. Fouché avait jusqu'ici, par un reste de sincérité, blâmé la rapidité de la réaction qui ramenait la France vers le passé; il avait même obtenu la faveur de madame

Avril 1804.

Rôle de M. Fouché dans la révolution monarchique qui se préparait.

Bonaparte, en paraissant partager ses craintes confuses; mais il avait, pour ce même motif, encouru la disgrâce de son ambitieux époux. A ce rôle ingrat d'improbateur secret, M. Fouché avait perdu un ministère, et il ne voulait pas le jouer plus longtemps. Aussi avait-il embrassé le rôle tout contraire. Dirigeant spontanément la police, dans la poursuite de la dernière conspiration, il s'était lui même remis en place. Voyant le Premier Consul profondément irrité contre les royalistes, il avait flatté sa colère, et l'avait poussé à immoler le duc d'Enghien. Si la pensée qu'on a souvent prêtée au Premier Consul, de conclure un pacte sanglant avec les révolutionnaires, et d'en obtenir la couronne au prix d'un gage effroyable, si cette pensée s'était fait jour dans l'âme de quelque homme de ce temps, c'était assurément dans celle de M. Fouché. Approbateur de la mort du duc d'Enghien, il était aussi le plus ardent des nouveaux partisans de l'hérédité. Il surpassait MM. de Talleyrand, Rœderer et Fontanes, en zèle monarchique.

Certes le Premier Consul n'avait pas besoin d'être encouragé pour aspirer au trône. Il souhaitait le rang suprême, non pas que ce fût sa constante pensée depuis ses campagnes d'Italie, ni même depuis le 18 brumaire, ainsi que l'ont supposé des narrateurs vulgaires; non, il n'avait pas conçu tous les désirs à la fois. Son ambition avait grandi par degrés, comme sa fortune. Arrivé au commandement des armées, il avait aperçu de ce point élevé les hauteurs plus élevées encore du gouvernement de la République, et il y avait aspiré. Arrivé à ces hauteurs, il avait entrevu celles du Consulat perpétuel, placées au-dessus, et y avait aspiré de même. Parvenu à ces dernières, d'où il voyait distinctement le trône, il y voulait monter. Ainsi marche l'ambition humaine, et ce n'était pas là un crime. Mais pour les esprits clairvoyants, c'était un danger que cette ambition sans cesse excitée, et sans cesse satisfaite, car c'était l'exciter encore que de la satisfaire toujours.

Avril 1804.

Mais au moment de prendre un pouvoir qui ne lui appartient pas naturellement, tout génie, quelque audacieux qu'il soit, hésite au moins, s'il ne tremble pas. Dans ces situations, une involontaire pudeur saisit l'ambition la plus ardente, et on n'ose pas avouer tout ce qu'on désire. Le Premier Consul, qui s'entretenait peu des affaires de l'État avec ses frères, avait en eux, lorsqu'il s'agissait de sa grandeur personnelle, des confidents auxquels il aimait à tout dire, et des confidents plus ardents que lui-même, car ils brûlaient de devenir princes. On doit se souvenir qu'ils avaient regardé le Consulat à vie avec dépit, et comme une tentative avortée. A l'époque dont il s'agit, Lucien était absent, et Joseph allait quitter Paris. Lucien, par une nouvelle inconséquence de sa façon, avait épousé une veuve, belle, mais fort peu assortie à la position de la famille Bonaparte. Brouillé avec le Premier Consul à cause de ce mariage, il s'était retiré à Rome, jouant le proscrit, et semblant chercher dans les jouissances des arts le dédommagement de l'ingratitude frater-

Absence des frères du Premier Consul au moment où se prépare le rétablissement de la monarchie.

nelle. Madame Lætitia Bonaparte, qui, sous la modestie d'une femme née pauvre, et affectant de s'en souvenir, cachait quelques-unes des passions d'une impératrice mère, se plaignait constamment et à tort de Napoléon, et montrait pour son fils Lucien une préférence marquée : elle l'avait suivi à Rome. Le Premier Consul, plein d'affection pour ses proches, même quand il n'avait point à s'en louer, avait accompagné sa mère et son frère de sa toute-puissante protection, et les avait recommandés à la bienveillance de Pie VII, en disant que son frère allait chercher à Rome les plaisirs des arts, et sa mère, le bienfait d'un doux climat. Pie VII avait pour ces hôtes illustres les attentions les plus empressées et les plus délicates.

Joseph était mécontent aussi, on n'imaginerait pas de quoi, si l'histoire ne prenait soin de le raconter. Il s'était senti blessé de ce que le Premier Consul avait voulu le nommer président du Sénat, et il avait refusé ces hautes fonctions avec le ton de la dignité offensée, lorsque M. Cambacérès était venu les lui offrir de la part du Premier Consul. Ce dernier, qui n'aimait pas qu'on fût oisif, lui avait fait dire alors d'aller chercher la grandeur, là même où il avait trouvé la sienne, c'est-à-dire à l'armée. Joseph, nommé colonel du 4ᵉ de ligne, partait pour Boulogne, au moment où s'agitait la grande question du rétablissement de la monarchie. Le Premier Consul était donc privé des deux confidents auxquels il s'en remettait volontiers des affaires de sa grandeur personnelle. M. Cambacérès auquel il s'ouvrait le plus ordinairement sur toutes choses,

L'EMPIRE.

générales ou personnelles, M. Cambacérès, à l'époque du Consulat à vie, lui avait épargné l'embarras d'avouer ce qu'il souhaitait, en prenant l'initiative, et en se faisant l'instrument d'un changement universellement approuvé. Mais actuellement, M. Cambacérès se taisait pour deux raisons, l'une bonne, l'autre mauvaise. La bonne raison, c'est qu'avec sa rare prévoyance, il craignait les emportements d'une ambition sans limites. Il avait entendu parler d'empire des Gaules, d'empire de Charlemagne, et il tremblait de voir la grandeur solide du traité de Lunéville sacrifiée à des entreprises gigantesques, par suite de l'élévation du général Bonaparte au trône impérial. La raison moins bonne, c'était son intérêt froissé, car il allait se trouver séparé du Premier Consul par toute la hauteur du trône, et devenir, de copartageant de la souveraineté, quelque petite qu'en fût sa part, simple sujet du futur monarque. Il se taisait donc, et ne mettait point, cette fois, comme la précédente, son influence au service du Premier Consul. Le troisième consul Lebrun, parfaitement dévoué, mais ne se mêlant jamais d'autre chose que de l'administration, ne pouvait être d'aucune utilité.

Avril 1804.

M. Fouché, dans l'ardeur de son zèle, se fit l'agent spontané du changement qui se préparait. Il aborda le Premier Consul, dont il avait deviné les secrets désirs, lui représenta la nécessité de prendre un parti prompt et décisif, l'urgence de terminer les anxiétés de la France, en mettant la couronne sur sa tête, et en consolidant ainsi définitivement les

M. Fouché, en l'absence des frères Bonaparte, et dans l'inaction du consul Cambacérès, devient l'instrument de la nouvelle révolution.

résultats de la Révolution. Il lui montra toutes les classes de la nation animées du même sentiment, et impatientes de le proclamer Empereur des Gaules, ou Empereur des Français, comme il conviendrait à sa politique ou à son goût. Il revint souvent à la charge, s'attachant à faire sentir les avantages de l'à-propos, dans un instant où la France, alarmée pour la vie du Premier Consul, était disposée à concéder tout ce qu'on lui demanderait. Il passa presque des exhortations aux reproches, et gourmanda vivement les incertitudes du général Bonaparte. Celui-ci n'avait pas quitté sa retraite de la Malmaison depuis l'événement de Vincennes. M. Fouché y allait sans cesse, et quand il ne pouvait joindre le Premier Consul, sorti pour se rendre à la promenade ou ailleurs, il s'emparait de son secrétaire intime, M. de Meneval, et lui démontrait tout au long les avantages de la monarchie héréditaire, et non-seulement de la monarchie, mais de l'aristocratie, comme appui et ornement du trône; ajoutant que si le Premier Consul voulait la rétablir, il était tout prêt à défendre la sagesse de cette nouvelle création, et, s'il le fallait, à devenir noble lui-même.

Tel était le zèle de cet ancien républicain revenu si complétement de ses erreurs. Son activité inquiète, plus excitée cette fois que de coutume, le portait à se remuer au delà du besoin. Il s'agitait comme ces gens qui veulent avoir le mérite de pousser ce qui marche tout seul.

Il n'était presque personne, en effet, qui ne fût disposé à seconder les vœux du Premier Consul. La

France voyant depuis long-temps se préparer un maître, qui du reste la comblait de gloire et de biens, ne voulait pas lui refuser le titre qui plairait le plus à son ambition. Les corps de l'État, les chefs de l'armée, qui savaient combien toute résistance était désormais impossible, et qui avaient vu dans la ruine de Moreau le danger d'une opposition intempestive, se jetaient avec empressement au-devant du nouveau César, pour être au moins distingués par leur zèle, et profiter d'une élévation qu'il n'était plus temps d'empêcher. C'est l'ordinaire disposition des hommes d'exploiter l'ambition qu'il leur est impossible de combattre avec succès, et de se consoler de l'envie par l'avidité. Il n'y avait pour tout le monde qu'un embarras, celui de remettre en usage des mots qu'on avait proscrits, d'en répudier d'autres qu'on avait adoptés avec enthousiasme. Une légère précaution dans le choix du titre à conférer au futur monarque, pouvait faciliter la chose. Ainsi en l'appelant Empereur et non pas roi, la difficulté était fort diminuée. D'ailleurs, pour tirer la génération présente d'un pareil embarras, personne n'était mieux fait qu'un ancien jacobin tel que M. Fouché, se chargeant de donner l'exemple à tous, maître et sujets, et s'empressant de proférer, le premier, les mots qu'on n'osait pas encore avoir à la bouche.

M. Fouché arrangea tout avec quelques meneurs du Sénat, le Premier Consul voyant ce qui se faisait, l'approuvant, mais feignant de n'y être pour rien. On craignait de prendre l'initiative dans les

Avril 1804.

Les journaux

journaux français, car leur dépendance absolue de la police aurait trop prêté à leur opinion le caractère d'une opinion de commande. On avait des agents secrets en Angleterre, et on fit dire, dans certains journaux anglais, que, depuis la dernière conspiration, le général Bonaparte était inquiet, sombre et menaçant; que chacun vivait à Paris dans l'anxiété; que c'était la conséquence naturelle d'une forme de gouvernement où tout reposait sur une seule tête, et qu'aussi les gens paisibles en France souhaitaient que l'hérédité, établie dans la famille Bonaparte, procurât à l'ordre actuel des choses la stabilité qui lui manquait. Ainsi la presse anglaise, ordinairement employée à diffamer le Premier Consul, fut employée cette fois à servir son ambition. Ces articles, reproduits et commentés, causèrent une sensation très-vive, et donnèrent le signal attendu. Il y avait à cette époque plusieurs collèges électoraux assemblés dans l'Yonne, le Var, les Hautes-Pyrénées, le Nord et la Roër. Il était facile d'en obtenir des adresses. On en provoqua également de la part des conseils municipaux des grandes villes, telles que Lyon, Marseille, Bordeaux et Paris. Enfin, les camps réunis le long de l'Océan furent à leur tour mis en fermentation. Les militaires, en général, étaient de toutes les classes la plus dévouée au Premier Consul. A part un certain nombre d'officiers et de généraux, les uns républicains sincères, les autres animés par la vieille rivalité qui divisait les soldats du Rhin et d'Italie, la plupart des chefs de l'armée voyaient leur propre élévation dans cette élévation d'un homme de guerre au trône de France. Ils étaient donc parfaitement disposés à prendre l'initiative, et à faire ce qu'on avait vu souvent dans l'Empire romain, à proclamer eux-mêmes un empereur. Le général Soult écrivait au Premier Consul qu'il avait entendu généraux et colonels, que tous demandaient l'établissement d'une nouvelle forme de gouvernement, et étaient prêts à donner au Premier Consul le titre d'Empereur des Gaules. Il lui demandait ses ordres à cet égard. Des pétitions circulaient dans les divisions de dragons campées à Compiègne; ces pétitions se couvraient de signatures, et allaient arriver à Paris.

Le dimanche 4 germinal (25 mars), quelques jours après la mort du duc d'Enghien, plusieurs adresses des colléges électoraux furent présentées au Premier Consul. L'amiral Ganteaume, l'un de ses amis dévoués, présenta lui-même l'adresse du collége du Var, dont il était le président. Elle disait en termes formels qu'il ne suffisait pas de *saisir*, d'*atteindre* et de *punir* les conspirateurs, mais qu'il fallait, par un large système d'institutions qui consolidât et perpétuât le pouvoir dans les mains du Premier Consul et de sa famille, assurer le repos de la France, et mettre fin à ses longues anxiétés. D'autres adresses furent lues dans la même audience, et, immédiatement après ces manifestations, en vint une d'un ordre plus élevé. M. de Fontanes avait reçu la présidence du Corps Législatif, et avait obtenu ainsi, par la faveur de la famille Bonaparte, une place qu'il méritait d'obtenir

Avril 1804.

Le signal donné, une foule d'adresses partent en même temps des colléges électoraux et des conseils municipaux des grandes villes.

par ses seuls talents. Il avait mission de féliciter le Premier Consul pour l'achèvement d'une œuvre immortelle, le Code civil. Ce Code, fruit de tant de savantes veilles, monument de la forte volonté et de l'esprit universel du chef de la République, avait été terminé dans la présente session, et le Corps Législatif reconnaissant avait résolu de consacrer ce souvenir, en plaçant, dans la salle de ses séances, le buste en marbre du Premier Consul. C'est là ce que M. de Fontanes venait annoncer dans cette audience, et certes, de tous les titres de l'homme qu'on voulait glorifier, il n'en était aucun qu'il fût plus convenable de rappeler, dans un moment où l'on allait le faire souverain héréditaire d'un pays organisé par son génie. M. de Fontanes s'exprima comme il suit :

« CITOYEN PREMIER CONSUL,

» Un Empire immense repose depuis quatre ans
» sous l'abri de votre puissante administration. La
» sage uniformité de vos lois en va réunir de plus en
» plus tous les habitants. Le Corps Législatif veut
» consacrer cette époque mémorable : il a décrété
» que votre image, placée au milieu de la salle de
» ses délibérations, lui rappellerait éternellement
» vos bienfaits, les devoirs et les espérances du peu-
» ple français. Le double droit de conquérant et de
» législateur a toujours fait taire tous les autres; vous
» l'avez vu confirmé dans votre personne par le suf-
» frage national. Qui pourrait nourrir encore le cri-
» minel espoir d'opposer la France à la France? Se

» divisera-t-elle pour quelques souvenirs passés,
» quand elle est unie par tous les intérêts présents?
» Elle n'a qu'un chef, et c'est vous; elle n'a qu'un
» ennemi, et c'est l'Angleterre.

» Les tempêtes politiques ont pu jeter quelques
» sages eux-mêmes dans des routes imprévues.
» Mais sitôt que votre main a relevé les signaux de
» la patrie, tous les bons Français les ont reconnus
» et suivis; tous ont passé du côté de votre gloire.
» Ceux qui conspirent au sein d'une terre ennemie
» renoncent irrévocablement à la terre natale; et que
» peuvent-ils opposer à votre ascendant? Vous avez
» des armées invincibles, ils n'ont que des libelles
» et des assassins; et tandis que toutes les voix de
» la religion s'élèvent en votre faveur au pied de ces
» autels que vous avez relevés, ils vous font outra-
» ger par quelques organes obscurs de la révolte et
» de la superstition. L'impuissance de leurs complots
» est prouvée. Ils rendront tous les jours la destinée
» plus rigoureuse en luttant contre ses décrets.
» Qu'ils cèdent enfin à ce mouvement irrésistible
» qui emporte l'univers, et qu'ils méditent en silence
» sur les causes de la ruine et de l'élévation des
» empires. »

Cette abjuration des Bourbons faite en face du nouveau monarque désigné, avec cette solennité de langage, était, quoique indirecte, la plus significative des manifestations. Cependant on ne voulait rien publier avant que le corps le plus élevé de l'État, le Sénat, chargé par la Constitution de prendre l'initiative, eût fait une première démarche.

Afin d'obtenir cette démarche, il était nécessaire de s'entendre avec M. Cambacérès, qui dirigeait le Sénat. Pour cela, il fallait s'expliquer avec lui, et s'assurer sa bonne volonté; non pas qu'on eût quelque résistance à craindre de sa part, mais sa simple désapprobation, quoique silencieuse, aurait été un désagrément véritable, dans une circonstance où il importait que tout le monde parût entraîné.

Le Premier Consul fit appeler MM. Lebrun et Cambacérès à la Malmaison. M. Lebrun, comme le plus facile à persuader, avait été appelé le premier. Il n'y avait avec lui aucun effort à faire, car il était partisan décidé de la monarchie, et plus volontiers sous la souveraineté du général Bonaparte que sous celle de tout autre. M. Cambacérès, mécontent de ce qui se préparait, arriva quand déjà la conférence était fort avancée avec son collègue Lebrun. Le Premier Consul, après avoir parlé du mouvement qui se produisait dans les esprits, comme s'il y eût été étranger, demanda l'avis du second Consul sur la question, tant agitée en ce moment, du rétablissement de la monarchie.

— Je me doutais bien, lui répondit M. Cambacérès, que c'était là ce dont il s'agissait. Je vois que tout tend à ce but, et je le déplore. — Alors dissimulant mal le déplaisir personnel qui se mêlait chez lui à des vues de sagesse, M. Cambacérès exposa au Premier Consul les motifs de son opinion. Il lui peignit les républicains mécontents de ce qu'on ne leur laissait pas même le nom de la chimère qu'ils avaient poursuivie, les royalistes révoltés de ce qu'on osait relever le trône sans y faire asseoir un Bourbon; il montra le danger de pousser le retour à l'ancien régime si loin, que bientôt il ne resterait qu'à mettre une personne à la place d'une autre, pour que la vieille monarchie fût rétablie. Il rapporta les propos des royalistes eux-mêmes, qui se vantaient tout haut d'avoir, dans le général Bonaparte, un précurseur chargé de préparer le retour des Bourbons. Il fit valoir l'inconvénient d'un nouveau changement, sans autre utilité qu'un vain titre, car le pouvoir du Premier Consul était actuellement illimité, et il fit remarquer que souvent il y avait plus de danger à changer le nom des choses que les choses elles-mêmes. Il allégua la difficulté d'obtenir de l'Europe la reconnaissance de la monarchie qu'on voulait fonder, et la difficulté plus grande encore d'obtenir de la France l'effort d'une troisième guerre, s'il fallait recourir à ce moyen pour arracher la reconnaissance aux vieilles cours européennes; il mit enfin beaucoup de raisons en avant, les unes excellentes, les autres médiocres, et dans lesquelles perçait une humeur peu ordinaire à ce grave personnage. Mais il n'osa pas donner les meilleures qu'il savait bien; c'est que si l'on accordait cette nouvelle satisfaction à une ambition immense, on ne pourrait s'arrêter nulle part, car en décernant au général Bonaparte le titre d'empereur des Français, on le préparait à désirer celui d'empereur d'Occident, auquel il a secrètement aspiré depuis, ce qui n'a pas été la moindre des causes qui l'ont poussé à dépasser toutes les bornes du possible, et à périr en les dépassant. Comme tout homme gêné, contraint, M. Cambacérès ne dit pas ce qu'il y avait de meilleur à dire, et fut battu par son interlocuteur. Le Premier Consul, si dissimulé dans ses désirs lors de l'institution du Consulat à vie, faisait cette fois le pas qu'on ne voulait pas faire vers lui. Il avoua franchement à son collègue Cambacérès qu'il songeait à prendre la couronne, et déclara pourquoi. Il soutint que la France voulait un roi, que cela était évident pour quiconque savait observer; qu'elle revenait chaque jour des folies qu'on lui avait mises un moment en tête, et que de toutes ces folies la république était la plus insigne; que la France en était si complétement désabusée, qu'elle prendrait un Bourbon, si on ne lui donnait un Bonaparte; que le retour des Bourbons serait une calamité, car ce serait la contre-révolution pure, et que, pour lui, sans désirer plus de pouvoir qu'il n'en avait, il cédait en cette occasion à une nécessité des esprits, et à l'intérêt de la Révolution elle-même; que du reste il importait de prendre un parti, car le mouvement était tel dans l'armée qu'on le proclamerait empereur peut-être dans les camps, et qu'alors son élévation au trône ressemblerait à une scène de prétoriens, ce qu'il fallait éviter avant tout.

Ces raisons persuadèrent peu M. Cambacérès, qui n'avait pas envie de se laisser persuader, et chacun demeura dans son opinion, fâché de s'être trop avancé. Cette résistance imprévue de M. Cambacérès embarrassa le Premier Consul, qui, feignant alors moins d'impatience qu'il n'en avait réellement, dit à ses deux collègues qu'il ne se mêlerait de rien, et livrerait le mouvement des esprits à lui-même. On se quitta mécontent les uns des autres, et M. Cambacérès revenant avec M. Lebrun à Paris, vers le milieu de la nuit, adressa ces paroles à son collègue : C'en est fait, la monarchie est rétablie; mais j'ai le pressentiment que ce qu'on édifie ne sera pas durable. Nous avons fait la guerre à l'Europe pour lui donner des républiques, filles de la République française; nous la ferons maintenant pour lui donner des monarques, fils ou frères du nôtre, et la France épuisée finira par succomber à ces folles entreprises. —

Mais cette désapprobation de M. Cambacérès était la plus silencieuse et la plus inactive des résistances. Il laissa M. Fouché et ses auxiliaires agir à leur gré. Une occasion excellente s'offrait à eux. Suivant l'usage d'adresser au Sénat des communications sur les événements importants, on lui avait présenté un rapport du grand-juge relativement aux intrigues des agents anglais Drake, Spencer Smith et Taylor. Il fallait répondre à cette communication du gouvernement. Le Sénat avait nommé une commission pour lui proposer un projet de réponse. Les meneurs, trouvant la circonstance favorable, s'efforcèrent de persuader aux sénateurs que le temps était venu de prendre l'initiative, au sujet du rétablissement de la monarchie; que le

Premier Consul hésitait, mais qu'il fallait vaincre ses hésitations, en lui dénonçant les lacunes existantes dans les institutions actuelles, et en lui indiquant la manière de les remplir. Ils rappelèrent tout bas le désagrément auquel le Sénat s'était exposé deux ans auparavant, en restant en arrière des vœux du général Bonaparte. Ils produisirent tout haut une raison fort spécieuse, pour ne pas se laisser devancer. L'armée, dirent-ils, exaltée au plus haut point en faveur de son chef, était prête à le proclamer empereur, et alors l'empire serait, comme à Rome, donné par les prétoriens. Il fallait, en se hâtant, épargner à la France un tel scandale. On ne ferait que suivre ainsi l'exemple du sénat romain, qui, plus d'une fois, s'était pressé de proclamer certains empereurs pour ne pas les recevoir des mains des légions. Puis venait une raison qui n'avait besoin d'être dite, ni tout haut, ni tout bas, c'est qu'il restait à distribuer une grande partie des sénatoreries instituées lors du Consulat à vie, lesquelles procuraient une dotation territoriale en sus du traitement pécuniaire accordé à chaque sénateur. Il allait y avoir en outre une profusion de charges nouvelles à distribuer. Il fallait donc, puisqu'on ne pouvait résister à l'élévation du nouveau maître, ne pas s'exposer à lui déplaire. On doit cependant ajouter qu'à ces basses raisons s'en joignaient de meilleures. Sauf une opposition peu nombreuse, dont M. Sieyès était le premier créateur, mais dont il s'était dégoûté comme de toutes choses, et qu'il avait abandonnée à de moindres chefs que lui, sauf cette opposition, la masse voyait dans la monarchie le port où la Révolution devait aller chercher son propre salut.

Ces raisons, de nature si diverse, entraînèrent la majorité du Sénat, et on résolut de faire une réponse significative au message du Premier Consul. Voici quel fut le sens de cette réponse.

Les institutions de la France sont incomplètes sous deux rapports. Premièrement, il n'y a pas de tribunal pour les grands crimes d'État, et on est réduit à les déférer à une juridiction insuffisante et faible. (Ce qui se passait au tribunal de la Seine, à l'occasion du procès de Georges et Moreau, inspirait alors ce sentiment à tout le monde.) Secondement, le gouvernement de la France repose sur une seule tête, et c'est une tentation perpétuelle pour les conspirateurs, qui croient, en frappant cette tête, tout détruire avec elle. C'est là une double lacune qu'il faut dénoncer à la sagesse du Premier Consul, pour provoquer sa sollicitude, et, au besoin, son initiative.

Le 6 germinal (27 mars), surlendemain des audiences rapportées plus haut, le Sénat fut appelé à délibérer sur ce projet de réponse. M. Fouché et ses amis avaient tout préparé, sans avertir le consul Cambacérès, qui présidait ordinairement le Sénat. Il paraît même qu'ils n'avaient pas prévenu le Premier Consul, afin de lui ménager une agréable surprise. Cette surprise n'était pas à beaucoup près aussi agréable pour M. Cambacérès, qui fut stupéfait en écoutant la lecture du projet de la commission.

Toutefois il se montra impassible, et ne laissa rien apercevoir aux nombreux regards fixés sur lui, car on voulait savoir jusqu'à quel point tout cela convenait au Premier Consul, dont on le supposait le confident et le complice. A cette lecture, on put entendre un très-léger mais très-sensible murmure, dans une partie du Sénat; néanmoins le projet fut adopté à une immense majorité, et il dut être communiqué le lendemain même au Premier Consul.

A peine sorti de cette séance, M. Cambacérès, piqué de n'avoir pas été averti, écrivit au Premier Consul, à la Malmaison, sans s'y rendre lui-même, et lui fit part, dans une lettre assez froide, de tout ce qui venait de se passer. Le Premier Consul revint le jour suivant pour recevoir le Sénat, et voulut avoir auparavant une explication avec ses deux collègues. Il parut comme étonné de la précipitation de cette démarche, et pris en quelque sorte au dépourvu. — Je n'ai pas, dit-il à M. Cambacérès, assez réfléchi; j'ai besoin de vous consulter encore, vous et beaucoup d'autres, avant de prendre un parti. Je vais répondre au Sénat que je délibère. Mais je ne veux ni le recevoir officiellement, ni publier son message. Je ne laisserai rien éclater au dehors, tant que ma résolution ne sera pas définitivement arrêtée. — C'est là ce qui fut convenu, et ce qui fut exécuté le jour même.

Le Premier Consul reçut le Sénat comme il l'avait annoncé, et répondit verbalement à ses membres qu'il les remerciait de leurs témoignages de dévouement, mais qu'il avait besoin de délibérer mûrement sur le sujet soumis à son attention, avant de faire une réponse publique et définitive.

Avril 1804.

Quoique témoin, et silencieux complice de tout ce qui avait été fait, le Premier Consul était presque devancé dans ses désirs. L'impatience de ses partisans avait surpassé la sienne, et visiblement il n'était pas prêt. On ne publia donc pas l'acte du Sénat, bien que le secret absolu fût impossible; mais, tant qu'il n'y avait pas de démarche officielle et avouée, on pouvait toujours reculer, si l'on venait à rencontrer un obstacle imprévu.

Le Premier Consul avait été presque devancé par ses partisans.

Avant de s'avancer au point de ne pouvoir plus rétrograder, le Premier Consul voulait être assuré de l'armée et de l'Europe. Au fond, il ne doutait ni de l'une ni de l'autre, car il était cher à la première, et faisait peur à la seconde. Mais c'était un cruel sacrifice à imposer à ses compagnons d'armes, qui avaient versé leur sang pour la France et non pour un homme, que de vouloir qu'ils l'acceptassent pour souverain. Après l'effet produit en Europe par la mort du duc d'Enghien, c'était un singulier acte de condescendance à demander à tous les princes légitimes, que d'exiger qu'ils reconnussent pour égal un soldat, qui venait depuis quelques jours de tremper ses mains dans le sang des Bourbons. Bien qu'on dût s'attendre à recevoir la réponse commandée par la puissance de ce soldat, il était sage de s'en assurer auparavant.

Il veut, avant de prendre un parti définitif, s'assurer l'adhésion de l'armée, et la reconnaissance de son nouveau titre par toutes les cours.

Le Premier Consul écrivit au général Soult, et à

Questions

78   LIVRE XIX.

Avril 1804.

adressées aux chefs de l'armée.

ceux des généraux dans lesquels il avait le plus de confiance, pour demander leur avis sur le changement proposé. Il n'avait, disait-il, aucun parti pris, ne cherchait en cela que ce qu'il y avait de meilleur pour la France, et voulait, avant de se décider, recueillir l'opinion des chefs de l'armée. La réponse n'était pas douteuse assurément; mais c'était provoquer au moins des protestations de dévouement, qui serviraient d'exemple, et entraîneraient les esprits tièdes ou récalcitrants.

Informations prises auprès des différentes cours, pour s'assurer la reconnaissance du titre impérial.

On ne peut pas s'adresser à l'Angleterre, on ne veut pas s'adresser à la Russie; on diffère de s'adresser à l'Espagne; on a recours à la Prusse et à l'Autriche.

Quant à l'Europe, la condescendance, quoique probable au fond, présentait cependant plus de doute. On était en guerre avec la Grande-Bretagne; il n'y avait donc pas à s'en occuper. Les nouveaux rapports avec la Russie faisaient un devoir de dignité de ne point s'adresser à elle. Restaient l'Espagne, l'Autriche, la Prusse et les petites puissances. L'Espagne était trop faible pour refuser quoi que ce fût; mais le sang versé d'un Bourbon commandait de laisser passer quelques semaines, avant de recourir à elle. L'Autriche avait paru la moins sensible des puissances à la violation du territoire germanique; et, dans son indifférence profonde pour tout ce qui n'était pas son intérêt, il n'était rien qu'on ne pût en attendre. Mais, en matière d'étiquette, elle était difficile, vétilleuse, jalouse, comme il appartenait à la plus vieille des cours, et à la plus qualifiée. Un Empereur, car on s'était décidé pour ce titre, à la fois plus grand, plus nouveau et plus militaire que celui de Roi, un Empereur à joindre à la liste des souverains, était chose peu aisée à faire agréer au chef du Saint-Empire romain.

<small>Avril 1804.</small>

La Prusse était encore, malgré son récent refroidissement, celle qu'il était le plus facile de disposer favorablement. On expédia donc sur-le-champ un courrier à Berlin, avec ordre à M. de Laforest de voir M. d'Haugwitz, pour savoir de lui si le Premier Consul pouvait espérer d'être reconnu par le roi de Prusse, en qualité d'Empereur héréditaire des Français. On devait demander cela, de manière à placer le jeune roi entre une vive gratitude, ou un amer ressentiment de la part de la France. M. de Laforest avait ordre de ne laisser aucune trace de cette démarche dans les archives de la légation. Quant à l'Autriche, sans écrire à M. de Champagny, et sans hasarder une ouverture directe, on employa un moyen qu'on avait sous la main, c'était de sonder M. de Cobentzel, qui affichait auprès de M. de Talleyrand un désir immodéré de plaire au Premier Consul. M. de Talleyrand était le ministre par excellence pour une telle négociation. Il obtint de M. de Cobentzel les plus satisfaisantes paroles, mais rien de positif. Il fallait écrire à Vienne pour pouvoir donner des certitudes.

<small>Moyens employés pour consulter la Prusse et l'Autriche.</small>

Le Premier Consul fut donc obligé d'attendre une quinzaine de jours avant de répondre au Sénat, et de permettre aux ouvriers de sa nouvelle grandeur de poursuivre leur ouvrage. Cependant on laissa venir les adresses des grandes villes et des principales autorités. On se contenta de ne pas les insérer au *Moniteur*.

Avril 1804.

Empressement du roi de Prusse à promettre la reconnaissance.

On trouvait le roi de Prusse dans les meilleures dispositions. Ce prince, après s'être rejeté vers la Russie, et s'être secrètement lié à elle, craignait d'en avoir trop fait dans ce sens, et d'avoir laissé trop apercevoir son blâme pour ce qui s'était passé à Ettenheim. Il ne demandait donc pas mieux que d'avoir un témoignage personnel à donner au Premier Consul. M. de Laforest avait à peine dit les premiers mots à M. d'Haugwitz, que celui-ci, l'empêchant d'achever, se hâta de déclarer que le roi de Prusse n'hésiterait pas à reconnaître le nouvel Empereur des Français. Frédéric-Guillaume s'attendait bien à un nouveau blâme, de la part de la coterie remuante qui s'agitait autour de la reine, mais il savait braver ce blâme dans les intérêts de son royaume; et il regardait la bonne intelligence avec le Premier Consul comme le premier de ces intérêts. Il faut ajouter qu'il éprouvait un sentiment, que toutes les cours allaient éprouver également, celui de la satisfaction, en voyant la république abolie en France. La monarchie seule pouvait les rassurer, et les Bourbons semblant actuellement impossibles, le général Bonaparte était le nouveau monarque que tous les princes s'attendaient à voir monter sur le trône de France. Ceci est une preuve, entre mille autres, du peu de durée qu'ont certaines impressions chez les hommes, surtout quand ils sont intéressés à les effacer de leur cœur. Toutes les cours allaient reconnaître pour Empereur le personnage que, dans leurs emportements, elles appelaient, quinze jours auparavant, un régicide et un assassin.

Avril 1804.

Le roi de Prusse écrivit lui-même à M. de Lucchesini une lettre qui fut communiquée au Premier Consul, et qui contenait les expressions les plus amicales. « Je n'hésiterai pas, disait le roi, à vous
» autoriser à saisir le plus tôt possible une occasion
» de témoigner à M. de Talleyrand, qu'après avoir
» vu avec plaisir le pouvoir suprême déféré à vie au
» Premier Consul, je verrais avec plus d'intérêt en-
» core l'ordre de choses établi par sa sagesse et par
» ses grandes actions, consolidé par l'établissement
» de l'hérédité dans sa famille, et que je ne ferais
» aucune difficulté de le reconnaître. Vous ajouterez
» que j'aime à me flatter que cette preuve non équi-
» voque de mes sentiments équivaudra à ses yeux
» à toutes les sûretés et garanties qu'eût pu lui offrir
» un traité formel, dont les bases existent de fait;
» et que j'espère pouvoir compter aussi à mon tour
» de sa part sur les effets de cette amitié et confiance
» réciproques, que je désirerais voir subsister con-
» stamment entre les deux gouvernements. » (23 avril 1804.)

Lettre du roi de Prusse, à l'occasion du rétablissement de la monarchie.

Ces paroles, quoique sincères au fond, n'étaient cependant pas tout à fait conformes à l'esprit du traité signé avec la Russie; mais le désir immodéré de la paix conduisait ce prince aux faussetés les plus indignes de son caractère.

Les choses se passèrent autrement à Vienne. On n'avait pris là aucun engagement avec la Russie; on ne voulait pas racheter une concession faite aux

Accueil que reçoit à Vienne la nouvelle du rétablisse- ment de

TOM. V. 6

uns par une concession faite aux autres ; on ne songeait qu'à son intérêt, le mieux calculé possible. La mort du duc d'Enghien, la violation du territoire germanique, tout cela était regardé comme de médiocre importance. Le dédommagement à exiger pour prix du sacrifice qu'on allait faire en reconnaissant le nouvel empereur, était la seule considération dont on tînt compte. D'abord, malgré l'inconvénient de désobliger la Russie en concédant une chose souverainement agréable au gouvernement français, il fallait se résigner à reconnaître Napoléon, car refuser c'eût été se placer en état de guerre, ou à peu près, à l'égard de la France, ce qu'on voulait éviter avant tout, du moins dans le moment. Mais il fallait tirer parti de la reconnaissance qu'il s'agissait de consentir, la différer un peu, la faire acheter par certains avantages, et présenter à la Russie, comme un délai de mauvaise grâce, le temps employé à négocier les avantages qu'on désirait se ménager. Telle fut la politique autrichienne, et il faut convenir qu'elle était naturelle entre gens qui vivaient, les uns envers les autres, dans un état de défiance perpétuelle.

Depuis l'extrême affaiblissement du parti autrichien dans l'empire, il pouvait arriver qu'à la prochaine élection, la maison d'Autriche perdît la couronne impériale. Il y avait un moyen de parer à cet inconvénient, c'était d'assurer à la maison d'Autriche elle-même, pour ses États héréditaires, une couronne, non pas royale, mais impériale, de telle façon que le chef de cette maison restât empereur d'Autriche, dans le cas où il cesserait, par les hasards d'une future élection, d'être empereur d'Allemagne. C'est ce qu'on chargea M. de Champagny à Vienne, et M. de Cobentzel à Paris, de demander au Premier Consul, pour prix de ce qu'il demandait lui-même. Du reste, on devait lui déclarer que, sauf le débat des conditions, le principe de la reconnaissance était admis, sans différer, par l'empereur François.

Quoique le Premier Consul eût peu douté des dispositions des puissances, leurs réponses le remplirent de satisfaction. Il prodigua les témoignages de gratitude et d'amitié à la cour de Prusse. Il remercia non moins vivement la cour de Vienne, et répondit qu'il consentait sans difficulté à reconnaître le titre d'empereur au chef de la maison d'Autriche. Seulement, il n'aurait pas voulu publier cette déclaration immédiatement, pour ne pas paraître acheter la reconnaissance de son propre titre, à un prix quelconque. Il aimait mieux, par un traité secret, s'engager à reconnaître plus tard le successeur de François II pour empereur d'Autriche, si ce successeur venait à perdre la qualité d'empereur d'Allemagne. Au surplus, si la cour de Vienne insistait, il était prêt à céder sur cette difficulté qui n'en était pas une, car, en réalité, tous ces titres n'avaient plus d'importance véritable. Depuis Charlemagne jusqu'au dix-huitième siècle, il n'y avait eu en Europe qu'un seul souverain portant le titre d'empereur, du moins en Occident. Depuis le dix-huitième siècle, il y en avait eu

Avril 1804

d'empereur d'Allemagne.

Consentement du Premier Consul aux désirs de l'Autriche.

6.

deux, le Czar de Russie ayant pris cette qualification. Il allait y en avoir trois, d'après ce qui se passait en France. Il y en aurait un jour quatre, si la future élection germanique donnait à l'Allemagne un empereur pris en dehors de la maison d'Autriche. On croyait même que le roi d'Angleterre, ayant appelé Parlement impérial le Parlement uni d'Écosse, d'Angleterre et d'Irlande, pouvait être tenté de s'intituler empereur. Dans ce cas il y en aurait cinq. Tout cela ne méritait point qu'on s'y arrêtât. C'étaient de pures appellations qui n'avaient plus la valeur qu'elles avaient eue jadis, lorsque François Ier et Charles-Quint se disputaient le suffrage des électeurs germaniques.

Indépendamment de ces assurances tranquillisantes de la part des principales cours, le Premier Consul avait reçu de l'armée les témoignages d'adhésion les plus empressés. Le général Soult, notamment, lui avait écrit une lettre pleine des déclarations les plus satisfaisantes, et dans les quinze ou vingt jours qu'on avait mis à correspondre avec Vienne et Berlin, les grandes villes de Lyon, Marseille, Bordeaux, Paris, venaient d'envoyer des adresses énergiques, dans le sens du rétablissement de la monarchie. L'élan était général, l'éclat aussi public qu'il pouvait l'être; il fallait donc en arriver aux démarches officielles, et s'expliquer enfin à l'égard du Sénat.

Le Premier Consul, comme on l'a vu, n'avait pas reçu publiquement le Sénat, et n'avait répondu

que verbalement au message du 6 germinal. Il y avait près d'un mois qu'il faisait attendre sa réponse officielle. Il la fit le 5 floréal (25 avril 1804), et elle amena le dénoûment attendu. — « Votre
» adresse du 6 germinal, dit le Premier Consul,
» n'a pas cessé d'être présente à ma pensée... Vous
» avez jugé l'hérédité de la suprême magistrature
» nécessaire pour mettre le peuple français à l'abri
» des complots de nos ennemis, et des agitations qui
» naîtraient d'ambitions rivales ; plusieurs de nos
» institutions vous ont en même temps paru devoir
» être perfectionnées, pour assurer, sans retour, le
» triomphe de l'égalité et de la liberté publique, et
» offrir à la nation et au gouvernement la double
» garantie dont ils ont besoin..... A mesure que j'ai
» arrêté mon attention sur ces graves objets, j'ai
» senti de plus en plus, que, dans une circonstance
» aussi nouvelle qu'importante, les conseils de votre
» sagesse et de votre expérience m'étaient nécessai-
» res. Je vous invite donc à me faire connaître votre
» pensée tout entière. »

Ce message ne fut pas encore publié, pas plus que celui auquel il servait de réponse. Le Sénat s'assembla sur-le-champ pour délibérer. La délibération était facile, et la conclusion connue d'avance : c'était la proposition de convertir la République consulaire en Empire héréditaire.

Cependant, il ne fallait pas que tout se passât en silence, et il convenait de faire discuter quelque part, dans un corps où la discussion fût publique, la grande résolution qu'on préparait. Le Sénat ne

Avril 1804.

différée, faite le 25 avril.

86 LIVRE XIX.

Avril 1804.

On se sert du Tribunat pour provoquer une discussion.

discutait pas. Le Corps Législatif écoutait des orateurs officiels, et votait silencieusement. Le Tribunat, quoique amoindri et converti en une section du Conseil d'État, conservait encore la parole. On résolut de s'en servir, pour faire entendre à la seule tribune qui eût conservé la possibilité de contredire, quelques paroles ayant apparence de liberté.

Le Tribunat était alors présidé par M. Fabre de l'Aude, personnage dévoué à la famille Bonaparte. On convint avec lui du choix d'un tribun, dont les opinions antérieures eussent été franchement républicaines, pour le charger de prendre l'initiative. Le tribun Curée, compatriote et ennemi personnel de M. Cambacérès, fut choisi pour jouer ce rôle. On crut dans le public que ce personnage, supposé créature du second Consul, avait été désigné et mis en avant par lui. Il n'en était rien. C'était à son insu, et plutôt en opposition avec lui, que M. Curée avait été désigné. Ce dernier, autrefois républicain ardent, et, comme beaucoup d'autres, revenu complétement aux idées monarchiques, rédigea une motion, dans laquelle il proposait le rétablissement de l'hérédité au profit de la famille Bonaparte. M. Fabre de l'Aude porta cette motion à Saint-Cloud, pour la soumettre à l'approbation du Premier Consul. Celui ci en parut médiocrement satisfait, et il trouva le langage du républicain désabusé, peu habile et peu élevé. Cependant, il y avait de l'inconvénient à choisir un autre membre du Tribunat. Il fit remanier le

Choix du tribun Curée pour faire au Tribunat la motion du rétablissement de la monarchie.

texte qu'on lui avait soumis, et le renvoya immédiatement à M. Fabre de l'Aude. Ce texte avait subi à Saint-Cloud un changement singulier. Au lieu des mots, *hérédité dans la famille Bonaparte*, se trouvaient ces mots, *hérédité dans les descendants de Napoléon Bonaparte*. M. Fabre de l'Aude était ami particulier de Joseph, et l'un des membres de sa société intime. Évidemment, le Premier Consul, mécontent de ses frères, ne voulait prendre aucun engagement constitutionnel avec eux. Les complaisants de Joseph s'agitèrent autour de M. Fabre de l'Aude, et on reporta le projet de motion à Saint-Cloud pour y faire replacer les mots de *famille Bonaparte*, au lieu des mots de *descendants de Napoléon Bonaparte*. Le projet revint avec le mot *descendants* maintenu sans aucune explication.

M. Fabre résolut de ne faire aucun bruit de cette circonstance, et de donner à M. Curée le texte de la motion tel qu'il était sorti des mains du Premier Consul, mais en y insérant la version préférée par les partisans de Joseph. Il croyait que, la motion une fois présentée et reproduite par le *Moniteur*, on n'oserait plus y toucher, et il se résignait, s'il le fallait, à une explication pénible avec le Premier Consul. C'était une preuve que la partie autour des frères Bonaparte était assez fortement liée pour braver, dans leur intérêt, le déplaisir du chef même de la famille. Toutes ces démarches étaient mandées jour par jour à Joseph, déjà rendu au camp de Boulogne.

Le samedi 8 floréal (28 avril 1804), la motion de M. Curée fut déposée au Tribunat, et la discussion dont elle devait être l'objet remise au lundi 10 floréal. Une foule d'orateurs se pressaient à la tribune pour l'appuyer, et demandaient à qui mieux mieux l'occasion de se signaler par une dissertation sur les avantages de la monarchie. Le fond, d'ailleurs vrai, était le suivant.

Discussion au Tribunat.

La Révolution de 1789 avait voulu l'abolition de la féodalité, la réforme de notre état social, la suppression des abus introduits sous un régime arbitraire, et la réduction du pouvoir absolu de la royauté, par l'intervention de la nation dans le gouvernement. C'étaient là ses vœux véritables. Tout ce qui avait excédé cette limite, avait dépassé le but, et n'avait entraîné que des malheurs. Les plus cruelles expériences l'avaient appris à la France. Il fallait profiter de ces expériences, et revenir sur ce qui avait été fait de trop. La monarchie était donc à rétablir sur les bases nouvelles de la liberté constitutionnelle et de l'égalité civile. Avec la monarchie, il n'y avait qu'un monarque possible, Napoléon Bonaparte, et après lui les membres de sa famille.

Les plus zélés des orateurs du Tribunat ajoutaient à leurs harangues des invectives contre les Bourbons, et la déclaration solennelle que ces princes étaient à jamais impossibles en France, que tout Français devait, au prix de son sang, s'opposer à leur retour. Il semble que le démenti qu'on se donnait en ce moment à soi-même, en proclamant la monarchie, après avoir prêté tant de serments à la République, indivisible et impérissable, aurait dû être une leçon pour ces orateurs, et leur apprendre à parler moins affirmativement de l'avenir. Mais il n'y a pas de leçon qui puisse empêcher la troupe des hommes médiocres de se livrer au torrent qui coule devant eux : tous s'y laissent aller, surtout quand ils croient trouver les honneurs et la fortune dans son cours.

Dans le nombre de ces empressés, se trouvaient plus particulièrement les hommes signalés jadis par leur esprit républicain, ou ceux qui devaient plus tard se signaler par leur zèle pour les Bourbons. Un seul personnage, au milieu de ce déchaînement de basses adulations, montra une dignité véritable. Ce fut le tribun Carnot. Assurément il se trompait dans ses théories générales, car, après ce qu'on avait vu depuis dix ans, il était difficile d'admettre, que pour un pays comme la France, la république fût préférable à la monarchie; mais cet apôtre de l'erreur fut plus digne dans son attitude que les apôtres de la vérité, parce qu'il avait sur eux l'avantage d'une conviction courageuse et désintéressée. Ce qui rendit son courage plus honorable, c'est que loin de s'exprimer en démagogue, il s'exprima au contraire en citoyen sage, modéré, ami de l'ordre. Il protesta qu'il se soumettrait le lendemain avec docilité au souverain que la loi aurait institué, mais qu'en attendant cette loi, et puisqu'elle était en discussion, il voulait en dire son avis.

Avril 1804.

Discours du tribun Carnot.

Avril 1804.

Il parla d'abord avec noblesse du Premier Consul, et des services par lui rendus à la République. Si pour assurer l'ordre en France et un usage raisonnable de la liberté, il fallait un chef héréditaire, il serait insensé, disait-il, d'en choisir un autre que Napoléon Bonaparte. Aucun n'avait porté des coups plus terribles aux ennemis du pays, aucun n'avait fait autant pour son organisation civile. N'aurait-il donné à la nation que le Code civil, son nom mériterait de passer à la postérité. Il n'était donc pas douteux, que, s'il fallait relever le trône, c'était lui qu'on y devait placer, et non cette race aveugle et vindicative, qui ne rentrerait sur le sol que pour verser le sang des meilleurs citoyens, et rétablir le règne des plus étroits préjugés. Mais enfin, si Napoléon Bonaparte avait rendu tant de services, n'y avait-il d'autre récompense à lui offrir que le sacrifice de la liberté de la France?

Le tribun Carnot, sans se jeter dans des dissertations à perte de vue, sur les avantages ou les inconvénients attachés aux différentes formes de gouvernement, s'efforça de prouver qu'à Rome les temps de l'empire avaient été aussi agités que ceux de la république, et qu'il n'y avait eu de moins que les vertus mâles et l'héroïsme; que les dix siècles de la monarchie française n'avaient pas été moins orageux que ceux de toutes les républiques connues; que sous la monarchie les peuples s'attachaient à des familles, s'identifiaient à leurs passions, à leurs rivalités, à leurs haines, s'agitaient autant pour ces causes que pour d'autres; que si la République française avait eu des journées sanglantes, c'étaient là des troubles inséparables de son origine; que cela prouvait tout au plus le besoin d'une dictature temporaire comme à Rome; que cette dictature, on l'avait déférée à Napoléon Bonaparte, que personne ne la lui contestait, qu'il dépendait de lui d'en faire le plus noble, le plus glorieux usage, en la conservant le temps nécessaire pour préparer la France à la liberté; mais que, s'il voulait la convertir en un pouvoir héréditaire et perpétuel, il renonçait à une gloire unique et immortelle; que le nouvel État fondé depuis vingt ans sur l'autre rive de l'Atlantique, était la preuve qu'on pouvait trouver le repos et le bonheur sous les institutions républicaines; et que, quant à lui, il regretterait à jamais que le Premier Consul ne voulût pas employer sa puissance à procurer une telle félicité à son pays. Examinant cet argument, souvent employé, qu'on aurait plus de chances d'une paix durable en se rapprochant des formes de gouvernement les plus généralement reçues en Europe, il demandait si la reconnaissance du nouvel empereur serait aussi facile qu'on l'imaginait; si on prendrait les armes dans le cas où elle serait refusée; si la France, convertie en empire, ne tendrait pas autant que la France maintenue en république, à blesser l'Europe, à exciter ses jalousies, enfin à provoquer la guerre?

Jetant un dernier regard en arrière, et adressant au passé un noble adieu, le tribun Carnot s'écria :

« La liberté fut-elle donc montrée à l'homme pour
» qu'il ne pût jamais en jouir? Fut-elle sans cesse
» offerte à ses vœux comme un fruit, auquel il ne
» peut porter la main sans être frappé de mort?...
» Non, je ne puis consentir à regarder ce bien,
» si universellement préférable à tous les autres,
» sans lequel les autres ne sont rien, comme une
» simple illusion. Mon cœur me dit que la liberté
» est possible, que le régime en est facile, et plus
» stable qu'aucun gouvernement arbitraire ou oli-
» garchique. »

Il terminait par ces paroles d'un bon citoyen :
« Toujours prêt à sacrifier mes plus chères affec-
» tions aux intérêts de la commune patrie, je me
» contenterai d'avoir fait entendre encore cette fois
» l'accent d'une âme libre, et mon respect pour la loi
» sera d'autant plus assuré qu'il est le fruit de longs
» malheurs, et de cette raison qui nous commande
» impérieusement aujourd'hui de nous réunir en fais-
» ceau contre l'ennemi commun, de cet ennemi tou-
» jours prêt à fomenter des discordes, et pour qui
» tous les moyens sont légitimes, pourvu qu'il par-
» vienne à son but d'oppression universelle, et de do-
» mination des mers. »

Le tribun Carnot confondait évidemment la liberté avec la république, et c'est là l'erreur de tous ceux qui raisonnent comme lui. La république n'est pas nécessairement la liberté, comme la monarchie n'est pas nécessairement l'ordre. On rencontre l'oppression sous la république, comme on rencontre le désordre sous la monarchie. Sans de bonnes lois, on doit trouver l'une et l'autre sous tous les gouvernements. Mais il s'agissait de savoir si, avec des lois sages, la monarchie ne donnait pas, à un plus haut degré que toute autre forme de gouvernement, la somme de liberté possible, et de plus la force d'action nécessaire aux grands États militaires; et surtout si des habitudes de douze siècles ne la rendaient pas inévitable, dès lors désirable, dans un pays comme le nôtre. S'il en était ainsi, ne valait-il pas mieux l'admettre et l'organiser sagement, que de se débattre dans une situation fausse, qui ne convenait ni aux anciennes mœurs de la France, ni au besoin qu'on éprouvait alors d'un état stable et rassurant. L'illustre tribun n'avait raison à notre avis que sur un point : peut-être ne fallait-il à Napoléon qu'une dictature temporaire pour aboutir plus tard, suivant M. Carnot, à la république, suivant nous, à la monarchie représentative. Napoléon était merveilleusement choisi par la Providence pour préparer la France à un nouveau régime, et la livrer agrandie et régénérée à ceux, quels qu'ils fussent, qui devaient la gouverner après lui.

Le tribun Carion de Nisas se chargea de répondre à M. Carnot, et s'acquitta de ce soin à la grande satisfaction des nouveaux monarchistes, mais avec une médiocrité de langage qui égalait la médiocrité des idées. Au surplus ce n'était là qu'une discussion d'apparat. La fatigue et le sentiment de sa profonde inutilité y mirent un terme assez prompt. On forma une commission de treize membres, pour examiner la motion du tribun Curée, et la convertir en une résolution définitive.

Dans la séance du 13 floréal (3 mai), c'est-à-dire le jeudi, M. Jard-Panvillier, rapporteur de cette commission, proposa au Tribunat d'émettre un vœu qui, d'après les règles constitutionnelles en vigueur, devait être adressé au Sénat, et porté à ce corps par une députation.

Ce vœu était le suivant :

Premièrement, que Napoléon Bonaparte, actuellement consul à vie, fût nommé empereur, et, en cette qualité, chargé du gouvernement de la République française ;

Secondement, que le titre d'empereur et le pouvoir impérial fussent héréditaires dans sa famille, de mâle en mâle, par ordre de primogéniture ;

Troisièmement enfin, qu'en apportant à l'organisation des autorités constituées les modifications que commandait l'établissement du pouvoir héréditaire, l'égalité, la liberté, les droits du peuple fussent conservés dans leur intégrité.

Ce vœu, adopté à une immense majorité, fut porté au Sénat le lendemain 14 floréal (4 mai 1804). C'est M. François de Neufchâteau qui, dans cette séance, occupait le fauteuil en qualité de vice-président. Après avoir entendu la députation du Tribunat, et lui avoir donné acte du vœu qu'elle apportait, il dit aux tribuns : « Je » ne puis déchirer le voile qui couvre momenta-

» nément les travaux du Sénat. Je dois vous dire
» cependant que, depuis le 6 germinal, nous avons
» fixé sur le même sujet que vous la pensée at-
» tentive du premier magistrat. Mais connaissez
» vos avantages : ce que depuis deux mois nous
» méditons dans le silence, votre institution vous
» a permis de le livrer à la discussion en présence
» du peuple. Les développements heureux que vous
» avez donnés à une grande idée procurent au Sé-
» nat, qui vous a ouvert la tribune, la satisfaction
» de se complaire dans ses choix, et d'applaudir à
» son ouvrage.

» Dans vos discours publics, nous avons retrouvé le
» fond de toutes nos pensées. Comme vous, citoyens
» tribuns, nous ne voulons pas des Bourbons, parce
» que nous ne voulons pas de la contre-révolution,
» seul présent que puissent nous faire ces malheu-
» reux transfuges, qui ont emporté avec eux le des-
» potisme, la noblesse, la féodalité, la servitude et
» l'ignorance....

» Comme vous, citoyens tribuns, nous voulons
» élever une nouvelle dynastie, parce que nous
» voulons garantir au peuple français tous les
» droits qu'il a reconquis. Comme vous, nous vou-
» lons que la liberté, l'égalité, les lumières ne
» puissent plus rétrograder. Je ne parle pas du
» grand homme appelé par sa gloire à donner son
» nom à son siècle.... Ce n'est pas pour lui, c'est
» pour nous qu'il doit se dévouer. Ce que vous pro-
» posez avec enthousiasme, le Sénat le pèse avec
» calme.... »

96 LIVRE XIX.

Mai 1804.

Le Sénat présente au Premier Consul un mémoire dans lequel il expose ses idées sur la nouvelle monarchie à fonder.

On voit, par ces paroles du vice-président, que le Sénat voulait prendre date, et ne pas s'exposer cette fois à être devancé ou surpassé, en fait de dévouement au nouveau maître. Les directeurs secrets du changement qui se préparait, avaient bien prévu l'influence qu'exercerait sur ce corps la discussion du Tribunat. Ils s'en étaient servis pour hâter sa résolution, disant qu'il fallait que cette résolution fût arrêtée le jour même où le vœu du Tribunat lui serait communiqué, afin que les deux assemblées parussent se rencontrer, mais que la plus considérable des deux ne parût pas suivre l'autre. Aussi avait-on mis la plus grande hâte à en finir. On avait imaginé le mode d'un mémoire adressé au Premier Consul, mémoire dans lequel le Sénat exprimerait ses pensées, et proposerait les bases d'un nouveau Sénatus-Consulte organique. Ce mémoire était tout prêt en effet, au moment où la députation du Tribunat avait été introduite. La rédaction en fut approuvée, et la présentation au Premier Consul immédiatement résolue. On voulut que cette présentation eût lieu le même jour (14 floréal). En conséquence, une députation, composée du bureau et des membres de la commission qui avait préparé le travail, se rendit auprès du Premier Consul, et lui remit le message du Sénat, avec le mémoire qui contenait ses idées sur la nouvelle organisation monarchique de la France.

Commission composée des Consuls.

Il fallait enfin donner à ces idées la forme d'articles constitutionnels. On nomma une commission composée de plusieurs sénateurs, des ministres, et des trois Consuls, laquelle fut chargée de rédiger le nouveau Sénatus-Consulte. N'ayant plus aucune précaution à prendre, quant à la publicité, on inséra le lendemain au *Moniteur* tous les actes du Sénat, les communications qu'il avait faites au Premier Consul, celles qu'il en avait reçues, et toutes les adresses qui, depuis quelque temps, demandaient le rétablissement de la monarchie.

Mai 1804.

des ministres, et de quelques sénateurs, pour rédiger la Constitution Impériale.

La commission nommée se mit sur-le-champ à l'ouvrage. Elle se réunissait à Saint-Cloud, en présence du Premier Consul et de ses deux collègues. Elle examina et résolut successivement toutes les questions que faisait naître l'établissement du pouvoir héréditaire. La première qui se présenta fut relative au titre même du nouveau monarque. Serait-il appelé roi ou empereur? La même raison qui, dans l'ancienne Rome, avait porté les Césars à ne pas ressusciter le titre de roi, et à prendre le titre tout militaire d'*imperator*, la même raison décida les auteurs de la nouvelle constitution à préférer la qualification d'empereur. Elle offrait à la fois plus de nouveauté et plus de grandeur; elle écartait, à un certain degré, les souvenirs d'un passé qu'on voulait restaurer en partie, mais non pas en entier. D'ailleurs, il y avait, dans cette qualification, quelque chose d'illimité qui convenait à l'ambition de Napoléon. Ses nombreux ennemis en Europe, en lui prêtant tous les jours des projets qu'il n'avait pas du tout, ou pas encore, en répétant dans

Adoption du titre d'empereur, préférablement à celui de roi.

Mai 1804.

une multitude de feuilles, qu'il songeait à reconstituer l'empire d'Occident, ou du moins celui des Gaules, ses ennemis avaient préparé tous les esprits, même le sien, au titre d'empereur. Ce titre était dans toutes les bouches, amies ou ennemies, avant d'avoir été adopté. Il fut choisi sans contestation. En conséquence, on décida que le Premier Consul serait proclamé Empereur des Français.

Établissement de l'hérédité et ses conditions.

L'hérédité, but de la nouvelle révolution, fut naturellement établie d'après les principes de la loi salique, c'est-à-dire, de mâle en mâle, par ordre de primogéniture. Napoléon n'ayant pas d'enfants, et ne paraissant pas destiné à en avoir, on imagina de lui donner la faculté d'adoption, telle qu'on la voit dans les institutions romaines, avec ses conditions et ses formes solennelles. A défaut de descendance adoptive, on permit la transmission de la couronne en ligne collatérale, non pas à tous les frères de l'Empereur, mais à deux exclusivement, Joseph et Louis. C'étaient les seuls qui se fussent acquis une véritable considération. Lucien, par son genre de vie, par son récent mariage, s'était rendu impropre à succéder. Jérôme, à peine sorti de l'adolescence, venait d'épouser une Américaine sans le consentement de ses parents. Il n'y eut donc que Joseph et Louis admis à l'hérédité. Afin de prévenir les inconvénients de l'inconduite dans une famille nombreuse, et si récemment élevée au trône, on attribua un pouvoir absolu à l'Empereur, sur les membres de la famille impériale. Il fut établi

Autorité absolue attribuée à l'Empereur sur la famille impériale.

que le mariage d'un prince français, contracté sans le consentement du chef de l'Empire, emporterait privation de tout droit à l'hérédité, pour le prince et pour ses enfants. La dissolution du mariage contracté de la sorte pouvait seule lui faire recouvrer ses droits perdus.

<small>Mai 1804.</small>

Les frères et sœurs de l'Empereur reçurent la qualité de princes et princesses, ainsi que les honneurs attachés à ce titre. Il fut résolu que la liste civile serait établie d'après les mêmes principes que celle de 1791, c'est-à-dire qu'elle serait votée pour tout le règne, qu'elle se composerait des palais royaux encore existants, du produit des domaines de la couronne, et d'un revenu annuel de 25 millions. La dotation des princes français fut portée à un million par an pour chacun d'eux. L'Empereur avait le droit de fixer par des décrets impériaux (correspondant à ce que nous appelons ordonnances) le régime intérieur du palais, et de régler lui-même le genre de représentation qui convenait à la majesté impériale.

<small>Les frères de l'Empereur déclarés princes impériaux</small>

<small>La nouvelle liste civile fixée à 25 millions</small>

En entrant si complétement dans les idées monarchiques, il fallait placer près de ce nouveau trône un entourage de grandes dignités, qui lui servissent d'ornement et d'appui. Il fallait, de plus, songer à ces ambitions secondaires, qui s'étaient rangées volontairement au-dessous d'une ambition supérieure, l'avaient poussée au faîte des grandeurs, et devaient en recevoir, à leur tour, le prix de leurs services privés et publics. Chacun avait devant les yeux les deux consuls Camba-

<small>Nécessité reconnue d'entourer de grandes existences le nouveau trône impérial.</small>

cérès et Lebrun, qui, bien loin de leur collègue sous tous les rapports, avaient cependant partagé la suprême puissance, et rendu d'incontestables services, par la sagesse de leurs conseils. Ils assistaient l'un et l'autre aux conférences de la commission sénatoriale, qui rédigeait à Saint-Cloud la nouvelle constitution monarchique. Le consul Cambacérès, pour la première fois de sa vie peut-être, ne sachant pas dissimuler un déplaisir, s'y montrait froid et peu communicatif. Il était aussi réservé que M. Fouché l'était peu en cette circonstance, et il ne savait pas plus dissimuler son dépit, que le mépris qu'il ressentait pour le zèle des constructeurs de la nouvelle monarchie. Cette situation amena plus d'un conflit, bientôt réprimé par l'autorité de Napoléon. On sentait généralement le besoin de satisfaire les deux consuls sortant de charge, surtout M. Cambacérès, qui, malgré quelques ridicules, jouissait d'une immense considération politique. On avait d'abord imaginé, pour imiter en tout l'Empire romain, de laisser exister les deux consuls à côté de l'Empereur. Personne n'ignore qu'après l'élévation des Césars à l'empire, on conserva l'institution des consuls, qu'un des membres insensés de cette famille donna ce titre à son cheval, que d'autres le donnèrent à leurs esclaves ou à leurs eunuques, et que dans l'empire d'Orient, très-près du terme de sa chute, il y avait encore deux consuls annuels, chargés des vulgaires soins du calendrier. C'est ce souvenir, peu flatteur, qui avait inspiré à des amis, du reste bienveillants, l'idée de conserver les deux consuls dans le nouvel Empire français. M. Fouché, repoussant cette proposition, dit qu'il fallait peu se soucier de ceux qui perdraient quelque chose à la nouvelle organisation, que ce qui importait avant tout, c'était de ne laisser subsister aucune trace d'un régime décrié, tel qu'était alors celui de la République. — Ceux qui perdront quelque chose au nouveau régime, répliqua M. Cambacérès, pourront s'en consoler, car ils emporteront avec eux ce qu'on n'emporte pas toujours en quittant les emplois, l'estime publique. — Cette allusion à M. Fouché, et à sa première sortie du ministère, fit sourire le Premier Consul, qui approuva la réponse, mais s'empressa de mettre un terme à des débats devenus pénibles. Le second et le troisième consuls ne furent plus appelés aux séances de la commission.

M. de Talleyrand, le plus ingénieux des inventeurs quand il s'agissait de satisfaire les ambitions, avait imaginé d'emprunter à l'empire germanique quelques-unes de ses grandes dignités. Chacun des sept électeurs était, dans ce vieil empire, l'un maréchal, l'autre échanson, celui-ci trésorier, celui-là chancelier des Gaules ou d'Italie, etc. Dans la pensée vague encore, de rétablir peut-être un jour l'empire d'Occident au profit de la France, c'était en préparer les éléments que d'entourer l'Empereur de grands dignitaires, choisis, dans le moment, parmi les princes français ou les grands personnages de la République, mais destinés plus tard à devenir rois eux-mêmes, et à former un cortége de monarques vassaux autour du trône du moderne Charlemagne.

M. de Talleyrand, de moitié avec le Premier Consul, imagina six grandes charges, correspondant, non pas aux divers offices de la domesticité impériale, mais aux diverses attributions du gouvernement. Dans cette constitution, où il restait encore beaucoup de fonctions électives, où les membres du Sénat, du Corps Législatif, du Tribunat devaient être élus, où l'empereur lui-même devait l'être, en cas d'extinction de la descendance directe, un grand électeur, chargé de certains soins honorifiques relatifs aux élections, pouvait se concevoir. On proposa donc pour premier grand dignitaire un grand électeur. On proposa pour le second un archichancelier d'Empire, chargé d'un rôle de pure représentation et de surveillance générale, par rapport à l'ordre judiciaire; pour le troisième, un archichancelier d'État, chargé d'un rôle semblable par rapport à la diplomatie; pour le quatrième, un architrésorier; pour le cinquième, un connétable; pour le sixième, un grand-amiral. Le titre de chacun de ces derniers indique suffisamment à quelle partie du gouvernement répondait leur dignité.

Les titulaires de ces grandes charges étaient, comme nous venons de le dire, des dignitaires et non des fonctionnaires, car on les voulait irresponsables et inamovibles. Ils devaient avoir des attributions purement honorifiques, et seulement la surveillance générale de la portion du gouvernement à laquelle leur titre avait rapport. Ainsi le grand électeur convoquait le Corps Législatif, le Sénat, les colléges électoraux, présentait au serment les membres élus des diverses assemblées, prenait part à toutes les formalités qu'entraînait la convocation ou la dissolution des colléges électoraux. L'archichancelier d'Empire recevait le serment des magistrats, ou bien les présentait au serment auprès de l'Empereur, veillait à la promulgation des lois et sénatus-consultes, présidait le conseil d'État, la haute cour impériale (dont il sera parlé tout à l'heure), provoquait les réformes désirables dans les lois, exerçait enfin les fonctions d'officier de l'état civil pour les naissances, mariages et morts des membres de la famille impériale. L'archichancelier d'État recevait les ambassadeurs, les introduisait auprès de l'Empereur, signait les traités, et les promulguait. L'architrésorier veillait au grand-livre de la dette publique, donnait la garantie de sa signature à tous les titres délivrés aux créanciers de l'État, vérifiait les comptes de la comptabilité générale avant de les soumettre à l'Empereur, et proposait ses vues sur la gestion des finances. Le connétable, par rapport à l'administration de la guerre, le grand-amiral, par rapport à celle de la marine, avaient un rôle absolument semblable. Aussi le principe posé par Napoléon était-il que jamais un grand dignitaire ne serait ministre, pour séparer l'attribution d'apparat de la fonction réelle. C'étaient, dans

Mai 1804.

chaque partie du gouvernement, des dignités modelées sur la royauté elle-même, inactives, irresponsables, honorifiques comme elle, mais chargées comme elle d'une surveillance générale et supérieure.

Les titulaires de ces dignités pouvaient remplacer l'Empereur absent, soit au Sénat, soit dans les conseils, soit à l'armée. Ils formaient avec l'Empereur le grand-conseil de l'Empire. Enfin, dans le cas d'extinction de la descendance naturelle et légitime, ils élisaient l'empereur, et, en cas de minorité, ils veillaient sur l'héritier de la couronne, et formaient le conseil de régence.

L'idée de ces grandes dignités fut agréée de tous les auteurs de la nouvelle constitution. Chaque titulaire, à moins qu'il ne fût à la fois grand dignitaire et prince impérial, devait recevoir un traitement, s'élevant au tiers de la dotation des princes, c'est-à-dire au tiers d'un million. Il y avait là de quoi pourvoir les deux frères de l'Empereur, ses collègues déchus, et les personnages considérables qui avaient rendu d'importants services civils ou militaires. Chacun songeait, après les deux frères Joseph et Louis, aux consuls Cambacérès et Lebrun, à Eugène de Beauharnais, fils adoptif du Premier Consul, à Murat, son beau-frère, à Berthier, son fidèle et utile compagnon d'armes, à M. de Talleyrand, son intermédiaire auprès de l'Europe. On attendait de sa volonté seule la répartition de ces hautes faveurs.

Il était naturel aussi de créer dans l'armée des

positions élevées, de rétablir cette dignité de maréchal, qui existait dans l'ancienne monarchie, et qui est adoptée dans toute l'Europe, comme le signe le plus éclatant du commandement militaire. Il fut admis qu'il y aurait seize maréchaux d'Empire, plus quatre maréchaux honoraires, choisis parmi les vieux généraux devenus sénateurs, et privés en cette qualité de fonctions actives. On rétablit aussi les charges d'inspecteurs-généraux de l'artillerie et du génie, et de colonels-généraux des troupes à cheval. A ces grands officiers militaires on ajouta de grands officiers civils, tels que chambellans, maîtres des cérémonies, etc., et on composa, des uns et des autres, une seconde classe de dignitaires, sous le titre de grands officiers de l'Empire, inamovibles comme les six grands dignitaires eux-mêmes. Pour leur donner à tous une sorte de racine dans le sol, on les chargea de présider les colléges électoraux. La présidence de chaque collége électoral était affectée d'une manière permanente à l'une des grandes dignités, et à l'une des charges d'officier civil ou militaire. Ainsi le grand électeur devait présider le collége électoral de Bruxelles; l'archichancelier, celui de Bordeaux; l'archichancelier d'État, celui de Nantes; l'architrésorier, celui de Lyon; le connétable, celui de Turin; le grand-amiral, celui de Marseille. Les grands officiers civils ou militaires devaient présider les colléges électoraux de moindre importance. C'est tout ce que l'artifice humain pouvait imaginer de plus habile, pour imiter une aristocratie

Mai 1804.

2ᵉ classe de dignitaires, sous le titre de grands officiers de l'Empire.

Création de seize maréchaux.

avec une démocratie; car cette hiérarchie de six grands dignitaires et de quarante ou cinquante grands officiers, placés sur les marches du trône, était à la fois aristocratie et démocratie : aristocratie, par la position, les honneurs, les revenus qu'elle allait avoir bientôt grâce à nos conquêtes; démocratie, par l'origine, car elle se composait d'avocats, d'officiers de fortune, quelquefois de paysans devenus maréchaux, et devait rester constamment ouverte à tout parvenu de génie, ou même de talent. Ces créations ont disparu avec leur créateur, avec le vaste Empire qui leur servait de base; mais il est possible qu'elles eussent fini par réussir, si le temps y avait ajouté sa force, et cette vétusté qui engendre le respect.

En élevant le trône, en ornant ses marches de cette pompe sociale, on ne pouvait se dispenser d'assurer quelques garanties aux citoyens, et de les dédommager, par un peu de liberté réelle, de cette liberté apparente dont on les privait, en abolissant la République. On avait beaucoup dit, depuis quelque temps, que sous la monarchie bien réglée le gouvernement serait plus fort, et les citoyens plus libres. Il fallait tenir une partie de ces promesses, s'il était possible d'en tenir une seule de ce genre, à une époque où tout le monde, appelant de ses vœux un pouvoir énergique, aurait laissé périr, faute d'en user, la liberté même la plus fortement écrite dans les lois. On songea donc à donner au Sénat et au Corps Législatif quelques prérogatives qu'ils n'avaient pas, et qui pouvaient devenir, pour les citoyens, d'utiles garanties.

Mai 1804.

Le Sénat, composé d'abord des quatre-vingts membres élus par le Sénat lui-même, puis des citoyens que l'Empereur jugeait dignes de cette position élevée, enfin des six grands dignitaires et des princes français âgés de dix-huit ans, était toujours le premier corps de l'État. Il composait les autres par la faculté d'élire qu'il avait conservée; il pouvait casser toute loi ou décret, pour cause d'inconstitutionnalité, et réformer la constitution au moyen d'un sénatus-consulte organique. Il était resté, au milieu des transformations successives qu'il avait subies depuis quatre ans, tout aussi puissant que M. Sieyès avait voulu qu'il le fût. Les restaurateurs de la monarchie, délibérant à Saint-Cloud, imaginèrent de lui donner deux attributions nouvelles de la plus haute importance. Ils lui confièrent la garde de la liberté individuelle et de la liberté de la presse. Par l'article 46 de la première constitution consulaire, le gouvernement ne pouvait retenir un individu en prison, sans le déférer dans l'espace de dix jours à ses juges naturels. Par la seconde constitution consulaire, celle qui avait établi le Consulat à vie, le Sénat avait, dans le cas de complot contre la sûreté de l'État, la faculté de décider si le gouvernement pourrait excéder ce délai de dix jours, et pour combien de temps il le pourrait. On voulut régler d'une manière rassurante cette autorité arbitraire, accordée au

Le Sénat constitué gardien de la liberté individuelle et de la liberté de la presse.

gouvernement sur la liberté des citoyens. On créa une commission sénatoriale, composée de sept membres, formée au scrutin, et devant être renouvelée successivement par la sortie d'un de ses membres tous les quatre mois. Elle devait recevoir les demandes et réclamations des détenus ou de leurs familles, et déclarer si la détention était juste, et commandée par l'intérêt de l'État. Dans le cas contraire, si après avoir adressé une première, une seconde, une troisième invitation au ministre qui avait ordonné l'arrestation, ce ministre ne faisait pas relâcher l'individu réclamé, il y avait lieu de le déférer lui-même à la haute cour impériale, pour violation de la liberté individuelle.

Une commission semblable, organisée de la même manière, était chargée de veiller à la liberté de la presse. C'était la première fois que cette liberté était nommée dans les diverses constitutions consulaires, tant on en faisait peu de cas au lendemain des saturnales de la presse pendant le Directoire. Quant à la presse périodique, on la laissait sous l'autorité de la police. Ce n'était pas à elle que l'on faisait alors profession de s'intéresser. On s'occupait uniquement des livres, qui seuls étaient jugés dignes de la liberté, refusée aux journaux. On ne voulait pas, comme avant 1789, les livrer à l'arbitraire de la police. Tout imprimeur ou libraire, dont une publication se trouvait gênée par l'autorité publique, avait la faculté de s'adresser à la commission sénatoriale chargée de ce soin; et si, après avoir pris connaissance du livre interdit ou mutilé, la commission sénatoriale désapprouvait les rigueurs de l'autorité publique, elle faisait une première, une seconde, une troisième invitation au ministre, et à la troisième elle pouvait, en cas de refus d'obtempérer à ses avis répétés, déférer le ministre à la haute cour impériale.

Mai 1804.

Ainsi, outre les pouvoirs que nous avons déjà énumérés, le Sénat avait le soin de veiller à la liberté individuelle et à la liberté de la presse. Ces deux dernières garanties n'étaient pas sans valeur. Sans doute rien n'avait une efficacité présente sous un despotisme accepté de tous. Mais sous les successeurs du dépositaire de ce despotisme, s'il en avait, de telles garanties ne pouvaient manquer d'acquérir une force réelle.

On fit quelque chose dans le même sens, pour l'organisation du Corps Législatif. Le Tribunat, comme nous l'avons dit bien des fois, discutait seul les projets de lois, et, après avoir formé son avis, envoyait trois orateurs pour le soutenir contre trois conseillers d'État, devant le Corps Législatif muet. Ce mutisme, corrigé, dans la pensée de M. Sieyès, par la loquacité du Tribunat, était bientôt devenu ridicule aux yeux d'une nation railleuse, qui, tout en ayant peur de la parole et de ses excès, riait néanmoins du silence forcé de ses législateurs. Le mutisme du Corps Législatif était devenu encore plus choquant depuis que le Tribunat, privé de toute vigueur, se taisait aussi. Il fut décidé que le Corps Législatif, après avoir entendu les conseillers d'État et les membres du Tribunat, se retirerait pour discuter en co-

La parole rendue au Corps Législatif dans les comités secrets.

mité secret les projets qui lui auraient été soumis, que là chacun de ses membres pourrait user de la parole, qu'ensuite il rentrerait en séance publique, pour voter par la voie ordinaire du scrutin.

La parole fut donc rendue en comité secret au Corps Législatif.

Le Tribunat devenu, depuis l'institution du Consulat à vie, une sorte de conseil d'État, réduit dès cette époque à cinquante membres, et ayant pris l'habitude de n'examiner les projets de loi que dans des conférences privées avec les conseillers d'État auteurs de ces projets, reçut dans la nouvelle constitution une organisation conforme aux habitudes qu'il venait de prendre. Il fut divisé en trois sections, la première de législation, la seconde de l'intérieur, la troisième des finances. Il ne dut délibérer les lois qu'en assemblée de sections, jamais en assemblée générale. Trois orateurs devaient aller, au nom de la section, soutenir son avis au Corps Législatif. C'était consacrer définitivement, par une disposition constitutionnelle, la forme nouvelle qu'il s'était imposée par déférence.

Le pouvoir de ses membres fut prorogé de cinq à dix ans, faveur pour les individus, qui diminuait encore la vie du corps lui-même, en renouvelant son esprit plus rarement.

Institution d'une haute cour impériale.

A tout cela fut jointe enfin une institution qui manquait à la sûreté du gouvernement comme à la sûreté des citoyens, c'était celle d'une haute cour, qui en Angleterre, et aujourd'hui en France, se trouve placée au sein de la chambre des pairs. On venait d'en sentir la privation dans la poursuite de la conspiration de Georges, et dans la malheureuse exécution de Vincennes. On devait la sentir davantage sous un gouvernement dictatorial, dont les agents ne présentaient qu'une responsabilité nominale, puisqu'ils ne pouvaient être appelés devant aucun des corps de l'État. On n'avait pas, en effet, comme aujourd'hui, le moyen de les interpeller devant l'une des deux chambres. Il importait donc de procurer une garantie au gouvernement contre les auteurs de complots, aux citoyens contre les agents de l'autorité publique.

Mai 1804.

On affecta de donner à l'institution de cette haute cour l'avantage apparent qu'on cherchait à donner aux nouvelles institutions monarchiques, celui d'ajouter autant à la liberté des citoyens qu'à la force du pouvoir. En conséquence, on plaça son siége dans le Sénat, sans la composer cependant du Sénat tout seul, et tout entier. Elle devait être formée de soixante sénateurs sur cent vingt, des six présidents du conseil d'État, de quatorze conseillers d'État, de vingt membres de la cour de cassation, des grands officiers de l'Empire, des six grands dignitaires, et des princes ayant acquis voix délibérative. Elle devait être présidée par l'archichancelier. Elle était chargée de connaître des complots ourdis contre la sûreté de l'État et contre la personne de l'Empereur, des actes arbitraires imputés aux ministres et à leurs agents, des faits de

Composition de cette cour.

forfaiture ou concussion, des fautes reprochées aux généraux de terre et de mer dans l'exercice de leur commandement, des délits commis par les membres de la famille impériale, par les grands dignitaires, les grands officiers, les sénateurs, les conseillers d'État, etc. C'était donc, outre une cour de justice chargée de réprimer les grands attentats, une juridiction politique pour les ministres et les agents de l'autorité publique, un tribunal de maréchaux pour les gens de guerre, une cour des pairs pour les grands personnages de l'État. Un procureur général, attaché d'une manière permanente à cette juridiction extraordinaire, avait la mission de poursuivre d'office, dans le cas où les plaignants ne prendraient pas eux-mêmes l'initiative.

La seule modification apportée au régime ordinaire de la justice fut le titre de *cour*, substitué à celui de tribunal, pour les tribunaux d'un rang élevé. Le tribunal de cassation dut prendre le titre de cour de cassation, et les tribunaux d'appel celui de cours impériales.

Il fut décidé qu'on ferait encore une fois acte de déférence envers la souveraineté nationale, et que des registres ouverts, dans la forme usitée, recevraient le vœu des citoyens, relativement à l'établissement de l'hérédité impériale dans la descendance de Napoléon Bonaparte, et de ses deux frères Joseph et Louis.

L'Empereur devait, dans l'espace de deux ans, prêter un serment solennel aux constitutions de l'Empire, en présence des grands dignitaires, des grands officiers, des ministres, du conseil d'État, du Sénat, du Corps Législatif, du Tribunat, de la cour de cassation, des archevêques, des évêques, des présidents des cours de justice, des présidents des colléges électoraux, et des maires des trente-six principales villes de la République. Ce serment devait être prêté, disait le texte du nouvel acte constitutionnel, au peuple français, sur l'Évangile. Il était conçu dans les termes suivants : « Je jure » de maintenir l'intégrité du territoire de la Répu- » blique, de respecter et de faire respecter les lois » du Concordat et de la liberté des cultes; de res- » pecter et de faire respecter l'égalité des droits, » la liberté politique et civile, l'irrévocabilité des » ventes des biens nationaux; de ne lever aucun » impôt, de n'établir aucune taxe qu'en vertu de » la loi; de maintenir l'institution de la Légion- » d'Honneur; de gouverner dans la seule vue de » l'intérêt, du bonheur et de la gloire du peuple » français. »

Mai 1804.

Telles furent les conditions adoptées pour la nouvelle monarchie, dans un projet de sénatus-consulte, écrit d'une manière simple, précise et claire, comme l'étaient toutes les lois de ce temps.

C'était la troisième et dernière transformation que subissait la célèbre constitution de M. Sieyès. Nous avons dit ailleurs quelle avait été la pensée de ce législateur de la Révolution française. Le régime aristocratique est le port où sont allées se reposer les républiques qui n'ont pas fini par le despotisme.

Transformations successives de la constitution de M. Sieyès.

Mai 1804.

M. Sieyès, sans qu'il s'en doutât peut-être, avait cherché à conduire au même port la République française, autant dégoûtée d'agitations après dix ans, que les républiques de l'antiquité et du moyen âge après plusieurs siècles ; et il avait composé son aristocratie avec les hommes notables et expérimentés de la Révolution. Pour cela il avait imaginé un Sénat inactif, mais armé d'une immense influence, élisant ses propres membres et ceux de tous les corps de l'État dans des listes de notabilité rarement renouvelées, nommant les chefs du gouvernement, les révoquant, les frappant d'ostracisme à volonté, ne prenant pas part à la confection des lois, mais pouvant les casser pour cause d'inconstitutionnalité ; n'exerçant pas, en un mot, le pouvoir, mais le donnant, et ayant la faculté de l'arrêter toujours. Il y avait ajouté un Corps Législatif, également inactif, qui admettait ou rejetait silencieusement les lois que le Conseil d'État était chargé de faire, et le Tribunat de discuter; puis enfin un représentant suprême du pouvoir exécutif, appelé grand électeur, électif et viager comme un doge, inactif comme un roi d'Angleterre, nommé par le Sénat, nommant à son tour les ministres, seuls agissants et responsables. De la sorte, M. Sieyès avait séparé partout l'influence et l'action; l'influence qui délègue le pouvoir, le contrôle et l'arrête, l'action qui le reçoit et l'exerce ; il avait donné la première à une aristocratie oisive et haut placée, la seconde à des agents électifs et responsables. Il avait ainsi abouti à une sorte de monarchie aristocratique, sans hérédité toutefois, rappelant Venise plutôt que la Grande-Bretagne, adaptée à un pays fatigué plutôt qu'à un pays libre.

Par malheur pour l'œuvre de M. Sieyès, à côté de cette aristocratie sans racine, composée de révolutionnaires désabusés et dépopularisés, se trouvait un homme de génie, que la France et l'Europe appelaient un sauveur. Il y avait peu de chances pour que cette aristocratie se défendît comme celle de Venise contre l'usurpation, et surtout pour que, dans ces temps de révolutions rapides, la lutte fût bien longue. D'abord, avant d'accepter cette constitution de M. Sieyès, le général Bonaparte y avait arrangé sa place, en se faisant Premier Consul, au lieu de grand Électeur. A peine commençait-il à gouverner, que les résistances intempestives du Tribunat le gênant dans le bien qu'il voulait accomplir, il les avait brisées, aux grands applaudissements d'un public las de révolutions, et il s'était fait donner le Consulat à vie par le Sénat. Par la même occasion, il avait ajouté aux pouvoirs du Sénat le pouvoir constituant, ne craignant pas de rendre tout-puissant un corps qu'il dominait; il avait annulé le Tribunat en réduisant ce corps à cinquante membres, et en le divisant en sections, qui discutaient, en tête-à-tête avec les sections du Conseil d'État, les lois proposées. Telle fut la seconde transformation de la Constitution de M. Sieyès, celle qui avait eu lieu en 1802, à l'époque du Consulat à vie. Une main vigoureuse avait ainsi fait aboutir, en deux ans, cette république aristocratique à une sorte de monarchie aristocratique, à laquelle il ne manquait plus que l'hérédité. Aussi, beaucoup d'esprits s'étaient-ils demandé, en 1802, pourquoi on n'en finissait pas sur-le-champ, pourquoi on ne donnait pas l'hérédité à ce monarque si évident? Une conspiration, dirigée contre sa vie, réveillant, avec plus de force que jamais, le vœu d'institutions plus stables, avait enfin amené la dernière transformation, et la conversion définitive de la Constitution de l'an VIII en monarchie, représentative dans la forme, absolue dans le fait. Il s'y trouvait beaucoup de restes républicains à côté d'un pouvoir despotique, à peu près comme dans l'empire fondé à Rome par les Césars. Ce n'était pas la monarchie représentative telle que nous la comprenons aujourd'hui. Ce Sénat, avec la faculté d'élire tous les corps de l'État dans des listes électorales, avec son pouvoir constituant, avec sa faculté de casser la loi, ce Sénat, avec tant de puissance soumis cependant à un maître, ne ressemblait pas à une chambre haute. Ce Corps Législatif silencieux, quoiqu'on lui eût rendu la parole en comité secret, ne ressemblait pas à une chambre des députés. Et pourtant ce Sénat, ce Corps Législatif, cet Empereur, tout cela pouvait devenir un jour la monarchie représentative. Aussi ne faut-il pas juger la Constitution de M. Sieyès, remaniée par Napoléon, d'après l'obéissance muette qui a régné sous l'Empire. Notre constitution de 1830, avec la presse et la tribune, n'aurait peut-être pas donné à cette époque des résultats sensiblement différents, car l'esprit du temps fait plus que la loi écrite. Il aurait fallu juger la constitution impériale sous le règne suivant. Alors l'opposition, suite inévitable d'une longue soumission, aurait pris naissance dans ce Sénat même, long-temps si docile, mais armé d'une puissance immense. Il se serait probablement trouvé d'accord avec les colléges électoraux, pour faire des choix conformes à l'esprit nouveau; il aurait brisé les liens de la presse; il aurait ouvert les portes et les fenêtres du palais du Corps Législatif, pour que sa tribune pût retentir au loin. C'eût été la monarchie représentative tout comme aujourd'hui, avec cette différence que la résistance serait venue d'en haut, au lieu de venir d'en bas. Ce n'est pas une raison pour qu'elle fût moins éclairée, moins constante, moins courageuse. C'est là, du reste, un secret que le temps a emporté avec lui, sans nous le dire, comme il en emporte tant d'autres. Mais ces institutions étaient loin de mériter le mépris qu'on a souvent affiché pour elles. Elles composaient une république aristocratique, détournée de son but par une main puissante, convertie temporairement en une monarchie absolue, et destinée plus tard à redevenir monarchie constitutionnelle, fortement aristocratique, il est vrai, mais fondée sur la base de l'égalité; car tout soldat heureux y pouvait être connétable, tout jurisconsulte habile y pouvait devenir archichancelier, à l'exemple du fondateur, devenu, de simple

Mai 1804.

officier d'artillerie, Empereur héréditaire et maître du monde.

Telle fut l'œuvre du comité constituant réuni à Saint-Cloud. Pendant les derniers jours de sa réunion, MM. Cambacérès et Lebrun n'y avaient plus assisté. Les altercations que le zèle monarchique de M. Fouché d'une part, et la mauvaise humeur de M. Cambacérès de l'autre, avaient provoquées, étaient le motif pour lequel on avait cessé d'appeler le second et le troisième consul. Les plus sages des sénateurs, entre ceux qui composaient la commission, en avaient éprouvé du regret, et avaient fait sentir à Napoléon combien il importait de satisfaire ses deux collègues en les traitant convenablement. Il n'était pas nécessaire de l'avertir, car il connaissait la valeur du second consul Cambacérès, il appréciait son dévouement sans faste, et tenait à le rattacher à la nouvelle monarchie. Il le fit donc venir à Saint-Cloud, s'expliqua de nouveau avec lui sur le dernier changement, lui donna ses raisons, écouta les siennes, et termina le débat par l'expression de sa volonté, désormais irrévocable. Il voulait une couronne, et il n'y avait pas à contredire. Il avait d'ailleurs un beau dédommagement à offrir à MM. Cambacérès et Lebrun. Il destinait au premier la dignité d'archichancelier de l'Empire, au second celle d'architrésorier. Il les traitait ainsi comme ses propres frères, qui allaient être compris au nombre des six grands dignitaires. Il annonça cette résolution à M. Cambacérès; il y joignit ces caresses séduisantes, auxquelles nul homme alors ne résistait, et acheva de le regagner entièrement. — Je suis, dit-il à M. Cambacérès, et je serai, plus que jamais, entouré d'intrigues, de conseils faux ou intéressés ; vous seul aurez assez de jugement et de sincérité pour me dire la vérité. Je veux donc vous rapprocher davantage encore de ma personne et de mon oreille. Vous resterez pour avoir toute ma confiance, et pour la justifier. — Ces témoignages étaient mérités. M. Cambacérès n'ayant plus rien à désirer, plus rien à craindre dans cette position élevée, devait être, et fut en effet le plus sincère, le plus vrai, le seul influent des conseillers du nouvel Empereur.

Joseph Bonaparte fut nommé grand électeur, Louis Bonaparte connétable. Les deux dignités d'archichancelier d'État, de grand-amiral furent réservées. Napoléon hésitait encore entre les divers membres de sa famille. Il avait à penser à Lucien, qui était absent et disgracié, mais dont on espérait rompre l'union récente ; à Eugène Beauharnais, qui ne sollicitait rien, mais qui, avec une soumission parfaite, attendait tout de la tendresse de son père adoptif ; à Murat, qui sollicitait, non par lui, mais par sa femme, jeune, belle, ambitieuse, chère à Napoléon, et se servant avec habileté de la tendresse qu'elle lui inspirait.

M. de Talleyrand, principal inventeur des nouvelles dignités, éprouva, en cette occasion, un premier désappointement, qui influa d'une manière fâcheuse sur ses dispositions, et le jeta plus tard dans une opposition, funeste pour lui, fâ-

Mai 1804.

Joseph Bonaparte nommé grand électeur, Louis Bonaparte connétable.

cheuse pour Napoléon. La place d'archichancelier d'Empire, qui correspondait aux fonctions judiciaires, étant dévolue au second consul Cambacérès, il espérait que celle d'archichancelier d'État, qui correspondait aux fonctions diplomatiques, lui serait naturellement dévolue. Mais le nouvel Empereur s'était positivement expliqué à ce sujet. Il n'admettait pas que les grands dignitaires pussent être ministres ; il ne voulait pour tels que des agents amovibles et responsables, qu'il pût révoquer et punir à volonté. Le général Berthier était pour lui un instrument tout aussi précieux que M. de Talleyrand. Il voulait cependant le laisser ministre, comme était M. de Talleyrand, sauf à les dédommager tous deux par de grandes dotations. L'orgueil de M. de Talleyrand fut singulièrement blessé, et, quoique toujours courtisan, il commença néanmoins à laisser voir cette attitude du courtisan mécontent, qui alors encore était chez lui très-contenue, mais qui plus tard le fut moins, et lui valut de cruelles disgrâces.

Au surplus, il restait soit dans l'armée, soit dans la cour, des positions propres à contenter toutes les ambitions. Il y avait quatre places de maréchaux honoraires à donner aux généraux qui étaient allés se reposer dans le Sénat, et seize à ceux qui, pleins de jeunesse, devaient figurer long-temps encore à la tête de nos soldats. Napoléon réservait les quatre premières à Kellermann, pour le souvenir de Valmy; à Lefebvre, pour sa bravoure éprouvée et un dévouement qui datait du 18 brumaire; à Pérignon, à

Mai 1804.

Les généraux Kellermann, Lefebvre, Serrurier, Pérignon, reçoivent les

Serrurier, pour le respect qu'ils inspiraient justement à l'armée. Sur seize places de maréchaux destinées aux généraux en activité, il voulut en conférer quatorze immédiatement, et en garder deux pour récompenser les mérites futurs. Ces quatorze bâtons furent donnés, au général Jourdan, pour le beau souvenir de Fleurus; au général Berthier, pour des services éminents et continus dans la direction de l'état-major; au général Masséna, pour Rivoli, Zurich, Gênes; aux généraux Lannes et Ney, pour une longue suite d'actes héroïques; au général Augereau, pour Castiglione; au général Brune, pour le Helder; à Murat, pour sa vaillance chevaleresque à la tête de la cavalerie française; au général Bessières, pour le commandement de la garde qu'il avait depuis Marengo, et dont il était digne; aux généraux Moncey et Mortier, pour leurs vertus guerrières; au général Soult, pour ses services en Suisse, à Gênes, au camp de Boulogne; au général Davout, pour sa conduite en Égypte, et une fermeté de caractère dont il donna bientôt d'éclatantes preuves; enfin au général Bernadotte, pour un certain renom acquis dans les armées de Sambre-et-Meuse et du Rhin, pour sa parenté surtout, et malgré une haine envieuse que Napoléon avait découverte dans le cœur de cet officier, et qui lui donnait déjà le pressentiment, plusieurs fois exprimé tout haut, d'une trahison future.

Un général qui n'avait pas encore commandé en chef, mais qui avait, comme les généraux Lannes,

Mai 1804.

Quatre places de maréchaux honoraires.

Quatorze maréchaux nommés à la fois.

Ney, Soult, dirigé des corps considérables, et qui méritait le bâton de maréchal autant que les officiers déjà cités, n'était pas sur la liste des nouveaux maréchaux. C'était Gouvion Saint-Cyr. S'il n'égalait pas le caractère guerrier de Masséna, son coup d'œil au feu, il le surpassait en savoir et en combinaisons militaires. Depuis que Moreau était perdu pour la France par ses fautes politiques, depuis que Kléber et Desaix étaient morts, il était, avec Masséna, l'homme le plus capable de commander une armée; Napoléon, bien entendu, ne pouvant jamais être mis en parallèle avec personne. Mais son caractère jaloux et insociable commençait à lui valoir les froideurs du suprême distributeur des grâces. Avec le pouvoir souverain venaient ses faiblesses; et Napoléon, qui pardonnait au général Bernadotte ses petites trahisons, présage d'une plus grande, ne savait pas pardonner au général Saint-Cyr son esprit dénigrant. Cependant le général Saint-Cyr eut rang parmi les colonels-généraux, et devint colonel-général des cuirassiers. Junot et Marmont, fidèles aides-de-camp du général Bonaparte, furent nommés colonels généraux des hussards et des chasseurs, Baraguay-d'Hilliers des dragons. Le général Marescot reçut le titre d'inspecteur-général du génie, le général Songis celui d'inspecteur-général de l'artillerie. Dans la marine, le vice-amiral Bruix, le chef et l'organisateur de la flottille, obtint le bâton d'amiral, et fut fait inspecteur-général des côtes de l'Océan; le vice-amiral Decrès fut nommé inspecteur-général des côtes de la Méditerranée.

La cour offrait aussi de grandes positions à distribuer. Elle fut organisée avec toute la pompe de l'ancienne monarchie française, et plus d'éclat que la cour impériale d'Allemagne. Il dut y avoir un grand-aumônier, un grand-chambellan, un grand-veneur, un grand-écuyer, un grand-maître des cérémonies, et un grand-maréchal du palais. La charge de grand-aumônier fut donnée au cardinal Fesch, oncle de Napoléon, la charge de grand-chambellan à M. de Talleyrand, celle de grand-veneur au général Berthier. Pour les deux derniers, ces charges de cour étaient un dédommagement destiné à les consoler de n'avoir pas obtenu deux des grandes dignités de l'Empire. La charge de grand-écuyer fut accordée à M. de Caulaincourt, pour le venger des calomnies des royalistes, acharnés contre lui depuis la mort du duc d'Enghien. M. de Ségur, l'ancien ambassadeur de Louis XVI auprès de Catherine, l'un des hommes les mieux faits pour apprendre à la nouvelle cour les usages de l'ancienne, fut nommé grand-maître des cérémonies. Duroc, qui gouvernait la maison consulaire, devenue maison impériale, dut la gouverner encore sous le titre de grand-maréchal du palais.

Nous ne citerons pas les charges inférieures, ni les prétendants subalternes qui se les disputaient. L'histoire a de plus nobles faits à raconter. Elle ne descend à ces détails que lorsqu'ils importent à la fidèle peinture des mœurs. Nous dirons seulement que les

Mai 1804.

Grandes charges de cour, telles que le grand-aumônier, le grand-chambellan, le grand-veneur, le grand-écuyer, le grand-maître des cérémonies, le grand-maréchal du palais.

Mai 1804.

émigrés qui, avant la mort du duc d'Enghien, tendaient à se rapprocher, qui, après cette mort, s'étaient éloignés un instant, mais qui, oublieux comme tout le monde, pensaient déjà moins à une catastrophe vieille de deux mois, commencèrent à figurer au nombre des solliciteurs jaloux d'avoir place dans la cour impériale. Quelques-uns furent admis. On songeait surtout à organiser pour l'impératrice une maison somptueuse. Une personne de haute naissance, madame de La Rochefoucauld, privée de beauté, mais non d'esprit, distinguée par son éducation et ses manières, autrefois fort royaliste, et riant maintenant avec assez de grâce de ses passions éteintes, fut destinée à être principale dame d'honneur de Joséphine.

Tous ces choix étaient connus avant d'être inscrits au *Moniteur*, publiés de bouche en bouche, au milieu des discours intarissables des approbateurs ou improbateurs, qui avaient fort à faire pour dire tout ce que leur inspirait un si singulier spectacle, chacun applaudissant ou blâmant, suivant ses amitiés, ses haines, ses prétentions satisfaites ou déçues, presque personne suivant ses opinions politiques, car il n'y avait plus d'opinions politiques alors, excepté chez les royalistes entêtés, ou chez les républicains implacables.

A ces nominations s'en joignit une, beaucoup plus sérieuse, celle de M. Fouché, qui fut appelé au ministère de la police, rétabli pour lui, en récompense des services qu'il avait rendus dans les derniers événements.

Il fallait donner à ces choix, et au plus grand de tous, celui qui faisait d'un général de la République un monarque héréditaire, le caractère d'actes officiels. Le sénatus-consulte était arrêté et rédigé. On convint de le présenter le 26 floréal (16 mai 1804) au Sénat, pour qu'il y fût décrété dans la forme accoutumée. Cette présentation ayant eu lieu, on nomma immédiatement une commission pour faire son rapport. On chargea de ce rapport M. de Lacépède, le savant et le sénateur le plus dévoué à Napoléon. Il l'eut terminé en quarante-huit heures, et il l'apporta au Sénat le surlendemain 28 floréal (18 mai). Ce jour était destiné à la proclamation solennelle de Napoléon comme Empereur. Il avait été décidé que le consul Cambacérès présiderait la séance du Sénat, pour que son adhésion au nouvel établissement monarchique fût plus éclatante. M. de Lacépède avait à peine achevé son rapport, que les sénateurs, sans une seule dissidence apparente, et avec une sorte d'acclamation unanime, adoptèrent le sénatus-consulte tout entier. Ils assistaient même avec une impatience visible aux formalités indispensables dont un tel acte devait être accompagné, pressés qu'ils étaient de se rendre à Saint-Cloud. Il était convenu que le Sénat se transporterait en corps à cette résidence pour présenter son décret au Premier Consul, et pour le saluer du titre d'Empereur. A peine l'adoption du sénatus-consulte était-elle terminée, que les sénateurs levèrent tumultueusement la séance pour courir à leurs voitures, et arriver des premiers à Saint-Cloud.

Mai 1804.

Adoption par le Sénat du sénatus-consulte organique, contenant la nouvelle Constitution impériale.

Le Sénat se transporte en corps à Saint-Cloud, pour proclamer le nouvel Empereur.

Les dispositions étaient faites au palais du Sénat, sur la route, et à Saint-Cloud même, pour cette scène inouïe. Une longue file de voitures, escortée par la cavalerie de la garde, transporta les sénateurs, jusqu'à la résidence du Premier Consul, par une superbe journée de printemps. Napoléon et son épouse, avertis, attendaient cette visite solennelle. Napoléon, debout, en costume militaire, calme comme il savait l'être quand les hommes le regardaient, sa femme tout à la fois satisfaite et troublée, reçurent le Sénat, que conduisait l'archichancelier Cambacérès. Celui-ci, collègue respectueux, sujet plus respectueux encore, adressa, en s'inclinant profondément, les paroles suivantes au soldat qu'il venait proclamer empereur:

« Sire,

» L'amour et la reconnaissance du peuple français
» ont depuis quatre années confié à Votre Majesté
» les rênes du gouvernement, et les constitutions de
» l'État se reposaient déjà sur vous du choix d'un
» successeur. La dénomination plus imposante qui
» vous est décernée aujourd'hui n'est donc qu'un
» tribut que la nation paye à sa propre dignité, et
» au besoin qu'elle sent de vous donner chaque jour
» des témoignages d'un respect et d'un attachement
» que chaque jour voit augmenter.

» Comment en effet le peuple français pourrait-il
» penser sans enthousiasme au bonheur qu'il éprouve,
» depuis que la Providence lui a inspiré la pensée
» de se jeter dans vos bras?

» Les armées étaient vaincues, les finances en
» désordre; le crédit public était anéanti; les factions
» se disputaient les restes de notre antique splen-
» deur; les idées de religion et même de morale
» étaient obscurcies; l'habitude de donner et de re-
» prendre le pouvoir laissait les magistrats sans con-
» sidération.

» Votre Majesté a paru. Elle a rappelé la victoire
» sous nos drapeaux; elle a rétabli l'ordre et l'éco-
» nomie dans les dépenses publiques; la nation, ras-
» surée par l'usage que vous en avez su faire, a re-
» pris confiance dans ses propres ressources; votre
» sagesse a calmé la fureur des partis; la religion
» a vu relever ses autels; enfin, et c'est là sans
» doute le plus grand des miracles opérés par votre
» génie, ce peuple, que l'effervescence civile avait
» rendu indocile à toute contrainte, ennemi de toute
» autorité, vous avez su lui faire chérir et respecter
» un pouvoir qui ne s'exerçait que pour sa gloire et
» pour son repos.

» Le peuple français ne prétend point s'ériger en
» juge des constitutions des autres États; il n'a point
» de critique à faire, point d'exemples à suivre:
» l'expérience désormais devient sa leçon.

» Il a pendant des siècles goûté les avantages at-
» tachés à l'hérédité du pouvoir; il a fait une expé-
» rience courte, mais pénible, du système contraire;
» il rentre, par l'effet d'une délibération libre et ré-
» fléchie, sous un régime conforme à son génie. Il
» use librement de ses droits pour déléguer à Votre
» Majesté Impériale une puissance que son intérêt

» lui défend d'exercer par lui-même. Il stipule pour
» les générations à venir, et, par un pacte solennel,
» il confie le bonheur de ses neveux à des rejetons
» de votre race.

» Heureuse la nation qui, après tant de troubles,
» trouve dans son sein un homme capable d'apaiser
» la tempête des passions, de concilier tous les in-
» térêts, et de réunir toutes les voix!

» S'il est dans les principes de notre Constitution,
» de soumettre à la sanction du peuple la partie du
» décret qui concerne l'établissement d'un gouver-
» nement héréditaire, le Sénat a pensé qu'il devait
» supplier Votre Majesté Impériale d'agréer que les
» dispositions organiques reçussent immédiatement
» leur exécution; et, pour la gloire comme pour le
» bonheur de la République, il proclame à l'instant
» même NAPOLÉON EMPEREUR DES FRANÇAIS. »

A peine l'archichancelier avait-il terminé ces paroles, que le cri de *vive l'Empereur* retentit sous les lambris du palais de Saint-Cloud. Entendu dans les cours et dans les jardins, ce cri fut répété avec joie et de bruyants applaudissements. La confiance et l'espérance étaient sur les visages, et tous les assistants, entraînés par l'effet de cette scène, croyaient avoir assuré pour long-temps leur bonheur et celui de la France. L'archichancelier Cambacerès, entraîné lui-même, semblait avoir toujours voulu ce qui s'accomplissait en cet instant.

Le silence étant rétabli, l'Empereur adressa au Sénat les paroles suivantes :

« Tout ce qui peut contribuer au bien de la patrie
» est essentiellement lié à mon bonheur.

Mai 1804.

» J'accepte le titre que vous croyez utile à la
» gloire de la nation.

Réponse
de l'Empereur
au Sénat.

» Je soumets à la sanction du peuple la loi de l'hé-
» rédité. J'espère que la France ne se repentira ja-
» mais des honneurs dont elle environnera ma fa-
» mille.

» Dans tous les cas, mon esprit ne serait plus
» avec ma postérité le jour où elle cesserait de
» mériter l'amour et la confiance de la grande na-
» tion. »

Des acclamations réitérées couvrirent ces belles paroles, puis le Sénat, par l'organe de son président Cambacérès, adressa quelques mots de félicitation à la nouvelle impératrice, que celle-ci écouta, suivant sa coutume, avec une grâce parfaite, et auxquels elle ne répondit que par une profonde émotion.

Le Sénat se retira ensuite, après avoir attaché à cet homme, né si loin du trône, le titre d'Empereur, qu'il ne perdit plus, même après sa chute, et dans l'exil. Nous l'appellerons désormais de ce titre, qui fut le sien à partir du jour que nous retraçons. Le vœu de la nation, tellement certain, qu'il y avait quelque chose de puéril dans le soin qu'on prenait de le constater, le vœu de la nation devait décider s'il serait empereur héréditaire. Mais, en attendant, il était Empereur des Français, par la puissance du Sénat agissant dans la limite de ses attributions.

Mai 1804.

Napoléon imagine de se faire sacrer par le Pape, et charge le cardinal Caprara de transmettre ses désirs au Saint-Siége.

Tandis que les sénateurs se retiraient, Napoléon retint l'archichancelier Cambacérès, et voulut qu'il demeurât pour dîner avec la famille impériale. L'Empereur et l'Impératrice le comblèrent de caresses, et tâchèrent de lui faire oublier la distance qui le séparait désormais de son ancien collègue. Au reste, l'archichancelier pouvait se consoler; en réalité il n'était pas descendu; son maître seul était monté, et avait fait monter tout le monde avec lui.

L'Empereur et l'archichancelier Cambacérès avaient à s'entretenir de sujets importants, qui se liaient à l'événement du jour : c'étaient la cérémonie du couronnement, et le nouveau régime à donner à la République italienne, qui ne pouvait rester république à côté de la France convertie en monarchie. Napoléon, qui aimait le merveilleux, avait conçu une pensée hardie, dont l'accomplissement devait saisir les esprits, et rendre plus extraordinaire encore son avénement au trône, c'était de se faire sacrer par le Pape lui-même, transporté pour cette solennité de Rome à Paris. La chose était sans exemple dans les dix-huit siècles de l'Église. Tous les empereurs d'Allemagne sans exception étaient allés se faire sacrer à Rome. Charlemagne, proclamé empereur d'Occident dans la basilique de Saint-Pierre, en quelque sorte par surprise, le jour de Noël 800, n'avait pas vu le Pape se déplacer pour lui. Pépin, il est vrai, avait été couronné en France par le Pape Étienne : mais ce dernier s'y était rendu pour demander

du secours contre les Lombards. C'était la pre- | Mai 1804.
mière fois qu'un Pape allait quitter Rome pour
consacrer les droits d'un nouveau monarque, dans
la propre capitale de ce monarque. Ce qu'il y avait
de semblable au passé, c'était l'Église récompen-
sant par le titre d'empereur le guerrier heureux
qui l'avait secourue; merveilleuse ressemblance
avec Charlemagne, qui remplaçait suffisamment la
légitimité dont se vantaient vainement les Bourbons, déconsidérés par leur défaite, par leur inconduite, par leur coopération à d'indignes complots.

Cette pensée à peine conçue, Napoléon l'avait
convertie en résolution irrévocable, et il s'était promis d'amener Pie VII à Paris par tous les moyens, la
séduction ou la crainte. C'était une négociation des
plus difficiles, et à laquelle nul autre que lui ne
pouvait réussir. Il se proposait de se servir du cardinal Caprara, qui ne cessait d'écrire à Rome que,
sans Napoléon, la religion aurait été perdue en
France, et peut-être même en Europe. Il fit part de
son projet à l'archichancelier Cambacérès, et arrêta
d'accord avec lui la manière de s'y prendre, pour
livrer la première attaque aux préjugés, aux scrupules, à l'inertie de la cour romaine.

Quant à la République italienne, elle aurait été de- | Nécessité
puis deux ans un théâtre de confusion, sans la prési- | de convertir
dence du général Bonaparte. D'abord, M. de Melzi, | la République
honnête homme, assez sensé, mais morose, rongé de | italienne
goutte, toujours prêt à donner sa démission de vice- | en monarchie.
président, n'ayant pas le caractère nécessaire pour

9.

supporter les lourdes peines du gouvernement, était un représentant très-insuffisant de l'autorité publique. Murat, commandant l'armée française en Italie, suscitait au gouvernement italien des tracasseries, qui ajoutaient à la disposition chagrine de M. de Melzi. Napoléon avait sans cesse à intervenir pour mettre d'accord les deux autorités. A ces difficultés personnelles, se joignaient celles qui naissaient du fond même des choses. Les Italiens, peu façonnés encore à ce régime constitutionnel, qui les admettait à participer à leurs propres affaires, étaient ou d'une parfaite indifférence, ou d'une véhémence extrême. Pour gouverner on n'avait que les modérés, peu nombreux, et fort embarrassés de leur rôle, placés qu'ils étaient entre les nobles voués aux Autrichiens, les libéraux portés au jacobinisme, et les masses sensibles uniquement au poids des impôts. Ces masses se plaignaient des charges de l'occupation française. *Nous sommes gouvernés par des étrangers, notre argent passe les monts*, ce propos, si ordinaire en Italie, s'entendait encore sous la nouvelle République, comme sous le gouvernement de la maison d'Autriche. Il n'y avait qu'un très-petit nombre d'hommes éclairés, qui sentissent que, grâce au général Bonaparte, la plus grande partie de la Lombardie, réunie en un seul État, gouvernée en réalité par des nationaux, placée seulement sous une surveillance extérieure et éloignée, était ainsi appelée à une existence propre, commencement de l'unité italienne; que s'il fallait payer par an une vingtaine de millions pour l'armée française, c'était une indemnité bien modique pour l'entretien d'une armée de trente à quarante mille hommes, indispensable si l'on voulait ne pas retomber sous le joug des Autrichiens. Cependant, malgré les sombres couleurs dont l'esprit malade du vice-président Melzi chargeait le tableau des affaires d'Italie, ces affaires après tout marchaient assez paisiblement, dominées qu'elles étaient par la main de Napoléon.

Mai 1804.

Convertir cette République en une monarchie vassale de l'Empire, la donner à Joseph, par exemple, c'était commencer cet empire d'Occident, que rêvait déjà Napoléon, dans son ambition désormais sans limites; c'était assurer un régime plus fixe à l'Italie; c'était probablement la contenter, car elle aimerait fort avoir un prince à elle, et, ne fût-ce qu'un changement, il se pourrait qu'il satisfît, à ce titre seul, des imaginations inquiètes et mobiles. Il fut convenu que l'archichancelier Cambacérès, fort lié avec M. de Melzi, lui écrirait pour lui faire à ce sujet les ouvertures convenables.

Napoléon, après s'être mis d'accord avec son ancien collègue sur tout ce qu'il y avait à faire, manda le cardinal-légat à Saint-Cloud, lui parla sur un ton affectueux, mais tellement positif, qu'il ne vint pas à l'esprit du cardinal d'oser élever une seule objection. Napoléon lui dit qu'il le chargeait expressément de demander au Pape de se rendre à Paris, pour officier dans la cérémonie du sacre; qu'il en ferait plus tard la demande formelle, lorsqu'il serait certain de n'être pas refusé; qu'il ne

Ouvertures au cardinal Caprara relativement au sacre, et envoi d'un courrier à Rome pour cet objet.

Mai 1804.

doutait pas au surplus du succès de ses désirs; que l'Église lui devait d'y adhérer, et se le devait à elle-même, car rien ne servirait plus la religion que la présence du Souverain Pontife à Paris, et la réunion des pompes religieuses aux pompes civiles, dans cette occasion solennelle. Le cardinal Caprara fit partir un courrier pour Rome, et M. de Talleyrand, de son côté, écrivit au cardinal Fesch, pour l'informer de ce nouveau projet, et le charger d'appuyer la négociation.

L'époque du sacre fixée, dans la pensée de Napoléon, à l'automne, après l'expédition d'Angleterre.

On était au printemps. Napoléon aurait voulu que le voyage du Pape eût lieu en automne. Il se proposait, pour cette époque, d'ajouter une autre merveille à celle du Pape couronnant à Paris le représentant de la Révolution française, c'était l'expédition d'Angleterre, qu'il avait ajournée à cause de la conspiration royaliste et de l'institution de l'Empire, mais dont il avait tellement perfectionné les préparatifs que le succès ne lui en paraissait plus douteux. Il lui fallait un mois tout au plus, car c'était un coup de foudre qu'il voulait frapper. Il destinait juillet ou août à cette grande opération. Il espérait donc être revenu victorieux, nanti de la paix définitive, et saisi de la toute-puissance européenne, vers octobre, et pouvoir se faire couronner à l'entrée de l'hiver, au jour anniversaire du 18 brumaire (9 novembre 1804). Dans son ardente pensée, il roulait tous ces projets à la fois, et on verra bientôt, par les dernières combinaisons qu'il venait d'imaginer, que ce n'étaient pas là de pures chimères.

L'archichancelier Cambacérès écrivit de son côté au vice-président Melzi pour les affaires du nouveau royaume d'Italie. M. Marescalchi, ministre de la République italienne à Paris, dut appuyer aussi les ouvertures de M. Cambacérès à M. de Melzi.

<small>Mai 1804.</small>

Les jours suivants furent employés à prêter serment au nouveau souverain de la France. Tous les membres du Sénat, du Corps Législatif, du Tribunat, furent successivement introduits. L'archichancelier Cambacérès, debout à côté de l'Empereur assis, lisait la formule du serment; le personnage admis au serment jurait ensuite, et l'Empereur, se levant à moitié sur son fauteuil impérial, rendait un léger salut à celui dont il venait de recevoir l'hommage. Cette subite différence introduite dans les relations entre des sujets et un souverain, qui la veille était leur égal, produisit quelque sensation sur les membres des corps de l'État. Après avoir donné la couronne par une sorte d'entraînement, on était surpris, en voyant les premières conséquences de ce qu'on avait fait. Le tribun Carnot, fidèle à sa promesse de se soumettre à la loi, une fois rendue, prêta serment avec les autres membres du Tribunat. Il y mit la dignité de l'obéissance à la loi, et parut même s'apercevoir moins qu'un autre des changements opérés dans les formes extérieures du pouvoir. Mais les sénateurs surtout s'en aperçurent, et firent sur ce sujet plus d'un propos malicieux. Une circonstance contribua plus particulièrement à leur inspirer ces propos. Sur les trente

<small>Serment prêté dans les mains de l'Empereur.</small>

et quelques sénatoreries instituées à l'époque du Consulat à vie, il en restait quinze à donner : celles d'Agen, d'Ajaccio, d'Angers, de Besançon, de Bourges, de Colmar, de Dijon, de Limoges, de Lyon, de Montpellier, de Nancy, de Nîmes, de Paris, de Pau, de Riom. Elles furent données le 2 prairial (22 mai). MM. Lacépède, Kellermann, François de Neufchâteau, Berthollet, étaient du nombre des favorisés. Mais sur une centaine de sénateurs, dont plus de quatre-vingts étaient encore à pourvoir, quinze satisfaits ne formaient pas une majorité suffisante. Toutefois ceux qui venaient d'échouer dans la poursuite des sénatoreries, avaient d'autres positions en vue, et il n'y avait pas lieu de désespérer. Mais, en attendant, un peu d'humeur se laissa découvrir dans le langage. Le *Moniteur* était plein tous les jours de nominations de chambellans, d'écuyers, de dames d'honneur, de dames d'atours. Si la grandeur personnelle du nouvel Empereur faisait qu'on lui pardonnait tout, il n'en était pas de même de ceux qui s'élevaient à sa suite. L'activité inquiète de ces républicains impatients de devenir gens de cour, de ces royalistes pressés de servir celui qu'ils appelaient un usurpateur, était un spectacle étrange, et si on ajoute à l'effet naturel de ce spectacle les espérances ou déçues ou ajournées, qui se vengeaient en discours méchants, on comprendra que, dans ce moment, on devait critiquer, railler, mépriser, en un mot parler beaucoup. Mais les masses, charmées d'un gouvernement aussi glorieux que bienfaisant, frappées d'une scène inouïe, dont elles n'apercevaient que l'ensemble et point les détails, ne connaissant et n'enviant pas ces heureux du jour, qui avaient réussi à faire de leurs enfants des pages, de leurs femmes des dames d'honneur, et d'eux-mêmes des préfets du palais ou des chambellans, les masses étaient attentives, et saisies d'une surprise qui finissait par se changer en admiration. Napoléon de sous-lieutenant d'artillerie devenu empereur, accueilli, accepté par l'Europe, et porté sur le pavois au milieu d'un calme profond, couvrait de l'éclat de sa fortune les petitesses mêlées à ce prodigieux événement. On n'éprouvait plus, il est vrai, ce sentiment d'empressement qui, en 1799, avait porté la nation épouvantée à courir au-devant d'un sauveur; on n'éprouvait pas davantage ce sentiment de gratitude qui, en 1802, avait porté la nation ravie à décerner à son bienfaiteur la perpétuité du pouvoir; on était moins pressé, en effet, de payer en reconnaissance un homme qui se payait si bien de ses propres mains. Mais on le jugeait digne de la souveraineté héréditaire, on l'admirait de l'oser prendre, on l'approuvait de la rétablir, parce qu'elle était un retour plus complet vers l'ordre; on était ébloui enfin de la merveille à laquelle on assistait. Ainsi, quoique avec des sentiments un peu différents de ceux qu'ils avaient dans le cœur en 1799 et en 1802, les citoyens se rendaient avec empressement dans tous les lieux où des registres étaient ouverts pour y déposer leur vote. Les suffrages affirmatifs

Mai 1804.

se comptaient par millions, et à peine quelques suffrages négatifs, fort rares, placés là pour prouver la liberté dont on jouissait, se faisaient-ils apercevoir dans la masse immense des votes favorables.

Napoléon n'avait qu'un dernier désagrément à encourir avant d'être en pleine possession de son nouveau titre. Il fallait finir ce procès de Georges et de Moreau, dans lequel on s'était engagé d'abord avec une extrême confiance. Quant à Georges et à ses complices, quant à Pichegru lui-même, s'il avait vécu, la difficulté n'était pas grande. Le procès devait les couvrir de confusion, et prouver la participation des princes émigrés à leurs complots. Mais Moreau était joint à la cause. On avait cru, en commençant, trouver plus de preuves qu'il n'en existait réellement contre lui, et, bien que sa faute fût évidente pour les gens de bonne foi, cependant les malveillants avaient moyen de la nier. Il régnait en outre un involontaire sentiment de pitié, à l'aspect de ce contraste des deux plus grands généraux de la République, l'un montant sur le trône, l'autre plongé dans les fers, et destiné non pas à l'échafaud, mais à l'exil. Toute considération, même de justice, est mise à part dans des cas pareils, et on donne plus volontiers tort à l'heureux, l'heureux eût-il raison.

Les coaccusés de Moreau, conseillés par leurs défenseurs, s'étaient entendus pour le décharger complétement. Ils avaient été fort irrités contre lui au début de la procédure; mais, l'intérêt dominant la passion, ils s'étaient promis de le sauver, s'il était possible. C'était d'abord le plus grand échec moral à procurer à Napoléon, que de faire sortir des fers son rival, victorieux de l'accusation intentée contre lui, revêtu des couleurs de l'innocence, grandi par la persécution, et devenu un ennemi implacable. De plus, si Moreau n'avait pas conspiré, on pouvait soutenir qu'il n'y avait pas eu de conspiration, c'est-à-dire, pas de délit, dès lors pas de coupables. Leur propre sûreté se joignait donc chez les royalistes, à leurs calculs de parti, pour les porter à tenir la conduite projetée.

Le barreau toujours disposé pour les accusés, la bourgeoisie de Paris toujours indépendante dans son jugement, et volontiers opposante quand de graves événements ne la rattachent pas au pouvoir, s'étaient passionnés pour Moreau, et faisaient des vœux en sa faveur. Ceux même qui, sans malveillance pour Napoléon, ne voyaient dans Moreau qu'un guerrier illustre et malheureux, dont les services pouvaient être encore utiles, souhaitaient qu'il sortît innocent de cette épreuve, et qu'il pût être rendu à l'armée et à la France.

Les débats s'ouvrirent le 28 mai (8 prairial an XII), au milieu d'une immense affluence. Les accusés étaient nombreux, rangés sur quatre rangs de siéges. Leur attitude, à tous, n'était pas la même. Georges et les siens montraient une assurance affectée : ils se sentaient à leur aise, car après tout ils pouvaient se dire victimes dévouées de leur cause.

Cependant l'arrogance de quelques-uns ne disposa pas le public favorablement pour eux. Georges, quoique relevé aux yeux de la foule par l'énergie de son caractère, provoqua quelques huées d'indignation. Mais l'infortuné Moreau, accablé par sa gloire, déplorant en cet instant une illustration qui lui valait les regards empressés de la multitude, était privé de cette tranquille assurance qui constituait son principal mérite à la guerre. Il se demandait évidemment ce qu'il faisait là parmi ces royalistes, lui qui était l'un des héros de la Révolution ; et, s'il se rendait justice, il ne pouvait se dire qu'une chose, c'est qu'il avait mérité son sort pour avoir cédé au déplorable vice de la jalousie. Entre ces nombreux accusés, le public ne cherchait que lui. On entendit même quelques applaudissements de vieux soldats cachés dans la foule, et de révolutionnaires désolés, croyant voir la République elle-même sur cette sellette, où était assis le général en chef de l'armée du Rhin. Cette curiosité, ces hommages embarrassaient Moreau : tandis que les autres déclinaient avec emphase leurs noms obscurs ou tristement célèbres, lui prononça si bas son nom glorieux, qu'on l'entendait à peine. Juste châtiment d'une belle réputation compromise !

Les débats furent longs. Le système qu'on s'était promis d'adopter fut exactement suivi. Georges, MM. de Polignac et de Rivière, n'étaient venus à Paris, disaient-ils, que parce qu'on leur avait représenté le nouveau gouvernement comme entièrement dépopularisé, et les esprits comme universellement ramenés aux Bourbons. Ils ne cachaient pas leur attachement à la cause des princes légitimes, et leur disposition à coopérer à un mouvement, si un mouvement eût été possible ; mais, ajoutaient-ils, Moreau, que des intrigants représentaient comme tout prêt à accueillir les Bourbons, n'y pensait pas, et n'avait voulu écouter aucune de leurs propositions. Dès lors ils n'avaient pas même songé à conspirer. Georges, interrogé sur le fond du projet, et mis en présence de ses premières déclarations, dans lesquelles il avait avoué être venu pour assaillir le Premier Consul sur la route de la Malmaison, avec un prince français à ses côtés, Georges confondu répondait que sans doute on y aurait pensé plus tard, si un mouvement insurrectionnel eût semblé opportun, mais que, rien n'étant possible dans le moment, on ne s'était pas même occupé du plan d'attaque. On lui montrait les poignards, les uniformes destinés à ses chouans, ces chouans eux-mêmes assis auprès de lui, sur le banc des accusés : il n'était pas précisément déconcerté, mais il devenait alors silencieux, paraissant avouer par son silence, que le système inventé pour ses coaccusés et pour Moreau n'était ni vraisemblable, ni digne.

Il n'y avait qu'un point sur lequel ils restassent tous en conformité avec leurs premières déclarations, c'était la présence d'un prince français au milieu d'eux. Ils sentaient en effet que, pour n'être pas rangés dans la classe des assassins, il fallait pouvoir dire qu'un prince était à leur tête. Peu leur importait de compromettre la dignité royale; un Bourbon leur donnait couleur de soldats combattant pour la dynastie légitime. Du reste, lorsque ces imprudents Bourbons sauvaient leur vie à Londres, sans s'inquiéter de leurs malheureuses victimes, ces victimes pouvaient bien à Paris essayer de sauver sinon leur vie, au moins leur honneur.

Quant à Moreau, son système était plus spécieux, car il n'avait pas varié. Ce système, il l'avait déjà exposé au Premier Consul, dans une lettre écrite malheureusement trop tard, long-temps après les inutiles interrogatoires du grand-juge, et lorsque le gouvernement, engagé dans la procédure, ne pouvait plus reculer sans paraître avoir peur du débat public. Il avouait avoir vu Pichegru, mais dans le but de se réconcilier avec lui, et de lui ménager le moyen de rentrer en France. Après l'apaisement des troubles civils, il avait pensé que le vainqueur de la Hollande valait la peine d'être rendu à la République. Il n'avait pas voulu le voir ostensiblement, ni solliciter directement son rappel, ayant perdu tout crédit par sa brouille avec le Premier Consul. Le mystère dont il s'était entouré n'avait pas eu d'autre motif. Il est vrai qu'on s'était servi de cette occasion pour lui parler de projets contre le gouvernement, mais il les avait repoussés comme ridicules. Il ne les avait pas dénoncés parce qu'il les croyait sans danger, et que d'ailleurs un homme tel que lui ne faisait pas le métier de dénonciateur.

Ce système soutenable, si des circonstances positives, si des témoignages irréfragables ne l'eussent rendu inadmissible, avait donné lieu à des débats très-vifs, dans lesquels Moreau avait retrouvé une véritable présence d'esprit, à peu près comme il lui arrivait à la guerre quand le danger était pressant. Il avait même fait de nobles réponses singulièrement applaudies par l'auditoire. — Pichegru était un traître, lui avait dit le président, et même dénoncé par vous sous le Directoire. Comment pouviez-vous songer à vous réconcilier avec lui, et à le ramener en France? — Dans un temps, avait répondu Moreau, dans un temps où l'armée de Condé remplissait les salons de Paris et ceux du Premier Consul, je pouvais bien m'occuper de rendre à la France le conquérant de la Hollande. — A ce sujet on lui demandait pourquoi, sous le Directoire, il avait dénoncé Pichegru si tard, et on semblait élever des soupçons jusque sur sa vie passée. — J'avais coupé court, répondait-il, aux entrevues de Pichegru et du prince de Condé sur la frontière, en mettant par les victoires de mon armée quatre-vingts lieues de distance entre ce prince et le Rhin. Le danger passé, j'avais laissé à un conseil de guerre le soin d'examiner les papiers trouvés, et de les envoyer au gouvernement s'il le jugeait utile. —

Moreau, interrogé sur la nature du complot auquel on lui avait proposé de s'associer, persistait à soutenir qu'il l'avait repoussé. — Oui, lui disait-on, vous avez repoussé la proposition de replacer les Bourbons sur le trône, mais vous avez consenti à vous servir de Pichegru et de Georges, pour le renversement du gouvernement consulaire, et dans l'espérance de recevoir la dictature de leurs mains. — On me prête là, répondait Moreau, un projet ridicule, celui de me servir des royalistes pour devenir dictateur, et de croire que s'ils étaient victorieux, ils me remettraient le pouvoir. J'ai fait dix ans la guerre, et pendant ces dix ans je n'ai pas, que je sache, fait de choses ridicules. — Ce noble retour sur sa vie passée avait été couvert d'applaudissements. Mais tous les témoins n'étaient pas dans le secret des royalistes; tous n'étaient pas préparés à revenir sur leurs premières dépositions, et il restait un nommé Roland, autrefois employé dans l'armée, qui répétait avec douleur, mais avec une persistance que rien ne pouvait ébranler, ce qu'il avait avancé dès le premier jour. Il disait qu'intermédiaire entre Pichegru et Moreau, celui-ci l'avait chargé de déclarer qu'il ne voulait pas des Bourbons, mais que si on le délivrait des consuls, il userait du pouvoir qui lui serait immanquablement déféré, pour sauver les conspirateurs, et reporter Pichegru au faîte des honneurs. D'autres confirmaient encore l'assertion de Roland. Bouvet de Lozier, cet officier de Georges, échappé à un suicide pour lancer une accusation terrible contre Moreau, ne la pouvait rétracter, et la répétait, tout en s'efforçant de l'atténuer. Dans cette accusation fournie par écrit, il n'avait énoncé que des choses qu'il tenait de Georges lui-même. Celui-ci répondait que Bouvet avait mal entendu, mal compris, et, par conséquent, fait un rapport inexact. Mais il restait cette entrevue de nuit à la Madeleine, dans laquelle Moreau, Pichegru, Georges s'étaient trouvés ensemble, circonstance inconciliable avec un simple projet de ramener Pichegru en France. Pourquoi se trouver de nuit à un rendez-vous avec le chef des conspirateurs, avec un homme qu'on ne pouvait rencontrer innocemment, quand on n'était pas royaliste? Ici les dépositions étaient si précises, si concordantes, si nombreuses, qu'avec la meilleure volonté du monde les royalistes ne pouvaient pas revenir sur ce qu'ils avaient déclaré, et que, lorsqu'ils le tentaient, ils étaient confondus à l'instant même.

Moreau cette fois était accablé, et l'intérêt de l'auditoire avait fini par diminuer sensiblement. Toutefois de maladroits reproches du président sur sa fortune avaient un peu réveillé cet intérêt prêt à s'éteindre. — Vous êtes au moins coupable de non-révélation, lui avait dit le président: et, bien que vous prétendiez qu'un homme comme vous ne saurait faire le métier de dénonciateur, vous deviez d'abord obéir à la loi, qui ordonne à tout citoyen, quel qu'il soit, de dénoncer les complots dont il acquiert la connaissance. Vous le deviez en outre à un gouvernement qui vous a comblé de biens. N'avez-vous pas de riches appointements, un hôtel, des terres? — Le reproche était peu digne, adressé à l'un des généraux les plus désintéressés du temps. — Monsieur le président, avait répondu Moreau, ne mettez pas en balance mes services et ma fortune : il n'y a pas de comparaison possible entre de telles choses. J'ai quarante mille francs d'appointements, une maison, une terre qui valent trois ou quatre cent mille francs, je ne sais. J'aurais cinquante millions aujourd'hui, si j'avais usé de la victoire comme beaucoup d'autres. — Rastadt, Biberach, Engen, Mœsskirch, Hohenlinden, ces beaux souvenirs mis à côté d'un peu d'argent, avaient soulevé l'auditoire, et provoqué des applaudissements que l'invraisemblance de la défense commençait à rendre fort rares.

Le débat durait depuis une douzaine de jours; l'agitation dans les esprits était grande. Nous avons vu souvent de notre temps, un procès envahir entièrement l'attention du public. Même chose se passait ici, mais avec des circonstances faites pour produire une tout autre émotion que celle de la curiosité. En présence d'un général triomphant et couronné, un général dans l'infortune et dans les fers, opposant, par sa défense, la dernière résistance possible à un pouvoir chaque jour plus absolu; au milieu du silence de la tribune nationale, la voix des avocats se faisant entendre comme dans le pays le plus libre; des têtes illustres en péril, appartenant les unes à l'émigration, les autres à la République; il y avait là certainement de quoi remuer tous les cœurs. On cédait à une juste pitié, peut-être aussi à ce secret sentiment qui fait souhaiter des échecs à la puissance heureuse; et, sans être ennemi du gouvernement, on faisait des vœux pour Moreau. Napoléon, qui se sentait exempt de cette basse jalousie dont on l'accusait, qui savait bien que Moreau, sans vouloir des Bourbons, avait voulu sa mort pour le remplacer, croyait et disait tout haut, qu'on lui devait justice en condamnant un général coupable de crime d'État. Il désirait cette condamnation comme sa propre justification; il la désirait, non pas pour faire rouler sur un échafaud la tête du vainqueur de Hohenlinden, mais pour avoir l'honneur de lui faire grâce. Les juges le savaient, le public aussi.

Mais la justice, qui n'entre pas dans les considérations de la politique, et qui a raison de ne pas y entrer, car si la politique est quelquefois humaine et sage, elle est quelquefois aussi cruelle et imprudente, la justice, au milieu de ce conflit de passions, le dernier qui dût troubler le profond repos de l'Empire, resta impassible, et rendit d'équitables arrêts.

Le 21 prairial (10 juin), après quatorze jours de débats, tandis que le tribunal s'était retiré pour délibérer, certains accusés royalistes, s'apercevant qu'ils avaient été trompés, et que tous leurs efforts pour décharger Moreau ne leur avaient servi de rien, demandèrent le juge instructeur, afin de lui faire des déclarations plus véridiques. Ils ne parlaient plus de trois entrevues avec Moreau, mais de cinq. M. Réal, averti, était accouru chez l'Empereur, et l'Empereur avait écrit sur-le-champ à l'archichancelier Cambacérès, pour qu'on cherchât un moyen de pénétrer auprès des juges. Mais cela était difficile, de plus inutile, et, sans se

Mai 1804.

Georges condamné à mort, Moreau à deux ans de prison.

prêter à de nouvelles communications, ils rendirent le même jour, 10 juin, un arrêt qu'aucune influence n'avait dicté. Ils prononcèrent la peine de mort contre Georges et dix-neuf de ses complices. Quant à Moreau, trouvant sa complicité matérielle insuffisamment établie, mais sa conduite morale répréhensible, ils le frappèrent dans sa considération, en lui infligeant deux ans de prison. M. Armand de Polignac et M. de Rivière furent condamnés à mort; M. Jules de Polignac et cinq autres accusés à deux ans de prison. Vingt-deux furent acquittés.

Cet arrêt, approuvé par les gens impartiaux, causa un déplaisir mortel au nouvel Empereur, qui s'emporta vivement contre la faiblesse de cette justice, que d'autres, en ce moment, accusaient de barbarie. Il manqua même de la mesure que l'autorité suprême doit ordinairement s'imposer, surtout en matière aussi grave. Dans l'état d'exaspération où l'avaient jeté les injustes propos de ses ennemis, il était difficile d'obtenir de lui des actes de clémence. Mais il était si prompt à se calmer, si généreux, si clairvoyant, que les accès étaient bientôt rouverts pour arriver à sa raison et à son cœur. Dans les quelques jours employés pour s'adresser à la cour de cassation, il prit des résolutions convenables, fit remise à Moreau de ses deux ans de prison, comme il lui aurait fait remise de la peine capitale, si elle eût été prononcée, et consentit à son départ pour l'Amérique.

Grâce accordée à Moreau, et départ de ce général pour l'Amérique.

Cet infortuné général désirant vendre ses propriétés, Napoléon donna ordre de les acquérir immédiatement, au prix le plus élevé. Quant aux condamnés royalistes, toujours rigoureux à leur égard depuis la dernière conspiration, il ne voulut d'abord accorder de grâce à aucun d'eux. Georges seul, par l'énergie de son courage, lui inspirait quelque intérêt; mais il le regardait comme un ennemi implacable, qu'il fallait détruire pour assurer la tranquillité publique. Ce n'était pas du reste pour Georges que l'émigration était émue. Elle l'était beaucoup pour MM. de Polignac et de Rivière; elle blâmait l'imprudence qui avait placé ces personnages d'un rang élevé, d'une éducation soignée, dans une compagnie si peu digne d'eux; mais elle ne pouvait se résigner à voir tomber leurs têtes; et il est vrai que les entraînements des partis, sainement appréciés, devaient faire excuser leur faute, et leur mériter l'indulgence du chef même de l'Empire.

Mai 1804

On connaissait le cœur de Joséphine : on savait qu'au sein d'une grandeur inouïe, elle avait conservé une bonté touchante. On savait aussi qu'elle vivait dans des craintes continuelles, en songeant aux poignards sans cesse levés sur son époux. Un acte éclatant de clémence pouvait détourner ces poignards, et calmer des cœurs exaspérés. On réussit à s'introduire auprès d'elle par le moyen de madame de Rémusat, attachée à sa personne, et on lui amena au château de Saint-Cloud madame de Polignac, qui vint arroser de larmes le manteau impérial. Elle fut touchée,

Grâce accordée à MM. de Rivière et de Polignac.

comme, avec son facile et sensible cœur, elle devait l'être, à l'aspect d'une épouse éplorée demandant noblement la grâce de son époux. Elle courut faire une première tentative auprès de Napoléon. Celui-ci, selon sa coutume, couvrant son émotion sous un visage dur et sévère, la repoussa brusquement. Madame de Rémusat était présente.
— Vous vous intéresserez donc toujours à mes ennemis, leur dit-il à toutes deux. Ils sont les uns et les autres aussi imprudents que coupables. Si je ne leur donne pas une leçon, ils recommenceront, et seront cause qu'il y aura de nouvelles victimes. — Joséphine, repoussée, ne savait plus à quel moyen recourir. Napoléon devait dans peu d'instants sortir de la salle du conseil, et traverser l'une des galeries du château. Elle imagina de placer madame de Polignac sur son passage, pour qu'elle pût se jeter à ses pieds, lorsqu'il paraîtrait. En effet, au moment où il passait, madame de Polignac vint se présenter à lui, et lui demander, en versant des larmes, la vie de son époux. Napoléon, surpris, lança sur Joséphine, dont il devinait la complicité, un regard sévère. Mais vaincu sur-le-champ, il dit à madame de Polignac qu'il était étonné d'avoir trouvé, dans un complot dirigé contre sa personne, M. Armand de Polignac, son compagnon d'enfance à l'École militaire ; que cependant il accordait sa grâce aux larmes d'une épouse ; qu'il souhaitait que cette faiblesse de sa part n'eût pas de suites fâcheuses, en encourageant de nouvelles imprudences. — Ils sont bien coupables,

madame, ajouta-t-il, les princes qui compromettent la vie de leurs plus fidèles serviteurs, sans partager leurs périls. —

Madame de Polignac, saisie de joie et de reconnaissance, alla raconter au milieu de l'émigration épouvantée cette scène de clémence, qui valut alors un instant de justice à Joséphine et à Napoléon. M. de Rivière restait en péril. Murat et sa femme pénétrèrent auprès de l'Empereur, pour le vaincre et lui arracher une seconde grâce. Celle de M. de Polignac entraînait celle de M. de Rivière. Elle fut immédiatement accordée. Le généreux Murat, onze ans plus tard, ne rencontra pas la même générosité.

Tel fut le terme de cette triste et odieuse échauffourée, qui avait pour but d'anéantir Napoléon, et qui le fit monter au trône, malheureusement moins pur qu'il n'était auparavant; qui valut une mort tragique à celui des princes français qui n'avait pas conspiré, l'impunité à ceux qui avaient tramé des complots, mais, il est vrai, avec une grande déconsidération pour châtiment de leurs fautes; enfin l'exil à Moreau, le seul des généraux de ce temps, dont on pût, en exagérant sa gloire et en rabaissant beaucoup celle de Napoléon, faire un rival pour ce dernier. Frappante leçon dont les partis devraient profiter! on grandit toujours le gouvernement, le parti ou l'homme, qu'on tente de détruire par des moyens criminels.

Toute résistance était désormais vaincue. En 1802, Napoléon avait surmonté les résistances civiles, en annulant le Tribunat; en 1804, il surmonta les résistances militaires, en déjouant la conspiration des émigrés avec les généraux républicains. Tandis qu'il franchissait les marches du trône, Moreau s'en allait en exil. Ils devaient se revoir, à portée de canon, sous les murs de Dresde, malheureux tous les deux, coupables tous les deux, l'un en revenant de l'étranger pour faire la guerre à sa patrie, l'autre en abusant de sa puissance jusqu'à provoquer une réaction universelle contre la grandeur de la France; l'un mourant d'un boulet français, l'autre remportant une dernière victoire, mais voyant déjà l'abîme où s'est engloutie sa prodigieuse destinée.

Toutefois, ces grands événements étaient bien éloignés encore. Napoléon semblait alors tout-puissant et pour jamais. Sans doute il avait éprouvé quelques ennuis dans ces derniers temps; car, indépendamment des grands malheurs, la Providence cache toujours quelques amertumes anticipées dans le bonheur même, comme pour avertir l'âme humaine, et la préparer aux infortunes éclatantes. Ces quinze jours lui avaient été pénibles, mais ils furent bientôt passés. La clémence dont il venait d'user jeta une douce lueur sur son règne naissant. La mort de Georges n'attrista personne, quoique son courage, digne d'un meilleur sort, inspirât quelques regrets. Bientôt on fut rendu à ce sentiment de curiosité émerveillée, qu'on éprouvait en présence d'un spectacle extraordinaire.

Ainsi finissait après douze années, non pas la Révolution française, toujours vivante et indestructible, mais cette République qualifiée d'impérissable. Elle finissait sous la main d'un soldat victorieux, comme finissent toujours les républiques qui ne vont pas s'endormir dans les bras de l'oligarchie.

Mai 1804.

FIN DU LIVRE DIX-NEUVIÈME.

LIVRE VINGTIÈME.

LE SACRE.

Retard apporté à l'expédition d'Angleterre. — Motifs et avantages de ce retard. — Redoublement de soins dans les préparatifs. — Moyens financiers. — Budget des années XI, XII et XIII. — Création des contributions indirectes. — Ancienne théorie de l'impôt unique sur la terre. — Napoléon la réfute, et fait adopter un impôt sur les consommations. — Première organisation de la régie des droits réunis. — L'Espagne paye son subside en obligations à terme. — Une association de financiers se présente pour les escompter. — Premières opérations de la compagnie dite *des négociants réunis*. — Toutes les ressources disponibles consacrées aux escadres de Brest, de Rochefort et de Toulon. — Napoléon prépare l'arrivée d'une flotte française dans la Manche, afin de rendre certain le passage de la flottille. — Première combinaison à laquelle il s'arrête. — L'amiral Latouche-Tréville chargé d'exécuter cette combinaison. — Cet amiral doit quitter Toulon, tromper les Anglais en faisant fausse route, et paraître dans la Manche, en ralliant dans le trajet l'escadre de Rochefort. — La descente projetée pour juillet et août, avant la cérémonie du couronnement. — Les ministres des cours en paix avec la France remettent à Napoléon leurs lettres de créance. — L'ambassadeur d'Autriche seul en retard. — Départ de Napoléon pour Boulogne. — Inspection générale de la flottille, bâtiment par bâtiment. — La flottille batave. — Grande fête au bord de l'Océan, et distribution à l'armée des décorations de la Légion-d'Honneur. — Suite des événements en Angleterre. — Extrême agitation des esprits. — Renversement du ministère Addington par la coalition de MM. Fox et Pitt. — Rentrée de M. Pitt au ministère, et ses premières démarches pour renouer une coalition sur le continent. — Soupçons de Napoléon. — Il force l'Autriche à s'expliquer, en exigeant que les lettres de créance de M. de Cobentzel lui soient remises à Aix-la-Chapelle. — Il rompt les relations diplomatiques avec la Russie, en laissant partir M. d'Oubril. — Mort de l'amiral Latouche-Tréville, et ajournement de la descente à l'hiver. — L'amiral Latouche-Tréville remplacé par l'amiral Villeneuve — Caractère de ce dernier. — Voyage de Napoléon sur les bords du Rhin. — Grande affluence à Aix-la-Chapelle. — M. de Cobentzel y remet ses lettres de créance à Napoléon. — La cour impériale se transporte à Mayence — Retour à Paris. — Apprêts du sacre. — Difficile négociation pour amener Pie VII à venir sacrer Napoléon. — Le cardinal Fesch ambassadeur. — Caractère et conduite de ce personnage. — Terreurs qui saisissent Pie VII à l'idée de se rendre en France. — Il consulte une congrégation de cardinaux. — Cinq se prononcent contre son voyage, quinze pour, mais avec des conditions. — Long débat sur ces conditions. — Consentement définitif. — La question du cérémonial laissée en suspens. — L'évêque Bernier et l'archichancelier Cambacérès choisissent dans le Pontifical romain et dans le Pontifical français les cérémonies compatibles avec l'esprit du siècle. — Napoléon refuse de se laisser poser la couronne sur la tête. — Prétentions de famille. — Départ du Pape pour la France. — Son voyage. — Son arrivée à Fontainebleau. — Sa joie et sa confiance en voyant l'accueil dont il est l'objet. — Mariage religieux de Joséphine et de Napoléon. — Cérémonie du sacre.

Juin 1804.

La conspiration de Georges, le procès qui s'en était suivi, le changement qu'elle avait amené dans la forme du gouvernement, avaient rempli tout l'hiver de 1803 à 1804, et suspendu la grande entreprise de Napoléon contre l'Angleterre. Mais il n'avait cessé d'y penser, et, dans ce moment, il en préparait l'exécution pour le milieu de l'été de 1804, avec un redoublement de soin et d'activité. Du reste, ce délai n'était nullement regrettable, car, dans son impatience d'exécuter un si vaste projet, Napoléon s'était fort exagéré la possibilité d'être prêt à la fin de 1803. Les expériences continuelles qu'on faisait à Boulogne, révélaient chaque jour de nouvelles précautions à prendre, de nouveaux perfectionnements à introduire, et peu importait de frapper six mois plus tard, si on acquérait en différant le moyen de frapper un coup plus sûr. Ce n'était pas l'armée, bien entendu, qui entraînait ces pertes de temps; car, à cette époque, l'armée était toujours disponible; c'étaient la flottille et les escadres. La construction des bateaux plats, leur réunion dans les quatre ports du

Retard forcé dans l'expédition projetée contre l'Angleterre

détroit, tout cela était achevé. Mais la flottille batave se faisait attendre; les escadres de Brest et de Toulon, dont le concours à l'entreprise était jugé indispensable, n'étaient pas prêtes, huit mois n'ayant pu suffire à leur armement. L'hiver de 1804 avait été consacré à le compléter. Le temps, en apparence perdu, avait donc été employé fort utilement. Il l'avait été surtout à créer des moyens financiers, lesquels sont toujours étroitement liés aux moyens militaires, et cette fois l'étaient plus que jamais. Si, en effet, on parvient avec beaucoup d'industrie, et en s'exposant à de grands inconvénients, à faire la guerre de terre avec peu d'argent, en vivant chez l'ennemi, la guerre de mer ne saurait se passer d'argent, car on ne trouve rien sur l'immense solitude de l'Océan, que ce qu'on a pris avec soi en sortant des ports. Les moyens financiers n'étaient donc pas la partie la moins importante des immenses préparatifs de Napoléon, et ils méritent de nous occuper un instant.

Nous avons dit avec quelles ressources on avait commencé la lutte, après la rupture de la paix d'Amiens. Le budget de l'an xi (1803), voté dans la prévision encore incertaine des événements, avait été fixé à 589 millions (les frais de perception en dehors), c'est-à-dire à 89 millions de plus que le budget de l'année précédente, lequel avait été soldé avec 500 millions. Mais la dépense avait naturellement dépassé le premier chiffre admis par le Corps Législatif; elle l'avait dépassé de 30 millions, et avait atteint 619 millions. C'était peu, assurément, quand on pense aux apprêts d'une expédition comme celle de Boulogne. Cette modicité de l'augmentation du budget s'explique par l'époque qui séparait les exercices. L'exercice de l'an xi finissait au 21 septembre 1803, et ce même jour commençait l'exercice de l'an xii. Les principales dépenses de la flottille ne pouvaient donc pas être comprises encore dans le budget de l'an xi. C'est ainsi qu'on était parvenu à se renfermer dans un chiffre de 619 millions, qui, avec les frais de perception, montait environ à 710 ou 720 millions. Le budget de l'an xii devait être bien plus élevé, car il devait payer tout ce que n'avait pas payé celui de l'an xi. On avait pourvu à ce dernier avec les contributions ordinaires, dont le produit, malgré la guerre, avait continué de s'élever beaucoup, tant la sécurité était grande sous le gouvernement sage et vigoureux qui régissait alors la France. Le timbre et l'enregistrement avaient donné 10 millions d'augmentation, les douanes 6 ou 7 ; et, malgré un dégrèvement de 10 millions sur la contribution foncière, les impôts ordinaires s'étaient élevés à 573 millions. On avait fourni le surplus avec les 22 millions du subside italien, et avec 24 millions empruntés aux ressources extraordinaires, lesquelles se composaient, comme nous l'avons dit, du subside espagnol, fixé à 4 millions par mois, et du prix de la Louisiane cédée aux Américains. Ces ressources, à peine entamées, restaient presque entières pour l'an xii, ce qui était fort heureux, car toutes les dépenses de la guerre devaient peser à la fois sur cet exercice (septembre 1803 à septembre 1804).

Juin 1804.

Budget de l'an XII (septembre 1803 à septembre 1804).

La dépense, en l'an XII, ne pouvait être évaluée à moins de 700 millions au lieu de 619; ce qui faisait, avec les frais de perception et quelques centimes additionnels restés en dehors, un total de 800 millions. Encore dans ce total la nouvelle liste civile n'était-elle point comprise. On voit que les budgets marchaient assez rapidement vers le chiffre qu'ils ont atteint depuis.

Il fallait prévoir une certaine diminution dans le revenu des domaines, par suite des aliénations de biens nationaux, et des dotations immobilières accordées au Sénat, à la Légion-d'Honneur, à la caisse d'amortissement. Les contributions ordinaires ne devaient guère monter au delà de 560 millions, sauf les augmentations de produits, qui étaient probables, mais que, par un excès d'exactitude, on ne voulait pas porter en ligne de compte. Il ne fallait donc pas moins de 140 millions de moyens extraordinaires pour arriver à 700 millions, chiffre supposé de la dépense, les frais de perception et quelques centimes additionnels en dehors. L'Italie donnait 22 millions pour les trois États chez lesquels notre armée faisait un service de protection. Les 48 millions du subside espagnol, les 60 millions du subside américain, réduits à 52 par les frais de négociation, portaient à 122 millions la somme des recettes extraordinaires. Il restait par conséquent une vingtaine de millions à trouver. La ressource des cautionnements, précédemment employée, devait les fournir. On avait déjà exigé des cautionnements en argent de la part des receveurs-généraux, payeurs, receveurs de l'enregistrement et des douanes, etc. Ces cautionnements avaient été versés à la caisse d'amortissement, qui en était débitrice envers les déposants. La caisse à son tour les avait versés dans les mains du gouvernement, qui avait promis de les lui rembourser plus tard à raison de 5 millions par an. C'était une espèce d'emprunt sur les comptables, fort légitime, puisque ceux-ci devaient à l'État une garantie de leur bonne gestion. Cet emprunt était susceptible d'extension, parce qu'il restait encore des comptables à soumettre à la règle commune. Il existait effectivement une nouvelle catégorie de receveurs des deniers publics, dont l'existence avait besoin d'être régularisée, c'étaient les percepteurs des contributions directes. Jusqu'alors, au lieu des percepteurs nommés par l'État dans les campagnes et les villes, pour y percevoir les impôts directs, il y avait de petits fermiers, auxquels on adjugeait la perception au rabais. Ce système avait été changé dans les grandes villes, où l'on avait placé des percepteurs nommés à poste fixe, et appointés par le Trésor, moyennant une simple remise. Cette nouvelle manière d'opérer ayant réussi, on proposa, pour l'année 1804, d'établir dans toutes les communes, urbaines ou rurales, des percepteurs à la nomination du gouvernement, en leur imposant un cautionnement évalué en totalité à une vingtaine de millions. Cette somme, versée au Trésor, devait être restituée successivement à la caisse d'amortissement, comme on l'avait stipulé pour les cautionnements antérieurs.

Juin 1804.

Création des percepteurs des contributions directes.

A ce moyen, on ajouta la vente de quelques biens nationaux, pris sur les quantités qui étaient restées disponibles depuis qu'on avait pourvu aux dotations du Sénat, de la Légion-d'Honneur, de l'Instruction publique, de la caisse d'amortissement. Ce fut une nouvelle ressource de 15 millions pour l'an XII, au delà du chiffre jugé nécessaire. Ces biens étaient livrés à la caisse d'amortissement, qui les vendant peu à peu, les vendait mieux de jour en jour. Il était convenu qu'on lui en laisserait le produit, afin de s'acquitter des 5 millions qui lui étaient dus annuellement pour le remboursement des cautionnements.

Tels furent les moyens financiers créés pour l'an XII : 560 millions de contributions ordinaires, 22 millions du subside italien, 48 millions du subside espagnol, 52 du prix de la Louisiane, 20 des cautionnements, plus quelques millions en biens nationaux. C'était plus que les 700 millions jugés nécessaires pour cet exercice (septembre 1803 à septembre 1804).

Mais on était à la fin de l'exercice an XII, puisqu'on se trouvait dans l'été de 1804. Il fallait songer à l'an XIII (septembre 1804 à septembre 1805), qui allait manquer d'un fonds considérable, le subside américain, entièrement affecté à l'an XII. On ne pouvait se dispenser d'y pourvoir immédiatement.

Napoléon était depuis long-temps convaincu que la Révolution, quoiqu'elle eût créé de grandes ressources par l'égalité de l'impôt, avait néanmoins trop maltraité la propriété foncière, en rejetant sur elle seule le fardeau des charges publiques, par la suppression des contributions indirectes. Ce que la Révolution avait fait n'est que trop ordinaire en temps de trouble. Au premier désordre, le peuple, surtout celui des villes, en profite, pour refuser de payer l'impôt assis sur les consommations, et en particulier sur les boissons, qui constituent la plus grande de ses jouissances. Cela s'est vu en 1830, où les impôts de cette espèce ont été refusés pendant plus de six mois; en 1815, où leur suppression fut la promesse trompeuse, à l'aide de laquelle les Bourbons se firent applaudir un instant; en 1789 enfin, où les premiers mouvements populaires furent dirigés contre les barrières. Mais ces impôts, les plus détestés de la population des villes, sont cependant ceux qui caractérisent les pays vraiment prospères, qui portent en réalité sur le riche bien plus que sur le pauvre, et nuisent moins que tous les autres à la production; tandis que la contribution établie sur la terre enlève à l'agriculture des capitaux, c'est-à-dire des bestiaux, des engrais, appauvrit le sol, et s'attaque ainsi à la plus abondante source de la richesse. Dans le dix-huitième siècle, un préjugé s'était établi, qui reposait alors, il faut le reconnaître, sur un incontestable fondement. La propriété foncière, concentrée dans les mains de l'aristocratie et du clergé, inégalement taxée, suivant la qualité de ses possesseurs, était un objet de haine de la part des esprits généreux, qui voulaient soulager les classes pauvres. C'est à cette époque qu'on imagina la théorie de

Janv. 1804.

Théorie de l'impôt unique en vogue pendant le dix-huitième siècle.

l'impôt unique, portant exclusivement sur la terre, et fournissant à toutes les dépenses de l'État. Par ce moyen on aurait pu supprimer les aides, les gabelles, contributions qui pesaient en apparence sur le peuple seul. Mais cette théorie, généreuse par l'intention, fausse par le fait, devait tomber devant l'expérience. Depuis 1789, la terre divisée en mille mains, frappée de charges égales, ne méritait plus l'animadversion dont elle était autrefois poursuivie, et il fallait surtout considérer en elle l'intérêt si essentiel de l'agriculture. On devait se dire qu'en la chargeant outre mesure, on atteignait le peuple des campagnes, on le privait de moyens de culture, au profit des marchands et des consommateurs de boissons spiritueuses. On devait se dire qu'il fallait absolument égaler les revenus aux dépenses, si on ne voulait retomber dans le papier-monnaie et la banqueroute, et que, pour égaler les revenus aux dépenses, il était indispensable de varier les sources de l'impôt, afin de ne pas les tarir. Il appartenait à l'homme qui avait restauré l'ordre en France, qui avait tiré les finances du chaos, en rétablissant la perception régulière des contributions directes, d'achever son ouvrage, en rouvrant la source fermée des contributions indirectes. Mais il fallait pour cela une grande autorité et une grande énergie. Fidèle à son caractère, Napoléon ne craignit pas, le jour même où il briguait le trône, de rétablir sous le nom de droits-réunis, le plus impopulaire, mais le plus utile des impôts.

Il en fit la première proposition au conseil d'État,

et il y soutint avec une sagacité merveilleuse, comme si les finances avaient été l'étude de sa vie, les vrais principes de la matière. A la théorie de l'impôt unique, reposant exclusivement sur la terre, exigeant du fermier et du propriétaire la totalité de la somme nécessaire aux besoins de l'État, les obligeant à en faire au moins l'avance dans la supposition la plus favorable pour eux, celle où le renchérissement des produits agricoles les dédommagerait de cette avance ; à une théorie aussi follement exagérée, il opposa la théorie simple et vraie de l'impôt habilement diversifié, reposant à la fois sur toutes les propriétés et sur toutes les industries, ne demandant à aucune d'elles une portion trop considérable du revenu public, n'amenant par conséquent aucun mouvement forcé dans les valeurs, puisant la richesse dans tous les canaux où elle passe abondamment, et puisant dans chacun de ces canaux, de manière à ne pas y produire un abaissement trop sensible. Ce système, fruit du temps et de l'expérience, n'est susceptible que d'une seule objection : c'est que la diversité de l'impôt entraîne la diversité de la perception, et, dès lors, une augmentation de frais ; mais il présente tant d'avantages, et le contraire est si violent, que cette légère augmentation de frais ne saurait être une considération sérieuse. Lorsqu'il eut fait adopter ses vues par le conseil d'État, Napoléon envoya son projet au Corps Législatif, où il ne fut l'objet d'aucune difficulté sérieuse, grâce aux conférences préalables entre les sections correspondantes

Juin 1804.

du Tribunat et du conseil d'État. Voici quelles en étaient les dispositions.

Un personnel pour la perception était créé sous le titre de régie des droits réunis. Cette régie devait percevoir les nouveaux impôts, par le moyen *de l'exercice*, reconnu seul efficace, et consistant à rechercher l'existence des matières imposables sur les lieux où elles sont récoltées ou fabriquées. Ces matières étaient les vins, les eaux-de-vie, la bière, le cidre, etc. On frappait un seul droit très-modéré sur leur première vente, d'après un inventaire établi aux époques de la récolte ou de la fabrication. La valeur du droit devait être acquittée au moment du premier déplacement. La principale matière imposée, après les boissons, était celle du tabac. Déjà il existait un droit de douane sur les tabacs étrangers, et un droit de fabrication sur les tabacs français (car le monopole n'avait pas encore été imaginé), mais le produit de ce dernier droit échappait au trésor, par suite du défaut de surveillance. La création d'une régie des droits réunis fournissait la possibilité de percevoir en entier cet impôt faible alors, mais appelé à devenir considérable. Le sel ne fut point compris dans les matières imposées. On avait craint de réveiller le souvenir des anciennes gabelles. Cependant on établit pour le Piémont une régie des sels, ce qui était tout à la fois une mesure de police et de finance. Le Piémont prenant les sels soit à Gênes, soit aux bouches du Pò, et se trouvant quelquefois exposé à de cruelles chertés, par les spéculations intéressées du commerce, n'avait jamais pu se passer de l'intervention du gouvernement. En créant une régie des sels, chargée des approvisionnements et du débit, à un prix modéré, on faisait cesser le danger des disettes et des chertés, et on se procurait un moyen aussi sûr que facile de percevoir un impôt assez productif, quoique modique sous le rapport du tarif.

Ces diverses combinaisons ne pouvaient rien produire en l'an XII, année de la création; mais elles faisaient espérer 15 ou 18 millions en l'an XIII, 30 ou 40 en l'an XIV, et, quant aux années suivantes, des produits difficiles à évaluer, suffisants néanmoins pour tous les besoins d'une guerre, même prolongée.

On avait donc assuré les ressources pour l'exercice courant de l'an XII (1803-1804), en se procurant 700 millions de recettes ordinaires et extraordinaires, et l'on avait préparé des produits certains pour les exercices futurs. Il y avait toutefois pour les premiers temps des difficultés de réalisation assez grandes. Les deux principales ressources actuelles consistaient dans le prix de la Louisiane, et dans le subside mensuel fourni par l'Espagne. Les délais inévitables qu'entraînait le vote du fonds américain en avaient différé le versement au Trésor. Cependant la maison Hope se disposait à en livrer une partie vers la fin de 1804. Quant à l'Espagne, sur les 44 millions dus en floréal pour onze mois échus, elle n'en avait fourni en diverses valeurs que 22 environ, c'est-à-dire la moitié. Les finances de ce malheureux pays étaient plus que jamais em-

Janv. 1804.

Formation de la compagnie des négociants réunis pour l'escompte des valeurs du Trésor.

barrassées; et, bien que les mers fussent ouvertes aux galions, grâce à la neutralité que la France lui avait laissée, les métaux arrivant du Mexique étaient employés à de futiles dissipations.

Pour suppléer à ces rentrées différées, on vivait de l'escompte des valeurs du Trésor. Les Anglais possèdent les bons de l'échiquier; nous possédons aujourd'hui les bons royaux, remboursables en trois, six ou douze mois, lesquels, négociés sur la place, constituent un emprunt temporaire, à l'aide duquel on peut attendre, pendant plus ou moins de temps, la réalisation des revenus de l'État. Bien que Napoléon eût beaucoup travaillé à rétablir les finances, et qu'il y eût réussi, le Trésor ne jouissait pas alors d'assez d'estime dans le commerce, pour émettre avec succès une valeur quelconque sous son propre nom. Les obligations des receveurs-généraux, portant l'engagement personnel d'un comptable, et remboursables à la caisse d'amortissement en cas de protêt, avaient seules obtenu crédit. Elles étaient, comme nous l'avons dit, souscrites au commencement de l'exercice, pour toute la valeur des contributions directes, et successivement acquittables de mois en mois. Les dernières étaient à quinze ou dix-huit mois d'échéance. Afin de réaliser d'avance les revenus de l'État, on les escomptait par sommes de 20 à 30 millions, au prix d'un demi pour cent par mois (six pour cent par an), pendant la courte paix d'Amiens, et, depuis la guerre, à trois quarts pour cent par mois (neuf pour cent par an). Malgré la confiance qu'inspirait le gouvernement, le Trésor en inspirait si peu, que les maisons de banque les plus accréditées refusaient ce genre d'opérations. C'étaient les spéculateurs hasardeux, les anciens fournisseurs du Directoire, qui faisaient cet escompte. M. de Marbois, voulant s'affranchir de leur concours, s'était adressé aux receveurs-généraux eux-mêmes, qui, formés en comité à Paris, escomptaient leurs propres obligations, soit avec leurs fonds, soit avec les fonds qu'ils se procuraient à gros intérêt des mains des capitalistes. Mais ces comptables, bornés dans leurs spéculations, n'avaient ni assez de capitaux, ni assez de hardiesse, pour fournir de grandes ressources au Trésor. Il y avait alors à Paris un banquier fort expérimenté dans cette espèce de négociations, M. Desprez; un fournisseur très-actif, très-habile dans l'art d'approvisionner les armées, M. Vanlerberghe; enfin, un spéculateur des plus féconds, des plus ingénieux en toute sorte d'affaires, M. Ouvrard, célèbre à cette époque par son immense fortune. Tous trois étaient entrés individuellement en rapport avec le gouvernement, M. Desprez, pour l'escompte des obligations du Trésor; M. Vanlerberghe, pour la fourniture des vivres; M. Ouvrard, pour toutes les grandes opérations d'approvisionnements, ou de banque. M. Ouvrard forma une association avec MM. Desprez et Vanlerberghe, se mit à la tête de cette association, et devint peu à peu, comme sous le Directoire, le principal agent financier du gouvernement. Il sut inspirer confiance à M. de Marbois, ministre du Trésor, lequel, sentant son insuffi-

Juin 1804.

sance, était heureux d'avoir auprès de lui un esprit inventif, capable d'imaginer les expédients qu'il ne savait pas trouver lui-même. M. Ouvrard offrit de se charger pour son compte et pour celui de ses associés, de la négociation des valeurs du Trésor. Il conclut un premier traité en germinal an XII (avril 1804), par lequel il s'obligeait à escompter, non-seulement une somme considérable d'obligations des receveurs-généraux, mais les engagements de l'Espagne elle-même, laquelle, ne pouvant payer son subside en argent, le payait en traites à longue échéance. M. Ouvrard ne fit aucune difficulté de prendre pour argent ces traites de l'Espagne, et d'en verser le montant. Il trouvait à cette combinaison un avantage particulier. M. Vanlerberghe et lui étaient créanciers envers l'État de fortes sommes, par suite de fournitures antérieures. Ils étaient autorisés, en escomptant les obligations des receveurs-généraux et les obligations de l'Espagne, à fournir comme argent comptant une partie de leurs créances. Ainsi, tout en faisant l'escompte, ils se payaient de leurs propres mains. Sous le titre des *Négociants réunis*, cette compagnie commença donc à s'emparer des affaires de l'État. Son origine est digne d'attention, car elle prit part bientôt à d'immenses opérations, et joua dans nos finances un rôle considérable. Pour que l'opération qu'elle entreprenait avec le Trésor fût bonne, et même excellente, il suffisait que l'Espagne fît honneur à ses engagements, car les obligations des receveurs-généraux composant une partie du gage, présentaient la plus grande sûreté. Ces obligations n'avaient que l'inconvénient d'être un papier à long terme, vu que le Trésor employait dans ses payements celles qui étaient à deux ou trois mois d'échéance, et escomptait au contraire celles qui étaient à six, douze et quinze mois. Mais, sauf la longueur du terme, elles offraient une solidité infaillible. Quant aux traites souscrites par l'Espagne, leur valeur dépendait de la conduite d'une cour malheureusement insensée, et de l'arrivée des galions du Mexique. M. Ouvrard construisit sur cette base les plans les plus vastes, réussit à éblouir l'esprit crédule de M. de Marbois, et partit pour Madrid, afin de réaliser ses hardies conceptions.

Napoléon se défiait de cet esprit fécond mais téméraire, et il avait averti M. de Marbois de s'en défier aussi. Mais M. Ouvrard escomptait par M. Desprez les obligations du Trésor, par lui-même celles de l'Espagne, et nourrissait l'armée par M. Vanlerberghe. Grâce à lui, tous les services marchaient à la fois, et le mal, s'il y en avait, ne semblait pas pouvoir s'étendre beaucoup, puisqu'après tout, M. Ouvrard paraissait toujours en avance avec le Trésor, et jamais le Trésor avec lui.

Tels furent les moyens employés pour suffire immédiatement à toutes les charges de la guerre, sans recourir aux emprunts. On demandait à des spéculateurs de devancer par l'escompte la réalisation des revenus de l'État, et celle des 122 millions, fournis par les pays alliés, l'Italie, l'Amérique, l'Espagne. Quant à l'avenir, la création des contributions indirectes, long-temps annoncée, dé-

Juin 1804.

Napoléon revenu tout entier à son projet de descente.

crétée enfin cette année, devait y pourvoir complétement.

Napoléon avait résolu d'exécuter dans un bref délai sa grande entreprise. Il voulait franchir le détroit vers le mois de juillet ou d'août 1804 ; et si les incrédules qui ont douté de son projet pouvaient lire sa correspondance intime avec le ministre de la marine, la multitude infinie de ses ordres, la secrète confidence de ses espérances à l'archichancelier Cambacérès, ils ne conserveraient aucune incertitude sur la réalité de cette résolution extraordinaire. Tous les bâtiments composant la flottille étaient réunis à Étaples, Boulogne, Wimereux et Ambleteuse, excepté toutefois ceux qui avaient été construits entre Brest et Bayonne, car jamais l'espèce de cabotage imaginée pour les réunions n'avait pu doubler Ouessant. Mais la presque totalité des constructions s'étant exécutée entre Brest et les bouches de l'Escaut, ce qui manquait n'était pas considérable. On avait de quoi transporter les 120 mille hommes destinés à passer sur des chaloupes canonnières. Le surplus, comme on s'en souvient, avait toujours dû s'embarquer sur les flottes de Brest et du Texel.

Organisation de la flottille hollandaise, seule en retard.

La flottille hollandaise, construite et réunie dans l'Escaut, était en retard. Napoléon en avait donné le commandement à l'amiral Verhuell, qui avait toute son estime, et qui la méritait. Les Hollandais, peu zélés, surtout peu confiants dans ce singulier projet, beaucoup trop hardi pour leur esprit froid et méthodique, ne s'y prêtaient qu'avec peu d'ardeur.

Néanmoins le zèle de l'amiral, et les instances de notre ministre à La Haye, M. de Sémonville, avaient accéléré les armements que la Hollande s'était engagée à faire. Une flotte de 7 vaisseaux de ligne, suivie de nombreux bâtiments de commerce, était prête à transporter les 24 mille hommes du camp d'Utrecht, commandés par le général Marmont. En même temps une flottille composée de quelques centaines de chaloupes canonnières et gros bateaux de pêche, achevait de s'organiser dans l'Escaut. Il restait à sortir de ce mouillage, et à franchir les passes de l'Escaut, bien autrement accessibles à l'ennemi que les côtes de France. L'amiral Verhuell, dirigeant lui-même ses détachements, avait livré, entre l'Escaut et Ostende, des combats brillants. Malgré la perte de quelques chaloupes, cinq ou six tout au plus, il avait déconcerté les efforts des Anglais, et converti chez les marins hollandais l'incrédulité en confiance. La flottille hollandaise achevait, au printemps de 1804, de se réunir à Ostende, Dunkerque, Calais, et se tenait prête à embarquer le corps du maréchal Davout, campé à Bruges. Napoléon aurait voulu davantage ; il aurait voulu que les deux flottilles hollandaise et française, réunies en entier dans les ports situés à la gauche du cap Grisnez, c'est-à-dire à Ambleteuse, Wimereux, Boulogne, Etaples, pussent être placées sous le même vent. On s'efforçait de le satisfaire en serrant le campement des troupes, et le stationnement de la flottille.

Les travaux d'armement le long de la côte de

Boulogne étaient terminés, les forts construits, les bassins creusés. Les troupes, ayant achevé leur tâche, venaient d'être rendues aux exercices militaires. Elles avaient acquis une discipline, une précision de mouvements vraiment admirables; et elles présentaient une armée, non-seulement aguerrie par de nombreuses campagnes, et endurcie par de rudes travaux, mais manœuvrière comme si elle avait passé des années sur une esplanade. Cette armée, la plus belle peut-être que jamais prince ou général ait commandée, attendait avec impatience l'arrivée de son chef récemment couronné. Elle brûlait de le féliciter, et de le suivre sur le théâtre d'une nouvelle et prodigieuse gloire.

Napoléon n'était pas moins impatient de la rejoindre. Mais il s'était élevé une grande question parmi les gens de l'art, celle de savoir si les chaloupes canonnières composant la flottille, *coquilles de noix*, comme on les appelait, pourraient braver la flotte anglaise. L'amiral Bruix et l'amiral Verhuell avaient la plus grande confiance dans la valeur de ces chaloupes. Tous deux avaient échangé des coups de canon avec les frégates anglaises, étaient sortis des ports par tous les temps, et avaient acquis la conviction que ces légers bâtiments étaient très-suffisants pour franchir le détroit. L'amiral Decrès, porté à contredire tout le monde, et l'amiral Bruix plus volontiers qu'un autre, semblait penser autrement. Ceux de nos officiers de mer qui n'étaient pas employés à la flottille, soit préjugé, soit penchant ordinaire à critiquer ce qu'on ne fait pas, inclinaient vers l'avis du ministre Decrès. L'amiral Ganteaume, transféré de Toulon à Brest, avait été témoin d'un accident qui a été rapporté plus haut, et qui l'avait troublé beaucoup pour le sort de l'armée et de l'Empereur, auquel il était profondément dévoué. La vue d'une chaloupe canonnière, chavirée sous ses yeux dans la rade de Brest, au point de montrer sa quille sur l'eau, l'avait rempli d'inquiétude, et il en avait écrit sur-le-champ au ministre de la marine. Cet accident, comme nous l'avons dit, ne signifiait rien. Cette chaloupe avait été arrimée sans précaution ; l'artillerie avait été mal disposée, les hommes n'étaient pas assez exercés ; et le poids mal réparti, joint au trouble de l'équipage, avait amené le naufrage.

Ce n'était pas le défaut de stabilité que l'amiral Decrès redoutait. La flottille de Boulogne, manœuvrant depuis deux ans sous les plus fortes rafales, avait levé à cet égard toutes les incertitudes. Mais voici les objections qu'il adressait à l'Empereur et à l'amiral Bruix[1]. Certainement, disait-il, le boulet

---

[1] La correspondance intime de M. Decrès avec l'Empereur, tellement secrète qu'elle était entièrement écrite de sa main, existe aux archives particulières du Louvre. Elle est l'un des plus beaux monuments de ce temps, après celle de l'Empereur. Elle fait également honneur au patriotisme du ministre, à sa raison, et à l'originalité piquante de son esprit. Elle renferme des vues du plus grand prix sur l'organisation de la marine en France ; elle devrait être lue sans cesse par les hommes de mer, et par les administrateurs. C'est là que j'ai pu étudier cette profonde conception de l'Empereur, acquérir une nouvelle preuve de sa prévoyance extraordinaire, et la certitude de la réalité de ses projets. C'est dans une de ces lettres que se trouve l'opinion de l'amiral Decrès sur la flottille, opinion alors plutôt soupçonnée que connue, car Na-

de 24, qu'il soit lancé par une chaloupe ou par un vaisseau de ligne, a la même force. Il cause les mêmes ravages, souvent davantage, décoché par un frêle bâtiment, qu'il est difficile d'atteindre, et qui vise à la ligne de flottaison. Ajoutez-y la mousqueterie, redoutable à petite distance, ajoutez-y le danger de l'abordage, et on ne peut méconnaître la valeur des chaloupes canonnières. Elles portent plus de trois mille bouches à feu de gros calibre, c'est-à-dire autant qu'une flotte de trente à trente-cinq vaisseaux de ligne, flotte qu'il est bien rare de pouvoir réunir. Mais où a-t-on vu ces chaloupes se mesurer contre les gros bâtiments des Anglais? En un seul endroit, c'est-à-dire près du rivage, dans des basfonds, au milieu desquels ces gros bâtiments n'osent s'aventurer, pour suivre l'ennemi, faible mais nombreux, qui est prêt à les cribler de ses coups. C'est comme une armée engagée dans un défilé, et assaillie, du haut de positions inaccessibles, par une nuée de tirailleurs adroits et intrépides. Mais, continuait l'amiral Decrès, supposez ces chaloupes dans le milieu du canal, hors des bas-fonds, et en présence de vaisseaux ne craignant plus de s'avancer sur elles; supposez en outre un vent assez fort, qui rendrait la manœuvre facile pour ces vaisseaux, difficile pour vos chaloupes, ne seraient-elles pas en danger d'être foulées, noyées en grand nombre, par les géants avec lesquels

poléon commandait le silence à tout le monde sur le côté fort ou faible de ses plans. Les opérations n'étaient pas, comme depuis, décriées d'avance par l'indiscrétion des agents chargés d'y concourir.

on les aurait obligées à se battre? — On perdrait, répondait l'amiral Bruix, cent bâtiments peut-être, sur deux mille; mais il en passerait dix-neuf cents, ce qui suffirait pour la ruine de l'Angleterre. — Oui, répliquait l'amiral Decrès, si le désastre de ces cent bâtiments ne jetait pas la terreur parmi les dix-neuf cents autres; si le nombre même de ces dix-neuf cents n'était pas une cause inévitable de confusion, et si les officiers de mer, conservant leur sang-froid, ne tombaient pas dans un désordre d'esprit qui pourrait entraîner une catastrophe générale. —

Aussi avait-on supposé l'hypothèse d'un calme d'été ou d'une brume d'hiver, deux occasions également propices, car, dans le calme, les vaisseaux anglais ne pouvaient se porter sur nos bâtiments, dans la brume, ils étaient privés du moyen de les voir, et, dans ces deux cas, on évitait leur redoutable rencontre. Mais ces circonstances, quoique se présentant deux ou trois fois par chaque saison, ne procuraient pas une sécurité suffisante. Il fallait deux marées, c'est-à-dire vingt-quatre heures, pour faire sortir la flottille tout entière, dix ou douze heures pour passer, et, avec les pertes de temps toujours inévitables, environ quarante-huit heures. N'était-il pas à craindre que, dans cet intervalle de deux jours, un changement subit dans l'atmosphère ne vînt surprendre la flottille en pleine opération?

Les objections du ministre Decrès étaient donc fort graves. Napoléon puisait ses réponses dans son caractère, dans sa confiance envers la fortune, dans le souvenir du Saint-Bernard et de l'Égypte. Il disait que ses plus belles opérations s'étaient accomplies malgré des obstacles aussi grands; qu'il fallait laisser au hasard le moins possible, mais lui laisser quelque chose. Cependant, tout en résistant aux objections, il savait les apprécier, et cet homme qui, à force de tenter la fortune, a fini par la rebuter, cet homme, quand il pouvait s'épargner un péril, ajouter une chance à ses projets, n'y manquait jamais. Téméraire dans la conception, il apportait dans l'exécution une prudence consommée. C'est pour parer à ces objections qu'il ruminait sans cesse le projet d'amener, par une manœuvre imprévue, une grande flotte dans le canal. Si cette flotte, supérieure trois jours seulement à la flotte anglaise des Dunes, couvrait le passage de la flottille, tous les obstacles tombaient. L'amiral Decrès avouait que, dans ce cas, il n'y avait plus une seule objection à élever, et que l'Océan vaincu livrait la Grande-Bretagne à nos coups. Si même, ce qui était presque certain, la supériorité nous était acquise pendant plus de deux jours (car les avis ne pouvaient pas être assez rapidement transmis à la flotte anglaise qui bloquait Brest, pour qu'elle rejoignît immédiatement celle qui observait Boulogne), il y avait le temps nécessaire pour que la flottille, exécutant plusieurs fois le trajet, vînt chercher de nouvelles troupes laissées dans les camps, dix ou quinze mille chevaux attendant sur le rivage de France des moyens de transport, et un supplément considérable de matériel. La masse des forces était si grande alors que toute résistance devenait impossible de la part de l'Angleterre.

De si prodigieux résultats dépendaient donc de l'arrivée soudaine d'une flotte dans la Manche. Pour cela il fallait une combinaison imprévue, que les Anglais ne pussent pas déjouer. Heureusement la vieille amirauté britannique, puissante surtout par ses traditions et par son esprit de corps, ne pouvait lutter d'invention avec un génie prodigieux, occupé constamment du même objet, et dispensé de concerter ses plans avec une administration collective.

Napoléon avait à Brest une flotte de 18 vaisseaux, qui allait bientôt s'élever à 21; une seconde de 5 à Rochefort, une de 5 au Ferrol, un vaisseau en relâche à Cadix, enfin 8 vaisseaux à Toulon, qui allaient être portés à dix. L'amiral anglais Cornwallis bloquait Brest avec 15 ou 18 vaisseaux, et Rochefort avec 4 ou 5. Une faible division anglaise bloquait le Ferrol. Enfin Nelson, avec son escadre, croisait aux îles d'Hyères pour observer Toulon. Tel était l'état des forces respectives, et le champ qui s'offrait aux combinaisons de Napoléon. Sa pensée était de dérober l'une de ses flottes, et de la porter par une marche imprévue dans la Manche, afin d'y être quelques jours supérieur aux Anglais. Lorsqu'il devait agir en hiver, c'est-à-dire dans le mois de février précédent, il avait songé à diriger la flotte de Brest vers les côtes d'Irlande, pour y déposer les 15 ou 18 mille hommes dont elle était

Juin 1804.

Grande
conception
de Napoléon
pour
transporter
l'une
de ses flottes
dans
la Manche.

chargée, et à la faire ensuite apparaître soudainement dans la Manche. Ce plan hardi n'avait de chances qu'en hiver, parce que dans cette saison le blocus continu de Brest étant impraticable, on pouvait profiter d'un mauvais temps pour mettre à la voile. Mais en été, la présence des Anglais était si constante, qu'il était impossible de sortir sans combat; et des vaisseaux encombrés de troupes, voyant la mer pour la première fois, devant des vaisseaux exercés par une longue croisière, et légèrement chargés, couraient de grands dangers, à moins d'une immense supériorité de forces. Dans cette saison les facilités de sortir étaient plus grandes du côté de Toulon. En juin et juillet de fortes brises de mistral, soufflant assez fréquemment, obligeaient les Anglais à s'aller abriter derrière la Corse ou la Sardaigne. Une escadre profitant de ce moment pouvait appareiller à la chute du jour, gagner vingt lieues dans une nuit, tromper Nelson en faisant fausse route, et, en lui inspirant des alarmes sur l'Orient, l'attirer peut-être vers les bouches du Nil; car, depuis que Napoléon lui avait échappé en 1798, Nelson était constamment préoccupé de la possibilité pour les Français de jeter une armée en Égypte, et il ne voulait pas être surpris une seconde fois. Napoléon imagina donc de confier la flotte de Toulon au plus hardi de ses amiraux, à Latouche-Tréville, de la composer de 10 vaisseaux et plusieurs frégates, de former un camp aux environs, afin de donner l'idée d'une nouvelle expédition d'Égypte, de ne prendre en

Juin 1804.

Latouche-Tréville, chargé de partir de Toulon, de tromper les Anglais en faisant fausse route, et de se rendre

réalité que peu de troupes, et de faire sortir cette flotte par une bouffée de mistral, en lui assignant la route suivante. Elle devait d'abord naviguer vers la Sicile, puis, redressant sa marche à l'ouest, se diriger vers le détroit de Gibraltar, le franchir, recueillir en passant le vaisseau *l'Aigle* réfugié à Cadix, éviter le Ferrol, où Nelson serait tenté d'accourir quand il saurait que les Français avaient passé le détroit, s'enfoncer dans le golfe de Gascogne, pour y rallier la division française de Rochefort, et enfin, se plaçant au sud des Sorlingues, au nord de Brest, profiter du premier souffle de vent favorable pour se porter dans la Manche. Cette flotte, forte de 10 vaisseaux à son départ, renforcée de 6 autres pendant sa navigation, et en comptant 16 à son arrivée, devait être assez nombreuse pour dominer quelques jours le pas de Calais. Tromper Nelson était très-praticable, car ce grand homme de mer, plein du génie des combats, n'avait pas toujours un jugement parfaitement sûr, et, de plus, il avait l'esprit sans cesse troublé par le souvenir de l'Égypte. Éviter le Ferrol, pour venir devant Rochefort rallier l'escadre qui s'y trouvait, était très-praticable encore. Le plus difficile était de pénétrer dans la Manche, en passant entre la croisière anglaise qui gardait les avenues de l'Irlande, et la flotte de l'amiral Cornwallis qui bloquait Brest. Mais l'escadre de Ganteaume, toujours tenue à la voile, avec son monde embarqué, ne pouvait manquer d'attirer fortement l'attention de l'amiral Cornwallis, et de l'obliger à

Juin 1804

dans la Manche après avoir rallié l'escadre de Rochefort.

12.

serrer de près le goulet de Brest. Si ce dernier, abandonnant le blocus de Brest, courait après Latouche-Tréville, Ganteaume sortait à l'instant même, et l'une des deux flottes françaises, peut-être toutes deux, avaient la certitude d'arriver devant Boulogne. Il était à peu près impossible que l'amirauté anglaise découvrît une telle combinaison, et se prémunît contre elle. Un point de départ aussi éloigné que celui de Toulon, devait moins qu'un autre faire penser à la Manche. D'ailleurs, en armant la flottille de manière qu'elle pût se suffire à elle-même, on avait écarté l'idée d'un secours étranger, et endormi la vigilance de l'ennemi. Ainsi tout était combiné pour le succès de cette savante manœuvre, qui ne pouvait venir qu'à l'esprit d'un homme concevant et agissant seul, gardant bien son secret, pensant perpétuellement à la même chose [1].

— Si vous voulez confier, disait M. Decrès à l'Empereur, un grand dessein à un homme, il faut d'abord que vous le voyiez, que vous lui parliez, que vous l'animiez de votre génie. Cela est plus nécessaire encore avec nos officiers de mer, démoralisés par nos revers maritimes, toujours prêts à mourir en héros, mais songeant plutôt à succomber noblement qu'à vaincre. — Napoléon appela donc auprès de lui Latouche-Tréville, qui était à Paris, revenu depuis peu de Saint-Domingue. Cet officier

---

[1] C'est la première conception de Napoléon. On verra plus tard qu'elle fut modifiée plusieurs fois, suivant les circonstances dans lesquelles il devait agir.

n'avait ni la portée d'esprit, ni le génie organisateur de l'amiral Bruix; mais, dans l'exécution, il montrait une hardiesse, un coup d'œil, qui probablement en auraient fait, s'il avait vécu, le rival de Nelson. Il n'était pas découragé comme ses autres compagnons d'armes, et il était prêt à tout tenter. Malheureusement, il avait contracté à Saint-Domingue les germes d'une maladie dont beaucoup de braves gens étaient déjà morts, et devaient mourir encore. Napoléon lui déroula son projet, lui en fit toucher au doigt la possibilité, lui en découvrit la grandeur, les conséquences immenses, et parvint à faire passer dans son âme toute l'ardeur qui transportait la sienne. Latouche-Tréville, enthousiasmé, quitta Paris avant d'être rétabli, et alla veiller lui-même à l'équipement de son escadre. Tout fut calculé pour que cette opération pût être exécutée en juillet ou au plus tard en août.

L'amiral Ganteaume, qui commandait à Toulon avant Latouche, venait d'être transféré à Brest. L'Empereur comptait sur le dévouement de Ganteaume, et lui était fort attaché. Il ne le trouvait cependant point assez hardi pour lui confier l'exécution de son importante manœuvre. Mais après l'amiral Bruix sous le rapport de la capacité, après l'amiral Latouche sous le rapport de l'audace, il le préférait à tous les autres pour l'expérience et le courage. Il lui avait donc confié l'escadre de Brest, probablement destinée à jeter des troupes en Irlande, et l'avait chargé d'en compléter l'équipe-

Juin 1804.

Efforts extraordinaires pour presser l'armement des flottes de Brest, Rochefort et Toulon.

ment, pour qu'elle fût en mesure de coopérer avec celle de Toulon.

Cependant la flotte était fort en retard, à cause des efforts inouïs qu'on avait faits pour équiper la flottille. Depuis que celle-ci était prête, on avait reporté tous les moyens de la marine sur l'équipement des escadres. On construisait à force dans les ports d'Anvers, de Cherbourg, de Brest, de Lorient, de Rochefort, de Toulon. Napoléon avait dit qu'il voulait avoir cent vaisseaux de ligne en deux ans, et sur ce nombre vingt-cinq à Anvers; que c'était dans ce dernier port qu'il mettait ses espérances pour opérer la restauration de la marine française, qu'il trouverait en outre dans ce système de vastes constructions navales une occasion d'occuper les bras oisifs dans les ports. Mais la consommation des matières, l'encombrement des chantiers, l'insuffisance même de la population ouvrière, ralentissaient l'exécution de ses grands desseins. On venait à peine de mettre quelques bâtiments sur chantier à Anvers, les hommes et les matières ayant été dirigés sur Flessingue, Ostende, Dunkerque, Calais, Boulogne, pour les besoins sans cesse renaissants de la flottille. A Brest, on avait seulement armé le dix-huitième vaisseau; à Rochefort, le cinquième. Au Ferrol, l'indigence des ressources espagnoles arrêtait le radoub de la division réfugiée dans ce port. A Toulon, il n'y avait que 8 vaisseaux qui fussent capables de sortir immédiatement, et pourtant l'hiver avait été employé avec une extrême activité. Napoléon stimulait son ministre de la marine Decrès, et ne lui laissait aucun repos¹. Il avait même ordonné qu'à Toulon on travaillât aux flambeaux, pour que les dix vaisseaux destinés à Latouche fussent équipés en temps utile. Ce qui ne manquait pas moins que les matières et les ouvriers, c'étaient les matelots. Les amiraux Ganteaume à Brest, Villeneuve à Rochefort, Gourdon au Ferrol, Latouche à Toulon, se plaignaient de n'en pas avoir assez. Napoléon, après plusieurs expériences, se confirma dans l'idée de suppléer à

Juin 1804.

On supplée aux matelots par des hommes pris dans la conscription.

¹ Voici deux lettres de l'Empereur à l'amiral Decrès, qui prouveront avec quelle énergie de volonté il s'occupait de la restauration de la marine française.

Au ministre de la marine.

Saint-Cloud, 21 avril 1804 (1ᵉʳ floréal an XII).

Il me paraît tout à fait convenable qu'une cérémonie imposante soit faite pour mettre la première pierre de l'arsenal d'Anvers; mais il me paraît aussi assez convenable de ne point démolir de bâtiment sous le prétexte de la régularité. Il suffit de ne rien bâtir contre le plan général de régularité. Insensiblement le reste s'établira. Lorsqu'on a à démolir, on démolit ce qui n'est pas régulier; mais je dois vous répéter ce que je vous ai dit dernièrement, je ne puis être satisfait des travaux d'Anvers, puisqu'il n'y a qu'un vaisseau sur le chantier et 500 ouvriers. Je désirerais qu'avant le 1ᵉʳ messidor il y eût au moins trois vaisseaux de 74 sur le chantier, qu'avant le 1ᵉʳ vendémiaire an XIII il y en eût six, et avant le 1ᵉʳ nivôse neuf; et tout cela ne peut se faire avec la petite quantité d'ouvriers que vous y avez. Il y a beaucoup d'ouvriers en Provence qui ne sont pas occupés, il va beaucoup y en avoir du côté de Bayonne et de Bordeaux; ainsi donc réunissez 3,000 ouvriers à Anvers. Marchandises du Nord, bois, fer, tout arrive là facilement. La guerre n'est pas un obstacle pour construire à Anvers. Si nous étions trois ans en guerre, il faudrait là construire vingt-cinq vaisseaux. Partout ailleurs cela est impossible. Il nous faut une marine, et nous ne pourrons être censés en avoir une que lorsque nous aurons cent vaisseaux. Il faut les avoir en cinq ans. Si, comme je le pense,

l'insuffisance des équipages par de jeunes soldats choisis dans les régiments, lesquels, exercés au canonnage et aux basses manœuvres, pourraient compléter d'une manière avantageuse l'armement des vaisseaux. L'amiral Ganteaume avait déjà essayé cette mesure à Brest, et il s'en était bien trouvé. Il se louait beaucoup de ces marins empruntés à la terre, surtout pour l'artillerie. Seulement il avait demandé qu'on lui donnât non pas des soldats faits, qui se prêtaient avec répugnance à une seconde éducation, mais de jeunes conscrits, qui,

on peut construire des vaisseaux au Havre, il faut en faire mettre deux en construction. Il faut aussi s'occuper d'en mettre deux nouveaux à Rochefort et deux autres à Toulon. Je crois que, ces derniers, il faut les faire tous les quatre à trois ponts.

Je désirerais aussi avoir mes idées fixées sur le port de Dunkerque. Je désire que vous me fassiez une petite note pour savoir combien la mer monte à la laisse de basse mer.

La flottille va bientôt être construite partout. Il faut donc qu'à Nantes, Bordeaux, Honfleur, Dieppe, Saint-Malo, etc., on donne de l'occupation à cette grande quantité d'ouvriers. Il faut donc mettre en construction des frégates, des gabares, des bricks. Il faut, sous le point de vue d'esprit public, que les ouvriers des côtes ne meurent point de faim, et que les départements qui bordent la mer, qui ont été les moins favorables à la Révolution, s'aperçoivent ainsi que le temps viendra où la mer sera aussi notre domaine. Saint-Domingue nous coûtait deux millions par mois; les Anglais l'ont prise, il faut mettre les deux millions par mois rien que pour des constructions. Mon intention est d'y mettre la même activité que pour la flottille, hormis que, n'étant point pressé, on y mettra plus d'ordre. Je ne suis point pressé sur l'époque, mais je demande que l'on commence beaucoup.

Je vous prie de me présenter la semaine prochaine un rapport qui me fasse connaître la situation actuelle de notre marine, de nos constructions, ce qu'il faudrait construire, dans quels ports, et ce que cela coûterait par mois, en partant du principe que j'aime mieux que vous mettiez dix-huit mois à faire un vaisseau et que vous me fassiez le tiers de plus.

n'ayant rien appris, étaient plus aptes à apprendre ce qu'on voulait leur enseigner, et se montraient plus dociles. On les essayait d'ailleurs, et on ne gardait que ceux qui montraient du goût pour la mer. On était ainsi parvenu à augmenter d'un quart ou d'un cinquième la masse totale des matelots.

La France avait alors environ 45 mille matelots disponibles : 15 mille sur la flottille, 12 mille à Brest, 4 à 5 mille entre Lorient et Rochefort, 4 mille entre le Ferrol et Cadix, environ 8 mille à Toulon, sans compter quelques milliers dans

Quant aux vaisseaux, je voudrais les construire sur le même plan, les frégates sur le modèle de *l'Hortense* ou de *la Cornélie*, qui paraissent bonnes; pour les vaisseaux, prendre les meilleurs vaisseaux, et partout faire des vaisseaux de 80 et à trois ponts, hormis à Anvers, *où il me paraît plus prudent de commencer d'abord par des vaisseaux de 74.*

Au ministre de la marine.

Saint-Cloud, 28 avril 1804 (8 floréal an XII).

Je signe aujourd'hui un arrêté relatif aux constructions. Je n'admettrai aucune espèce d'excuse. Faites-vous rendre compte deux fois par semaine des ordres que vous donnez, et veillez à leur exécution : s'il faut des mesures extraordinaires, faites-le-moi connaître. Je n'admettrai aucune raison valable, car avec une bonne administration je ferais trente vaisseaux de ligne en France en un an, si cela était nécessaire. Dans un pays comme la France, on doit faire tout ce que l'on veut. Il ne vous échappera pas que mon intention est de commencer beaucoup de constructions, hormis à Brest, où je ne veux plus rien construire. Mon intention est d'avoir à l'eau avant vendémiaire an XIV vingt-six vaisseaux de guerre ; bien entendu que ladite mise à l'eau dépendra surtout du cas où d'ici à ce temps-là nous aurions la paix. Mais désormais tous les vaisseaux de 74 doivent être faits à Anvers. C'est à Anvers que doit être notre grand chantier. C'est là seulement que devient possible en peu d'années la restauration de la marine française.

Avant l'an XV nous devons avoir cent vaisseaux de guerre.

l'Inde. On pouvait ajouter 12 mille hommes, 15 mille peut-être, à cette force totale, ce qui allait porter à 60 mille le nombre d'hommes embarqués. La flotte seule de Brest avait reçu une addition de 4 mille conscrits. On s'en louait beaucoup. Si de telles escadres avaient pu naviguer un certain temps sous de bons officiers, elles auraient bientôt valu les escadres anglaises. Mais, bloquées dans les ports, elles n'avaient aucune pratique de la mer; et les amiraux manquaient en outre de la confiance qu'on n'acquiert qu'avec la victoire. Cependant tout marchait sous l'influence d'une volonté puissante, qui s'efforçait de rendre la confiance à ceux qui l'avaient perdue. L'amiral Latouche ne négligeait rien à Toulon pour être prêt en juillet ou août. L'amiral Ganteaume sortait de Brest, et y rentrait pour former quelque peu ses équipages, et tenir les Anglais dans un doute continuel sur ses projets. A force de les menacer de sa sortie, il devait les jeter dans une incrédulité, dont il pourrait profiter un jour.

Napoléon songeait à un nouveau supplément pour sa force navale, et voulait dans ce but s'approprier la marine de Gênes. Il pensait qu'avec une escadre de sept à huit vaisseaux et de quelques frégates dans ce port, il partagerait l'attention des Anglais entre Toulon et Gênes, les obligerait à entretenir une double flotte d'observation dans cette mer, ou bien à lui laisser l'un des deux ports libres, quand l'autre serait bloqué. Il enjoignit à M. Salicetti, notre ministre à Gênes, de conclure avec cette République un traité, par lequel elle devait nous livrer ses chantiers afin d'y construire dix vaisseaux et pareil nombre de frégates. La France en retour s'engageait à recevoir dans sa marine un nombre d'officiers génois proportionné à ce matériel, avec traitement égal à celui des officiers français. De plus, elle s'obligeait à enrôler six mille matelots génois, que la République ligurienne s'obligeait de son côté à tenir toujours à sa disposition. Lors de la paix, la France devait accorder son pavillon impérial aux Génois, ce qui leur procurerait la protection française, fort utile contre les Barbaresques.

Juillet 1804.

Toutes les dispositions de Napoléon étaient terminées, et il allait partir. Mais il voulut recevoir auparavant les ambassadeurs chargés de lui remettre les nouvelles lettres de créance, dans lesquelles il était qualifié du titre d'Empereur. Le nonce du Pape, les ambassadeurs d'Espagne et de Naples, les ministres de Prusse, de Hollande, de Danemark, de Bavière, de Saxe, de Bade, de Wurtemberg, de Hesse, de Suisse, se présentèrent à lui le dimanche 8 juillet (19 messidor) avec les formes adoptées dans toutes les cours, et en lui remettant leurs lettres, le traitèrent pour la première fois en prince couronné. Il ne manquait à cette réunion que l'ambassadeur de la cour de Vienne, avec laquelle on négociait encore pour le titre impérial à donner à la maison d'Autriche; celui de la cour de Russie, avec laquelle on était en démêlé pour la note adressée à Ratisbonne; et enfin celui de la cour d'Angle-

Napoléon, avant de partir pour Boulogne, reçoit les lettres de créance des ministres de la plupart des cours de l'Europe.

Juillet 1804.

terre, avec laquelle on était en guerre. On peut dire que, la Grande-Bretagne excepté, Napoléon était reconnu de toute l'Europe, car l'Autriche allait expédier l'acte formel de la reconnaissance; la Russie en était aux regrets de ce qu'elle avait fait, et ne demandait qu'une explication qui sauvât sa dignité, pour reconnaître le titre impérial dans la famille Bonaparte.

Distribution des premiers insignes de la Légion-d'Honneur.

Quelques jours après, furent distribuées les grandes décorations de la Légion-d'Honneur. Bien que cette institution fût décrétée depuis deux ans, l'organisation avait exigé beaucoup de temps, et venait à peine d'être achevée. Napoléon distribua lui-même ces grandes décorations aux premiers personnages civils et militaires de l'Empire, dans l'église des Invalides, monument qu'il affectionnait d'une manière toute particulière. Il le fit avec pompe, le jour anniversaire du 14 juillet. Il n'avait point encore échangé l'ordre de la Légion-d'Honneur avec les ordres étrangers; mais en attendant ces échanges qu'il se proposait de faire, pour mettre, sous tous les rapports, sa nouvelle monarchie sur un pied égal aux autres, il appela auprès de lui, au milieu même de la cérémonie, le cardinal Caprara, et, détachant de son cou le cordon de la Légion-d'Honneur, il le donna à ce vieux et respectable cardinal, qui fut profondément touché d'une distinction si éclatante. Il commençait ainsi par le représentant du Pape l'affiliation à un ordre qui, tout récent qu'il était, devait être ambitionné bientôt de l'Europe entière.

S'attachant à rendre sérieuses les choses en apparence les plus vaines, il envoya la croix de grand-officier à l'amiral Latouche-Tréville. « Je vous ai nommé, lui écrivait-il, grand-officier de l'Empire, inspecteur des côtes de la Méditerranée; mais je désire beaucoup que l'opération que vous allez entreprendre me mette à même de vous élever à un tel degré de considération et d'honneur que vous n'ayez plus rien à souhaiter... Soyons maîtres du détroit six heures, et nous sommes maîtres du monde¹. » (2 juillet 1804.)

¹ Voici cette lettre en entier :
Par le retour de mon courrier, faites-moi connaître le jour où il vous sera possible, abstraction faite du temps, de lever l'ancre; instruisez-moi de ce qu'a fait l'ennemi, et où se tient Nelson.

Méditez sur la grande entreprise dont vous êtes chargé, et, avant que je signe définitivement vos derniers ordres, faites-moi connaître la manière que vous pensez être la plus avantageuse de les remplir.

Je vous ai nommé grand-officier de l'Empire, inspecteur des côtes de la Méditerranée; mais je désire beaucoup que l'opération que vous allez entreprendre me mette à même de vous élever à un tel degré de considération et d'honneur que vous n'ayez plus rien à souhaiter.

L'escadre de Rochefort, composée de 5 vaisseaux, dont un à trois ponts, et de 4 frégates, est prête à lever l'ancre : elle n'a devant elle que 5 vaisseaux ennemis.

L'escadre de Brest est de 21 vaisseaux. Ces vaisseaux viennent de lever l'ancre pour harceler l'amiral Cornwallis, et obliger les Anglais à avoir là un grand nombre de vaisseaux. Les ennemis tiennent aussi 6 vaisseaux devant le Texel, pour bloquer l'escadre hollandaise, composée de 5 vaisseaux, de 4 frégates, et d'un convoi de 80 bâtiments.

Le général Marmont a son armée embarquée.

Entre Étaples, Boulogne, Wimereux et Ambleteuse, deux nouveaux ports que j'ai fait construire, nous avons 270 chaloupes canonnières, 534 bâtiments canonniers, 396 péniches, en tout 1,200 bâtiments, portant 120,000 hommes et 10,000 chevaux. Soyons maîtres du détroit six heures, et nous sommes maîtres du monde.

Les ennemis ont aux Dunes ou devant Boulogne et devant Ostende

Juillet 1804.

Départ de Napoléon pour le camp de Boulogne.

Tout occupé de ses vastes projets, l'Empereur partit pour Boulogne, après avoir délégué à l'archichancelier Cambacérès, outre le soin ordinaire de présider le Conseil d'État et le Sénat, le pouvoir d'exercer l'autorité suprême, si cela devenait nécessaire. L'archichancelier était le seul personnage de l'Empire dans lequel il eût assez de confiance pour lui déléguer une telle étendue d'attributions. Il arriva le 20 juillet au Pont-de-Briques, et descendit immédiatement au port de Boulogne, pour y voir la flottille, les forts, et les divers ouvrages qu'il avait ordonnés. Les deux armées de terre et de mer l'accueillirent avec des transports de joie, et saluèrent sa présence par des acclamations unanimes. Neuf cents coups de canon tirés par les forts et la ligne d'embossage, et retentissant de Calais jusqu'à

---

2 vaisseaux de 74, 3 de 60 ou 64 et 2 ou 3 de 50. Jusqu'ici Cornwallis n'a eu que 15 vaisseaux; mais toutes les réserves de Plymouth et de Portsmouth sont venues le renforcer. Les ennemis tiennent aussi à Cork, en Irlande, 4 ou 5 vaisseaux de guerre. Je ne parle pas des frégates et petits bâtiments, dont ils ont une grande quantité.

Si vous trompez Nelson, il ira ou en Sicile, ou en Égypte, ou au Ferrol. Je ne pense pas qu'il faille se présenter devant le Ferrol. Des 5 vaisseaux qui sont dans ces parages, quatre sont prêts; le cinquième le sera en fructidor. Mais je pense que le Ferrol est trop indiqué; et il est si naturel que l'on suppose, si votre armée de la Méditerranée entre dans l'Océan, qu'elle est destinée à débloquer le Ferrol! il paraîtrait donc meilleur de passer très au large, d'arriver devant Rochefort, ce qui vous compléterait une escadre de 16 vaisseaux et de 11 frégates, et alors, sans perdre un instant, sans mouiller, soit en doublant l'Irlande très au large, soit en exécutant le premier projet, arriver devant Boulogne. Notre escadre de Brest de 23 vaisseaux aura à son bord une armée, et sera tous les jours à la voile, de manière que Cornwallis sera obligé de serrer la côte de Bretagne pour tâcher de s'opposer à sa sortie.

Douvres, apprirent aux Anglais la présence de l'homme qui, depuis dix-huit mois, troublait si profondément la sécurité accoutumée de leur île.

Napoléon s'embarquant à l'instant même, malgré une mer orageuse, voulut visiter les forts en maçonnerie de la Crèche et de l'Heurt, ainsi que le fort en bois, placé entre les deux premiers, tous trois destinés, comme nous l'avons dit, à couvrir la ligne d'embossage. Il fit exécuter, sous ses yeux, quelques expériences de tir, afin de s'assurer si les instructions qu'il avait données pour obtenir les plus grandes portées possibles, avaient été suivies. Il prit ensuite le large, et alla voir manœuvrer, à portée de canon de l'escadre anglaise, plusieurs divisions de la flottille, dont l'amiral Bruix vantait sans cesse les progrès. Il rentra plein de contentement, et après avoir prodigué les témoignages de

Juillet 1804.

Napoléon inspecte la flottille et les camps.

Du reste, j'attends pour fixer mes idées sur cette opération, qui a des chances, mais dont la réussite offre des résultats si immenses, le projet que vous m'avez annoncé par le retour du courrier.

Il faut embarquer le plus de vivres possible, afin que, dans aucune circonstance, vous ne soyez gêné par rien.

A la fin de ce mois, on va lancer un nouveau vaisseau à Rochefort et à Lorient. Celui de Rochefort ne donne lieu à aucune question ; mais s'il arrivait que celui de Lorient fût en rade, et n'eût pas la faculté de se rendre avant votre apparition devant l'île d'Aix, je désire savoir si vous pensez que vous dussiez faire route pour le rejoindre ; toutefois je pense que, sortant par un bon mistral, il est préférable à tout de faire l'opération avant l'hiver ; car, dans la mauvaise saison, il serait possible que vous eussiez plus de chances pour arriver, mais il se pourrait qu'il y eût plusieurs jours tels qu'on ne pût profiter de votre arrivée. En supposant que vous puissiez partir avant le 10 thermidor (29 juillet), il n'est pas probable que vous n'arriviez devant Boulogne que dans le courant de septembre, moment où les nuits sont déjà raisonnablement longues, et où les temps ne sont pas long-temps mauvais.

satisfaction aux chefs des deux armées qui, sous sa direction suprême, avaient contribué à cette prodigieuse création.

Le lendemain et les jours suivants il parcourut tous les camps, depuis Étaples jusqu'à Calais; puis revint à l'intérieur pour inspecter les troupes de cavalerie campées à quelque distance des côtes, et surtout la belle division de grenadiers, organisée par le général Junot aux environs d'Arras. Cette division se composait des compagnies de grenadiers, tirées des régiments qui n'étaient pas destinés à faire partie de l'expédition. Il n'y avait pas de plus belle troupe, pour le choix et la beauté des hommes. Elle surpassait de beaucoup la garde consulaire elle-même, devenue garde impériale. Elle comprenait dix bataillons, de 800 hommes chacun. On avait commencé par ces grenadiers la réforme de la coiffure. Ils portaient des schakos au lieu de chapeaux; des cheveux ras et sans poudre, au lieu de l'ancienne chevelure, embarrassante et malpropre. Aguerris par de nombreuses campagnes, manœuvrant avec une précision sans pareille, ils étaient animés de cet orgueil qui fait la force des corps d'élite, et présentaient une division d'environ huit mille hommes, auxquels aucune troupe européenne n'aurait pu résister, fût-elle double ou triple en nombre. Ce sont ces grenadiers que Napoléon voulait jeter les premiers sur le rivage d'Angleterre, en les faisant passer sur les légères péniches que nous avons décrites ailleurs. En voyant leur tenue, leur discipline, leur enthousiasme, Napoléon sentait redoubler sa confiance, et ne doutait plus d'aller conquérir à Londres le sceptre de la terre et des mers.

Juillet 1804.

Revenu sur la côte, il voulut inspecter la flottille, bâtiment par bâtiment, afin de s'assurer si les installations étaient telles qu'il les avait ordonnées, et s'il était possible, au premier signal, d'embarquer, avec la rapidité nécessaire, tout ce qu'on avait réuni dans les magasins de Boulogne. Il trouva les choses comme il les souhaitait. Il fallait quelques jours pour embarquer le gros matériel; mais, une fois ce matériel mis à bord, ce qui devait être exécuté plusieurs semaines avant l'expédition, on pouvait, en trois ou quatre heures seulement, placer sur la flottille les hommes, les chevaux et l'artillerie de campagne. Tout n'était pas prêt cependant. Il y avait quelques divisions en arrière, du Havre à Boulogne. Les chaloupes de la garde notamment, confiées au capitaine Daugier, n'étaient point arrivées. La flottille batave, de son côté, causait à Napoléon plus d'une contrariété. Il était infiniment satisfait de l'amiral Verhuell, mais l'équipement d'une partie de cette flottille n'était point achevé, soit insuffisance de zèle de la part du gouvernement hollandais, soit aussi, et plus vraisemblablement, difficulté des choses elles-mêmes. Les deux premières divisions étaient réunies à Ostende, Dunkerque, Calais; la troisième n'était pas sortie de l'Escaut. Restait enfin une dernière condition de succès, que Napoléon s'efforçait de s'assurer, c'était de réunir la flottille batave tout entière dans les ports situés à la gauche du cap Grisnez, en se serrant davantage dans les quatre ports d'Ambleteuse, Wimereux, Boulogne, Étaples. Les deux flottilles seraient ainsi parties ensemble, par le même vent, à trois ou quatre lieues de distance l'une de l'autre. Mais deux choses se dépensent dans les grandes opérations avec une promptitude et une étendue qui dépassent toujours les conjectures des esprits les plus positifs, c'est l'argent et le temps. Arrivé aux premiers jours d'août, Napoléon vit qu'il ne pourrait pas être entièrement prêt avant le mois de septembre, et il fit dire à l'amiral Latouche, qu'il différait l'expédition d'un mois. Il se consola de ce retard, en pensant que ce mois serait employé à être mieux préparé qu'on ne l'était déjà, et que la saison, d'ailleurs, étant encore suffisamment belle dans le courant de septembre, on aurait l'avantage de nuits plus longues [1].

---

[1] Voici le texte de ce nouvel ordre :

(2 août 1804. — 14 thermidor an XII.)

Au ministre de la marine.

Mon intention est que vous expédiiez un courrier extraordinaire à Toulon, pour faire connaître au général Latouche que, différentes divisions de la flottille n'ayant pu rejoindre, j'ai jugé qu'un retard d'un mois ne peut qu'être avantageux, d'autant plus que les nuits deviendront plus longues ; mais que mon intention est qu'il profite de ce délai pour joindre à l'escadre le vaisseau *le Berwick*; que tous les moyens quelconques doivent être pris pour arriver à ce résultat ; qu'un vaisseau de plus ou de moins n'est pas à dédaigner, ce qui me mettra à même de pouvoir porter l'escadre réunie à 18 vaisseaux.

Je désire également que les ordres soient renouvelés pour presser l'armement de *l'Algésiras* à Lorient. Il faut qu'il soit en rade au 10 fructidor.

En attendant, il voulut donner à l'armée une grande fête, propre à relever le moral des troupes, s'il était possible qu'il le fût davantage. Il avait distribué les grandes décorations de la Légion-d'Honneur aux principaux personnages de l'Empire dans l'église des Invalides, le jour anniversaire du 14 juillet. Il imagina de distribuer lui-même à l'armée les croix qui devaient être données en échange des armes d'honneur supprimées, et de célébrer cette cérémonie le jour anniversaire de sa naissance, au bord même de l'Océan, en présence des escadres anglaises. Le résultat répondit à sa volonté, et ce fut un spectacle magnifique dont les contemporains ont gardé un long souvenir.

Il fit choisir un emplacement situé à la droite de Boulogne, le long de la mer, non loin de la colonne qu'on a depuis érigée en ces lieux. (Voir la carte n° 25.) Cet emplacement, ayant la forme d'un amphithéâtre demi-circulaire qu'on aurait construit à dessein au bord du rivage, semblait avoir été préparé par la nature pour quelque grand spectacle national. L'espace fut calculé de manière à pouvoir y placer toute l'armée. Au centre de cet amphithéâtre, fut élevé un trône pour l'Empereur, adossé à la mer, et faisant face à la terre. A droite et à gauche, des gradins avaient été construits pour recevoir les grands dignitaires, les ministres, les maréchaux. En prolongement sur les deux ailes devaient se déployer les détachements de la garde impériale. En face, sur le sol incliné de cet amphithéâtre naturel, devaient se ranger, comme autrefois le peuple romain dans ses vastes arènes, les divers corps de l'armée, formés en colonnes serrées, et disposés en rayons qui aboutissaient au trône de l'Empereur comme à un centre. En tête de chacune de ces colonnes devait se trouver l'infanterie, en arrière la cavalerie, dominant l'infanterie de toute la hauteur de ses chevaux.

Le 16 août, lendemain de la Saint Napoléon, les troupes se rendirent sur le lieu de la fête, à travers les flots d'une immense population, accourue de toutes les provinces voisines pour assister à ce spectacle. Cent mille hommes, presque tous vétérans de la République, les yeux fixés sur Napoléon, attendaient le prix de leurs exploits. Les soldats et officiers qui devaient recevoir des croix étaient sortis des rangs, et s'étaient avancés jusqu'au pied du trône impérial. Napoléon, debout, leur lut la formule si belle du serment de la Légion-d'Honneur, puis tous ensemble, au bruit des fanfares et de l'artillerie, répondirent : Nous le jurons! Ils vinrent ensuite, pendant plusieurs heures, recevoir les uns après les autres cette croix, qui allait remplacer la noblesse du sang. D'anciens gentilshommes montaient avec de simples paysans les marches de ce trône, également ravis d'obtenir les distinctions décernées à la bravoure, et tous se promettant de verser leur sang sur la côte d'Angleterre, pour assurer à leur patrie, et à l'homme qui la gouvernait, l'empire incontesté du monde.

Ce spectacle magnifique remua tous les cœurs,

et une circonstance imprévue vint le rendre profondément sérieux. Une division de la flottille récemment partie du Havre entrait en ce moment à Boulogne, par un gros temps, échangeant une vive canonnade avec les Anglais. De temps en temps, Napoléon quittait le trône pour s'armer de sa lunette, et voir de ses yeux comment se comportaient en présence de l'ennemi ses soldats de terre et de mer.

Août 1804.

De telles scènes devaient vivement agiter l'Angleterre. La presse britannique, injurieuse et arrogante, comme l'est toute presse en pays libre, se raillait beaucoup de Napoléon et de ses préparatifs, mais raillait comme un railleur qui tremble de ce dont il paraît rire. En réalité, l'inquiétude était profonde et universelle. Les préparatifs immenses qui avaient été faits pour la défense de l'Angleterre troublaient le pays, sans rassurer complétement les hommes instruits dans l'art de la guerre. On a vu que, regrettant de n'avoir pas une grande armée, à peu près comme la France regrettait de n'avoir pas une marine puissante, l'Angleterre avait voulu, au moyen d'un corps de réserve, augmenter son état militaire. Une partie des hommes condamnés par le tirage au sort, à servir dans la réserve, avaient passé dans l'armée de ligne, ce qui portait celle-ci à environ 170 mille soldats. A cela se joignaient les milices locales, en nombre indéterminé, devant servir exclusivement dans les provinces; et enfin 150 mille volontaires, qui s'étaient offerts dans les trois royaumes, et qui montraient beaucoup d'em-

Situation des choses en Angleterre, pendant que Napoléon est au camp de Boulogne.

État et distribution de l'armée anglaise.

Août 1804.

pressement à se soumettre aux exercices militaires. On parlait de 300 mille volontaires, mais il n'y en avait effectivement que la moitié, se préparant véritablement à servir. Les premiers personnages d'Angleterre, afin de donner l'impulsion, avaient revêtu l'uniforme des volontaires. On avait vu MM. Addington et Pitt le porter également. La levée en masse décrétée sur le papier n'avait pas été sérieusement entreprise.

En faisant les défalcations d'usage, l'Angleterre avait à nous opposer 100 ou 120 mille soldats réguliers d'excellente qualité, des milices sans organisation, 150 mille volontaires sans expérience, ayant de médiocres officiers, pas de général, le tout réparti soit en Irlande soit en Angleterre, et dispersé sur les points du rivage où le danger pouvait se faire craindre. On comptait en troupes régulières et volontaires 70 mille hommes en Irlande; restaient 180 à 200 mille hommes, volontaires ou troupes de ligne, pour l'Écosse et l'Angleterre. C'est tout au plus si, même avec un art de mouvoir les masses que Napoléon possédait seul alors, c'est tout au plus si on aurait pu en réunir 80 ou 90 mille au lieu du danger. Qu'auraient-ils fait, eussent-ils été deux fois plus nombreux, devant les 130 mille Français, soldats accomplis, que Napoléon pouvait jeter de l'autre côté du détroit? La véritable défense était donc dans l'Océan. Les Anglais avaient 100 mille matelots, 89 vaisseaux de ligne, répandus sur toutes les mers, une vingtaine de vaisseaux de 50 canons, 132 frégates, plus un nombre proportionné de bâtiments sur les chantiers et dans les bassins. Comme Napoléon, perfectionnant avec le temps leurs préparatifs, ils avaient créé des *fencibles* de mer, à l'imitation des *fencibles* de terre. Ils avaient sous ce nom réuni tous les pêcheurs et gens de mer, non sujets à la presse ordinaire, lesquels, répandus au nombre d'environ 20 mille dans des bateaux, le long des côtes, y faisaient une garde continuelle, indépendamment de la garde avancée de frégates, bricks et corvettes, qui se donnaient la main depuis l'Escaut jusqu'à la Somme. Des signaux de nuit, des chariots propres à transporter les troupes en poste, complétaient ce système de précautions, exposé ailleurs, et perfectionné encore dans les quinze mois qui s'étaient écoulés. On avait en outre pratiqué des coupures dans le sol, et placé dans la Tamise une ligne de frégates liées par des chaînes de fer, capables d'opposer une barrière continue et solide à toutes les embarcations. Depuis Douvres jusqu'à l'île de Wight, toute plage abordable était couronnée d'artillerie.

La dépense de ces préparatifs, et la confusion qui en résultait, étaient immenses. Les esprits agités, comme il était naturel qu'ils le fussent en présence d'un danger d'invasion, ne trouvaient rien de bon, rien d'assez rassurant, et, avec un ministère faible, dont tout le monde se croyait fondé à contester la capacité, il n'y avait aucune autorité morale qui pût contenir la fureur de blâmer et d'inventer. A propos de chaque mesure, on disait que c'était peu, ou

Août 1804.

Agitation croissante des esprits en Angleterre.

200 LIVRE XX.

Août 1804.

Attaques dirigées par M. Pitt contre le ministère Addington.

mal, ou pas assez bien, et on proposait autre chose. M. Pitt, réservé quelque temps, avait cessé de l'être, encouragé qu'il était par le déchaînement général. Il blâmait amèrement les mesures prises par les ministres, soit qu'il crût le moment venu de les renverser, soit qu'en effet il trouvât leurs précautions insuffisantes ou mal calculées. Il est certain du moins que ses critiques étaient beaucoup plus fondées que celles des autres membres de l'opposition. Il reprochait aux ministres de n'avoir pas deviné et prévenu la concentration des bateaux plats à Boulogne, lesquels, suivant lui, passaient mille au moins. Quoiqu'il cherchât à exagérer plutôt qu'à dissimuler le péril, on voit qu'il restait de beaucoup au-dessous de la vérité, car, avec la flottille batave, le nombre en montait à 2,300. Il attribuait cette faute à l'ignorance de l'amirauté, qui n'avait pas su prévoir l'usage qu'on pouvait faire des chaloupes canonnières, et qui avait employé des vaisseaux et des frégates dans des bas-fonds, où ces grands bâtiments étaient réduits à l'impossibilité de suivre les petits bâtiments des Français. Il prétendait qu'avec quelques centaines de chaloupes canonnières, appuyées au large par des frégates, on aurait pu combattre à armes égales les préparatifs des Français, et détruire leur immense armement, avant qu'il fût réuni dans la Manche. Le reproche était spécieux, s'il n'était pas fondé.

Les ministres répondaient que, dans la dernière guerre, on avait voulu employer les chaloupes canonnières, et qu'elles n'avaient pu tenir au vent. Cela prouvait que les marins anglais s'étaient moins appliqués que les marins français à manier ce genre de bâtiments ; car nos chaloupes avaient navigué par tous les temps. Quelquefois elles avaient échoué sur les bas-fonds, mais, excepté l'accident arrivé à Brest, aucune n'avait péri par le défaut de sa construction.

Enfin, M. Pitt, ne partageant ni l'opinion de M. Windham, son ancien collègue, ni celle de M. Fox, son nouvel allié, sur l'insuffisance de l'armée régulière, reconnaissant qu'il n'est pas facile d'étendre tout de suite et à volonté les proportions d'une armée, surtout dans un pays où l'on ne voulait pas recourir à la conscription, M. Pitt se plaignait de ce qu'on n'avait pas tiré plus de parti des volontaires. Il prétendait qu'on devait, en profitant de la bonne volonté de ces 150 mille Anglais, leur faire acquérir le degré de discipline et d'instruction dont ils étaient capables, et les amener à être moins inférieurs qu'ils ne paraissaient l'être aux troupes régulières. Ce reproche, fondé ou non, était aussi spécieux que le précédent.

M. Pitt soutenait ces opinions avec une extrême vivacité. A mesure qu'il s'engageait davantage dans l'opposition, il se trouvait rapproché, sinon par ses opinions et ses sentiments, au moins par sa conduite, de l'ancienne opposition whig, c'est-à-dire de M. Fox. Ces deux adversaires, qui s'étaient combattus vingt-cinq ans, semblaient s'être réconciliés, et on répandait le bruit qu'ils allaient former un ministère ensemble. L'ancienne majorité s'était brisée.

On a déjà vu qu'une petite partie de cette majorité avait suivi MM. Windham et Grenville dans l'opposition. Une plus grande partie s'était jointe à eux, depuis que M. Pitt avait levé l'étendard. Cette opposition tory se composait de tous ceux qui pensaient que les ministres actuels étaient incapables de faire face à la situation, et qu'il fallait recourir à l'ancien chef du parti de la guerre. D'autre part, l'ancienne opposition whig, dirigée par M. Fox, quoique ayant essuyé quelques défections, telles que celles de MM. Tierney et Sheridan, qu'on disait ralliés à M. Addington, s'était singulièrement accrue par une circonstance de cour. La raison du roi paraissait troublée de nouveau, et on annonçait la prochaine régence du prince de Galles. Or ce prince, anciennement brouillé avec M. Pitt, nouvellement avec M. Addington, était fort attaché à M. Fox, et devait, à ce qu'on croyait, le prendre pour principal ministre. Dès lors un certain nombre de membres des Communes, agissant sous son influence, étaient venus accroître le parti de M. Fox. Les deux oppositions unies, et augmentées, l'une par la levée de boucliers de M. Pitt, l'autre par la prochaine fortune de M. Fox, contre-balançaient presque la majorité du ministère Addington.

Plusieurs votes successifs révélèrent bientôt la gravité de cet état de choses pour le cabinet. M. Pitt avait présenté, au mois de mars, une motion pour demander les états comparatifs de la marine anglaise en 1797, en 1801 et en 1803. Aidé des amis de M. Fox, il était parvenu à réunir 130 voix pour sa motion contre 201. Les ministres n'avaient donc obtenu que 70 voix de majorité, et, en comparant ce vote avec les votes antérieurs, on ne pouvait qu'être frappé du progrès de l'opposition. Le succès encourageant les nouveaux alliés, ils avaient multiplié les motions. En avril, M. Fox avait demandé que l'on déférât à un comité toutes les mesures prises pour la défense du royaume, depuis le renouvellement de la guerre. C'était une autre manière de soumettre au jugement du Parlement la conduite et la capacité du ministère Addington. Cette fois la majorité avait encore diminué. Les opposants avaient réuni 204 voix, et les ministres 256, ce qui réduisait la majorité de 70 voix à 52. Chaque jour voyait cette majorité s'affaiblir; et, au mois de mai, on annonçait une troisième motion, qui devait mettre définitivement les ministres en minorité, lorsque lord Hawkesbury déclara, en termes suffisamment clairs pour être compris, que la dernière motion était inutile, car le cabinet allait se dissoudre.

Le vieux roi, qui aimait beaucoup MM. Addington et Hawkesbury, et très-peu M. Pitt, avait fini néanmoins par faire appeler ce dernier. Ce célèbre et tout-puissant personnage, si long-temps notre ennemi, venait donc de ressaisir les rênes de l'État, avec mission de relever, s'il le pouvait, la fortune menacée de l'Angleterre. En entrant dans le cabinet, il avait laissé en dehors ses anciens amis, MM. Windham et Grenville, et son récent allié M. Fox. On lui reprochait cette double infidélité, qu'on expliquait très-diversement. Ce qui était vrai-

Août 1804.

Retraite du ministère Addington.

Retour de M. Pitt au pouvoir.

Août 1804

semblable, c'est qu'il n'avait pas voulu de MM. Windham et Grenville, comme torys trop violents, et que le roi, de son côté, n'avait pas voulu de M. Fox, comme whig trop déclaré. On lui reprochait de n'avoir pas assez fait dans cette circonstance pour vaincre Georges III. On semblait désirer, vu les dangers dont le pays était menacé, que les deux plus grands talents de l'Angleterre s'unissent pour donner au gouvernement plus de force et d'autorité.

M. Pitt demande 60 millions pour renouer les relations avec le continent.

Cependant M. Pitt exerçait une telle influence sur les esprits, on avait dans sa personne une confiance si ancienne, qu'à lui seul il suffisait pour relever le pouvoir. En entrant au ministère, il avait demandé tout de suite 60 millions de fonds secrets. On prétendait que c'était pour renouer les relations de l'Angleterre avec le continent; car on le regardait, avec raison, comme le plus propre de tous les ministres à faire renaître les coalitions, par la grande considération dont il jouissait auprès des cours ennemies de la France.

Tels avaient été les événements en Angleterre pendant que Napoléon avait pris la couronne impériale, et que, transporté à Boulogne, il se disposait à forcer la barrière de l'Océan. Il semblait que la Providence eût ramené ces deux hommes en scène, pour les faire lutter une dernière fois, avec plus d'acharnement et de violence que jamais, M. Pitt en suscitant des coalitions, ce qu'il savait très-bien faire; Napoléon en les détruisant à coups d'épée, ce qu'il savait faire encore mieux.

Napoléon était assez indifférent à ce qui se passait de l'autre côté du détroit. Les préparatifs militaires des Anglais le faisaient sourire, beaucoup plus sincèrement que ses chaloupes ne faisaient rire les journalistes anglais. Il ne demandait au ciel qu'une chose, c'était de posséder pendant quarante-huit heures une flotte dans la Manche, et il se chargeait d'avoir bientôt raison de toutes les armées, réunies entre Douvres et Londres. Les événements ministériels en Angleterre ne l'auraient touché que s'ils avaient amené M. Fox aux affaires. Croyant à la sincérité de cet homme d'État, à ses bonnes dispositions pour la France, il aurait été porté à passer des idées de guerre acharnée à des idées de paix, et même d'alliance. Mais l'arrivée de M. Pitt, au contraire, lui prouvait mieux encore qu'il en fallait finir par quelque coup audacieux et désespéré, dans lequel les deux nations joueraient leur existence. Toutefois, une demande de 60 millions de fonds secrets, explicable seulement par des affaires d'une nature occulte sur le continent, ne laissait pas que de le préoccuper. Il trouvait l'Autriche bien lente à envoyer les nouvelles lettres de créance, bien peu franche à Ratisbonne dans l'affaire de la note russe. Enfin il venait de recevoir par M. d'Oubril la réponse du cabinet de Saint-Pétersbourg à la dépêche dans laquelle il avait fait allusion à la mort de Paul Iᵉʳ. Cette réponse de la Russie semblait indiquer quelque projet ultérieur. Napoléon, avec sa sagacité ordinaire, entrevoyait déjà un commencement de coalition en Europe; il se plaignait à M. de Talleyrand de sa crédulité, de sa complaisance pour les deux messieurs de Co-

Août 1804.

Napoléon, inquiet de la présence de M. Pitt aux affaires, veut faire expliquer l'Autriche.

bentzel, et il ajoutait qu'au moindre doute sur les dispositions du continent, il se jetterait, non plus sur l'Angleterre, mais sur celle des puissances qui aurait excité ses inquiétudes; car il n'était pas, disait-il, assez fou pour passer la Manche, s'il n'était pas entièrement rassuré du côté du Rhin. C'est là ce qu'il écrivait de Boulogne à M. de Talleyrand, lui disant qu'il fallait provoquer l'Autriche et la Russie à s'expliquer, lorsqu'un incident subit, et à jamais regrettable, vint forcément terminer ses incertitudes, et l'obliger à différer encore pour quelques mois ses projets de descente.

Le brave et infortuné Latouche-Tréville, dévoré par un mal incomplétement guéri, et par une ardeur dont il n'était pas maître, succomba le 20 août, dans le port de Toulon, à la veille de mettre à la voile. Napoléon apprit ce triste événement à Boulogne, dans les derniers jours d'août 1804, au moment où, prêt à s'embarquer, il était cependant saisi de quelques pressentiments de coalition européenne, et tenté parfois de porter ses coups ailleurs qu'à Londres. La flotte de Toulon ayant perdu son chef, il fallait forcément ajourner l'expédition d'Angleterre, car choisir un nouvel amiral, le nommer, l'envoyer, lui donner le temps de faire connaissance avec son escadre, tout cela exigeait plus d'un mois. Or on avait atteint la fin d'août; on était donc conduit en octobre, pour le départ de Toulon, et en novembre pour l'arrivée dans la Manche. C'était dès lors une campagne d'hiver à faire, et de nouvelles combinaisons à imaginer.

LE SACRE.

Napoléon chercha tout de suite quel homme il nommerait à la place de l'amiral Latouche. « Il n'y
» a pas un moment à perdre, écrivit-il au ministre
» Decrès, pour envoyer un amiral qui puisse com-
» mander l'escadre de Toulon. Elle ne peut pas être
» plus mal qu'elle n'est aujourd'hui entre les mains
» de Dumanoir, qui n'est pas capable de maintenir
» la discipline dans une si grande escadre, ni de la
» faire agir... Il me paraît que pour l'escadre de
» Toulon, il n'y a que trois hommes, Bruix, Ville-
» neuve, ou Rosily. Vous pouvez sonder Bruix. Je
» crois à Rosily de la bonne volonté, mais il n'a
» rien fait depuis quinze ans... Toutefois il y a une
» chose urgente, c'est de prendre un parti... »

Sept. 1804.

(28 août 1804.)

A partir de ce jour, il reconnut que l'établissement naval et militaire qu'il avait créé à Boulogne, serait moins passager qu'il ne l'avait supposé d'abord, et il s'occupa sur les lieux mêmes d'en simplifier l'organisation, pour la rendre moins coûteuse, et pour ajouter aussi à sa perfection sous le rapport des manœuvres. « La flottille, écrivait-il
» à Decrès, a été considérée jusqu'ici comme d'ex-
» pédition; il faut la considérer désormais comme
» établissement fixe, et dès ce moment porter la
» plus grande attention à tout ce qui doit être im-
» muable, en la régissant par d'autres règles que
» l'escadre. »

Napoléon, obligé de différer son expédition, songe à rendre permanent l'établissement naval et militaire créé à Boulogne.

(18 septembre 1804. — 23 fructidor an XII.)

Il simplifia, en effet, les rouages administratifs,

supprima beaucoup de doubles emplois, provenant du rapprochement des armées de terre et de mer, révisa tous les appointements, s'occupa, en un mot, de faire de la flottille de Boulogne une organisation à part, qui, coûtant le moins possible, pourrait durer autant que la guerre, et continuer d'exister dans le cas où l'armée serait obligée de quitter pour un moment les côtes de la Manche.

Il imagina aussi la division en escadrilles, pour mettre plus d'ordre dans les mouvements de ces 2,300 bâtiments. La distribution définitivement adoptée fut la suivante : neuf chaloupes ou bateaux canonniers formaient une section, et portaient un bataillon ; deux de ces sections formaient une division, et portaient un régiment. Les péniches, ne pouvant contenir que la moitié moins de monde, devaient être doubles en nombre. La division de péniches était composée de 4 sections, ou 36 péniches, au lieu de 18, afin de suffire à un régiment de deux bataillons. Plusieurs divisions de chaloupes, bateaux et péniches, formaient une escadrille, et devaient transporter plusieurs régiments, c'est-à-dire, un corps d'armée. A chaque escadrille étaient joints un certain nombre de ces bâtiments de pêche ou de cabotage, qu'on avait disposés pour embarquer les chevaux de la cavalerie et les gros bagages. La flottille tout entière était divisée en huit escadrilles, deux à Etaples pour le corps du maréchal Ney, quatre à Boulogne pour le corps du maréchal Soult, deux à Wimereux pour l'avant-garde et la réserve. Le port d'Ambleteuse, dans le nouveau projet qu'on avait eu le temps de mûrir, était destiné à la flottille batave, et celle-ci était chargée de transporter le corps du maréchal Davout. Chaque escadrille était dirigée par un officier supérieur, et manœuvrait en mer d'une manière indépendante, quoique combinée avec l'ensemble des opérations. De la sorte, les distributions de la flottille se trouvaient complétement adaptées à celles de l'armée.

Sept. 1804.

Pendant ce temps, l'amiral Decrès avait fait appeler auprès de lui les amiraux Villeneuve et Missiessy, pour leur proposer les commandements vacants. Considérant Bruix comme indispensable à Boulogne, Rosily comme trop déshabitué de la mer, il avait regardé Villeneuve comme le plus propre à commander l'escadre de Toulon, et Missiessy celle de Rochefort, que Villeneuve devait laisser vacante. L'amiral Villeneuve, dont le nom est entouré d'une malheureuse célébrité, avait de l'esprit, de la bravoure, la connaissance pratique de son état, mais n'avait aucune fermeté de caractère. Impressionnable au plus haut point, il était capable de s'exagérer sans mesure les difficultés d'une situation, et de tomber dans cet état d'abattement, où l'on n'est plus maître de son cœur et de sa tête. L'amiral Missiessy, moins habile, mais plus froid, était peu susceptible de s'élever, mais peu susceptible aussi de se laisser abattre. L'amiral Decrès les manda tous deux, essaya de vaincre chez eux la démoralisation, qui s'était emparée non pas des matelots et des officiers, tous remplis d'une noble ardeur, mais des commandants de

Choix d'un nouvel amiral pour remplacer l'amiral Latouche-Tréville.

L'amiral Villeneuve.

Sept. 1804.

L'amiral
Missiessy
nommé
au commandement
de l'escadre
de Rochefort;
l'amiral
Villeneuve
à celui
de l'escadre
de Toulon.

nos flottes, lesquels avaient à perdre dans les batailles ce qu'ils estimaient plus que la vie, c'est-à-dire leur renommée. Il fit accepter à l'amiral Missiessy le commandement de l'escadre de Rochefort, et à l'amiral Villeneuve l'escadre de Toulon. Il avait pour ce dernier une amitié qui remontait aux premiers temps de leur enfance. Il lui avoua le secret de l'Empereur, et l'immense opération à laquelle était destinée l'escadre de Toulon. Il exalta son imagination en lui montrant une grande chose à exécuter, et de grands honneurs à obtenir. Déplorable tentative d'une vieille amitié! Cette exaltation d'un instant devait faire place chez Villeneuve à un abattement funeste, et amener pour notre marine les plus sanglants revers.

Le ministre se hâta d'écrire à l'Empereur le résultat de ses entretiens avec Villeneuve, et l'effet produit sur cet officier par les perspectives de danger et de gloire qu'il lui avait ouvertes [1].

[1] Nous citons la lettre de l'amiral Decrès, car il est important de savoir comment fut nommé l'homme qui a perdu la bataille de Trafalgar.

«Sire, écrivait-il, le vice-amiral Villeneuve et le contre-amiral Missiessy sont ici.

J'ai entretenu le premier du grand projet...

Il l'a entendu froidement, et a gardé le silence quelques moments. Puis, avec un sourire très-calme, il m'a dit : Je m'attendais à quelque chose de semblable; *mais, pour être approuvés, de semblables projets ont besoin d'être achevés.*

Je me permets de vous transcrire littéralement sa réponse dans une conversation particulière, parce qu'elle vous peindra mieux que je ne pourrais le faire l'effet qu'a produit sur lui cette ouverture. Il a ajouté : *Je ne perdrai pas quatre heures pour rallier le premier; avec les cinq autres et les miens, je serai assez fort. Il faut être heureux, et, pour savoir jusqu'à quel point je le suis, il faut entreprendre.*

Nous avons parlé de la route. Il en juge comme Votre Majesté. Il ne s'est arrêté aux chances défavorables qu'autant qu'il le fallait pour me

Napoléon, qui avait des hommes une connaissance profonde, ne comptait guère sur le remplaçant de l'amiral Latouche. Pensant toujours à son projet, il le modifia de nouveau et l'agrandit encore, d'après les circonstances qui étaient survenues. L'hiver rendait à la flotte de Brest la liberté de ses mouvements, en faisant cesser la continuité du blocus. Bien que Ganteaume eût manqué de caractère en 1801, cependant il avait montré, en plus d'une occasion, du courage et du dévouement, et Napoléon voulut lui confier la partie brillante et difficile du plan. Il remit l'expédition après le 18 brumaire (9 novembre), époque assignée pour la cérémonie du couronnement, et il résolut de faire sortir Ganteaume dans cette rude saison, avec 15 ou 18 mille hommes destinés à l'Irlande, puis, lorsque cet amiral les aurait jetés sur l'un des points accessibles de cette île, de l'amener rapidement dans la

Sept. 1804.

Napoléon modifie sa grande combinaison par suite de la mort de Latouche-Tréville.

L'amiral Ganteaume chargé désormais de se rendre dans la Manche.

---

faire voir qu'il ne s'étourdissait pas. Rien enfin de tout cela n'a fait pâlir son courage.

La place de grand officier, celle de vice-amiral en ont fait un homme tout nouveau. L'idée des dangers est effacée par l'espérance de la gloire, et il a fini par me dire : *Je me livre tout entier*, et cela avec le ton et le geste d'une décision froide et positive.

Il partira pour Toulon dès que Votre Majesté aura bien voulu me faire savoir si elle n'a pas d'autres ordres à lui donner.

Le contre-amiral Missiessy est plus réservé avec moi; il demande à rester ici huit jours; il a une grande froideur, mais qui se définit moins. On m'a dit qu'il était fâché que Votre Majesté ne lui eût pas donné l'escadre de la Méditerranée. Il l'est de ne pas être vice-amiral. Son grand raisonnement près de ses familiers est que, n'ayant rien fait pendant la guerre, il a au moins l'honneur de n'avoir point eu d'échecs! Je lui ai donné l'ordre d'aller prendre le commandement de l'escadre, et je compte que sous huit jours il sera en route. Il lui en faudra cinq ou six pour se rendre à sa destination. »

14.

Sept. 1804.

Les amiraux Villeneuve et Missiessy chargés de faire des diversions.

Manche, pour y protéger le passage de la flottille. Dans ce plan modifié, les amiraux Missiessy et Villeneuve étaient chargés d'un tout autre rôle, que celui qui était attribué aux escadres de Toulon et de Rochefort, lorsque Latouche-Tréville en avait le commandement. L'amiral Villeneuve, partant de Toulon, devait aller, en Amérique, reconquérir Surinam et les colonies hollandaises de la Guyane. Une division, détachée de l'escadre de Villeneuve, devait prendre l'île de Sainte-Hélène en passant. L'amiral Missiessy avait ordre de jeter 3 à 4 mille hommes de renfort dans nos Antilles, puis de ravager les Antilles anglaises, en les surprenant à peu près sans défense. Les deux amiraux, se réunissant ensuite pour revenir de concert en Europe, avaient pour dernière instruction de débloquer l'escadre du Ferrol et de rentrer à Rochefort au nombre de 20 vaisseaux. Il leur était enjoint de partir avant Ganteaume, pour que les Anglais, avertis de leur départ, fussent attirés à leur suite. Napoléon voulait que Villeneuve partît de Toulon le 12 octobre, Missiessy de Rochefort le 1er novembre, Ganteaume de Brest le 22 décembre 1804. Il regardait comme certain que les 20 vaisseaux de Villeneuve et de Missiessy en attireraient 30 au moins hors des mers d'Europe; car les Anglais, attaqués à l'improviste sur tous les points, ne pouvaient manquer d'envoyer des secours partout. Il était alors probable que l'amiral Ganteaume aurait une liberté de mouvement suffisante pour exécuter l'opération dont il était chargé, et qui consistait, après avoir touché à l'Irlande, à se porter devant Boulogne, soit en tournant l'Écosse, soit en se rendant directement de l'Irlande dans la Manche.

Sept. 1804.

Tous ses ordres étant donnés de Boulogne même, où il se trouvait alors, Napoléon voulut se servir du temps qui lui était laissé jusqu'à l'hiver, pour éclaircir les affaires du continent. Dirigeant la conduite de M. de Talleyrand par une correspondance de chaque jour, il lui prescrivit les démarches diplomatiques qui pouvaient conduire à ce but.

Napoléon ayant remis son entreprise à l'hiver, veut, dans l'intervalle, faire expliquer les puissances du continent.

On se rappelle sans doute la note irréfléchie du cabinet russe au sujet de la violation du sol germanique, et la réponse amère du cabinet français. Le jeune Alexandre avait profondément senti cette réponse, et il avait reconnu, mais trop tard, que son avénement au trône lui ôtait le droit de donner de si hautes leçons de morale aux autres gouvernements. Il en était humilié et effrayé. L'âme d'Alexandre était plus vive que forte. Il se jetait volontiers en avant, puis reculait aussi volontiers, lorsqu'il avait aperçu le péril. C'était sans consulter ses ministres qu'il avait pris le deuil pour la mort du duc d'Enghien, et c'était, malgré une partie d'entre eux, qu'il avait envoyé à Ratisbonne la note dont nous avons fait mention. Cependant ils avaient la plus grande peine à le maintenir dans ses premières résolutions. Les gens sages de Pétersbourg, après la première émotion passée, trouvaient qu'on s'était conduit avec beaucoup trop de légèreté dans l'affaire du duc d'Enghien; ils s'en prenaient aux

La cour de Russie regrette ses manifestations trop vives.

Sept. 1804.

jeunes gens qui gouvernaient l'empire, et, entre ces jeunes gens, au prince Czartoryski plus qu'aux autres, parce qu'il était Polonais, et chargé du portefeuille des affaires étrangères, depuis la retraite à la campagne du chancelier Woronzoff. Rien n'était plus injuste que ce jugement à l'égard du prince Czartoryski, car celui-ci avait résisté, autant qu'il l'avait pu, aux vivacités de la cour, mais il voulait maintenant qu'on sortît avec dignité du mauvais pas dans lequel on était engagé. En conséquence, il avait prescrit à M. d'Oubril, chargé d'affaires à Paris, de se plaindre dans une note à la fois ferme et modérée, de l'affectation que le cabinet français avait mise à rappeler certains souvenirs; de témoigner des dispositions pacifiques, mais d'exiger une réponse sur les trois ou quatre sujets ordinaires des réclamations du gouvernement russe, tels que l'occupation de Naples, l'indemnité toujours différée du roi de Piémont, l'invasion du Hanovre. M. d'Oubril avait ordre, s'il obtenait sur ces points une explication seulement spécieuse, de s'en contenter, et de rester à Paris, mais de prendre ses passe-ports si on se renfermait dans un silence obstiné et dédaigneux.

M. d'Oubril autorisé à poser diverses questions, et à se contenter de la moindre satisfaction.

La Prusse qui, suivant une expression de Napoléon, *s'agitait sans cesse entre les deux géants*, informée de l'état exact du cabinet russe, en avait averti M. de Talleyrand par son ministre Lucchesini, et lui avait dit : Différez de répondre le plus long-temps possible ; puis faites une réponse qui fournisse à la dignité de la Russie une satisfaction apparente, et

LE SACRE.

cette tempête du Nord, dont on cherche à effrayer l'Europe, sera calmée. —

Ces diverses communications étant arrivées à Paris pendant que Napoléon était à Boulogne, M. de Talleyrand avait eu recours à la politique dilatoire, dans laquelle on a vu qu'il excellait. Napoléon s'y était prêté volontiers, ne cherchant pas la guerre avec le continent, ne la craignant pas non plus, et préférant en finir avec l'Europe, par une expédition directe contre l'Angleterre. Il continuait donc ses opérations à Boulogne, pendant qu'on laissait M. d'Oubril dans l'attente à Paris. Cependant M. de Talleyrand n'attachant pas assez d'importance à la note russe, et prenant trop au pied de la lettre l'avis de la Prusse, avait cru trop facilement qu'on s'en tirerait avec des délais. M. d'Oubril, après avoir attendu tout le mois d'août, avait enfin exigé une réponse. Napoléon, importuné des questions de M. d'Oubril, disposé d'ailleurs à s'expliquer catégoriquement avec les puissances du continent depuis la rentrée de M. Pitt au ministère, avait voulu qu'on répondît. Il avait envoyé lui-même le modèle de la note à transmettre à M. d'Oubril, et M. de Talleyrand, suivant sa coutume, avait fait son possible pour en adoucir le fond et la forme. Mais telle qu'il l'avait remise, elle était fort insuffisante pour sauver la dignité du cabinet russe, malheureusement engagée.

Cette note plaçait en regard des torts reprochés à la France les torts reprochables à la Russie. La Russie, disait-on, n'aurait pas dû avoir de troupes à Corfou, et elle en augmentait chaque jour le nombre. Elle

Sept. 1805.

M. de Talleyrand, sur un avis de la Prusse, qui conseillait de gagner du temps, diffère de répondre aux questions posées par M. d'Oubril.

M. d'Oubril insiste pour avoir une réponse.

Napoléon importuné fait faire cette réponse, mais non pas de manière à la rendre satisfaisante.

Sept. 1805.

aurait dû refuser toute faveur aux ennemis de la France, et elle ne se bornait pas à donner asile aux émigrés, elle leur accordait en outre des fonctions publiques dans les cours étrangères. C'était là une violation positive du dernier traité. De plus les agents russes se montraient partout hostiles. Un tel état de choses excluait toute idée d'intimité, et rendait impossible le concert convenu entre les deux cabinets, pour la conduite des affaires d'Italie et d'Allemagne. Quant à l'occupation du Hanovre et de Naples, elle avait été une conséquence forcée de la guerre. Si la Russie s'engageait à faire évacuer Malte par les Anglais, la cause de la guerre disparaissant, les pays occupés par la France seraient évacués à l'instant même. Mais chercher à peser sur la France, sans chercher à peser également sur l'Angleterre, n'était ni juste ni convenable. Si on prétendait se constituer arbitre entre les deux puissances belligérantes, juger non-seulement le fond de la querelle mais les moyens employés pour la vider, il fallait être arbitre impartial et ferme. La France était décidée à n'en pas accepter d'autre. Si on voulait la guerre, elle y était toute prête, car, après tout, les dernières campagnes des Russes en Occident ne les autorisaient pas à se permettre avec la France un ton aussi haut que celui qu'ils semblaient prendre en ce moment. Il fallait qu'on sût bien que l'Empereur des Français n'était pas l'empereur des Turcs ou des Persans. Si on désirait au contraire en venir avec lui à de meilleures relations, il y était tout disposé; et alors certainement il ne refuserait pas de faire ce qui avait été promis, notamment au sujet du roi de Sardaigne ; mais, dans l'état actuel des relations, on n'obtiendrait rien de lui, car la menace était à son égard de tous les moyens le plus inefficace.

Cette note si fière ne laissait guère de prétexte à M. d'Oubril pour se dire satisfait. C'était la conséquence des légèretés de son cabinet, qui tantôt voulant à propos de Naples et du Hanovre se constituer juge des moyens de guerre employés par les puissances belligérantes, tantôt voulant se mêler d'un acte intérieur comme la mort du duc d'Enghien, s'était exposé à ne recevoir sur tous les points auxquels il touchait que des réponses fâcheuses. M. d'Oubril, consultant ses instructions, crut devoir demander ses passe-ports ; cependant, pour leur être entièrement fidèle, il ajouta que son départ était une simple interruption des rapports diplomatiques entre les deux cours, mais non une déclaration de guerre ; que lorsque les relations n'avaient plus rien d'utile ou d'agréable, il n'y avait aucune raison de les continuer ; que du reste la Russie ne songeait pas à recourir aux armes, que le cabinet français déciderait, par sa conduite postérieure, si la guerre devait suivre cette interruption de rapports.

M. d'Oubril, après cette déclaration froide et néanmoins pacifique, quitta Paris. L'ordre fut envoyé à M. de Rayneval, qui était resté comme chargé d'affaires à Pétersbourg, de retourner en France. M. d'Oubril partit à la fin d'août, s'arrêta quelques jours à

Mayence, pour attendre la nouvelle de la libre sortie accordée à M. de Rayneval.

Il était évident que la Russie, en cherchant à témoigner son déplaisir par l'interruption de ses relations avec la France, ne ferait cependant la guerre que dans le cas où une nouvelle coalition européenne lui en fournirait une occasion avantageuse. Tout dépendait par conséquent de l'Autriche, au jugement de Napoléon. Il la mit donc à une forte épreuve, pour savoir à quoi s'en tenir avant de se livrer tout entier à ses projets maritimes. La reconnaissance du titre impérial qu'il avait pris se faisant encore attendre, il la demanda péremptoirement. Son projet de visiter les bords du Rhin allait sous peu le conduire à Aix-la-Chapelle; il exigea que M. de Cobentzel vînt lui rendre hommage, et lui remettre ses lettres de créance, dans la ville même où les empereurs germaniques avaient coutume de prendre la couronne de Charlemagne. Il déclara que si on ne lui donnait pas satisfaction à cet égard, M. de Champagny, nommé ministre de l'intérieur en remplacement de M. Chaptal, appelé au Sénat, n'aurait pas de successeur à Vienne, et qu'une retraite d'ambassadeurs, entre puissances aussi voisines que la France et l'Autriche, ne se passerait pas aussi pacifiquement qu'entre la France et la Russie. Enfin, il voulut que la note russe, déjà écartée à Ratisbonne par un ajournement, mais du sort de laquelle il fallait décider sous peu de jours, fût définitivement rejetée, ou bien il déclara de nouveau qu'il adresserait à la diète une réponse, d'où sortirait inévitablement la guerre.

Tout cela fait, Napoléon quitta Boulogne où il venait de passer un mois et demi, et s'achemina vers les départements du Rhin. Avant de partir, il eut l'occasion d'assister à un combat de la flottille contre la division anglaise. Le 26 août (8 fructidor an XII), à deux heures après midi, il était en rade, inspectant dans son canot la ligne d'embossage, composée, suivant l'usage, de cent cinquante à deux cents chaloupes et péniches. L'escadre anglaise, mouillée au large, était forte de deux vaisseaux, deux frégates, sept corvettes, six bricks, deux lougres et un côtre, en tout vingt voiles. Une corvette, se détachant du gros de la division ennemie, vint se placer à l'extrémité de notre ligne d'embossage, pour l'observer et lui envoyer quelques bordées. L'amiral alors donna l'ordre à la première division des canonnières, commandée par le capitaine Leray, de lever l'ancre, et de se diriger toutes ensemble sur la corvette ; ce qu'elles exécutèrent, et ce qui força celle-ci à se retirer immédiatement. Voyant cela, les Anglais formèrent un détachement composé d'une frégate, de plusieurs corvettes ou bricks et du côtre, pour contraindre nos canonnières à se replier à leur tour, et les empêcher de regagner leur position accoutumée. L'Empereur, qui était dans son canot avec l'amiral Bruix, les ministres de la guerre et de la marine et plusieurs maréchaux, se porta au milieu des chaloupes qui combattaient, et pour leur donner l'exemple fit mettre le

Sept. 1804.

L'Empereur, avant de quitter Boulogne, assiste à un combat de la flottille contre la croisière anglaise.

Sept. 1804.

cap sur la frégate qui s'avançait à toutes voiles. Il savait que les soldats et les marins, admirateurs de son audace sur terre, se demandaient quelquefois s'il serait aussi audacieux sur mer. Il voulait les édifier à cet égard, et les accoutumer à braver témérairement les gros bâtiments de l'ennemi. Il fit diriger son canot, fort en avant de la ligne française, et le plus près possible de la frégate. Celle-ci voyant le canot impérial tout pavoisé, et se doutant peut-être du précieux chargement qu'il contenait, avait réservé son feu. Le ministre de la marine, tremblant pour l'Empereur des suites d'une telle bravade, voulut se jeter sur la barre du gouvernail pour changer la direction ; mais un geste impérieux de Napoléon arrêta le mouvement du ministre, et on continua de marcher vers la frégate. Napoléon, la lunette à la main, l'observait, lorsque tout à coup elle lâcha la bordée qu'elle avait réservée, et couvrit de ses projectiles le canot qui portait *César et sa fortune*. Personne ne fut blessé, et on en fut quitte pour l'éclaboussure des projectiles. Tous les bâtiments français témoins de cette scène, s'étaient avancés le plus rapidement qu'ils avaient pu, afin de soutenir le feu, et de couvrir en le dépassant le canot de l'Empereur. La division anglaise, assaillie à son tour par une grêle de boulets et de mitraille, se mit à rétrograder peu à peu. On la suivit, mais elle revint de nouveau, courant une bordée vers la terre. Dans cet intervalle, une seconde division de chaloupes canonnières, commandée par le capitaine Pevrieu, avait levé l'ancre, et s'était portée sur l'ennemi. Bientôt la frégate mal-

LE SACRE.   221

traitée, et gouvernant à peine, fut obligée de reprendre le large. Les corvettes suivirent ce mouvement de retraite, quelques-unes fort avariées, et le côtre tellement criblé qu'on le vit couler à fond.

Napoléon quitta Boulogne, enchanté du combat auquel il avait assisté, d'autant plus que les rapports secrets venus de la côte d'Angleterre lui donnaient les détails les plus satisfaisants sur l'effet matériel et moral que ce combat avait produit. Nous n'avions eu qu'un homme tué et 7 blessés, dont un mortellement. Les Anglais, suivant les rapports adressés à Napoléon, avaient eu 12 à 15 hommes tués, et 60 blessés. Leurs bâtiments avaient beaucoup souffert. Les officiers anglais avaient été frappés de la tenue de nos petits bâtiments, de la vivacité et de la précision de leur feu. Il était évident que, si ces chaloupes avaient à craindre les vaisseaux à cause de leur masse, elles avaient à leur opposer une puissance, une multiplicité de feux très-redoutable[1].

Napoléon traversa la Belgique, visita Mons, Valenciennes, et arriva le 3 septembre à Aix-la-Chapelle. L'Impératrice, qui était allée prendre les eaux

Sept. 1804.

Arrivée de Napoléon à Aix-la-Chapelle.

---

[1] Napoléon écrivait au maréchal Soult:

Aix-la-Chapelle, 8 septembre 1804.

Le petit combat auquel j'ai assisté la veille de mon départ de Boulogne a fait un effet immense en Angleterre. Il y a produit une véritable alarme. Vous verrez à ce sujet des détails, traduits des gazettes, extrêmement curieux. Les obusiers qui sont à bord des canonnières ont fait un fort bon effet. Les renseignements particuliers que j'ai portent que l'ennemi a eu 60 blessés et 12 à 15 hommes tués. La frégate a été très-maltraitée. (*Dépôt de la secrétairerie d'État.*)

Sept. 1804.

de Plombières, pendant le séjour de Napoléon sur les bords de l'Océan, était venue le rejoindre pour assister aux fêtes qu'on préparait dans les provinces rhénanes. M. de Talleyrand, plusieurs grands dignitaires et ministres s'y trouvaient également. M. de Cobentzel avait été fidèle au rendez-vous qui lui avait été assigné. L'empereur François, sentant l'inconvénient de plus longs délais, avait pris le 10 août, dans une cérémonie solennelle, le titre impérial décerné à sa maison, et s'était qualifié empereur *élu* d'Allemagne, empereur *héréditaire* d'Autriche, roi de Bohême et de Hongrie, archiduc d'Autriche, duc de Styrie, etc. Il avait ensuite donné à M. de Cobentzel l'ordre de se rendre à Aix-la-Chapelle, pour y remettre à l'Empereur Napoléon ses lettres de créance. A cette démarche, que le lieu où elle était faite rendait encore plus significative, se joignit l'assurance formelle, et pour le moment sincère, de vouloir vivre en paix avec la France, et la promesse de ne tenir aucun compte de la note russe à Ratisbonne, comme Napoléon le désirait. Cette note, en effet, venait d'être mise au néant par un ajournement indéfini.

M. de Cobentzel remet ses lettres de créance à Napoléon.

L'Empereur des Français fit à M. de Cobentzel le meilleur accueil, et lui prodigua, en retour des siennes, les déclarations les plus tranquillisantes. Avec M. de Cobentzel se présentèrent M. de Souza, apportant la reconnaissance du Portugal, le bailli de Ferrette, celle de l'Ordre de Malte, et une foule de ministres étrangers qui, sachant à quel point leur présence serait agréable à Aix-la-Chapelle, avaient imaginé la flatterie de demander à s'y rendre. Ils y furent reçus avec grand empressement, et avec la grâce que savent trouver toujours les souverains satisfaits. Cette réunion fut singulièrement brillante par le concours des étrangers et des Français, par le luxe déployé, par la pompe militaire. Les souvenirs de Charlemagne y furent réveillés avec une intention peu déguisée. Napoléon descendit dans le caveau où avait été enseveli le grand homme du moyen âge, visita curieusement ses reliques, et donna au clergé d'éclatantes marques de sa munificence. A peine sorti de ces fêtes, il rentra dans ses occupations sérieuses, et parcourut tout le pays entre la Meuse et le Rhin, Juliers, Wenloo, Cologne, Coblentz, inspectant à la fois les routes et les fortifications, rectifiant partout les projets de ses ingénieurs, avec cette sûreté de coup d'œil, cette expérience profonde, qui n'appartenaient qu'à lui, et ordonna les nouveaux travaux qui devaient rendre invincible cette partie des frontières du Rhin.

A Mayence, où il arriva vers la fin de septembre (commencement de l'an XIII), de nouvelles pompes l'attendaient. Tous les princes d'Allemagne dont les États se trouvaient dans les environs, et qui avaient intérêt à ménager leur puissant voisin, accoururent pour lui offrir leurs félicitations et leurs hommages, non point par intermédiaire, mais en personne. Le prince archichancelier, devant à la France la conservation de son titre et de son opulence, voulut rendre hommage à Napoléon à Mayence, son ancienne ca-

Sept. 1804.

Séjour de Napoléon à Mayence.

pitale. Avec lui se présentèrent les princes de la maison de Hesse, le duc et la duchesse de Bavière, le respectable électeur de Baden, le plus vieux des princes de l'Europe, venu avec son fils et son petit-fils. Ces personnages et d'autres, qui se succédèrent à Mayence, furent reçus avec une magnificence de beaucoup supérieure à celle qu'ils auraient pu trouver même à Vienne. Ils étaient tous frappés de la promptitude avec laquelle le soldat couronné avait pris l'attitude d'un souverain : c'est qu'il avait de bonne heure commandé aux hommes, non pas au nom d'un vain titre, mais au nom de son caractère, de son génie, de son épée; et c'était là, en fait de commandement, un apprentissage fort supérieur à celui qu'on peut faire dans les cours.

Les réjouissances qui avaient eu lieu à Aix-la-Chapelle se renouvelèrent à Mayence, sous les yeux des Français et des Allemands accourus pour voir de plus près le spectacle qui excitait dans ce moment la curiosité de l'Europe entière. Napoléon invita aux fêtes de son couronnement la plupart des princes qui étaient venus le visiter. Au milieu de ce tumulte, se dérobant tous les matins aux vanités du trône, il parcourait les bords du Rhin, examinait dans toutes ses parties la place de Mayence, qu'il regardait comme la plus importante du continent, moins à cause de ses ouvrages que de sa position au bord du grand fleuve, le long duquel l'Europe lutte depuis dix siècles contre la France. Il commandait les travaux qui devaient lui donner la force dont elle est susceptible.

La vue de cette place lui inspira une précaution des plus utiles, et à laquelle personne que lui n'aurait pensé, s'il ne s'était transporté sur les lieux mêmes. Les derniers traités avaient ordonné la démolition des forts de Cassel et de Kehl. Le premier forme le débouché de Mayence, et le second le débouché de Strasbourg sur la rive droite du Rhin. Ces deux places perdaient leur valeur sans ces deux têtes de pont, qui leur servaient à la fois de moyen de défense et de moyen de passage sur l'autre rive. Il prescrivit d'amasser les bois et matériaux de toute espèce, nécessaires à des travaux soudains, et quinze mille pelles et pioches, pour pouvoir porter en vingt-quatre heures huit à dix mille travailleurs de l'autre côté du fleuve, et y relever les ouvrages détruits. Le défaut d'outils, écrivait-il au génie, vous ferait seul perdre huit jours. Il arrêta même tous les plans, pour qu'à un ordre télégraphique les ouvrages pussent être commencés immédiatement.

Octob. 1804

Napoléon, après avoir séjourné à Mayence et dans les nouveaux départements, pendant tout le temps nécessaire à ses projets, partit pour Paris, visita Luxembourg en passant, et arriva à Saint-Cloud le 12 octobre 1804 (20 vendémiaire an XIII).

Retour de Napoléon à Paris.

Il s'était flatté un moment d'offrir à la France et à l'Europe un spectacle extraordinaire, en traversant le détroit de Calais avec cent cinquante mille hommes, et en revenant à Paris maître du monde. La Providence, qui lui réservait tant de gloire, ne lui avait pas permis de donner un tel éclat à son couronnement. Il lui restait un autre moyen d'éblouir les esprits, c'était

Octob. 1804.

de faire descendre un instant le Pape du trône pontifical, pour qu'il vînt à Paris même bénir son sceptre et sa couronne. Il y avait là une grande victoire morale à remporter sur les ennemis de la France, et il ne doutait pas d'y réussir. Tout se préparait pour son couronnement, auquel il avait invité les principales autorités de l'Empire, de nombreuses députations des armées de terre et de mer, et une foule de princes étrangers. Des milliers d'ouvriers travaillaient aux apprêts de la cérémonie, dans la basilique de Notre-Dame. Le bruit de la venue du Pape ayant transpiré, l'opinion en avait été saisie et émerveillée, la population dévote enchantée, l'émigration profondément chagrine, l'Europe surprise et jalouse. La question avait été traitée là où se traitaient toutes les affaires, c'est-à-dire au sein du conseil d'État. Dans ce corps, où la plus complète liberté avait été laissée aux opinions, les objections suscitées par le Concordat s'étaient reproduites bien plus fortement encore, à l'idée de soumettre en quelque sorte le couronnement du nouveau monarque au chef de l'Église. Ces répugnances si anciennes en France, même chez les hommes religieux, contre la domination ultramontaine, s'étaient toutes réveillées à la fois. On disait que c'était relever toutes les prétentions du clergé, proclamer une religion dominante, faire supposer que l'Empereur récemment élu tenait sa couronne non du vœu de la nation et des exploits de l'armée, mais du Souverain Pontife, supposition dangereuse, car celui qui donnait la couronne pouvait la retirer aussi.

Discussion au conseil d'État sur la convenance du voyage du Pape à Paris.

Napoléon, impatienté de tant d'objections contre une cérémonie, qui devait être un vrai triomphe obtenu sur la malveillance européenne, prit lui-même la parole, exposa tous les avantages de la présence du Pape dans une telle solennité, l'effet qu'elle produirait sur les populations religieuses et sur le monde entier, la force qu'elle apporterait au nouvel ordre de choses, à la conservation duquel tous les hommes de la Révolution étaient également intéressés; il montra le peu de danger attaché à cette signification d'un pontife donnant la couronne; il soutint que les prétentions d'un Grégoire VII n'étaient plus de notre temps, que la cérémonie dont il s'agissait n'était qu'une invocation de la protection céleste en faveur d'une dynastie nouvelle, invocation faite dans les formes ordinaires du culte le plus ancien, le plus général, le plus populaire en France; que, du reste, sans pompe religieuse, il n'y avait pas de véritable pompe, surtout dans les pays catholiques, et qu'à faire figurer les prêtres au couronnement, il valait mieux y appeler les plus grands, les plus qualifiés, et, si on pouvait, leur supérieur à tous, le Pape lui-même. Poussant enfin ses contradicteurs, comme il poussait ses ennemis à la guerre, c'est-à-dire à outrance, il finit par ce trait qui termina la discussion sur-le-champ. — Messieurs, s'écria-t-il, vous délibérez à Paris, aux Tuileries : supposez que vous délibérassiez à Londres, dans le cabinet britannique, que vous fussiez, en un mot, les ministres du roi d'Angleterre, et qu'on vous apprît que le Pape passe en ce moment les Alpes, pour sacrer l'Empereur des Français; regarderiez-vous cela comme un triomphe pour l'Angleterre ou pour la France? — A cette interrogation si vive, portant si juste, tout le monde se tut, et le voyage du Pape à Paris ne rencontra plus d'objection.

Mais ce n'était pas tout que de consentir à ce voyage, il fallait l'obtenir de la cour de Rome, et la chose était extraordinairement difficile. Pour réussir il était nécessaire d'user d'un grand art, de mêler beaucoup de fermeté à beaucoup de douceur; et l'ambassadeur de France, le cardinal Fesch, avec l'irascibilité de son caractère, la dureté de son orgueil, y était beaucoup moins propre que son prédécesseur, M. de Cacault. C'est ici le cas de faire connaître ce personnage qui a joué un rôle dans l'Église et dans l'Empire. Le cardinal Fesch, gros de corps, moyen de taille, médiocre d'esprit, vain, ambitieux, emporté, mais ferme, était destiné à devenir un grand obstacle pour Napoléon. Pendant la terreur, il avait, comme beaucoup de prêtres, jeté loin de lui les insignes, et avec les insignes les obligations du sacerdoce. Devenu commissaire des guerres à l'armée d'Italie, on n'aurait pas dit, à le voir agir, que c'était un ancien ministre du culte. Mais quand Napoléon, remettant toutes choses à leur place, avait ramené les prêtres à l'autel, le cardinal Fesch avait songé à rentrer dans son premier état, et à s'y ménager le rang que sa puissante parenté lui permettait d'espérer. Napoléon n'avait voulu l'y replacer qu'à condition d'une conduite édifiante; et l'abbé Fesch avait aussitôt, avec une force de volonté rare, changé ses mœurs, caché sa vie, et donné dans un séminaire le spectacle d'une pénitence exemplaire. Pourvu de l'archevêché de Lyon, qui avait été tenu en réserve pour lui, revêtu du chapeau de cardinal, il s'était montré sur-le-champ, non l'appui de Napoléon, mais bien plutôt son antagoniste dans l'Église; et on pouvait entrevoir déjà qu'il avait la prétention d'obliger un jour le neveu auquel il devait tout, à compter avec un oncle appuyé sur la secrète malveillance du clergé.

<small>Octob 1861</small>

Napoléon s'était entretenu amèrement de cette nouvelle ingratitude de famille avec le sage Portalis, qui lui avait donné le conseil de se débarrasser de cet oncle en l'envoyant à Rome, pour y être ambassadeur. — Il aura là, disait M. Portalis, fort à faire avec l'orgueil, les préjugés de la cour romaine, et il emploiera les défauts de son caractère à vous servir, au lieu de les employer à vous nuire. — C'est pour ce motif, et non pour le faire pape un jour, comme le débitaient les inventeurs de faux bruits, que Napoléon avait accrédité le cardinal Fesch auprès de la cour de Rome. Aucun pape ne lui eût été plus désagréable, plus opposé, plus dangereux.

Tel était le personnage qui devait négocier le voyage de Pie VII à Paris.

Dès que Pie VII avait appris par le courrier extraordinaire du cardinal Caprara les désirs conçus par Napoléon, il avait été saisi, et il était demeuré long-temps agité des sentiments les plus contraires. Il avait bien compris que c'était l'occa-

<small>Effet que produit sur le Pape l'idée de venir à Paris.</small>

Octob. 1804.

Le Pape et le cardinal Consalvi livrés aux plus grandes agitations d'esprit.

sion de rendre de nouveaux services à la religion, d'obtenir pour elle plus d'une concession, jusqu'ici constamment refusée, peut-être même d'arracher la restitution des riches provinces enlevées au patrimoine de Saint-Pierre. Mais aussi que de chances à braver! que de fâcheux discours à essuyer en Europe! que de désagréments possibles, au milieu de cette capitale révolutionnaire, infectée de l'esprit des philosophes, remplie encore de leurs adhérents, et habitée par le peuple le plus railleur de la terre! Toutes ces perspectives se présentant à la fois à l'esprit du pontife, sensible et irritable, l'agitèrent à tel point que sa santé en fut notablement altérée. Son ministre, son conseiller favori, le cardinal secrétaire d'État Consalvi, devint à l'instant le confident de ses agitations[1]. Il lui communiqua ses inquiétudes, reçut communication des siennes, et tous deux se trouvèrent à peu près d'accord. Ils craignaient ce que dirait le monde de cette consécration d'un prince illégitime, d'un usurpateur, comme on appelait Napoléon, dans un certain parti; ils craignaient le mécontentement des cours, surtout celui de la cour de Vienne, qui voyait avec un mortel déplaisir s'élever un nouvel empereur d'Occident; ils craignaient, dans le parti de l'ancien régime, un déchaînement bien plus grand que celui qui avait éclaté à l'époque du Concordat, et bien plus motivé,

---

[1] Je ne suppose ici aucune intention, je n'en imagine aucune. Ce qui suit est fidèlement extrait de la correspondance secrète du cardinal Consalvi avec le cardinal Caprara, correspondance dont la France est restée en possession.

car ici l'intérêt de la religion était moins évident que
l'intérêt d'un homme. Ils craignaient qu'une fois en
France on ne demandât au Pape, à l'égard de la
religion, quelque chose d'imprévu, d'inadmissible,
qu'il aurait déjà bien de la peine à refuser à Rome,
qu'il pourrait bien moins encore refuser à Paris,
ce qui amènerait quelque brouille fâcheuse, peut-
être éclatante. Ils n'allaient pas jusqu'à redouter un
acte de violence comme la détention de Pie VI à Va-
lence; mais ils se figuraient confusément des scènes
étranges et effrayantes. Il est vrai que le cardinal
Consalvi, qui était venu à Paris pour le Concordat,
et le cardinal Caprara, qui passait sa vie dans cette
capitale, avaient sur Napoléon, sur sa courtoisie,
sur la délicatesse de ses procédés, d'autres idées que
celles qui régnaient dans cette cour de vieux prêtres, lesquels ne se représentaient jamais Paris que
comme un gouffre où dominait un géant redoutable.
Le cardinal Caprara surtout ne cessait de dire que si
l'Empereur était le plus bouillant, le plus impérieux
des hommes, il était aussi le plus généreux, le plus
aimable, quand on ne le blessait pas; que le Pape
serait charmé de le voir, qu'il en obtiendrait ce qu'il
voudrait pour la religion et pour l'Église; que c'é-
tait le moment de partir, car la guerre tendait à
quelque crise décisive; qu'il y aurait encore des
vaincus et un vainqueur, encore de nouvelles distributions de territoires, et que le Pape obtiendrait peut-
être les Légations; qu'on ne promettait rien, à la
vérité, mais que c'était au fond l'intention de Napoléon, et qu'il ne lui fallait qu'une circonstance pour

la réaliser. Ces peintures calmaient un peu l'imagination troublée du malheureux pontife; mais Paris, la capitale de cette affreuse révolution française qui avait dévoré des rois, des reines, des milliers de prêtres, était pour lui un indéfinissable objet de terreur.

Puis aussi venaient l'assaillir des appréhensions contraires. Sans doute l'Europe parlerait mal si on allait à Paris; il était possible qu'on y fût exposé à des événements inconnus et funestes; mais si on n'y allait pas, qu'arriverait-il de la religion et du Saint-Siége? Tous les États d'Italie étaient sous la main de Napoléon. Le Piémont, la Lombardie, la Toscane, Naples même, malgré la protection russe, étaient remplis de troupes françaises. Par égard pour le Saint-Siége, l'État romain seul avait été épargné. Que ne ferait pas Napoléon irrité, blessé par un refus, qui serait infailliblement connu de toute l'Europe, et qui passerait pour une condamnation de ses droits, émanée du Saint-Siége? Toutes ces idées contradictoires formaient, dans l'esprit du Pape et du secrétaire d'État Consalvi, un flux et un reflux des plus douloureux. Le cardinal Consalvi, qui avait déjà affronté le danger, et à qui Paris avait été loin de déplaire, était moins agité. Il ne songeait, lui, qu'à l'Europe, à ses jugements et au déplaisir de tous les anciens cabinets.

Cependant le Pape et le cardinal, s'attendant à recevoir de Paris des instances qui probablement ne permettraient pas de refus, voulaient avoir le Sacré-Collége pour eux. Ils n'osaient pas le consulter tout entier, car il y avait dans son sein des cardinaux liés aux cours étrangères, qui trahiraient peut-être le secret. Ils choisirent dix membres des plus influents dans la congrégation des cardinaux, et leur soumirent, sous le secret de la confession, les communications faites par le cardinal Caprara et le cardinal Fesch. Ces dix cardinaux furent malheureusement divisés, et on pouvait craindre qu'il en fût de même du Sacré-Collége. Alors le Pape et son ministre pensèrent qu'il fallait recourir à dix autres, ce qui faisait vingt. Cette consultation, demeurée secrète, donna les résultats suivants. Cinq cardinaux furent absolument opposés à la demande de Napoléon; quinze furent favorables, mais en élevant des objections, et en demandant des conditions. Sur les cinq refusants, deux seulement avaient donné pour motif de leur refus l'illégitimité du souverain qu'il s'agissait de couronner. Les cinq avaient dit que c'était consacrer et ratifier tout ce que le nouveau monarque avait souffert ou opéré de dommageable à la religion; car, s'il avait fait le Concordat, il avait fait aussi les articles organiques, et soustrait, quand il était général, les Légations au Saint-Siége; que récemment encore, en concourant aux sécularisations, il avait contribué à dépouiller l'Église allemande de ses biens; que s'il voulait être traité en Charlemagne, il devait se conduire comme cet empereur, et montrer à l'égard du Saint-Siége la même munificence.

Les quinze cardinaux disposés à consentir avec des conditions restrictives, avaient objecté l'opinion et le mécontentement des cours de l'Europe, l'inconvénient pour la dignité du Pape d'aller consacrer le nouvel Empereur à Paris, tandis que les Empereurs du Saint-Empire étaient tous venus se faire sacrer à Rome, au pied de l'autel de Saint-Pierre; le désagrément de rencontrer les évêques constitutionnels qui s'étaient incomplétement rétractés, ou qui, après leur réconciliation avec l'Église, avaient élevé de nouvelles controverses; la fausse position du Saint-Père en présence de certains hauts fonctionnaires, comme M. de Talleyrand, par exemple, qui avaient rompu les liens du sacerdoce pour nouer ceux du mariage; le danger de recevoir au sein d'une capitale ennemie des demandes inadmissibles, qu'il serait difficile de refuser sans une rupture éclatante; enfin le péril d'un tel voyage pour une santé aussi délicate que celle de Pie VII. Rappelant le blâme qu'avait encouru dans le dernier siècle le pape Pie VI, lorsqu'il avait fait le voyage de Vienne pour visiter Joseph II, et qu'il était retourné sans avoir rien obtenu de favorable à la religion, les quinze cardinaux soutenaient qu'il ne pouvait y avoir qu'une excuse aux yeux du monde chrétien pour l'acte de condescendance qu'on demandait à Pie VII, c'était d'exiger et d'obtenir certains avantages notoires, comme la révocation d'une partie des articles organiques, l'abolition des mesures prises par la République italienne à l'égard du clergé, la révocation de ce que le commissaire français faisait à Parme et Plaisance relativement à l'Église de ce pays, enfin des indemnités territoriales pour les pertes que le Saint-Siége avait souffertes, et surtout l'adoption de l'ancien cérémonial observé pour le couronnement des empereurs germaniques. Quelques-uns des quinze cardinaux ajoutaient même à titre de condition expresse, que le sacre aurait lieu, non à Paris mais en Italie, quand Napoléon visiterait ses États au delà des Alpes, et exigeaient cette condition comme indispensable à la dignité du Saint-Siége.

Octob. 1804.

Un peu rassuré par ces avis, le Pape était disposé à consentir aux désirs de Napoléon, en insistant toutefois d'une manière péremptoire sur les conditions réclamées par les quinze cardinaux consentants, et il avait fait part de cette résolution au cardinal Fesch. Mais, dans l'intervalle, était arrivé à Rome le texte du sénatus-consulte du 28 floréal, et la formule du serment de l'Empereur contenant ces mots : Je jure de respecter et faire respecter LES LOIS DU CONCORDAT... et LA LIBERTÉ DES CULTES. Les lois du Concordat semblaient comprendre les articles organiques; la liberté des cultes paraissait emporter la consécration des hérésies, et jamais la cour de Rome n'avait admis pour son compte une telle liberté. Ce serment devint tout à coup une raison de refus absolu. Cependant on consulta encore les vingt cardinaux, et cette fois cinq seulement pensèrent que le serment n'était pas un obstacle insurmontable; quinze répondirent qu'il rendait impossible au Pape de sacrer le nouveau monarque.

La connaissance du serment que doit prêter l'Empereur devient un motif péremptoire de refus.

Quoique le secret eût été bien gardé par les cardinaux, les nouvelles de Paris, quelques indiscrétions inévitables des agents du Saint-Siége, amenèrent une divulgation de la négociation, et le public, composé de prélats et de diplomates, qui entoure la cour romaine, se répandit en propos et en sarcasmes. On appelait Pie VII *le chapelain de l'Empereur des Français*, car cet Empereur, ayant besoin du ministère du Pape, ne venait pas à Rome, comme daignaient le faire autrefois les Charlemagne, les Othon, les Barberousse, les Charles-Quint; il appelait le Pape dans son palais.

Ce déchaînement, joint aux difficultés du serment, ébranla Pie VII et le cardinal Consalvi, et tous deux s'arrêtèrent à la résolution de faire une réponse en apparence favorable, en réalité négative, car elle consistait en un acquiescement chargé de conditions que l'Empereur ne pouvait pas admettre.

Le cardinal Fesch s'était hâté de répondre à la principale difficulté élevée contre le serment, et tirée de l'engagement que prenait le souverain de respecter la liberté des cultes, en disant que cet engagement était, non pas l'approbation canonique des croyances dissidentes, mais la promesse de souffrir le libre exercice de tous les cultes, et de n'en persécuter aucun, ce qui était conforme à l'esprit de l'Église et aux principes adoptés dans le siècle présent par tous les souverains. Ces explications fort sensées n'avaient, suivant le cardinal Consalvi, qu'un caractère privé, point du tout un caractère public, et ne pouvaient excuser la cour de Rome aux yeux des fidèles et aux yeux de Dieu, si elle manquait à la foi catholique.

Quoique d'un esprit peu insinuant, le cardinal

Fesch avait su pénétrer, par la crainte et les largesses, dans le secret de plus d'un personnage de la cour romaine, et connaissait assez exactement les objections et leurs auteurs. Il manda tout à Paris, pour que l'Empereur fût parfaitement instruit ; et, cependant, ne sachant pas à quel point le Pape désirait se soustraire, par des conditions inacceptables, à ce qu'on exigeait de lui, il fit espérer le succès plus qu'il n'y avait lieu de l'espérer dans le moment, ajoutant toutefois qu'il fallait pour réussir donner au Saint-Siége des promesses et des explications entièrement satisfaisantes.

Octob. 1804.

Ces communications, transmises à Paris, embarrassèrent cruellement le cardinal Caprara, car on les prit pour un consentement qui ne dépendait plus que de quelques explications à donner, et on se tint pour assuré de la venue du Pape en France. Le cardinal Caprara, qui connaissait les vraies dispositions de sa cour, et qui n'osait les dire, était tremblant et confus. L'impératrice Joséphine tenait, plus que Napoléon lui-même, au sacre qui lui semblait le pardon du ciel pour un acte d'usurpation. Aussi reçut-elle à Saint-Cloud le cardinal Caprara, en lui prodiguant les attentions les plus aimables. De son côté, Napoléon lui témoigna sa vive satisfaction, et tous deux lui dirent qu'ils considéraient la chose comme arrangée ; que le Pape serait reçu à Paris avec les honneurs dus au chef de l'Église universelle, et que la religion recueillerait de son voyage des biens infinis. Napoléon, sans tout savoir, se doutant néanmoins d'une partie des secrets désirs de la cour

Embarras du cardinal Caprara entre la cour de Rome qui veut refuser, et la cour de France qui ne semble pas douter d'une réponse favorable.

romaine, évita de se laisser aborder par le cardinal Caprara, de peur qu'il ne lui demandât des choses ou tout à fait impossibles, comme la révocation des articles organiques, ou actuellement très-difficiles, comme la restitution des Légations. Le cardinal fut donc doublement embarrassé, et des espérances trop facilement conçues à Paris, et de la difficulté d'aborder Napoléon, pour en obtenir des paroles capables de décider sa cour.

L'évêque d'Orléans, chargé de la négociation du sacre comme il l'avait été de la négociation du Concordat.

L'abbé Bernier, devenu évêque d'Orléans, l'homme dont l'esprit sage et profond avait été employé à vaincre toutes les difficultés du Concordat, fut encore très-utile en cette circonstance. On le chargea des réponses à faire à la cour de Rome. Il s'entendit, pour cet objet, avec le cardinal Caprara, et lui fit comprendre qu'après les espérances conçues par la famille impériale, après l'attente produite dans le public français, il serait impossible de reculer sans outrager Napoléon, et sans s'exposer aux plus graves conséquences. L'évêque d'Orléans rédigea une dépêche qui honorerait les plus savants, les plus habiles diplomates. Il rappela les services rendus par Napoléon à l'Église, et les titres qu'il avait à sa reconnaissance, le bien que la religion pouvait attendre encore de lui, l'effet surtout que produirait sur le peuple français la présence de Pie VII, et l'impulsion qu'elle donnerait aux idées religieuses. Il expliqua le serment et les expressions relatives à la liberté des cultes comme on devait les entendre; il offrit d'ailleurs un expédient, c'était de faire deux cérémonies : l'une civile, dans laquelle l'Empereur prêterait le serment et prendrait la couronne; l'autre religieuse, dans laquelle il ferait bénir cette couronne par le Pontife. Enfin, il déclara positivement que c'était dans l'intérêt de la religion et des affaires qui s'y rattachaient, qu'on demandait à Paris la présence du Pape. Il y avait assez d'espérances cachées sous ces paroles pour que le Saint-Père fût personnellement gagné, et eût à donner à la chrétienté un prétexte qui justifiât sa condescendance envers Napoléon.

Le cardinal Caprara joignit à cette dépêche officielle du gouvernement français des lettres particulières, dans lesquelles il peignait ce qui se passait en France, le bien qu'il y avait à accomplir, le mal qu'il y avait à réparer, et affirmait positivement qu'on ne pouvait pas refuser sans de grands périls; qu'à Rome on jugeait mal des choses, et que le Pape ne recueillerait de son voyage que des sujets de satisfaction.

Transportée une seconde fois à Rome, la négociation devait réussir. Le Pape et le cardinal Consalvi, éclairés par les lettres du légat et de l'évêque d'Orléans, comprirent l'impossibilité d'un refus, et, pressés par le cardinal Fesch, finirent par se rendre. Mais ils éprouvaient le besoin de consulter encore une fois les cardinaux, et surtout ils étaient effrayés par l'une des explications de l'évêque d'Orléans, consistant dans l'idée d'une double cérémonie. Le Pape n'en admettait qu'une, car il voulait non pas seulement jeter de l'eau bénite sur le nouvel Empereur, il voulait le couronner. Les cardinaux furent donc consultés de

Octob. 1804.

nouveau sur les explications venues de Paris. Le cardinal Fesch s'ouvrit un accès auprès d'eux, et fit entrer la crainte dans les cœurs, ce à quoi il excellait beaucoup plus qu'à séduire. La réponse fut favorable; mais on demanda une note officielle qui expliquât le serment, qui promît une seule cérémonie, et qui contînt la mention expresse des conditions auxquelles le Pape se rendrait à Paris.

Consentement du Pape et conditions mises à ce consentement.

Pie VII fit donc déclarer qu'il consentait à s'y rendre, à condition que le serment serait expliqué comme n'entraînant pas l'approbation des dogmes hérétiques, mais la simple tolérance matérielle des cultes dissidents; qu'on lui promettrait de l'écouter lorsqu'il réclamerait contre certains articles organiques, lorsqu'il réclamerait pour les intérêts de l'Église et du Saint-Siége (les Légations n'étaient pas nommées); qu'on ne laisserait arriver auprès de lui les évêques qui discutaient leur soumission au Saint-Siége, qu'après une nouvelle et plus complète soumission de leur part; qu'il ne serait pas exposé à rencontrer des personnes qui étaient dans une situation contraire aux lois de l'Église (on désignait positivement la femme du ministre des affaires étrangères); que le cérémonial observé serait celui de la cour de Rome sacrant les empereurs, ou de l'archevêque de Reims sacrant les rois de France; qu'il n'y aurait qu'une seule cérémonie, par le ministère du Pape exclusivement; qu'une députation de deux évêques français porterait à Pie VII une lettre d'invitation, dans laquelle l'Empereur dirait que, retenu par des raisons puissantes au sein de son Empire, et ayant à entretenir le Saint-Père des intérêts de la religion, il le priait de venir en France pour bénir sa couronne, et traiter des intérêts de l'Église ; qu'on n'adresserait au Pape aucune espèce de demande, qu'on ne gênerait en rien son retour en Italie. Le cabinet pontifical exprimait enfin le désir que le sacre fût remis au 25 décembre, jour où Charlemagne avait été proclamé empereur, car le Pape, cruellement agité, avait besoin d'aller passer quelque temps à Castel-Gandolpho, pour prendre un peu de repos, et ne pouvait d'ailleurs quitter Rome sans mettre ordre à beaucoup d'affaires du gouvernement romain.

Octob. 1804.

Ces conditions n'avaient rien que de très-acceptable, car si on promettait d'écouter les réclamations du Pape sur certains articles organiques, on ne promettait pas d'y faire droit, dans le cas où elles seraient contraires aux principes de l'Église française. Le cardinal Fesch avait même loyalement déclaré qu'on ne modifierait jamais celui des articles organiques qui blessait le plus la cour de Rome, et qui exigeait le consentement de l'autorité civile pour l'introduction en France des bulles pontificales. On pouvait encore, sans aucun scrupule, promettre une seule cérémonie, l'observation du cérémonial romain ou français ; une espérance d'amélioration quant à l'état territorial du Saint-Siége, car Napoléon y songeait souvent ; l'envoi d'une députation pour inviter solennellement le Pape à se rendre à Paris ; l'allégation des intérêts de l'Église pour motiver son voyage ; la répression des quatre évêques qui étaient revenus sur leur récon-

Les conditions du Pape acceptées en les expliquant.

ciliation, et troublaient l'Église d'une manière fâcheuse. On pouvait enfin s'engager à ne rien demander d'inconvenant à Pie VII, et à lui laisser sa liberté, car jamais pensée contraire n'était venue dans l'esprit de Napoléon et de son gouvernement. Il fallait, en effet, l'imagination de ces vieillards tremblants et affaiblis, pour supposer que la liberté du Pape avait quelque chose à craindre en France.

Octob. 1804

Quelques exigences déplacées du cardinal Fesch.

Le cardinal Fesch, une fois le consentement obtenu, déclara que l'Empereur se chargerait de tous les frais du voyage, ce qui pour un gouvernement ruiné était une grande difficulté de moins. Il fit connaître en outre les détails de l'accueil magnifique réservé au Saint-Père. Malheureusement il le tracassa par des exigences accessoires, tout à fait déplacées. Il voulait que douze cardinaux, plus le secrétaire d'État Consalvi, accompagnassent le Pape; il voulait, contre l'usage établi, qui classe les cardinaux par rang d'ancienneté, avoir la première place dans la voiture pontificale, en qualité d'ambassadeur, de grand-aumônier, et d'oncle de l'Empereur. Tout cela était inutile, et causait à des hommes timides et formalistes autant de douleur que les difficultés les plus sérieuses.

Le Pape ne veut pas amener à Paris le cardinal Consalvi.

Pie VII céda sur quelques points, mais fut inflexible sur le nombre des cardinaux et sur le déplacement du secrétaire d'État Consalvi. Dans leurs vagues terreurs, Pie VII et Consalvi avaient imaginé de pourvoir à tous les dangers de l'Église par une singulière précaution. Le Saint-Père, qui se croyait plus malade qu'il n'était, et qui prenait l'agitation nerveuse dont il se trouvait atteint pour un mal dangereux, pensait qu'il pourrait bien mourir en route. Il pensait aussi que peut-être on voudrait abuser de lui. Pour ce second cas, il avait rédigé et signé son abdication, et l'avait déposée dans les mains du cardinal Consalvi, afin qu'il fût en mesure de déclarer la papauté vacante. De plus, s'il mourait ou abdiquait, il était nécessaire de convoquer le Sacré-Collège, afin de remplir la chaire de saint Pierre. Il fallait donc laisser à Rome le plus de cardinaux possible, et, parmi eux, l'homme que son habileté rendait le plus capable de diriger l'Église dans ces circonstances graves, c'est-à-dire le cardinal Consalvi lui-même. Une dernière considération décidait le Pape à en agir ainsi. Il n'avait pu éviter une explication avec la cour d'Autriche, pour lui faire agréer son voyage à Paris. L'Autriche, appréciant sa situation, avait reconnu la nécessité où il était de faire ce voyage; mais elle avait demandé une garantie, c'est qu'il promît de ne pas traiter à Paris des arrangements de l'Église germanique, lesquels devaient être la conséquence du recès de 1803. C'était surtout à cause de ce motif qu'elle redoutait le séjour du Pape en France. Pie VII avait promis solennellement de ne traiter avec Napoléon d'aucune question étrangère à l'Église française. Mais pour qu'on ajoutât foi à sa promesse, il fallait qu'il n'amenât pas avec lui le cardinal Consalvi, l'homme par lequel passaient toutes les grandes affaires de la cour romaine.

Octob. 1804.

Motifs de cette détermination.

Octob. 1804.

Par ces motifs Pie VII refusa d'amener plus de six cardinaux avec lui, et persista dans sa résolution de laisser à Rome le secrétaire d'État Consalvi. Il consentit à un arrangement quant aux prétentions personnelles du cardinal Fesch. Celui-ci dut occuper la première place dès qu'on serait arrivé en France.

Le Pape, avant de quitter Rome, se retire à Castel-Gandolpho pour y prendre quelque repos.

Ces choses convenues, le Pape se rendit à Castel-Gandolpho, où l'air pur, le calme qui suit une résolution prise, les nouvelles chaque jour plus satisfaisantes de l'accueil qu'on lui préparait à Paris, rétablirent sa santé fort ébranlée.

Lettre d'invitation adressée par l'Empereur au Pape.

Napoléon regardait ce qu'il venait d'obtenir comme une grande victoire, qui mettait le dernier sceau à ses droits, et qui ne lui laissait plus rien à désirer en fait de légitimité. Toutefois, il ne voulait pas perdre son caractère propre au milieu de ces pompes extérieures; il ne voulait rien faire, rien promettre de contraire à sa dignité et aux principes de son gouvernement. Le cardinal Fesch lui ayant dit qu'il suffirait de députer auprès du Pape un général jouissant d'une haute considération, il envoya le général Caffarelli pour porter son invitation, et il rédigea cette invitation dans des termes respectueux, même caressants, mais sans trop donner à entendre qu'il appelait le Pape auprès de lui pour autres affaires que son sacre. La lettre, écrite avec une dignité parfaite, était ainsi conçue :

Le général Caffarelli chargé de porter la lettre de l'Empereur.

« Très-Saint-Père,

» L'heureux effet qu'éprouvent la morale et le
» caractère de mon peuple par le rétablissement de

» la religion chrétienne, me porte à prier Votre Sain-
» teté de me donner une nouvelle preuve de l'intérêt
» qu'elle prend à ma destinée, et à celle de cette
» grande nation, dans une des circonstances les plus
» importantes qu'offrent les annales du monde. Je la
» prie de venir donner, au plus éminent degré, le
» caractère de la religion à la cérémonie du sacre et
» du couronnement du premier Empereur des Fran-
» çais. Cette cérémonie acquerra un nouveau lustre
» lorsqu'elle sera faite par Votre Sainteté elle-même.
» Elle attirera sur nous et sur nos peuples la béné-
» diction de Dieu, dont les décrets règlent à sa vo-
» lonté le sort des empires et des familles.

» Votre Sainteté connaît les sentiments affectueux
» que je lui porte depuis long-temps, et par là elle
» doit juger du plaisir que m'offrira cette circonstance
» de lui en donner de nouvelles preuves.

» Sur ce, nous prions Dieu qu'il vous conserve,
» Très-Saint-Père, longues années au régime et gou-
» vernement de notre mère la sainte Église.

» Votre dévot fils,

» NAPOLÉON. »

A cette lettre étaient jointes de vives instances pour que le Pape, au lieu d'arriver le 25 décembre, arrivât dans les derniers jours de novembre. Napoléon ne disait pas le vrai motif qui le portait à désirer que la cérémonie eût lieu plus tôt ; ce motif n'était autre que son projet de descente en Angleterre, préparé pour décembre. Il en alléguait un, vrai aussi, mais moins grave, c'était l'inconvénient de laisser trop long-temps à Paris toutes les autorités civiles et militaires, déjà convoquées.

Le général Caffarelli, parti en toute hâte, fut rendu à Rome dans la nuit du 28 au 29 septembre. Le cardinal Fesch le présenta au Saint-Père, qui lui fit un accueil tout paternel. Pie VII reçut la lettre des mains du général, et différa de la lire jusqu'après l'audience. Mais, lorsqu'il en eut pris connaissance, et qu'il n'y trouva pas l'allégation des affaires religieuses comme motif de venir en France, il fut saisi d'une profonde douleur, et tomba dans une agitation nerveuse, qui excita les plus vives inquiétudes. Au fond, ce qui touchait ce respectable Pontife, comme tous les princes d'une âme élevée, c'était son honneur, la dignité de sa couronne. Il les croyait compromis, si l'intérêt des affaires religieuses n'était allégué pour expliquer son déplacement. Le titre de *chapelain de Napoléon*, que lui donnaient ses ennemis, le blessait profondément. Il fit rappeler le cardinal Fesch : *C'est du poison*, lui dit-il, que vous m'avez apporté. Il ajouta qu'il ne répondrait pas à une telle lettre; qu'il n'irait point à Paris, car on lui avait manqué de parole. Le cardinal Fesch essaya de calmer le Pontife irrité, et pensa qu'une nouvelle consultation des cardinaux pourrait arranger cette dernière difficulté. Tous commençaient à sentir l'impossibilité de reculer, et, moyennant une dernière note explicative, signée du cardinal ambassadeur, la difficulté fut aplanie. Il fut décidé que le Pape, à cause de la Toussaint, partirait le 2 novembre, et arriverait le 27 à Fontainebleau.

Pendant que cela se passait à Rome, l'Empereur Napoléon avait tout disposé à Paris, pour donner à cette cérémonie un éclat prodigieux. Il y avait invité les princes de Bade, le prince archichancelier de l'Empire germanique, et de nombreuses députations choisies dans l'administration, dans la magistrature et dans l'armée. Il avait laissé le soin à l'évêque Bernier, ainsi qu'à l'archichancelier Cambacérès, d'examiner le cérémonial usité pour le sacre des empereurs et des rois, et de lui proposer les modifications que les mœurs du siècle, l'esprit du temps, les préventions même de la France contre l'autorité romaine, commandaient d'y apporter. Il leur avait prescrit le plus grand secret, pour que ces questions ne devinssent pas le sujet de propos fâcheux, et se réservait de décider lui-même celles qui seraient douteuses. Les deux rites romain et français contenaient des manières de procéder également difficiles à faire supporter aux esprits. D'après l'un et l'autre cérémonial, le monarque arrivait sans les insignes de la suprême puissance, tels que le sceptre, l'épée, la couronne, et ne les recevait que de la main du Pontife. De plus on lui posait la couronne sur la tête. Par le rite français les pairs, par le rite romain les évêques, tenaient la couronne suspendue sur la tête du monarque à genoux, et le Pontife, la saisissant, la faisait descendre sur son front. MM. Bernier et Cambacérès, après avoir supprimé certains détails trop en contradiction avec le temps présent, étaient d'avis de conserver cette dernière partie de la cérémonie, en substituant

Octob. 1804.

Questions relatives au cérémonial.

aux pairs du rite français, aux évêques du rite romain, les six grands dignitaires de l'Empire, et en laissant le Pape poser la couronne, suivant la coutume anciennement admise. Napoléon, se fondant sur l'esprit de la nation et de l'armée, soutint qu'il ne pouvait ainsi recevoir la couronne du Pontife; que la nation et l'armée, desquelles il la tenait, seraient blessées de voir un cérémonial sans conformité avec la réalité des choses, et l'indépendance du trône. Il fut inflexible à cet égard, disant qu'il connaissait mieux que personne les vrais sentiments de la France, portée sans doute aux idées religieuses, mais, sous ce rapport même, toujours prête à blâmer ceux qui dépassaient certaines limites. Il voulut donc arriver à la basilique avec ses insignes impériaux, c'est-à-dire en Empereur, et seulement les donner à bénir au Pape. Il consentait à être béni, consacré, mais non pas à être couronné. L'archichancelier Cambacérès, avouant ce qu'il y avait de vrai dans l'opinion de Napoléon, signala le danger non moins grand de blesser un Pontife, déjà fort chagriné, et de priver la cérémonie d'une conformité précieuse avec les vieilles formes en usage depuis Pépin et Charlemagne. MM. Cambacérès et Bernier, tous deux intimement liés avec le légat, furent chargés de lui faire agréer les volontés de l'Empereur. Le cardinal Caprara, sachant combien les formes étaient une affaire grave pour sa cour, pensa qu'il ne fallait rien décider sans l'avis du Pape, mais qu'il ne fallait rien mander non plus au Saint-Siége, de peur de susciter des difficultés nouvelles. Convaincu que le Pape, une fois arrivé, serait en même temps rassuré et charmé par l'accueil qui lui était destiné en France, le cardinal crut que tout s'arrangerait plus facilement à Paris sous l'influence d'une satisfaction inattendue, qu'à Rome sous l'influence des plus vagues terreurs.

Ces difficultés vaincues, il en restait d'autres qui prenaient naissance dans le sein de la famille impériale. Il s'agissait de fixer le rôle de la femme, des frères, des sœurs de l'Empereur, dans cette cérémonie du sacre. Il fallait d'abord savoir si Joséphine serait couronnée et sacrée comme Napoléon lui-même. Elle le désirait ardemment, car c'était un nouveau lien avec son époux, une nouvelle garantie contre une répudiation future, qui était le souci constant de sa vie. Napoléon hésitait entre sa tendresse pour elle et les secrets pressentiments de sa politique, lorsqu'une scène de famille faillit amener sur-le-champ la perte de l'infortunée Joséphine. Tout le monde s'agitait autour du nouveau monarque, frères, sœurs, alliés. Chacun voulait, dans cette solennité qui semblait devoir les consacrer tous, un rôle conforme à ses prétentions actuelles et à ses espérances futures. A l'aspect de cette agitation et témoin des instances dont Napoléon était l'objet, surtout de la part de l'une de ses sœurs, Joséphine troublée, dévorée de jalousie, laissa voir des soupçons outrageants pour cette sœur, et pour Napoléon lui-même, soupçons conformes aux atroces calomnies des émigrés. Napoléon fut saisi tout à coup d'une véhémente colère, et, trouvant dans cette colère

Octob. 1804

Difficultés intérieures naissant des prétentions de la famille impériale.

Octob. 1804.

une force contre son affection, il dit à Joséphine qu'il allait se séparer d'elle[1]; que d'ailleurs il le faudrait plus tard, et que mieux valait s'y résigner sur-le-champ, avant d'avoir contracté des liens plus étroits. Il appela ses deux enfants adoptifs, leur fit part de sa résolution, et les jeta, par cette nouvelle, dans la plus profonde douleur. Hortense et Eugène de Beauharnais déclarèrent, avec une résolution calme et triste, qu'ils suivraient leur mère dans la retraite à laquelle on voulait la condamner. Joséphine, bien conseillée, montra une douleur résignée et soumise. Le contraste de son chagrin avec la satisfaction qui éclatait dans le reste de la famille impériale, déchira le cœur de Napoléon, et il ne put se décider à voir exilée et malheureuse, cette femme, compagne de sa jeunesse, exilés et malheureux avec elle, ces enfants devenus l'objet de sa tendresse paternelle. Il saisit Joséphine dans ses bras, lui dit, dans son effusion, qu'il n'aurait jamais la force de se séparer d'elle, bien que sa politique le commandât peut-être; et puis il lui promit qu'elle serait couronnée avec lui, et recevrait à ses côtés, de la main du Pape, la consécration divine.

Joséphine, toujours mobile, passa de la terreur au contentement le plus vif, et se livra aux apprêts de cette cérémonie avec une joie puérile.

Rôle assigné aux princes et princesses de la famille impériale dans la cérémonie du sacre.

Napoléon, dans sa secrète pensée de relever un jour l'empire d'Occident, voulait des rois vassaux

[1] Je rapporte ici le récit fidèle d'une personne respectable, témoin oculaire, attachée à la famille impériale, et qui a consacré ce souvenir dans ses mémoires manuscrits.

autour de son trône. Dans le moment, il faisait de ses deux frères, Joseph et Louis, de grands dignitaires de l'Empire; bientôt il songeait à en faire des rois, et déjà même il préparait un trône en Lombardie pour Joseph. Son intention était qu'en devenant rois, ils restassent grands dignitaires de son Empire. Ils devaient être ainsi dans l'empire français d'Occident ce qu'étaient dans l'empire germanique les princes de Saxe, de Brandebourg, de Bohême, de Bavière, de Hanovre, etc. Il fallait que la cérémonie du sacre répondît à un tel projet, et fût l'image emblématique de la réalité qu'il préparait. Il n'admettait pas que des évêques ou des pairs tinssent la couronne suspendue sur sa tête, et même que le premier des évêques, celui de Rome, l'y posât. Par des raisons pareilles il voulut que ses deux frères, destinés à être rois vassaux du grand Empire, prissent à côté de lui une position qui signifiât clairement cette vassalité future. Il exigea donc que, lorsque, vêtu du manteau impérial, il aurait à se transporter dans le sein de la basilique, du trône à l'autel, de l'autel au trône, ses frères soutinssent les pans de son manteau. Il l'exigea non-seulement pour lui, mais pour l'Impératrice. C'étaient les princesses ses sœurs qui devaient remplir auprès de Joséphine l'office que ses frères devaient remplir auprès de lui. Il lui fallut une expression énergique de sa volonté pour l'obtenir. Quoique sa bonté lui rendît pénibles les scènes de famille, il devenait absolu, quand ses résolutions touchaient aux desseins de sa politique.

On était en novembre; tout était prêt à Notre-

Nov. 1804.

Dame. Les députations étaient arrivées ; les tribunaux chômaient ; soixante évêques ou archevêques, suivis de leur clergé, avaient abandonné le soin des autels. Les généraux, les amiraux, les officiers les plus distingués de terre et de mer, les maréchaux Davout, Ney, Soult, les amiraux Bruix, Ganteaume, au lieu d'être à Boulogne ou à Brest, se trouvaient à Paris. Napoléon en était contrarié ; car les pompes, bien qu'il les aimât, passaient pour lui bien après les affaires. Une multitude de curieux, accourus de toutes les parties de l'Europe et de la France, encombraient la capitale, et attendaient avec impatience le spectacle extraordinaire qui les avait attirés. Napoléon, à qui le concours dont il était l'objet continuel ne déplaisait pas, Napoléon cependant était pressé de faire cesser un état de choses qui sortait de cet ordre régulier qu'il aimait à voir régner dans son Empire. Il envoyait officiers sur officiers afin de remettre au Pape des lettres remplies d'une tendresse filiale, mais remplies aussi de vives instances pour qu'il voulût bien hâter sa marche. De retards en retards on avait fixé la cérémonie au 2 décembre.

Départ du Pape et son voyage à travers l'Italie et la France.

Le Pape s'était enfin décidé à quitter Rome. Après avoir confié tous ses pouvoirs au cardinal Consalvi, et l'avoir comblé de ses embrassements, il s'était rendu, le 2 novembre au matin, à l'autel de Saint-Pierre, et y avait passé beaucoup de temps à genoux, entouré des cardinaux, des grands de Rome et du peuple. Il avait fait à cet autel une prière fervente, comme s'il allait affronter de grands périls, puis il était monté en voiture et avait pris la route de Viterbe. Le peuple du Transtevere, si fidèle à ses pontifes, avait long-temps accompagné sa voiture en pleurant. Il était passé, le temps où cette cour romaine était la plus éclairée de l'Europe! Maintenant les vieillards du Sacré-Collège, connaissant à peine le siècle où ils vivaient, blâmant même, faute de la comprendre, la sage condescendance de Pie VII, en étaient à croire les fables les plus absurdes. Il y en avait qui regardaient comme vraisemblable le bruit d'un guet-apens préparé en France, pour constituer le Saint-Père prisonnier, et lui prendre ses États : comme si Napoléon avait besoin d'un tel moyen pour être maître de Rome! comme s'il désirait autre chose, dans le moment, qu'une bénédiction pontificale, qui rendît le caractère de son pouvoir respectable aux yeux des hommes!

Pie VII en partant avait voulu, malgré sa pauvreté, apporter quelques présents, dignes de l'hôte chez lequel il allait résider. Avec sa délicatesse de tact accoutumée, il avait choisi, pour les offrir à Napoléon, deux camées antiques, aussi remarquables par leur beauté que par leur signification. L'un représentait Achille, l'autre la continence de Scipion. Il destinait à Joséphine des vases antiques aussi, et d'un travail admirable. Sur le conseil de M. de Talleyrand, il apportait pour les dames de la cour une profusion de chapelets.

Il partit donc, traversa l'État romain et la Toscane, au milieu des peuples d'Italie agenouillés sur son passage. A Florence, il fut reçu par la reine d'Étrurie, devenue veuve, et actuellement régente, pour son fils, du nouveau royaume créé par Napoléon. Cette princesse, pieuse comme une princesse espagnole, accueillit le Pape avec des démonstrations de dévotion et de respect qui le charmèrent. Il commença dès lors à se remettre un peu de ses profondes inquiétudes. Il voulut éviter les Légations, afin de ne pas consacrer par sa présence l'attribution qui en avait été faite à un autre État que l'État romain. On le fit passer par Plaisance, Parme et Turin. Il n'était pas encore en France, mais les autorités et les troupes françaises l'entouraient. Il vit le vieux Menou, les officiers de l'armée d'Italie, inclinés avec respect devant lui, et fut touché de l'expression respectueuse de ces mâles visages. Le cardinal Cambacérès, un chambellan du palais, M. de Salmatoris, envoyés en avant, se présentèrent aux frontières du Piémont, qui étaient celles de l'Empire, et lui remirent une lettre de Napoléon pleine de l'expression de sa reconnaissance, et des vœux qu'il faisait pour le prompt et heureux voyage du Pontife. D'heure en heure rassuré davantage, Pie VII en venait à ne plus tant redouter les conséquences de sa résolution. Il passa les Alpes. Des précautions extraordinaires avaient été prises pour y rendre sûr et facile son trajet, et celui des vieux cardinaux qui l'accompagnaient. Des officiers du palais impérial pourvoyaient à tout avec une magnificence et un empressement infinis. Enfin il arriva à Lyon. Là ses terreurs furent changées en un véritable ravissement. Des flots de population étaient accourus de la Provence, du Dauphiné, de la Franche-Comté, de la Bourgogne, pour voir le représentant de Dieu sur la terre. Les peuples ont tous dans le cœur un sentiment confus, mais profond, de la Divinité. Peu importe la forme sous laquelle on la présente à leur adoration, pourvu que cette forme soit très-anciennement admise, et qu'au-dessus d'eux on leur donne l'exemple de la respecter. Si on ajoute à la force naturelle de ce sentiment la puissance extraordinaire des réactions, la vivacité avec laquelle la multitude revient aux choses anciennes qu'elle a momentanément abandonnées, on concevra l'empressement que le peuple des villes et des campagnes mettait en France à accourir au-devant du Saint-Père. En voyant à genoux cette nation qu'on lui avait dépeinte comme toujours en révolte contre les autorités de la terre et du ciel, cette nation qui avait renversé des trônes, tenu un pontife en captivité, Pie VII fut saisi, rassuré, et reconnut que son vieux conseiller Caprara disait vrai lorsqu'il lui affirmait que ce voyage ferait un grand bien à la religion, et lui procurerait à lui-même des satisfactions infinies. Une lettre de l'Empereur vint le chercher encore à Lyon, lui porter de nouveaux remercîments, de nouveaux vœux pour sa prompte arrivée. Ce pontife débile, d'une sensibilité maladive, ne sentant plus sa fatigue depuis qu'il se voyait reçu de la sorte, offrit lui-même d'accélérer son voyage de deux jours, ce qui fut accepté. Il quitta Lyon au milieu des mêmes hommages, traversa

Nov. 1804

Moulins, Nevers, rencontrant partout sur les routes la multitude émue, et demandant les bénédictions du chef de l'Église.

C'est à Fontainebleau que Pie VII devait s'arrêter. Napoléon avait ainsi réglé les choses, afin d'avoir l'occasion de venir à la rencontre du Saint-Père, et de lui ménager deux ou trois jours de repos dans cette belle retraite. Il avait ordonné, pour ce jour-là 25 novembre, une chasse qui devait se diriger vers la route que suivait le Saint Père. A l'heure où il savait que le cortége pontifical parviendrait à la croix de Saint-Herem, il dirigea son cheval de ce côté, pour y rencontrer le Pape, qui arriva presque aussitôt. Il se présenta sur-le-champ à lui, et l'embrassa. Pie VII, touché de cet empressement, regardait avec émotion, avec curiosité, cet autre Charlemagne, auquel il pensait sans cesse depuis quelques années, comme à l'instrument de Dieu sur la terre. On était au milieu du jour. Les deux souverains montèrent en voiture pour se rendre au château de Fontainebleau, Napoléon laissant la droite au chef de l'Église. Sur le seuil du palais, l'Impératrice, les grands de l'Empire, les chefs de l'armée étaient rangés en cercle pour recevoir Pie VII et lui rendre hommage. Celui-ci, quoique habitué aux pompes romaines, n'avait rien vu de si magnifique. Il fut conduit, entouré de ce cortége, à l'appartement qui lui était destiné. Après quelques heures de repos, suivant les règles de l'étiquette entre souverains, il fit visite à l'Empereur et à l'Impératrice, qui lui rendirent immédiatement cette visite. Chaque fois plus

LE SACRE.

rassuré, plus entraîné par le langage séduisant de l'hôte qui s'était promis non pas de l'intimider, mais de lui plaire, il conçut une affection qu'à la fin de sa vie, après de nombreuses et terribles vicissitudes, il ressentait encore pour le héros malheureux. Les grands de l'Empire lui furent successivement présentés. Il les reçut avec une cordialité parfaite, et cette grâce des vieillards, qui a bien aussi son charme puissant. La figure douce et digne, le regard pénétrant de Pie VII, touchaient tous les cœurs, et il était touché lui-même de l'effet qu'il produisait. On ne l'avait entretenu d'aucune des difficultés qui restaient encore à régler. On avait ménagé sa sensibilité, sa fatigue. Il était tout entier à l'émotion, à la joie d'un accueil, qui lui semblait le triomphe même de la Religion.

Nov. 1804.

Le moment était venu de partir pour Paris, et d'entrer enfin dans cette redoutable cité, où depuis un siècle fermentait l'esprit humain, où depuis quelques années se réglaient les destinées du monde. Le 28 novembre, après trois jours de repos, l'Empereur et le Pape montèrent dans une même voiture afin de se rendre à Paris, celui-ci occupant toujours la droite. Le Pape fut logé au pavillon de Flore, qui avait été disposé pour le recevoir. On lui donna la journée du 29 pour se remettre entièrement, et le 30 on lui présenta le Sénat, le Corps Législatif, le Tribunat, le Conseil d'État. Les présidents de ces quatre corps lui adressèrent des discours dans lesquels ses vertus, sa sagesse, sa noble condescendance envers la France, étaient célébrées en termes

Entrée du Pape à Paris.

brillants et dignes. Cependant, au milieu de ces harangues, fugitives comme la sensation qui les inspire, il faut remarquer celle de M. de Fontanes, grave et durable comme les vérités dont elle était pleine.

« TRÈS-SAINT-PÈRE,

» Quand le vainqueur de Marengo conçut, au mi-
» lieu du champ de bataille, le dessein de rétablir
» l'unité religieuse, et de rendre aux Français leur
» culte antique, il préserva d'une ruine entière les
» principes de la civilisation. Cette grande pensée,
» survenue dans un jour de victoire, enfanta le Con-
» cordat; et le Corps Législatif, dont j'ai l'honneur
» d'être l'organe auprès de Votre Sainteté, convertit
» le Concordat en loi nationale.

» Jour mémorable, également cher à la sagesse
» de l'homme d'État et à la foi du chrétien! C'est
» alors que la France, abjurant de trop graves er-
» reurs, donna les plus utiles leçons au genre hu-
» main. Elle sembla reconnaître devant lui, que toutes
» les pensées irréligieuses sont des pensées impoliti-
» ques, et que tout attentat contre le christianisme
» est un attentat contre la société.

» Le retour de l'ancien culte prépara bientôt celui
» d'un gouvernement plus naturel aux grands États,
» et plus conforme aux habitudes de la France. Tout
» le système social, ébranlé par les opinions incon-
» stantes de l'homme, s'appuya de nouveau sur une
» doctrine immuable comme Dieu même. C'est la
» Religion qui policait autrefois les sociétés sau-

» vages ; mais il était plus difficile aujourd'hui de
» réparer leurs ruines que de fonder leur berceau.

» Nous devons ce bienfait à un double prodige.
» La France a vu naître un de ces hommes extraor-
» dinaires, envoyés de loin en loin au secours des
» empires qui sont prêts à tomber ; tandis que Rome,
» en même temps, a vu briller sur le trône de saint
» Pierre toutes les vertus apostoliques du premier
» âge. Leur douce autorité se fait sentir à tous les
» cœurs. Des hommages universels doivent suivre
» un Pontife aussi sage que pieux, qui sait à la fois
» tout ce qu'il faut laisser au cours des affaires hu-
» maines, et tout ce qu'exigent les intérêts de la
» religion.

» Cette religion auguste vient consacrer avec lui
» les nouvelles destinées de l'Empire français, et
» prend le même appareil qu'au siècle des Clovis et
» des Pépins.

» Tout a changé autour d'elle ; seule elle n'a pas
» changé.

» Elle voit finir les familles des rois comme celles
» des sujets ; mais, sur les débris des trônes qui
» s'écroulent, et sur les degrés des trônes qui s'élè-
» vent, elle admire toujours la manifestation suc-
» cessive des desseins éternels, et leur obéit avec
» confiance.

» Jamais l'univers n'eut un plus imposant specta-
» cle, jamais les peuples n'ont reçu de plus grandes
» instructions.

» Ce n'est plus le temps où l'empire et le sacer-
» doce étaient rivaux. Tous les deux se donnent la

» main pour repousser les doctrines funestes, qui ont
» menacé l'Europe d'une subversion totale. Puis-
» sent-elles céder pour jamais à la double influence
» de la religion et de la politique réunies. Ce vœu
» sans doute ne sera point trompé; jamais en France
» la politique n'eut tant de génie, et jamais le trône
» pontifical n'offrit au monde chrétien un modèle
» plus respectable et plus touchant. »

Le Pape se montra vivement ému de ce noble langage, le plus beau qu'on eût parlé depuis le siècle de Louis XIV. Le peuple de Paris, accouru sous ses fenêtres, demandait qu'il se montrât. Déjà le renom de sa douceur, de sa noble figure, était répandu dans la capitale. Pie VII parut plusieurs fois au balcon des Tuileries, toujours accompagné de Napoléon, fut salué de vives acclamations, et vit le peuple de Paris, le peuple qui avait fait le 10 août et adoré la déesse Raison, à genoux, attendant sa bénédiction pontificale. Singulière inconstance des hommes et des nations, qui prouve qu'il faut s'attacher aux grandes vérités sur lesquelles repose la société humaine, et s'y fixer; car il n'y a ni dignité ni repos dans ces caprices d'un jour, qu'on embrasse, qu'on quitte avec une précipitation déshonorante.

Les sombres appréhensions qui avaient rendu si amère la résolution du Pape, étaient dissipées. Pie VII se voyait auprès d'un prince plein d'égards et de soins, joignant la grâce au génie, et au milieu d'une grande nation, ramenée aux vieilles traditions du christianisme, par l'exemple d'un chef glorieux. Il était charmé d'être venu ajouter par sa présence à la force de cette impulsion. Il y avait encore quelques peines à lui causer, soit touchant le cérémonial, soit au sujet des évêques constitutionnels, qui après leur réconciliation avec l'Église s'étaient mis à dogmatiser sur le sens de cette réconciliation. Ils étaient quatre, MM. Lecoz, archevêque de Besançon, Lacombe, évêque d'Angoulême, Saurine, évêque de Strasbourg, et Remond, évêque de Dijon. M. Portalis les avait appelés auprès de lui, et, par ordre de l'Empereur, leur avait enjoint, s'ils avaient le désir d'être présentés au Pape, d'écrire une lettre de réconciliation, minutée d'accord avec l'évêque Bernier et les cardinaux qui composaient le cortége pontifical. Au dernier moment, ils voulurent changer encore un mot à cette lettre, ce dont le Pape s'aperçut, fit la remarque, s'en remettant à l'Empereur du soin de terminer ces tristes disputes. Du reste, il montra un visage également doux et paternel à tous les membres du clergé français. Restaient les questions du cérémonial. Le Pape avait admis les principales modifications, fondées sur l'état des mœurs; mais la question du couronnement l'affectait singulièrement. Il tenait à conserver le droit de ses prédécesseurs de poser la couronne sur le front de l'Empereur. Napoléon ordonna de ne pas insister, et dit qu'il se chargeait de tout arranger sur les lieux mêmes.

On touchait à la veille de cette grande solennité, c'est-à-dire au 1er décembre. Joséphine, qui avait plu au Saint-Père par une espèce de dévotion toute semblable à celle des femmes italiennes, Jo-

Déc. 1804.
veille même du sacre.

séphine avait pénétré auprès de lui, pour faire un aveu dont elle espérait tirer grand parti. Elle lui avait déclaré qu'elle n'était mariée que civilement à Napoléon, car, à l'époque de son mariage, les cérémonies religieuses étaient interdites. C'était sur le trône même un étrange témoignage des mœurs du temps. Napoléon avait fait cesser cet état pour sa sœur, la princesse Murat, en priant le cardinal Caprara de lui donner la bénédiction nuptiale; il n'avait pas voulu le faire cesser pour lui-même. Le Pape, scandalisé d'une situation qui, aux yeux de l'Église, était un concubinage, demanda sur-le-champ à entretenir Napoléon, et déclara dans cet entretien qu'il pouvait bien le sacrer lui, car l'état de conscience des empereurs n'avait jamais été recherché par l'Église, quand il s'agissait de les couronner, mais qu'il ne pouvait, en couronnant Joséphine, donner la consécration divine à un état de concubinage. Napoléon, irrité contre Joséphine de cette indiscrétion intéressée, craignant de violenter le Pape, qu'il savait invincible sur les affaires de foi, ne voulant pas d'ailleurs changer une cérémonie dont le programme était déjà publié, consentit à recevoir la bénédiction nuptiale. Joséphine, vivement réprimandée par son époux, mais charmée de ce qu'elle avait obtenu, reçut, la nuit même qui précéda le couronnement, le sacrement du mariage dans la chapelle des Tuileries. Ce fut le cardinal Fesch, ayant pour témoins M. de Talleyrand et le maréchal Berthier, qui, dans le plus profond secret, maria l'Empereur et l'Impératrice. Ce secret fut fidèlement gardé jusqu'au divorce. Le matin on apercevait encore sur les yeux rougis de Joséphine les traces des larmes que lui avaient coûté ces agitations intérieures.

Le dimanche, 2 décembre, par une journée d'hiver froide mais sereine, cette population de Paris que nous avons vue, quarante ans plus tard, accourir par un temps pareil au-devant des restes mortels de Napoléon, se précipitait pour assister au passage du cortége impérial. Le Pape partit le premier dès dix heures du matin, et bien avant l'Empereur, afin que les deux cortéges ne se fissent pas obstacle l'un à l'autre. Il était accompagné d'un clergé nombreux, vêtu des plus somptueux ornements, et escorté par des détachements de la garde impériale. Un portique richement décoré avait été construit tout autour de la place Notre-Dame, pour y recevoir à la descente de leurs voitures les souverains et les princes qui allaient se rendre à la vieille basilique. L'archevêché, orné avec un luxe digne des hôtes qu'il devait contenir, était disposé pour que le Pape et l'Empereur s'y reposassent un instant. Après une courte station, le Pape entra dans l'église, où déjà depuis plusieurs heures s'étaient réunis les députés des villes, les représentants de la magistrature et de l'armée, les soixante évêques avec leur clergé, le Sénat, le Corps Législatif, le Tribunat, le Conseil d'Etat, les princes de Nassau, de Hesse, de Baden, l'archichancelier de l'empire germanique, enfin les ministres de toutes les puissances. La grande porte de Notre-Dame avait été fermée parce qu'on y avait adossé le trône impérial. On entrait par les portes latérales, situées aux deux extrémités de la nef transversale. Quand le Pape, précédé de la croix et des insignes du successeur de saint Pierre, parut dans cette vieille basilique de saint Louis, tous les assistants se levèrent, et cinq cents musiciens entonnèrent sur un air solennel le chant consacré, Tu es Petrus. L'effet en fut subit et profond. Le Pape marchant à pas lents alla s'agenouiller d'abord à l'autel, et prendre place ensuite sur un trône préparé pour lui à droite de l'autel. Les soixante prélats de l'Église française vinrent le saluer l'un après l'autre. Il eut pour chacun d'eux, constitutionnel ou non, la même bienveillance de regard. Puis on attendit l'arrivée de la famille impériale.

L'église de Notre-Dame était décorée avec une magnificence sans égale. Des tentures de velours, semées d'abeilles d'or, descendaient de la voûte jusqu'au sol. Au pied de l'autel se trouvaient de simples fauteuils, que l'Empereur et l'Impératrice devaient occuper avant leur couronnement. Au fond de l'Église, dans l'extrémité opposée à l'autel, un trône immense, élevé sur vingt-quatre marches, placé entre des colonnes qui supportaient un fronton, espèce de monument dans un monument, était destiné à l'Empereur couronné et à son épouse. C'était l'usage dans les deux rits romain et français. Le monarque n'allait s'asseoir sur le trône qu'après avoir été couronné par le pontife.

LE SACRE.

On attendait l'Empereur, et on l'attendit longtemps. Ce fut la seule circonstance fâcheuse dans cette grande solennité. L'attitude du Pape pendant cette longue attente fut pénible. La crainte que l'ordonnateur de ces fêtes avait éprouvée d'exposer les deux cortéges à une rencontre, était cause de ce retard. L'Empereur était parti des Tuileries dans une voiture tout entourée de glaces, surmontée par des génies d'or tenant une couronne; voiture populaire en France, toujours reconnue du peuple de Paris, quand il l'a revue depuis, dans d'autres cérémonies. Il était vêtu d'un habit dessiné par le plus grand peintre du temps, et assez semblable aux costumes du seizième siècle; il portait une toque à plume et un manteau court. Il ne devait prendre le costume impérial qu'à l'archevêché même, et au moment d'entrer dans l'église. Escorté par ses maréchaux à cheval, précédé des grands dignitaires en voiture, il s'achemina lentement, le long de la rue Saint-Honoré, du quai de la Seine et de la place Notre-Dame, au milieu des acclamations d'un peuple immense, enchanté de voir son général favori, devenu empereur, comme s'il n'avait pas fait tout cela lui-même, avec ses passions mobiles, avec son héroïsme guerrier, et comme si un coup de baguette magique l'eût fait pour lui. Napoléon, arrivé devant le portique, déjà décrit, mit pied à terre, se rendit à l'archevêché, y prit la couronne, le sceptre, le manteau impérial, et se dirigea vers la basilique. A côté de lui on portait la grande couronne, en forme de tiare, modelée sur celle de Charlemagne. Dans ce premier instant il

Déc. 1804.

avait ceint la couronne des Césars, c'est-à-dire un simple laurier d'or. On admirait sa tête, belle sous ce laurier d'or, comme une médaille antique. Entré dans l'église, au son d'une musique retentissante, il s'agenouilla, et se rendit ensuite au fauteuil qu'il devait occuper avant de se mettre en possession du trône. Alors commença la cérémonie. On avait déposé sur l'autel la couronne, le sceptre, l'épée, le manteau. Le Pape fit sur le front de l'Empereur, sur ses bras, sur ses mains, les onctions d'usage, puis bénit l'épée qu'il lui ceignit, le sceptre qu'il remit en sa main, et s'approcha pour prendre la couronne. Napoléon observant ses mouvements, et comme il l'avait annoncé, terminant la difficulté sur les lieux mêmes, saisit la couronne des mains du pontife, sans brusquerie, mais avec décision, et la plaça lui-même sur sa tête. L'acte, compris de tous les assistants, produisit un effet inexprimable. Napoléon prenant ensuite la couronne de l'Impératrice, et, s'approchant de Joséphine prosternée devant lui, la posa avec une tendresse visible sur la tête de cette compagne de sa fortune, qui en ce moment fondait en larmes. Cela fait, il s'achemina vers le grand trône. Il y monta suivi de ses frères, qui soutenaient les pans du manteau impérial. Alors le Pape se rendit, suivant l'usage, au pied du trône pour bénir le nouveau souverain, et chanter ces paroles qui avaient retenti aux oreilles de Charlemagne dans la basilique de Saint-Pierre, quand le clergé romain l'avait soudainement proclamé empereur d'Occident : VIVAT IN ÆTERNUM SEMPER AUGUSTUS.

Napoléon saisit la couronne des mains du Pape et la pose sur sa tête.

A ce chant, les cris de Vive l'Empereur, mille fois répétés, se firent entendre sous les voûtes de Notre-Dame; le canon y joignit ses éclats, et apprit à tout Paris l'instant solennel où Napoléon était définitivement consacré, d'après toutes les formes convenues chez les hommes.

L'archichancelier Cambacérès lui apporta ensuite le texte du serment, un évêque lui présenta l'Evangile, et, la main sur le livre des chrétiens, il prêta ce serment qui contenait les grands principes de la Révolution française. Puis fut chantée une grand'messe pontificale, et la journée était fort avancée lorsque les deux cortéges regagnèrent les Tuileries, à travers un concours immense de peuple.

Telle fut cette auguste cérémonie, par laquelle se consommait le retour de la France aux principes monarchiques. Ce n'était pas un des moindres triomphes de notre Révolution, que de voir ce soldat sorti de son propre sein, sacré par le Pape, qui avait quitté tout exprès la capitale du monde chrétien. C'est à ce titre surtout que de pareilles pompes sont dignes d'attirer l'attention de l'histoire. Si la modération des désirs, venant s'asseoir sur ce trône avec le génie, avait ménagé à la France une liberté suffisante, et borné à propos le cours d'entreprises héroïques, cette cérémonie eût consacré pour jamais, c'est-à-dire pour quelques siècles, la nouvelle dynastie. Mais nous devions passer par d'autres voies à un état politique plus libre, et à une grandeur malheureusement trop restreinte.

Il y avait quinze ans que la Révolution avait

commencé. Monarchie pendant trois ans, république pendant douze, elle devenait maintenant monarchie militaire, fondée toutefois sur l'égalité civile, sur le concours de la nation à la loi, et sur la libre admission de tous les citoyens à ces grandeurs sociales rétablies. Ainsi avait marché en quinze ans la société française, successivement défaite et refaite, avec la promptitude ordinaire aux passions populaires.

FIN DU LIVRE VINGTIÈME.

LIVRE VINGT ET UNIÈME.

TROISIÈME COALITION.

Séjour du Pape à Paris. — Soins de Napoléon pour l'y retenir. — Les flottes n'ayant pu agir en décembre, Napoléon emploie l'hiver à organiser l'Italie. — Transformation de la République italienne en un royaume vassal de l'Empire français. — Offre de ce royaume à Joseph Bonaparte, et refus de celui-ci. — Napoléon se décide à poser la couronne de fer sur sa tête, en déclarant que les deux couronnes de France et d'Italie seront séparées à la paix. — Séance solennelle au Sénat. — Second couronnement à Milan fixé au mois de mai 1805. — Napoléon trouve dans sa présence au delà des Alpes un moyen de mieux cacher ses nouveaux projets maritimes. — Ses ressources navales se sont accrues par une soudaine déclaration de guerre de l'Angleterre à l'Espagne. — Forces navales de la Hollande, de la France, de l'Espagne. — Projet d'une grande expédition dans l'Inde. — Hésitation d'un moment entre ce projet et celui d'une expédition directe contre l'Angleterre. — Préférence définitive pour ce dernier. — Tout est préparé pour exécuter la descente dans les mois de juillet et d'août. — Les flottes de Toulon, de Cadix, du Ferrol, de Rochefort, de Brest, doivent se réunir à la Martinique, pour revenir en juillet dans la Manche, au nombre de soixante vaisseaux. — Le Pape se dispose enfin à retourner à Rome. — Ses ouvertures à Napoléon avant de le quitter. — Réponses sur les divers points traités par le Pape. — Déplaisir de celui-ci, tempéré toutefois par le succès de son voyage en France. — Départ du Pape pour Rome, et de Napoléon pour Milan. — Dispositions des cours de l'Europe. — Leur tendance à une nouvelle coalition. — État du cabinet russe. — Les jeunes amis d'Alexandre forment un grand plan de médiation européenne. — Idées dont se compose ce plan, véritable origine des traités de 1815. — M. de Nowosiltzoff chargé de les faire agréer à Londres. — Accueil qu'il reçoit de M. Pitt. — Le plan de médiation est converti par le ministre anglais en un plan de coalition contre la France. — Retour de M. de Nowosiltzoff à Pétersbourg. — Le cabinet russe signe avec lord Gower le traité qui constitue la troisième coalition. — La ratification de ce traité est soumise à une condition, l'évacuation de Malte par l'Angleterre. — Afin de conserver à cette coalition la forme préalable d'une médiation, M. de Nowosiltzoff doit se rendre à Paris pour traiter avec Napoléon. — Inutiles efforts de la Russie pour amener la Prusse à la nouvelle coalition. — Efforts plus heureux auprès de l'Autriche, qui prend des engagements éventuels. — La Russie se sert de l'intermédiaire de la Prusse, afin d'obtenir de Napoléon des passe-ports pour M. de Nowosiltzoff. — Ces passe-ports

Janv. 1805.

sont accordés. — Napoléon en Italie. — Enthousiasme des Italiens pour sa personne. — Couronnement à Milan. — Eugène de Beauharnais déclaré vice-roi. — Fêtes militaires et visites à toutes les villes. — Napoléon invinciblement entraîné à certains projets par la vue de l'Italie. — Il projette d'expulser un jour les Bourbons de Naples, et se décide immédiatement à réunir Gênes à la France. — Motifs de cette réunion. — Constitution du duché de Lucques en un fief impérial, au profit de la princesse Élisa. — Après un séjour de trois mois en Italie, Napoléon se dispose à se rendre à Boulogne, afin d'exécuter la descente. — Ganteaume à Brest n'a pu trouver un seul jour pour mettre à la voile. — Villeneuve et Gravina, sortis heureusement de Toulon et de Cadix, sont chargés de venir débloquer Ganteaume, pour se rendre tous ensemble dans la Manche. — Séjour de Napoléon à Gênes. — Son brusque départ pour Fontainebleau. — Tandis que Napoléon prépare la descente en Angleterre, toutes les puissances du continent préparent une guerre formidable contre la France. — La Russie, embarrassée par le refus de l'Angleterre d'abandonner Malte, trouve dans la réunion de Gênes un prétexte pour passer outre, et l'Autriche une raison pour se décider sur-le-champ. — Traité de subside. — Armements immédiats obstinément niés à Napoléon. — Celui-ci s'en aperçoit, et demande des explications, en commençant quelques préparatifs vers l'Italie et sur le Rhin. — Persuadé plus que jamais qu'il faut aller couper à Londres le nœud de toutes les coalitions, il part pour Boulogne. — Sa résolution de s'embarquer, et son impatience en attendant la flotte française. — Mouvement des escadres. — Longue et heureuse navigation de Villeneuve et de Gravina jusqu'à la Martinique. — Premières atteintes de découragement chez l'amiral Villeneuve. — Brusque retour en Europe, et marche sur le Ferrol pour débloquer ce port. — Bataille navale du Ferrol contre l'amiral Calder. — L'amiral français pourrait s'attribuer la victoire, s'il n'avait perdu deux vaisseaux espagnols. — Il a rempli son but en débloquant le Ferrol, et en ralliant deux nouvelles divisions française et espagnole. — Au lieu de prendre confiance, et de venir débloquer Ganteaume pour se rendre avec cinquante vaisseaux dans la Manche, Villeneuve déconcerté se décide à faire voile vers Cadix, en laissant croire à Napoléon qu'il marche sur Brest. — Longue attente de Napoléon à Boulogne. — Ses espérances en recevant les premières dépêches du Ferrol. — Son irritation lorsqu'il commence à croire que Villeneuve a marché vers Cadix. — Violente agitation et emportement contre l'amiral Decrès. — Nouvelles positives des projets de l'Autriche. — Brusque changement de résolution. — Plan de la campagne de 1805. — Quelles étaient les chances de succès de la descente, manquée par la faute de Villeneuve. — Napoléon tourne définitivement ses forces contre le continent.

Distribution des aigles à l'armée.

Trois jours après la cérémonie du sacre, Napoléon voulut distribuer à l'armée et aux gardes nationales les aigles qui devaient surmonter les drapeaux de l'Empire. Cette cérémonie, aussi noblement ordonnée que la précédente, eut le Champ de Mars pour théâtre. Les représentants de tous les corps vinrent recevoir les aigles qui leur étaient destinées, au pied d'un trône magnifique, élevé devant le palais de l'École militaire, et, avant de les recevoir prêtèrent le serment, qu'ils tinrent depuis, de les défendre jusqu'à la mort. Le même jour il y eut un banquet aux Tuileries, où l'on vit l'Empereur et le Pape assis à table, à côté l'un de l'autre, revêtus des ornements impériaux et pontificaux, et servis par les grands officiers de la couronne.

<small>Janv. 1805.</small>

La multitude, avide de spectacles, était ravie de ces pompes. Beaucoup d'esprits, sans être dominés par leurs sens, les admettaient comme une conséquence naturelle du rétablissement de la monarchie. Les sages faisaient des vœux pour que le nouveau monarque ne se laissât pas enivrer par ces fumées de la toute-puissance. Du reste, aucun pronostic sinistre ne troublait encore la satisfaction publique. On croyait à la durée du nouvel ordre de choses. Avec beaucoup de magnificence, trop peut-être, on y voyait cependant la fidèle consécration des principes sociaux proclamés par la Révolution française, une prospérité toujours croissante malgré la guerre, et une continuation de grandeur qui avait de quoi charmer l'orgueil national.

Le Saint-Père n'aurait pas voulu séjourner longtemps à Paris; mais il espérait, en y séjournant, trouver une occasion favorable d'exprimer à Napo-

<small>Prolongation du séjour du Pape à Paris.</small>

Janv. 1805.

Efforts de Napoléon pour plaire à Pie VII.

léon les vœux secrets de la cour romaine, et il était résigné à y demeurer deux ou trois mois. La saison ne lui permettait d'ailleurs pas de repasser les Alpes immédiatement. Napoléon, qui désirait l'avoir à ses côtés pour lui montrer la France, pour lui en faire apprécier l'esprit, pour l'amener à comprendre les conditions auxquelles le rétablissement de la religion était possible, pour gagner enfin sa confiance par des communications franches et journalières, Napoléon mettait à le retenir une grâce parfaite, et il avait fini par séduire entièrement ce saint Pontife. Pie VII était logé aux Tuileries, libre de se livrer à ses goûts modestes et religieux, mais environné, quand il sortait, de tous les attributs de la suprême puissance, escorté par la garde impériale, comblé en un mot des plus grands honneurs. Son intéressante figure, ses vertus presque visibles dans sa personne, avaient vivement touché la population parisienne, qui le suivait partout avec un mélange de curiosité, de sympathie et de respect. Il parcourait tour à tour les paroisses de Paris, où il officiait, au milieu d'une affluence extraordinaire. Sa présence augmentait l'impulsion religieuse que Napoléon s'était attaché à imprimer aux esprits. Le saint Pontife en était heureux. Il visitait les monuments publics, les musées enrichis par Napoléon, et semblait s'intéresser lui-même aux grandeurs du nouveau règne. Dans une visite à l'un de nos établissements publics, il se conduisit avec un tact et une convenance qui lui valurent l'approbation générale. Entouré

TROISIÈME COALITION. 273

d'une foule agenouillée qui lui demandait sa bénédiction, il aperçut un homme dont le visage sévère et chagrin portait encore l'empreinte de nos passions éteintes, et qui se détournait pour se soustraire à la bénédiction pontificale. Le Saint-Père, s'approchant, lui dit avec douceur : Ne fuyez pas, monsieur. La bénédiction d'un vieillard n'a jamais fait de mal. — Ce mot noble et touchant fut répété et applaudi dans tout Paris.

Janv. 1805.

Les fêtes, les soins hospitaliers prodigués à son hôte vénérable, n'avaient pu distraire Napoléon de ses grandes affaires. Les flottes destinées à concourir à la descente continuaient d'attirer toute son attention. Celle de Brest était enfin prête à mettre à la voile; mais celle de Toulon, retardée dans son armement parce qu'on avait voulu la porter de huit vaisseaux à onze, avait exigé l'emploi du mois de décembre tout entier. Depuis qu'elle était au complet, un vent debout l'avait empêchée de sortir pendant la durée du mois de janvier. L'amiral Missiessy, avec cinq vaisseaux armés à Rochefort, attendait une tempête pour dérober sa sortie à l'ennemi. Napoléon consacrait ce temps à l'administration intérieure de son nouvel empire.

Quoique décidé à une guerre à outrance contre l'Angleterre, il crut devoir commencer son règne par une démarche, en ce moment inutile, et qui avait, outre son inutilité, l'inconvénient d'être la répétition d'une autre démarche pleine d'à-propos, qu'il avait faite lors de son avénement au Consulat. Il écrivit une lettre au roi d'Angleterre pour lui pro-

Démarches de Napoléon à l'égard de l'Angleterre.

Janv. 1805.

poser la paix, et il expédia cette lettre par un brick à la croisière anglaise devant Boulogne. Elle fut communiquée sur-le-champ au cabinet britannique, qui fit dire que la réponse serait envoyée plus tard. La paix était possible en 1800, nécessaire même pour les deux puissances. La démarche tentée à cette époque par le Premier Consul était donc fort convenable, et le refus de ses propositions de paix, suivi des victoires de Marengo et de Hohenlinden, couvrit de confusion M. Pitt, fut même l'une des causes principales de la chute de ce ministre. Mais, en 1805, les deux peuples étant au début de la nouvelle guerre, leurs prétentions étant accrues au point de ne pouvoir plus être ajustées que par la force, une proposition de paix semblait trop visiblement imaginée pour affecter la modération, ou pour avoir l'occasion de parler au roi d'Angleterre de monarque à monarque.

Transformation de la République italienne en monarchie.

Ce qui pressait beaucoup plus que ces vaines démarches, c'était l'organisation définitive de la République italienne. Cette République, fille de la République française, devait suivre en tout le sort de sa mère. En 1802, lors de la Consulte de Lyon, elle s'était constituée à l'imitation de la France, en adoptant un gouvernement, républicain dans la forme, absolu dans le fait. Maintenant il était naturel qu'elle fît le dernier pas à la suite de la France, et que de république elle devînt monarchie.

Nous avons, au livre précédent, raconté les ouvertures que M. Cambacérès et le ministre de la République italienne à Paris, M. de Marescalchi, avaient été chargés de faire au vice-président Melzi, et aux membres de la consulte d'État. Ces ouvertures avaient été assez favorablement accueillies, bien que le vice-président Melzi, porté à l'humeur chagrine par sa santé, et par une tâche au-dessus de ses forces, eût mêlé à sa réponse des réflexions assez amères. Les Italiens acceptaient sans regret la transformation de leur république en monarchie, parce qu'ils espéraient profiter de cette occasion pour obtenir, en partie du moins, l'accomplissement de leurs vœux. Ils voulaient bien d'un roi, et d'un frère de Napoléon pour roi, mais à condition que le choix tomberait sur Joseph ou Louis Bonaparte, et non sur Lucien, qu'ils excluaient formellement; que ce roi leur appartiendrait en propre; qu'il résiderait sans cesse à Milan; que les deux couronnes de France et d'Italie seraient immédiatement séparées; que tous les fonctionnaires seraient Italiens; qu'on ne paierait plus de subside pour l'entretien de l'armée française; qu'enfin Napoléon se chargerait de faire approuver à l'Autriche ce nouveau changement.

A ces conditions, disait le vice-président Melzi, les Italiens seront satisfaits, car ils n'ont encore senti l'avantage de leur affranchissement que par une augmentation d'impôts.

L'idée que leur argent est emporté au delà des monts, préoccupe ordinairement les Italiens, soumis depuis si long-temps à des puissances placées de l'autre côté des Alpes. Toutefois, ils ont un meilleur et plus noble motif de souhaiter leur affranchisse-

Janv. 1805.

Manière dont le vice-président Melzi et Napoléon envisagent la situation et les intérêts de l'Italie.

ment, c'est de vivre sous un gouvernement national. Les raisons basses indignaient Napoléon, sans le surprendre, car, s'il estimait peu les hommes, il ne travaillait jamais à les abaisser. On ne songe pas, en effet, à les abaisser quand on veut leur demander de grandes choses. Il était donc indigné des raisons du vice-président Melzi. — Quoi! s'écriait-il, les Italiens ne seraient donc sensibles qu'à l'argent que leur coûte leur indépendance! Il faudrait les supposer bien bas et bien lâches : quant à moi, je suis loin de les croire tels. Peuvent-ils s'affranchir, se défendre eux-mêmes, sans les soldats français? S'ils ne le peuvent pas, n'est-il pas juste qu'ils contribuent à entretenir les soldats qui versent leur sang pour eux? Qui donc a réuni en un seul État, pour en faire un corps de nation, cinq ou six provinces gouvernées autrefois par cinq ou six princes différents? Qui donc, si ce n'est l'armée française, et moi qui la commande? Si j'avais voulu, la haute Italie serait aujourd'hui dépecée, distribuée en appoints, une partie donnée au Pape, une autre aux Autrichiens, une troisième aux Espagnols. J'aurais, à ce prix, désarmé les puissances, et conquis pour la France la paix du continent. Les Italiens ne voient-ils pas que la constitution de leur nationalité commence par un État qui comprend déjà le tiers de toute l'Italie? Leur gouvernement n'est-il pas composé d'Italiens, et fondé sur les principes de la justice, de l'égalité, d'une liberté sage, sur les principes enfin de la Révolution française? Que désirent-ils de mieux? Puis-je tout accomplir en un jour? —

Napoléon, en cette circonstance, avait pleinement raison contre l'Italie. Sans lui, la Lombardie aurait, de ses débris, satisfait le Pape, l'empereur d'Allemagne, l'Espagne, la maison de Sardaigne, et servi d'équivalent pour la réunion du Piémont à la France. Il est vrai que c'était dans l'intérêt de la politique française que Napoléon travaillait à constituer la nationalité italienne. Mais n'était-ce pas un grand bienfait pour les Italiens que d'entendre ainsi la politique française? Ne devaient-ils pas à cette politique le concours de tous leurs efforts? Et, en vérité, 22 millions par an, pour nourrir 30 et quelques mille hommes, chiffre fictif, car habituellement il en fallait 60 mille au moins, était-ce un bien lourd fardeau, pour un pays qui renfermait les plus riches provinces de l'Europe?

Janv. 1805.

Au surplus, Napoléon s'inquiétait peu de ces réclamations chagrines du vice-président Melzi. Il savait qu'il ne fallait pas prendre tout cela fort au sérieux. Le parti modéré italien, avec lequel il gouvernait, abandonné par la noblesse et par les prêtres qui inclinaient en général vers les Autrichiens, par les libéraux qui étaient imbus d'idées exagérées, le parti modéré, dans son isolement, éprouvait une certaine tristesse, et peignait volontiers la situation de sombres couleurs. Napoléon n'en tenait pas compte, et, toujours occupé de soustraire l'Italie à l'Autriche, cherchait le moyen d'accommoder ses institutions aux nouvelles institutions de la France.

Le sacre avait été une occasion de réunir à Paris le vice-président Melzi, et quelques délégués des

Janv. 1805.

Conférences avec les délégués de la République italienne, et accord avec eux.

diverses autorités italiennes. MM. Cambacérès, de Marescalchi et de Talleyrand entrèrent en pourparlers avec eux, et se mirent d'accord sur tous les points, sauf un seul, celui du subside à payer à la France, car les Italiens invoquaient l'occupation française comme leur salut, mais n'en voulaient pas supporter les frais.

Joseph Napoléon refuse la couronne d'Italie.

L'archichancelier Cambacérès fut ensuite chargé de traiter, avec Joseph Bonaparte, la question de son élévation au trône d'Italie. Au grand étonnement de Napoléon, Joseph refusa ce trône par deux motifs, l'un fort naturel, l'autre singulièrement présomptueux. Joseph déclara qu'en vertu du principe de la séparation des deux couronnes, la condition du trône d'Italie étant la renonciation au trône de France, il désirait rester prince français avec tous ses droits de succession à l'Empire. Napoléon n'ayant pas d'enfants, il préférait la possibilité lointaine de régner un jour sur la France, à la certitude de régner immédiatement sur l'Italie. Une telle prétention n'avait rien que de naturel et de patriotique. Le second motif de refus donné par Joseph, c'est qu'on lui offrait un royaume trop voisin, et dès lors trop dépendant, qu'il ne pourrait régner que sous l'autorité du chef de l'Empire français, et qu'il ne lui convenait pas de régner à ce prix. Ainsi perçaient déjà les sentiments qui ont dirigé les frères de l'Empereur sur tous les trônes qu'il leur a donnés. C'était la preuve d'une bien folle vanité que de ne pas vouloir des avis d'un homme tel que Napoléon. C'était une ingratitude bien impolitique que de vouloir s'affranchir de sa puissance; car à la tête d'un État italien de nouvelle création, tendre à l'isolement, c'était tendre à la perte de l'Italie autant qu'à l'affaiblissement de la France.

Janv. 1805.

Les instances employées auprès de Joseph furent vaines, et bien que sa future royauté eût été annoncée à toutes les cours avec lesquelles la France était en relation, à l'Autriche, à la Prusse, au Saint-Siége, il fallut revenir à d'autres idées, et imaginer une nouvelle combinaison. Napoléon, averti par cette dernière expérience qu'il ne devait pas créer en Lombardie une royauté jalouse, disposée à contrarier ses grands desseins, résolut de prendre lui-même la couronne de fer, et de se qualifier EMPEREUR DES FRANÇAIS, ROI D'ITALIE. Il n'y avait qu'une objection à ce projet, c'était de trop rappeler la réunion du Piémont à la France. On s'exposait ainsi à blesser profondément l'Autriche, et à la ramener de ses idées pacifiques aux idées belliqueuses de M. Pitt, lequel, depuis son retour aux affaires, cherchait à profiter de la rupture des relations diplomatiques entre la France et la Russie pour nouer une nouvelle coalition. Afin de parer à cet inconvénient, Napoléon se proposa de déclarer formellement que la couronne d'Italie ne resterait sur sa tête que jusqu'à la paix; qu'à cette époque, il procéderait à la séparation des deux couronnes, en choisissant parmi les princes français celui qui devrait lui succéder. Pour le moment, il adopta Eugène de Beauharnais, ce fils de Joséphine, qu'il aimait comme son propre fils, et lui confia la vice-royauté de l'Italie.

Napoléon se décide à prendre le titre de ROI D'ITALIE

Napoléon, pour calmer les ombrages de l'Autriche, proclame la séparation des deux couronnes de France et d'Italie.

Janv. 1805.

Cette volonté une fois arrêtée, il se mit peu en peine de la faire agréer à M. de Melzi, dont les plaintes assez déraisonnables commençaient à le fatiguer, car il apercevait en lui beaucoup plus le désir de se ménager une espèce de popularité, que l'intention de travailler en commun à la constitution future de l'Italie. MM. Cambacérès et de Talleyrand furent chargés de signifier ces résolutions aux Italiens présents à Paris, et de combiner avec eux les moyens d'exécution. Ces derniers avaient paru craindre que les trois grands colléges permanents, des *possidenti*, des *dotti*, des *commercianti*, auxquels était confié le soin d'élire les autorités et de modifier la constitution quand il y aurait lieu, ne résistassent à tout projet autre que celui d'une monarchie lombarde, immédiatement séparée de la monarchie française, et que, pour toute résistance, ils n'opposassent la nonchalance italienne, en ne venant voter ni pour ni contre. Napoléon renonça en cette circonstance à l'emploi des formes constitutionnelles; il agit en créateur, qui avait fait de l'Italie ce qu'elle était, et qui avait le droit d'en faire encore ce qu'il croyait utile qu'elle devînt. M. de Talleyrand lui adressa un rapport, dans lequel il démontra que ces provinces dépendantes, les unes de l'ancienne République vénitienne, les autres de la maison d'Autriche, celles-ci du duc de Modène, celles-là du Saint-Siége, réunies par la conquête en un seul État, dépendaient, comme provinces conquises, de la volonté de l'Empereur des Français; que ce qu'il leur devait c'était un gouvernement équitable, adapté à leurs intérêts, fondé sur les principes de la Révolution française; mais que du reste il pouvait donner à ce gouvernement la forme qui conviendrait le mieux à ses vastes desseins. Suivait un décret constitutif du nouveau royaume, décret qui devait être adopté par la consulte d'État et les députés italiens présents à Paris, communiqué ensuite au Sénat français, comme l'un des grands actes constitutionnels de l'Empire, et promulgué dans une séance impériale. Cependant il fallait que l'Italie parût être pour quelque chose dans ces nouvelles déterminations. On imagina de préparer aussi pour elle la scène d'un couronnement. On résolut de tirer du trésor de Monza la fameuse couronne de fer des rois lombards, pour que Napoléon la posât sur sa tête, après l'avoir fait bénir par l'archevêque de Milan, conformément à l'antique usage des empereurs germaniques, qui recevaient à Rome la couronne d'Occident, mais à Milan celle d'Italie. Cette scène devait émouvoir les Italiens, réveiller leurs espérances, ramener le parti des nobles et des prêtres, qui regrettaient surtout dans la domination autrichienne les formes monarchiques, et satisfaire le peuple, toujours épris du luxe de ses maîtres; car ce luxe, tout en charmant ses yeux, alimente son industrie. Quant aux libéraux éclairés, ils devaient finir par comprendre que l'association des destinées de l'Italie aux destinées de la France pouvait seule assurer son avenir.

Il fut convenu qu'après l'adoption du nouveau décret, les députés italiens, le ministre Marescalchi, le grand-maître des cérémonies, M. de Ségur, précéderaient Napoléon à Milan, pour y organiser une cour italienne, et y apprêter les pompes du couronnement.

On répandait en cet instant mille bruits dans la diplomatie européenne. On disait tantôt que Napoléon allait donner la couronne de Hollande à son frère Louis, tantôt qu'il allait décerner celle de Naples à Joseph, tantôt encore qu'il allait réunir Gênes et la Suisse au territoire français. Il y avait même des gens qui soutenaient que Napoléon voulait faire du cardinal Fesch un pape, et qui parlaient déjà de la couronne d'Espagne comme réservée à un prince de la maison Bonaparte. La haine de ses ennemis devinait ses projets en quelques points, les exagérait en d'autres, lui en suggérait auxquels il n'avait pas encore osé penser, et les facilitait certainement, en y préparant l'opinion de l'Europe. La séance au Sénat, pour la promulgation du décret constitutif du royaume d'Italie, devait répondre à toutes ces suppositions vraies ou fausses, et pour le moment poussées beaucoup trop loin.

On réunit auparavant les députés italiens à Paris; on leur soumit le décret, auquel ils adhérèrent à l'unanimité; puis la séance impériale fut ordonnée pour le 17 mars 1805 (26 ventôse an XIII). L'Empereur se rendit au Sénat à deux heures, entouré de tout l'appareil des souverains constitutionnels de l'Angleterre et de la France, quand ils tiennent une séance royale. Il fut reçu à la porte du palais du Luxembourg par une grande députation, et alla ensuite s'asseoir sur un trône, autour duquel étaient rangés les princes, les six grands dignitaires, les maréchaux, les grands officiers de la couronne. Il ordonna la communication des actes qui devaient faire l'objet de cette séance. M. de Talleyrand lut son rapport, et, après le rapport, le décret impérial. Une copie du même décret en langue italienne, revêtue de l'adhésion des députés lombards, fut ensuite lue par le vice-président Melzi. Puis, le ministre Marescalchi présenta ces députés à Napoléon, dans les mains duquel ils prêtèrent serment de fidélité comme au roi d'Italie. Cette cérémonie terminée, Napoléon, assis et couvert, prononça un discours ferme et concis, comme il les savait faire, et dont on jugera facilement l'intention.

Mars 1805.

« Sénateurs,

» Nous avons voulu, dans cette circonstance, nous
» rendre au milieu de vous, pour vous faire con-
» naître, sur un des sujets les plus importants de la
» politique de l'État, notre pensée tout entière.
» Nous avons conquis la Hollande, les trois quarts
» de l'Allemagne, la Suisse, l'Italie. Nous avons
» été modéré au milieu de la plus grande pros-
» périté. De tant de provinces, nous n'avons gardé
» que ce qui était nécessaire pour nous mainte-
» nir au même point de considération et de puis-
» sance où a toujours été la France. Le partage de
» la Pologne, les provinces soustraites à la Turquie,
» la conquête des Indes et de presque toutes les co-
» lonies, avaient rompu à notre détriment l'équilibre
» général.

Discours de Napoléon sur la constitution du nouveau royaume d'Italie.

» Tout ce que nous avons jugé inutile pour le ré-
» tablir, nous l'avons rendu.

» L'Allemagne a été évacuée; ses provinces ont
» été restituées aux descendants de tant d'illustres
» maisons, qui étaient perdues pour toujours, si nous
» ne leur eussions accordé une généreuse protec-
» tion.

» L'Autriche elle-même, après deux guerres mal-
» heureuses, a obtenu l'État de Venise. Dans tous
» les temps, elle eût échangé de gré à gré Venise
» contre les provinces qu'elle a perdues.

» A peine conquise, la Hollande a été déclarée
» indépendante. Sa réunion à notre Empire eût été
» le complément de notre système commercial, puis-
» que les plus grandes rivières de la moitié de no-
» tre territoire débouchent en Hollande. Cependant
» la Hollande est indépendante, et ses douanes, son
» commerce et son administration se régissent au
» gré de son gouvernement.

» La Suisse était occupée par nos armées; nous
» l'avions défendue contre les forces combinées de
» l'Europe. Sa réunion eût complété notre frontière
» militaire. Toutefois la Suisse se gouverne par l'acte
» de médiation, au gré de ses dix-neuf cantons, in-
» dépendante et libre.

» La réunion du territoire de la République ita-
» lienne à l'Empire français eût été utile au déve-
» loppement de notre agriculture; cependant, après
» la seconde conquête, nous avons à Lyon confirmé
» son indépendance. Nous faisons plus aujourd'hui,
» nous proclamons le principe de la séparation des

» couronnes de France et d'Italie, en assignant,
» pour l'époque de cette séparation, l'instant où elle
» deviendra possible et sans danger pour nos peu-
» ples d'Italie.

» Nous avons accepté et nous placerons sur notre
» tête cette couronne de fer des anciens Lombards,
» pour la retremper et pour la raffermir. Mais
» nous n'hésitons pas à déclarer que nous transmet-
» trons cette couronne à un de nos enfants légiti-
» mes, soit naturel, soit adoptif, le jour où nous
» serons sans alarmes pour l'indépendance que nous
» avons garantie des autres États de la Méditer-
» ranée.

» Le génie du mal cherchera en vain des pré-
» textes pour remettre le continent en guerre; ce
» qui a été réuni à notre Empire par les lois
» constitutionnelles de l'État y restera réuni. Au-
» cune nouvelle province n'y sera incorporée, mais
» les lois de la République batave, l'acte de mé-
» diation des dix-neuf cantons suisses et ce pre-
» mier statut du royaume d'Italie seront constam-
» ment sous la protection de notre couronne, et
» nous ne souffrirons jamais qu'il y soit porté at-
» teinte.

Après ce discours si haut, si péremptoire, Napoléon reçut le serment de quelques sénateurs qu'il venait de nommer, et il retourna, entouré du même cortége, au palais des Tuileries. MM. de Melzi, de Marescalchi et les autres Italiens eurent ordre de se rendre à Milan, pour y préparer les esprits à la nouvelle solennité qui venait d'être résolue. Le cardinal Caprara, légat du Pape auprès de Napoléon, était archevêque de Milan. Il n'avait accepté cette dignité que par obéissance, étant fort âgé, accablé d'infirmités, et, après une longue vie passée dans les cours, plus disposé à quitter le monde qu'à y prolonger son rôle. A la prière de Napoléon, et avec l'agrément du Pape, il partit pour l'Italie, afin d'y couronner le nouveau roi, suivant l'antique usage de l'Église lombarde. M. de Ségur se mit en route sur-le-champ avec ordre de hâter les préparatifs. Napoléon avait fixé son propre départ au mois d'avril, et son couronnement au mois de mai.

Cette excursion en Italie s'accordait parfaitement avec ses projets militaires, et leur était même d'un grand secours. Napoléon avait été obligé d'attendre tout l'hiver que ses escadres fussent prêtes à sortir de Brest, de Rochefort, de Toulon. En janvier 1805, il y avait environ vingt mois que la guerre maritime était déclarée, car la rupture avec l'Angleterre datait de mai 1803; et cependant les flottes de haut-bord n'avaient pu mettre à la voile. La vive impulsion de Napoléon n'avait pourtant pas manqué à l'administration; mais en marine rien ne se fait vite, et c'est ce que ne savent pas assez les nations qui aspirent à se créer une puissance navale. Toutefois il faut dire que les flottes de Brest et de Toulon auraient été armées plus tôt, si l'on n'avait pas voulu augmenter leur premier effectif. Celle de Brest avait été portée de 18 vaisseaux à 21, et pouvait embarquer 17 mille hommes et 500 chevaux, avec un matériel considérable, sans le secours de bâtiments de transport empruntés au commerce. Dans le projet d'appareiller en hiver par un gros temps, il avait fallu renoncer à se faire accompagner par des bâtiments d'un petit tonnage, également incapables de suivre les vaisseaux de ligne et d'en recevoir la remorque. On avait donc pris de vieux vaisseaux de guerre, qu'on avait armés en flûte, et qu'on avait chargés d'hommes et de matériel. Par ce moyen, l'escadre pouvait sortir tout entière et par tous les temps, aborder en Irlande, y déposer ses 17 mille hommes, son matériel, et revenir ensuite dans la Manche. Du reste, elle avait été prête en novembre, comme on le voulait. Celle de Rochefort, composée de 5 vaisseaux, 4 frégates, portant 3 mille hommes, 4 mille fusils et 10 milliers de poudre, était prête à la même époque. Celle de Toulon seule, portée de 8 à 11 vaisseaux, avait exigé tout le mois de décembre. Le général Lauriston, aide-de-camp de Napoléon, avait été chargé de composer un corps de 6 mille hommes, parfaitement choisis, avec 50 bouches à feu et un matériel de siége, et d'embarquer le tout sur la flotte de Toulon. Cette flotte, ainsi que nous l'avons dit, devait, chemin faisant, jeter une division sur Sainte-Hélène pour s'emparer de cette île, se rendre à Surinam, reprendre les colonies hollandaises, se rallier ensuite à celle de Missiessy qui, de son côté, avait dû secourir nos Antilles et ravager les Antilles anglaises. Toutes deux, après avoir ainsi attiré les Anglais en Amérique, et dégagé Ganteaume, avaient ordre de retourner en Europe. Ganteaume, dont les pré-

Mars 1805.

Mars 1805.

L'amiral Missiessy met à la voile par une tempête.

paratifs étaient achevés, avait attendu tout l'hiver que Missiessy et Villeneuve, en sortant de Rochefort et de Toulon, entraînassent les Anglais à leur suite. Missiessy, qui manquait d'élan, mais non pas de courage, sortit le 11 janvier de Rochefort, par une tempête affreuse, et passant entre les pertuis s'élança dans la pleine mer, sans être ni aperçu ni rejoint par les Anglais. Il fit voile vers les Antilles avec 5 vaisseaux et 4 frégates. Ses bâtiments reçurent quelques avaries qu'on répara en mer. Quant à Villeneuve, à qui le ministre Decrès avait communiqué une exaltation factice et de peu de durée, il s'était tout à coup refroidi en voyant de près l'escadre de Toulon. Pour faire onze équipages avec huit, il avait fallu les diviser, et par conséquent les affaiblir. On les avait complétés avec des conscrits empruntés à l'armée de terre. Les matières employées au port de Toulon n'étaient pas de bon choix, et on s'était aperçu que les fers, les cordages, les mâtures cassaient aisément. Villeneuve se préoccupait beaucoup, et trop peut-être, du danger de braver, avec de tels bâtiments et de tels équipages, des vaisseaux ennemis formés par une croisière de vingt mois. Son âme était ébranlée avant qu'il fût en mer. Cependant, poussé par Napoléon, par le ministre Decrès, par le général Lauriston, il se mit en mesure de lever l'ancre vers la fin de décembre. Un vent debout le retint depuis la fin de décembre jusqu'au 18 janvier dans la rade de Toulon. Le 18, les vents ayant changé, il appareilla et parvint en faisant fausse route à se soustraire à l'ennemi. Mais

Villeneuve retenu à Toulon par les vents contraires pendant les mois de décembre 1804 et janvier 1805.

la nuit amena une grosse tourmente, et l'inexpérience des équipages, la mauvaise qualité des matières, exposèrent plusieurs de nos bâtiments à de fâcheux accidents. L'escadre fut dispersée. Le matin, Villeneuve se trouva séparé de quatre vaisseaux et d'une frégate. Les uns avaient eu leurs mâts de hune brisés, les autres faisaient eau, et avaient reçu des avaries difficiles à réparer en mer. Outre ces mésaventures, deux frégates anglaises observaient notre marche, et l'amiral craignait d'être rejoint par l'ennemi dans un moment où il n'avait que cinq vaisseaux à lui opposer. Il se décida donc à rentrer dans Toulon, quoiqu'il eût déjà parcouru soixante-dix lieues, et malgré les instances du général Lauriston, qui, comptant encore quatre mille et quelques cents hommes sur les vaisseaux restés ensemble, demandait à être conduit à sa destination. Villeneuve rentra le 27 à Toulon, et parvint heureusement à y ramener toute son escadre.

Mars 1805.

Sortie et rentrée de Villeneuve.

Le temps ne fut pas perdu. On se mit à réparer les dommages essuyés, à serrer le gréement, à se rendre enfin capable de sortir de nouveau. Mais l'amiral Villeneuve était fortement affecté ; il écrivait au ministre, le jour même de sa rentrée à Toulon : « Je vous le déclare, des vaisseaux équipés ainsi,
» faibles en matelots, encombrés de troupes, ayant
» des gréements vieux ou de mauvaise qualité, des
» vaisseaux qui, au moindre vent, cassent leurs mâts
» ou déchirent leurs voiles, et qui, lorsqu'il fait beau,
» passent leur temps à réparer les avaries occasion-
» nées par le vent ou l'inexpérience de leurs marins,

Mars 1805.

Déplaisir qu'éprouve Napoléon en apprenant la sortie malheureuse de Villeneuve.

» sont hors d'état de rien entreprendre. J'en avais
» un pressentiment avant mon départ ; je viens d'en
» faire une cruelle expérience¹. »

Napoléon éprouva un sensible déplaisir en apprenant cette inutile sortie. Que faire, disait-il, avec des amiraux qui, à la première avarie, se démoralisent et songent à rentrer? Il faudrait renoncer à naviguer et à rien entreprendre, même dans la plus belle saison, si une opération pouvait être contrariée par la séparation de quelques bâtiments. On aurait dû, disait-il encore, donner rendez-vous à tous les capitaines de l'escadre à la hauteur des Canaries, par le moyen de dépêches cachetées. Les avaries se seraient réparées en route. Si un vaisseau faisait eau d'une manière dangereuse, on l'aurait laissé à Cadix, en versant son monde sur le vaisseau l'*Aigle*, qui était dans ce port prêt à mettre à la voile. Quelques mâts de hune cassés, quelques désordres dans une tempête, sont des circonstances fort ordinaires. Deux jours d'un temps favorable eussent consolé l'escadre et mis tout au beau. *Mais le grand mal de notre marine est que les hommes qui la commandent sont neufs dans toutes les chances du commandement*².

Malheureusement, l'époque propice était passée pour l'expédition de Surinam, et il fallait que Napoléon, avec sa fécondité ordinaire, inventât une autre combinaison. La première, qui consistait à porter l'amiral Latouche de Toulon dans la Manche, avait

---

¹ Dépêche du 1ᵉʳ pluviôse an XIII (21 janvier 1805), à bord du vaisseau *le Bucentaure*, en rade de Toulon.
² Lettre à Lauriston, du 1ᵉʳ février 1805.

échoué par la mort de ce précieux homme de mer. La seconde, qui avait consisté à entraîner les Anglais dans les mers d'Amérique, en envoyant l'escadre de Villeneuve à Surinam, celle de Missiessy aux Antilles, et à profiter de cette diversion pour jeter Ganteaume dans la Manche, avait manqué également par les retards d'organisation, par les vents, par une sortie infructueuse. Il était donc nécessaire de recourir à un autre plan. Une perte nouvelle, celle de l'amiral Bruix, différent de l'amiral Latouche, mais son égal au moins en mérite, ajoutait aux difficultés des opérations navales. L'infortuné Bruix, si remarquable par le caractère, l'expérience, la portée d'esprit, venait d'expirer victime de son zèle et de son dévouement à l'organisation de la flottille. S'il eût vécu, Napoléon l'eût certainement placé à la tête de l'escadre chargée d'opérer la grande manœuvre qu'il méditait. On eût dit que la destinée, conjurée contre la marine française, voulait lui enlever en dix mois ses deux premiers amiraux, tous deux capables assurément de se mesurer avec les amiraux anglais. Il fallait donc, jusqu'à ce que les événements de la guerre eussent révélé de nouveaux talents, se résoudre à se servir des amiraux Ganteaume, Villeneuve et Missiessy.

Un événement grave s'était tout récemment passé sur les mers, et y avait modifié la situation des puissances belligérantes. L'Angleterre avait, d'une manière imprévue et fort injuste, déclaré la guerre à l'Espagne. Depuis quelque temps elle s'était aperçue que la neutralité de l'Espagne, sans être très-bienveillante pour la France, lui était cependant utile sous plusieurs rapports. Notre escadre, en relâche au Ferrol, s'y réparait en attendant qu'elle fût débloquée. Le vaisseau *l'Aigle* en faisait autant à Cadix. Nos corsaires entraient dans les ports de la Péninsule pour y vendre leurs prises. L'Angleterre avait droit de jouir des mêmes avantages, grâce à la réciprocité; mais elle aimait mieux en être privée que de nous les laisser. Elle avait en conséquence annoncé à la cour de Madrid, qu'elle regardait comme une violation de la neutralité ce qui se passait dans les ports de la Péninsule, et avait menacé de la guerre si nos vaisseaux continuaient à s'y armer, si nos corsaires continuaient à y trouver un asile et un marché. Elle avait exigé de plus que Charles IV garantît le Portugal contre toute tentative de la part de la France. Cette dernière exigence était exorbitante, et dépassait la limite de la neutralité dans laquelle on voulait que l'Espagne se renfermât. Toutefois la France avait permis que la cour de Madrid se montrât facile envers l'Angleterre, et déférât même à une partie de ses demandes, afin de prolonger un état de choses qui nous convenait. En effet, la coopération militaire de l'Espagne ne pouvait valoir pour nous un subside de 48 millions par an, et ce subside ne pouvait être acquitté sans la neutralité, qui, seule, permettait l'arrivée des métaux du Nouveau-Monde. On était donc prêt à consentir à tout; mais l'Angleterre, devenant plus exigeante à mesure qu'on cédait à ses prétentions, avait demandé que tout armement cessât immédiatement dans les ports espagnols; et elle entendait par là qu'il fallait mettre sur-le-champ nos vaisseaux hors du Ferrol, c'est-à-dire les lui livrer. Violant enfin ouvertement le droit des gens, elle avait, sans sommation préalable, ordonné d'arrêter les vaisseaux espagnols rencontrés sur les mers. Si on songe qu'un tel ordre n'avait d'autre objet que celui de saisir les bâtiments venant des Amériques, et chargés d'argent et d'or, on pourra le qualifier sans injustice de véritable piraterie. Dans le moment, quatre frégates espagnoles, portant 12 millions de piastres (environ 60 millions de francs), faisaient voile du Mexique vers les côtes d'Espagne, lorsqu'elles furent arrêtées par une croisière anglaise. L'officier espagnol, ayant refusé de rendre ses bâtiments, fut barbarement attaqué par une force immensément supérieure, et fait prisonnier après une défense honorable. Une des quatre frégates sauta en l'air, les trois autres furent conduites dans les ports de la Grande-Bretagne.

Mars 1805.

Enlèvement des galions espagnols chargés des piastres du Mexique.

Cet acte odieux excita l'indignation de l'Espagne, et le blâme de l'Europe. Sans hésiter, Charles IV déclara la guerre à l'Angleterre. Il ordonna en même temps l'arrestation des Anglais saisis sur le sol de la Péninsule, et le séquestre de toutes leurs propriétés, pour répondre des biens et des personnes des commerçants espagnols.

Ainsi, malgré sa nonchalance, malgré les habiles ménagements de la France, la cour d'Espagne se trouvait forcément entraînée à la guerre, par les violences maritimes de l'Angleterre.

Napoléon, ne pouvant plus exiger le subside de

Coopération

Mars 1805.

de l'Espagne à la guerre.

L'amiral Gravina.

Convention par laquelle la France et l'Espagne règlent leurs manières de contribuer à la guerre.

48 millions, se hâta de régler la manière dont l'Espagne coopérerait aux hostilités, et chercha surtout à lui inspirer des résolutions dignes d'elle et de son ancienne grandeur.

Le cabinet espagnol, dans le désir de complaire à Napoléon, et par un sentiment de justice envers le mérite, avait choisi l'amiral Gravina pour ambassadeur en France. C'était le premier officier de la marine espagnole, et il cachait sous des dehors simples une rare intelligence, un courage intrépide. Napoléon s'était fort attaché à l'amiral Gravina, et celui-ci à Napoléon. Par les mêmes motifs qui l'avaient fait nommer ambassadeur, on lui donna le principal commandement de la marine espagnole, et, avant qu'il quittât Paris, on le chargea de se concerter avec le gouvernement français, sur le plan des opérations navales. Dans ce but, l'amiral signa, le 4 janvier 1805, une convention qui spécifiait la part que chacune des deux puissances prendrait à la guerre. La France s'engageait à entretenir constamment à la mer 47 vaisseaux de ligne, 29 frégates, 14 corvettes, 25 bricks, et à presser le plus vivement possible l'achèvement des 16 vaisseaux et 14 frégates existant sur les chantiers; à réunir des troupes qui resteraient campées près des ports d'embarquement, dans la proportion de 500 hommes par vaisseau, de 200 hommes par frégate; enfin, à tenir la flottille française toujours en état de transporter 90 mille hommes, non compris les 30 mille destinés à s'embarquer sur la flottille hollandaise. Si l'on évalue en vaisseaux et en frégates la force de la flottille, et qu'on l'ajoute à notre flotte de haut-bord, on peut dire que nous avions un effectif total de 60 vaisseaux et de 40 frégates réellement à la mer.

L'Espagne de son côté promettait d'armer sur-le-champ 32 vaisseaux de ligne, pourvus de quatre mois d'eau et de six mois de vivres. La répartition en était indiquée ainsi qu'il suit : 15 à Cadix, 8 à Carthagène, 9 au Ferrol. Des troupes espagnoles devaient être réunies auprès des points d'embarquement, à raison de 450 hommes par vaisseau, et de 200 hommes par frégate. En outre, il devait être préparé des moyens de transport, sur bâtiments de guerre armés en flûte, dans la proportion de 4 mille tonneaux à Cadix, 2 mille à Carthagène, 2 mille au Ferrol. Il était convenu que l'amiral Gravina aurait le commandement supérieur de la flotte espagnole, et correspondrait directement avec le ministre français Decrès. C'était dire qu'il recevrait ses instructions de Napoléon lui-même, et l'honneur espagnol pouvait sans rougir accepter une telle direction. Quelques conditions politiques accompagnaient ces stipulations militaires. Le subside cessait naturellement du jour où avaient commencé les hostilités de l'Angleterre contre l'Espagne. De plus, les deux nations amies s'engageaient à ne pas conclure de paix séparée. La France promettait de faire rendre à l'Espagne la colonie de la Trinité, et même Gibraltar, si la guerre était suivie de quelque triomphe éclatant.

L'engagement pris par la cour de Madrid était fort au-dessus de ses moyens. C'était beaucoup si, au lieu de 32 vaisseaux, elle arrivait à en armer 24 très-médiocres, quoique montés par de braves gens. Si donc on totalise les forces de la France, de l'Espagne et de la Hollande, on peut considérer les trois nations comme réunissant environ 92 vaisseaux de ligne, dont 60 appartenaient à la France, 24 à l'Espagne, 8 à la Hollande. Cependant il faut compter la flottille pour 15, ce qui réduit à 77 la force effective de la flotte de haut bord des trois nations. Les Anglais en comptaient 89 parfaitement armés, équipés, expérimentés, en tout supérieurs à ceux des alliés, et ils se préparaient à en porter bientôt le nombre jusqu'à cent. L'avantage était donc de leur côté. Ils ne pouvaient être battus que par la supériorité des combinaisons, qui n'a jamais, à beaucoup près, autant d'influence sur mer que sur terre.

Malheureusement l'Espagne, jadis si riche en marine, et si intéressée à l'être encore, à cause de ses vastes colonies, l'Espagne se trouvait, comme nous l'avons dit tant de fois, dans un dénûment absolu. Ses arsenaux étaient abandonnés, et ne contenaient ni bois, ni chanvres, ni fers, ni cuivres. Les magnifiques établissements du Ferrol, de Cadix, de Carthagène, étaient vides et déserts. Il n'y avait ni matières, ni ouvriers. Les matelots, fort peu nombreux en Espagne depuis que son commerce s'était presque réduit au transport des espèces métalliques, étaient devenus plus rares encore par suite de la fièvre jaune, qui ravageait tout le littoral, et qui les avait fait fuir à l'étranger ou dans l'intérieur. Qu'on ajoute à cela une grande disette de grains, et une détresse financière accrue par la perte des galions récemment enlevés, on aura une idée à peine exacte de toutes les misères qui affligeaient cette puissance, autrefois si grande, maintenant si tristement déchue.

Mars 1805.

Napoléon, qui lui avait si souvent et si vainement conseillé, pendant la dernière paix, de consacrer au moins une partie de ses ressources à la réorganisation de la marine, Napoléon, même sans espérance d'être écouté, voulut tenter un dernier effort auprès de cette cour. Cette fois, au lieu d'y employer les menaces comme en 1803, il y employa les caresses et les encouragements. Il avait rappelé le maréchal Lannes du Portugal, pour le mettre à la tête des grenadiers destinés à débarquer les premiers en Angleterre. Il avait chargé le général Junot de remplacer en Portugal le maréchal Lannes. Il aimait Junot, qui avait de l'esprit naturel, un caractère trop ardent, mais un dévouement sans bornes. Il lui ordonna de s'arrêter à Madrid, pour y voir le prince de la Paix, la Reine et le Roi. Junot devait piquer d'honneur le prince de la Paix, lui faire sentir qu'il avait dans les mains le sort de la monarchie espagnole, et qu'il était placé entre le rôle d'un favori méprisable et détesté, ou celui d'un ministre qui profitait de la faveur de ses maîtres pour relever la puissance de sa patrie. Junot était autorisé à lui promettre toute la bienveillance de Napoléon, et même une principauté en Portugal, s'il servait avec zèle la cause commune, et s'appliquait à imprimer une

Derniers efforts de Napoléon pour réveiller le zèle de la cour d'Espagne.

Mars 1805.

suffisante activité à l'administration espagnole. L'envoyé de Napoléon devait ensuite voir la reine, lui déclarer qu'en Europe on connaissait son influence sur le gouvernement, c'est-à-dire sur le Roi et sur le prince de la Paix ; que son honneur personnel était, autant que l'honneur de la monarchie, intéressé à ce qu'il fût déployé de grands efforts et obtenu des succès ; que si la puissance espagnole ne se relevait pas en cette occasion, elle, reine toute-puissante, serait personnellement responsable aux yeux du monde et de ses enfants des désordres qui auraient affaibli et ruiné la monarchie. Junot devait enfin user de tous les moyens pour inspirer quelques bons sentiments à cette princesse. Quant au roi, on n'avait rien à faire pour lui en inspirer de pareils, car il n'en avait que d'excellents ; mais le faible monarque était incapable d'attention et de volonté. Il s'était abruti à la chasse et à des ouvrages de main.

Junot avait ordre de séjourner à Madrid avant de se rendre en Portugal, et d'y jouer le rôle d'un ambassadeur extraordinaire, pour tâcher de ranimer un peu cette cour dégénérée.

Napoléon songe un moment à une grande expédition dans l'Inde.

Il s'agissait maintenant d'employer le mieux possible les ressources des trois nations maritimes, la France, la Hollande et l'Espagne. Le projet d'amener à l'improviste une partie plus ou moins importante de ses forces navales dans la Manche, projet déjà modifié deux fois, occupait sans cesse Napoléon. Mais une pensée grande et soudaine vint l'en détourner pour un instant.

Napoléon recevait fréquemment des rapports du général Decaen, commandant de nos comptoirs dans l'Inde, retiré à l'île de France depuis le renouvellement de la guerre, et, de moitié avec l'amiral Linois, causant de grands dommages au commerce britannique. Le général Decaen, qui était un esprit ardent et très-capable de commander au loin, dans une situation indépendante et hasardeuse, avait noué des relations avec les Mahrattes, encore mal soumis. Il s'était procuré de curieux renseignements sur les dispositions de ces princes récemment vaincus, et avait acquis la conviction que six mille Français, débarqués avec un matériel de guerre suffisant, bientôt rejoints par une masse d'insurgés impatients de secouer le joug, pourraient ébranler l'empire britannique dans l'Inde. C'est Napoléon, comme on doit s'en souvenir, qui, en 1803, avait placé le général Decaen sur cette voie, et ce dernier s'y était jeté avec ardeur. Mais ce n'était pas une échauffourée que Napoléon voulait tenter ; à tenter quelque chose, c'était une grande expédition, digne de celle d'Égypte, capable d'arracher aux Anglais l'importante conquête qui faisait, dans le siècle présent, leur grandeur et leur gloire. La distance rendait cette expédition bien autrement difficile que l'expédition d'Égypte. Porter, en temps de guerre, trente mille hommes de Toulon à Alexandrie, est déjà une opération considérable ; mais les porter de Toulon à la côte de l'Inde, en doublant le cap de Bonne-Espérance, était une entreprise gigantesque. Napoléon pensait, s'appuyant en cela sur sa propre expérience, que, l'immensité de la mer y rendant les rencontres très-rares, on peut avec de l'invention oser les mouvements les plus hardis, et réussir, sans trouver sur son chemin un ennemi même très-supérieur en nombre. C'est ainsi qu'il avait, en 1798, passé à travers les flottes anglaises avec quelques centaines de voiles et une armée entière, pris Malte, et abordé Alexandrie, sans être rencontré par Nelson. C'est ainsi qu'il espérait faire arriver une flotte dans la Manche. Le succès de semblables entreprises exigeait un secret profond, et un grand art pour tromper l'amirauté britannique. Or, il avait de longue main tout disposé pour la jeter dans une véritable confusion d'esprit. Ayant des troupes réunies et prêtes à embarquer partout où il avait des escadres, à Toulon, à Cadix, au Ferrol, à Rochefort, à Brest, au Texel, il était constamment en mesure de faire partir une armée sans que les Anglais en fussent avertis, sans qu'ils pussent en deviner ni la force ni la destination. Le projet de descente avait cela d'utile, que l'attention de l'ennemi étant sans cesse dirigée vers cet objet, il devait toujours croire à une expédition contre l'Irlande ou contre les côtes d'Angleterre. Le moment était donc favorable pour tenter l'une de ces expéditions extraordinaires, que Napoléon était si prompt à concevoir et à résoudre. Il pensait, par exemple, qu'enlever l'Inde aux Anglais était un résultat assez grand, pour consentir à différer tous ses autres projets, même celui de la descente; et il était disposé à y employer

TROISIÈME COALITION. 301

toutes ses forces navales. Voici quels furent ses calculs à ce sujet. Il y avait dans les ports d'armement, outre les escadres prêtes à mettre à la voile, une réserve en vieux bâtiments peu propres à la guerre active. Il y avait aussi dans les équipages, outre les bons matelots, des novices fort jeunes, ou des conscrits tout récemment transportés à bord des vaisseaux. C'est sur cette double considération qu'il établit son plan. Il voulait joindre à une certaine quantité de vaisseaux neufs tous ceux qui étaient hors de service, mais qui pouvaient cependant faire encore une traversée; il voulait les armer en flûte, c'est-à-dire les dégarnir d'artillerie, remplacer cette charge par une grande masse de troupes, compléter les équipages avec des hommes de toute espèce pris dans nos ports, expédier ainsi de Toulon, de Cadix, du Ferrol, de Rochefort, de Brest, des flottes qui, sans traîner après elles un seul bâtiment de transport, pourraient jeter dans l'Inde une armée considérable. Il se proposait de faire partir de Toulon 13 vaisseaux, de Brest 21, en tout 34, parmi lesquels moitié au moins de vieux bâtiments, et d'ajouter à ces 34 vaisseaux une vingtaine de frégates, dont dix presque hors de service. Ces deux flottes, sortant à peu près en même temps, et ayant rendez-vous à l'île de France, étaient capables de porter 40 mille hommes, tant soldats que matelots. A l'arrivée dans l'Inde, on devait sacrifier les bâtiments en mauvais état, ne garder que ceux qui étaient aptes à naviguer, et qui s'élèveraient à 15 vaisseaux sur 34, et à

Mars 1805.

Combinaison de Napoléon pour porter trente-six mille hommes dans l'Inde.

10 frégates sur 20. Il y avait aussi deux parts à faire dans les équipages. Tous les bons matelots étaient destinés à monter les bâtiments conservés; tandis que les matelots médiocres, mais propres à faire des soldats, en les versant dans les cadres, devaient servir à compléter l'armée de débarquement. Napoléon supposait qu'il faudrait environ 14 ou 15 mille matelots, pour bien armer les 15 vaisseaux et les 10 frégates appelés à revenir en Europe. On devait donc avoir dans l'Inde 25 ou 26 mille hommes de troupes, sur 40 mille tant soldats que marins, partis d'Europe, et ramener une flotte de 15 vaisseaux, excellents à tous les titres, par la qualité des bâtiments, par le choix des hommes, et par l'expérience acquise dans une longue navigation. On n'aurait perdu, sous le rapport de la marine, que des carcasses hors de service ou des queues d'équipage, et on aurait laissé dans l'Inde une armée parfaitement suffisante pour vaincre les Anglais, surtout si elle était commandée par un homme aussi entreprenant que le général Decaen.

Napoléon se proposait en outre de faire partir 3 mille Français sur la flotte hollandaise du Texel, 2 mille sur une nouvelle division qui s'organisait à Rochefort, 4 mille Espagnols sur la flotte espagnole de Cadix, ce qui faisait un nouveau renfort de 9 mille hommes, et devait porter à 35 ou 36 mille soldats environ l'armée du général Decaen. Il est infiniment probable que l'Inde, étant à peine soumise, une pareille force y aurait détruit la puissance britannique. Quant à la traversée, il n'y avait rien de moins probable qu'une rencontre avec les Anglais. Il eût été difficile de leur échapper si l'escadre de guerre avait eu à traîner à sa suite quelques centaines de bâtiments de transport. Mais les vieux vaisseaux, les vieilles frégates armés en flûte, dispensaient de recourir à ce moyen. Le projet reposait donc sur ce principe, de sacrifier la partie médiocre ou mauvaise de la marine, tant en personnel qu'en matériel, et de se résigner à ne ramener que la partie excellente. A ce prix, on opérait le miracle de transporter dans l'Inde une armée de 36 mille hommes. Le sacrifice, au surplus, n'était pas aussi grand qu'il pouvait le paraître, car il n'y a pas un marin qui ne sache que sur mer comme sur terre, et sur mer plus encore, la qualité des forces est tout, et qu'on fait plus avec dix bons vaisseaux qu'avec vingt médiocres.

Ce projet était l'ajournement momentané de la descente; mais il était possible qu'il en favorisât l'exécution d'une manière fort extraordinaire, car après quelque temps les Anglais, avertis du départ de nos flottes, devaient courir après elles, et dégarnir ainsi les mers d'Europe, tandis que l'escadre, revenant de l'Inde avec 15 vaisseaux et 10 frégates, pouvait paraître dans le détroit, où Napoléon, toujours prêt à quelque moment que l'occasion s'offrît, était en mesure de profiter de la plus courte faveur de la fortune. Il est vrai que cette dernière partie de la combinaison supposait un double bonheur, bonheur en allant dans l'Inde, bonheur en

Mars 1805.

Hésitation de Napoléon entre le projet de la descente, et le projet d'une expédition dans l'Inde.

revenant, et que la fortune comble rarement un homme à ce point, quelque grand qu'il soit. Pendant quatre semaines, Napoléon resta suspendu entre l'idée d'envoyer cette expédition dans les Indes, et l'idée de franchir le pas de Calais. Le renversement de l'empire anglais dans les Indes lui semblait un résultat tellement considérable, qu'il espérait être dispensé par là de risquer sa personne et son armée, dans une tentative aussi hasardeuse que la descente. Il passa donc un mois entier à hésiter entre ces deux combinaisons, et sa correspondance fait foi de la fluctuation de son esprit entre ces deux entreprises extraordinaires.

Napoléon arrête définitivement ses idées, et se décide en faveur du projet de descente.

Cependant, l'expédition de Boulogne l'emporta. Napoléon regardait ce coup comme plus prompt, plus décisif, et même comme à peu près infaillible, si une flotte française arrivait à l'improviste dans la Manche. Il mit de nouveau son esprit en travail, et il imagina une troisième combinaison, plus grande, plus profonde, plus plausible encore que les deux précédentes, pour réunir, à l'insu des Anglais, toutes ses forces navales entre Douvres et Boulogne.

Sa troisième combinaison pour amener une flotte dans la Manche.

Son plan fut arrêté dans les premiers jours de mars, et les ordres expédiés en conséquence. Il consistait, comme celui de Surinam, à attirer les Anglais dans les Indes et les Antilles, où déjà l'escadre de l'amiral Missiessy, partie le 11 janvier, appelait leur attention, puis à revenir sur-le-champ dans les mers d'Europe, avec une réunion de forces supérieure à toute escadre anglaise, quelle qu'elle fût. C'était bien en partie le projet du mois de décembre précédent, mais agrandi, complété par la réunion des forces de l'Espagne. L'amiral Villeneuve devait partir au premier vent favorable, passer le détroit, toucher à Cadix, y rallier l'amiral Gravina avec 6 ou 7 vaisseaux espagnols, plus le vaisseau français l'*Aigle*, puis se rendre à la Martinique; si Missiessy y était encore, se joindre à lui et attendre là une nouvelle jonction plus considérable que toutes les autres. Cette jonction était celle de Ganteaume. Celui-ci, profitant du premier coup de vent d'équinoxe qui écarterait les Anglais, devait sortir de Brest avec 21 vaisseaux, les meilleurs de cet arsenal, se porter devant le Ferrol, rallier la division française en relâche dans ce port, la division espagnole qui serait prête à mettre à la voile, et se diriger vers la Martinique, où Villeneuve l'attendait. Après cette réunion générale, qui présentait peu de difficultés réelles, il devait y avoir à la Martinique 12 vaisseaux sous Villeneuve, 6 ou 7 sous Gravina, 5 sous Missiessy, 21 sous Ganteaume, plus l'escadre franco-espagnole du Ferrol, c'est-à-dire de 50 à 60 vaisseaux environ; force énorme, dont la concentration ne s'était jamais vue dans aucun temps, et sur aucune mer. Cette fois, la combinaison était si complète, si bien calculée, qu'elle devait produire dans l'esprit de Napoléon une véritable exaltation d'espérance. Le ministre Decrès lui-même convenait qu'elle offrait les plus grandes chances de succès. L'appareillage de Toulon était toujours possible par le mistral, et la dernière sortie de Villeneuve le prouvait. La jonction à Cadix avec Gravina, si on donnait le change à Nelson, était aisée, car les Anglais n'avaient pas encore jugé utile d'établir un blocus devant ce port. L'escadre de Toulon, ainsi portée à 17 ou 18 vaisseaux, était à peu près assurée d'arriver à la Martinique. Missiessy venait d'y toucher sans rencontrer autre chose que des bâtiments de commerce, qu'il avait pris. Le point le plus difficile était la sortie de la rade de Brest. Mais, en mars, on avait tout lieu de compter sur quelque coup de vent d'équinoxe. Ganteaume arrivé devant le Ferrol, qui n'était bloqué que par 5 ou 6 vaisseaux anglais, devait, avec 21, leur ôter toute idée de combattre, rallier sans coup férir la division française commandée par l'amiral Gourdon, ceux des Espagnols qui seraient prêts, et se rendre ensuite à la Martinique. Il ne pouvait pas venir à l'esprit des Anglais qu'on songeât à réunir, sur un seul point comme la Martinique, 50 ou 60 vaisseaux à la fois. Il était probable que leurs conjectures se dirigeraient sur l'Inde. En tout cas, Ganteaume, Gourdon, Villeneuve, Gravina, Missiessy une fois ensemble, celle des escadres anglaises qu'ils rencontreraient, forte tout au plus de 12 ou 15 vaisseaux, n'en voudrait pas braver 50, et le retour dans la Manche était assuré. Alors toutes nos forces devaient se trouver rassemblées entre le rivage de l'Angleterre et de la France, au moment où les flottes navales de l'Angleterre iraient en Orient, en Amérique ou dans l'Inde. Les événements prouvèrent bientôt que cette grande combinaison était réalisable, même avec une exécution médiocre.

Tout fut soigneusement disposé pour garder un profond secret. Il ne fut point confié aux Espagnols, qui s'étaient engagés à suivre docilement les directions de Napoléon. Villeneuve et Ganteaume seuls devaient l'avoir parmi les amiraux, mais non au départ, et uniquement en mer, quand ils ne pourraient plus communiquer avec la terre. Alors des dépêches, qu'ils avaient ordre d'ouvrir sous une certaine latitude, leur apprendraient quelle marche ils auraient à suivre. Aucun des capitaines de vaisseau n'était initié au secret de l'entreprise. Ils avaient seulement des points de rendez-vous fixés en cas de séparation. Aucun des ministres ne connaissait le plan, l'amiral Decrès excepté. Il lui était expressément recommandé de correspondre directement avec Napoléon, et d'écrire ses dépêches de sa propre main. Le bruit d'une expédition dans l'Inde était répandu dans tous les ports. On feignit d'embarquer beaucoup de troupes; en réalité, l'escadre de Toulon était chargée de prendre à peine 3 mille hommes, celle de Brest six ou sept mille. Il était prescrit aux amiraux de déposer une moitié de cette force aux Antilles pour en renforcer les garnisons, et de ramener en Europe 4 ou 5 mille soldats des meilleurs, pour les joindre à l'expédition de Boulogne.

Les flottes par ce moyen devaient être peu encombrées, mobiles et à leur aise. Elles avaient toutes pour six mois de vivres, de manière à tenir la mer long-temps, sans être obligées de relâcher nulle part. Des courriers partis pour le Ferrol et pour Cadix portaient l'ordre de se préparer sans relâche, et d'être toujours en position de lever l'ancre, parce qu'on pouvait à chaque instant être débloqué par une flotte alliée, sans dire laquelle, sans dire comment.

A toutes ces précautions pour faire prendre le change aux Anglais s'en joignait une dernière, non moins capable de les tromper, c'était le voyage de Napoléon en Italie. Il supposait que ses flottes, parties sur la fin de mars, employant le mois d'avril à se rendre à la Martinique, le mois de mai à se réunir, le mois de juin à revenir, seraient vers les premiers jours de juillet dans la Manche. Il devait rester tout ce temps en Italie, passer des revues, donner des fêtes, cacher ses profonds desseins sous les apparences d'une vie vaine et somptueuse, puis, au moment indiqué, partir secrètement en poste, se transporter en cinq jours de Milan à Boulogne, et, tandis qu'on le croirait encore en Italie, frapper sur l'Angleterre le coup dont il la menaçait depuis si longtemps. Ce coup, elle l'avait tant attendu depuis deux années, qu'elle commençait à n'y plus croire. L'Europe n'y voyait plus qu'une feinte imaginée pour agiter la nation britannique, et l'obliger à s'épuiser en inutiles efforts. Tandis qu'on s'abandonnait à cette pensée, Napoléon, au contraire, avait sans cesse accru l'armée de l'Océan, en prenant dans les dépôts de quoi augmenter l'effectif des bataillons de guerre, et en remplissant par la conscription de l'année le vide laissé dans les dépôts. L'armée de Boulogne se trouvait ainsi renforcée de près de 30 mille hommes, sans que personne n'en sût rien. Il avait toujours tenu cette armée dans un tel état d'activité et de disponibilité, qu'on ne pouvait guère y discerner le plus ou le moins d'effectif. L'opinion d'une pure démonstration, destinée à inquiéter l'Angleterre, devenait même chaque jour l'opinion dominante.

Tout étant ainsi disposé, avec la résolution la plus ferme de tenter l'entreprise, et avec une conviction profonde du succès, Napoléon se prépare à partir pour l'Italie. Le Pape était resté tout l'hiver à Paris. Il avait d'abord songé à se mettre en route vers la mi-février pour regagner ses États. Des neiges abondantes tombées dans les Alpes servirent de motif pour le retenir encore. Napoléon mêla tant de grâce à ses instances, que le Saint-Père céda, et consentit à différer son départ jusqu'à la mi-mars. Napoléon n'était pas fâché de laisser apercevoir à l'Europe la longueur de cette visite, de rendre son intimité avec Pie VII chaque jour plus grande, et enfin de le garder de ce côté des Alpes, pendant que les agents français faisaient à Milan les apprêts d'un second couronnement. Les cours de Naples, de Rome et même d'Étrurie, ne voyaient pas sans regret la création d'un vaste royaume français en Italie; et, si le Pape s'était trouvé au Vatican assiégé de suggestions de tout genre, peut-être eût-il été induit à s'y montrer lui-même peu favorable.

Pie VII, après s'être entièrement mis en confiance avec Napoléon, avait fini par lui avouer ses secrets désirs. Il était charmé des honneurs rendus à sa personne, honneurs qui profitaient à la religion,

Mars 1805.

Napoléon se prépare à partir pour l'Italie, et, avant son départ, s'explique longuement

du bien qu'avait semblé produire sa présence, et même de ce que le nouvel Empereur accomplissait en France pour seconder la restauration du culte. Mais, tout saint qu'était Pie VII, il était homme, il était prince; et le triomphe des intérêts spirituels, en le remplissant de satisfaction, ne lui laissait pas oublier les intérêts temporels du Saint-Siége, très en souffrance depuis la perte des Légations. Il avait conduit avec lui six cardinaux, dont un était mort à Lyon, le cardinal Borgia. Les autres, notamment les cardinaux Antonelli et di Pietro, étaient du parti ultramontain, et fort contraires au cardinal Caprara, qui avait trop de lumières et de sagesse pour leur convenir. Aussi avaient-ils amené le Pape à cacher ses démarches à ce cardinal, qui, en qualité de légat, aurait dû être informé de toutes les négociations tentées à Paris. Il ne leur aurait certainement pas enseigné un moyen de réussir dans leurs projets; car ce qu'il était possible de faire pour l'Église, Napoléon le faisait spontanément et sans être pressé. Mais ce personnage plein d'expérience et de sagesse les aurait dissuadés de tentatives inutiles, toujours regrettables, parce qu'elles deviennent le plus souvent des causes de brouille.

On commença par dogmatiser avec Napoléon sur les quatre propositions de Bossuet, dont Louis XIV, vers la fin de sa vie, avait, disait-on, promis l'annulation. Napoléon fut doux dans la forme, inflexible au fond, et laissa voir qu'il n'y avait rien à attendre quant à la révocation des fameux arti-

cles organiques. Restait la manière de les exécuter. Il se montra disposé à écouter les observations qu'on voudrait lui présenter à ce sujet.
D'abord on lui parla de la juridiction des évêques
sur les ecclésiastiques, dont on l'avait souvent
entretenu, et qui ne paraissait pas assez complète
à Pie VII; à quoi Napoléon, concertant ses réponses avec M. Portalis, répondit que tout délit
spirituel était et serait laissé à la juridiction ecclésiastique, mais que tout délit civil, contre la loi
civile, continuerait d'être déféré aux tribunaux ordinaires, car les prêtres étaient citoyens, et, sous
ce rapport, devaient relever de la loi commune.
Puis on parla des séminaires, du trop petit nombre
des ministres du culte, enfin de l'état des édifices
religieux, négligés depuis vingt ans, et tombant
en ruines. On prétendit qu'il faudrait 38 millions par an pour les besoins du culte, tandis
qu'il n'y en avait que 13 portés au budget de
l'État, ce qui laissait un déficit de 25. Napoléon
répondit en énumérant ce qu'il avait fait à cet
égard, et ce qu'il allait faire encore, au fur et
à mesure de l'augmentation des revenus de l'É-
tat. On s'entretint ensuite de divers autres objets, étrangers aux articles organiques et à leur
exécution, notamment du divorce, permis par nos
lois nouvelles. Napoléon, toujours se concertant
avec M. Portalis, dit que le divorce avait paru
indispensable au législateur pour réparer certains
désordres de mœurs, mais que les prêtres restaient libres de refuser la bénédiction religieuse

Mars 1805.

aux divorcés qui voulaient contracter un nouveau mariage; que la conscience des prêtres n'était donc pas violentée, mais que d'ailleurs ce n'était pas là une affaire attentatoire au dogme, car le divorce avait existé dans l'ancienne Église. Après cet objet, on parla de l'observation des dimanches et jours de fête, qui, malgré le rétablissement du calendrier grégorien, n'était pas assez générale parmi le peuple. Napoléon répondit que déjà, vers la fin du dernier siècle, les mœurs, plus fortes que les lois, avaient amené un relâchement, et qu'on voyait quelquefois, avant la Révolution, les ouvriers des villes travailler le dimanche; que les peines employées en cette matière valaient moins que les exemples; que le gouvernement s'appliquerait toujours à en donner de bons, et que jamais les ouvriers aux gages de l'État ne travailleraient les jours de fête; que le dimanche était observé fidèlement par le peuple des campagnes, que le peuple seul des villes y manquait; et que, dans les villes, forcer les ouvriers à l'oisiveté, ce serait, outre l'inconvénient d'employer la loi pénale, donner à l'ivrognerie et au vice le temps enlevé au travail; qu'au surplus on essaierait tout ce qu'une politique religieuse, mais prudente, permettrait de faire.

On aborda un autre sujet, celui de l'éducation, et on demanda pour le clergé la faculté de veiller sur les écoles. Napoléon répondit qu'il y aurait des aumôniers dans les lycées, choisis parmi les prêtres en conformité de doctrine avec l'Église, qu'ils seraient par le fait les inspecteurs ecclésiastiques des maisons d'éducation, qu'ils pourraient désigner à leurs évêques celles dont l'enseignement religieux laisserait à désirer, mais qu'il n'y aurait sur les établissements d'éducation d'autre autorité que celle de l'État. Il fut dit aussi quelques mots des évêques en désaccord avec le Saint-Siége, et on convint de les ramener à cette paix, volontaire ou forcée, dans laquelle Napoléon était résolu à faire vivre le clergé tout entier. On termina la série des questions d'intérêt spirituel par la discussion d'un projet qui préoccupait sans cesse la cour de Rome, celui d'obtenir que la religion catholique fût déclarée religion dominante en France. Ici Napoléon fut inflexible. Suivant lui, elle était dominante par le fait, puisqu'elle était la religion de la majorité des Français, puisqu'elle était celle du souverain, puisque les grands actes du gouvernement, comme la prise de la couronne, par exemple, avaient été entourés des pompes catholiques. Mais une déclaration de ce genre était capable d'alarmer tous les cultes dissidents; or il entendait leur assurer un parfait repos à tous, et il n'admettait pas que le rétablissement du culte catholique, qu'il avait voulu, et qu'il voulait franchement, pût être une diminution de sécurité pour aucune des religions existantes.

Sur tous ces points Napoléon fut d'une douceur extrême dans la forme, d'une fermeté désespérante au fond. On en arriva enfin à la chose essentielle, celle qui touchait Rome plus que tous les points de discipline ecclésiastique, à l'affaire des Légations.

Mars 1805

Explication entre le Pape et Napoléon, relativement aux Légations.

On rédigea un mémoire que Pie VII remit lui-même à Napoléon, et qui était relatif aux pertes que le Saint-Siége avait essuyées depuis un siècle, tant en revenus qu'en territoires. On énumérait dans ce mémoire les droits divers que le Saint-Siége percevait jadis dans tous les États catholiques, et qui, sous l'influence de l'esprit français, avaient été, en France, en Autriche, en Espagne même, ou diminués ou supprimés. On rappelait la manière dont le Saint-Siége avait été frustré de son droit de retour sur le duché de Parme à l'extinction de la maison Farnèse; on alléguait la privation plus ancienne du comtat Venaissin, cédé à la France; on citait la plus grave de toutes les pertes, celle des Légations, transportées à la République italienne. Ainsi réduit, le Saint-Siége ne pouvait plus, disait-on, faire face aux dépenses obligées de la religion catholique dans toutes les parties du monde. Il ne pouvait ni mettre les cardinaux en position de soutenir leur dignité, ni sustenter les missions étrangères, ni pourvoir à la défense de ses faibles États. On comptait sur le nouveau Charlemagne pour égaler la munificence de l'ancien. Ici Napoléon ne laissa pas d'éprouver un véritable embarras en présence d'une demande aussi directe. Il n'avait rien promis pour amener le Pape à Paris; mais à toutes les époques il avait fait espérer d'une manière générale qu'il améliorerait la situation matérielle du Saint-Siége. Rendre les Légations à la cour pontificale était chose impossible, à moins de trahir odieusement cette République italienne dont il était le fondateur, et dont il allait devenir le monarque. C'eût été détruire toutes les espérances des patriotes italiens, qui voyaient dans ce nouvel État un commencement d'existence indépendante pour leur patrie. Mais il avait à sa disposition le duché de Parme, qu'il ne voulait accorder ni à la maison de Sardaigne en indemnité du Piémont, ni à l'Espagne comme agrandissement du royaume d'Étrurie, et qu'il réservait en ce moment pour une dotation de famille. Il eût été prudent sans doute d'en faire l'indemnité de la maison de Sardaigne, ou bien de l'ajouter à l'Étrurie en obligeant celle-ci à indemniser avec le Siennois la maison de Sardaigne. On aurait du même coup acheté la paix avec la Russie, et fourni à l'Espagne un grand sujet de joie. Mais si l'on renonçait à ménager la Russie, qui venait de retirer son chargé d'affaires, et à satisfaire l'Espagne, dont l'inertie n'était guère réveillée par les bons procédés, c'eût été une destination digne de la hauteur des desseins de Napoléon, que de donner le duché de Parme au Pape. En le cédant au Saint-Siége Napoléon faisait tomber bien des propos sur ses projets en Italie; il détruisait le principal argument dont on se servait auprès de l'Autriche pour nouer une nouvelle coalition européenne; et, ce qui n'importait pas moins, il s'attachait à jamais le Pape, et prévenait cette triste rupture avec le Saint-Siége, qui, plus tard, lui causa un tort moral considérable, rupture qui n'eut d'autre origine en réalité que le méconten-

Mars 1805

tement mal dissimulé de la cour de Rome en cette occasion. Tout cela valait mieux que de réserver Parme, comme le voulait alors Napoléon, pour une dotation de famille. Avoir laissé échapper en 1804 l'alliance de la Prusse, et renvoyer en 1805 le Pape comblé d'honneurs, mais finalement lésé dans ses intérêts, constituent, à notre avis, les premières fautes essentielles de cette politique puissante, dont l'erreur a été de ne compter qu'avec elle-même, et jamais avec les autres.

Napoléon profita de ce qu'on ne lui parlait directement que des Légations, pour faire la réponse facile et simple qui sortait de la situation même. Il ne pouvait trahir un État qui l'avait choisi pour son chef, raison légitime et péremptoire quant aux Légations; et il annonça l'intention où il était d'améliorer plus tard la situation du Saint-Siége. Il chargea le cardinal Fesch de s'en expliquer avec le Pape. Il voulait, pour le moment, venir pécuniairement à son secours, et il faisait entrevoir, dans un temps qui n'était pas loin, de nouveaux remaniements de territoire, à l'aide desquels le Pape pourrait être indemnisé. Du reste il était sincère, car ces remaniements, il les discernait dans un avenir assez rapproché. Il voyait, en effet, la guerre prochainement réveillée sur le continent, l'Italie conquise cette fois tout entière, Venise enlevée à l'Autriche, Naples aux Bourbons, et il se disait qu'il trouverait bien dans tout cela un moyen de satisfaire le Pape.

Mais ces bonnes intentions différées laissaient

naître un déplaisir présent, qui fut bientôt la source de fâcheuses conséquences.

Napoléon et le Pape se quittèrent sans être aussi mécontents l'un de l'autre que les demandes faites et refusées pouvaient donner lieu de le craindre. Le Pape, au lieu du guet-apens que des insensés lui annonçaient en quittant Rome, avait trouvé à Paris un accueil magnifique, augmenté par sa présence l'impulsion religieuse, occupé enfin en France une place digne des plus grandes époques de l'Église. A tout prendre, si ses conseillers intéressés étaient mécontents, lui s'en allait satisfait. Il échangea avec l'Empereur et l'Impératrice les adieux les plus affectueux, et partit comblé de riches présents. Il sortit de Paris, le 4 avril 1805, au milieu d'une affluence de peuple plus considérable encore qu'à son arrivée. Il devait s'arrêter quelques jours à Lyon pour y célébrer la fête de Pâques.

Napoléon avait tout disposé pour se mettre en voyage à la même époque. Après avoir donné ses derniers ordres à la flotte et à l'armée, et réitéré ses instances auprès de la cour d'Espagne pour que tout fût prêt au Ferrol et à Cadix, après avoir laissé à l'archichancelier Cambacérès la direction, non pas ostensible, mais réelle de l'Empire, il se rendit le 1ᵉʳ avril à Fontainebleau, où il devait s'arrêter deux ou trois jours. Il s'éloignait enchanté de ses projets, plein de confiance dans leur réussite. Il en avait un premier gage dans l'heureux départ de l'amiral Villeneuve. Celui-ci venait enfin de mettre à la voile le 30 mars, par un vent favorable, et on l'avait perdu de vue des hauteurs de Toulon, sans qu'on pût craindre qu'il eût rencontré les Anglais. Une seule contrariété empêchait la satisfaction d'être complète. Au 1ᵉʳ avril, l'équinoxe ne s'était pas encore fait sentir à Brest, et un temps calme et clair, qui n'était pas de nature à éloigner les Anglais ou à leur cacher la sortie d'une escadre, avait rendu impossible le départ de Ganteaume. Celui-lui hors de Brest, le succès des réunions ne paraissait plus guère douteux, et il fallait supposer un vrai phénomène dans les saisons, pour que l'équinoxe n'amenât pas quelque coup de vent, dans le courant d'avril. Napoléon quitta donc Fontainebleau le 3 avril, se dirigeant par Troyes, Châlon et Lyon, et devançant le Pape par la rapidité de sa marche, afin que les deux cortéges ne se fissent pas obstacle.

Tandis qu'il s'acheminait vers l'Italie, livré à ses grandes pensées, et se laissant distraire de temps en temps par les hommages des peuples, l'Europe, diversement agitée, était en travail d'une troisième coalition. L'Angleterre alarmée pour son existence, la Russie blessée dans son orgueil, l'Autriche vivement contrariée par ce qui se préparait en Italie, la Prusse hésitant sans cesse entre des craintes contraires, nouaient, ou souffraient qu'on nouât une nouvelle ligue européenne, qui, loin d'être plus heureuse que les précédentes, devait procurer à Napoléon une grandeur colossale, malheureusement trop disproportionnée pour être durable.

Le cabinet russe, regrettant les fautes que la vivacité du jeune souverain lui avait fait commettre, aurait désiré trouver dans les réponses de la France un prétexte pour revenir sur ses démarches irréfléchies. La fierté de Napoléon, qui n'avait voulu donner sur l'occupation de Naples, sur le refus d'indemniser la maison de Savoie, sur l'invasion du Hanovre, aucune explication même spécieuse, considérant ces questions comme affaires dont il aurait pu entretenir une cour amie, mais non une cour hostile, cette fierté avait déconcerté le cabinet de Saint-Pétersbourg, et l'avait contraint malgré lui à rappeler M. d'Oubril. L'empereur Alexandre, qui n'avait pas assez de caractère pour soutenir les conséquences d'un premier mouvement, était déconcerté, presque intimidé. MM. de Strogonoff, de Nowosiltzoff, Czartoryski, plus fermes, mais moins pénétrants peut-être, l'avaient entouré, et lui avaient fait sentir la nécessité de défendre aux yeux de l'Europe la dignité de sa couronne. On était revenu à ces idées peu pratiques, mais séduisantes, d'un arbitrage suprême, exercé au nom de la justice et du bon droit. Deux puissances, la France et l'Angleterre, troublaient l'Europe, et l'opprimaient pour les intérêts de leur rivalité. Il fallait se mettre à la tête des nations maltraitées, leur proposer un plan commun de pacification, dans lequel leurs droits seraient garantis, et les points de litige entre la France et l'Angleterre réglés. Il fallait rallier l'Europe à ce plan, le proposer en son nom à l'Angleterre et à la France, se ranger ensuite avec

Avril 1805.

La Russie, quoique regrettant ses premières démarches, obligée par les réponses hautaines de Napoléon, à défendre sa dignité compromise.

Les jeunes amis d'Alexandre, moins prévoyants, mais plus fermes que lui, l'engagent à donner suite à ses premières démarches.

L'idée d'un arbitrage suprême imposé à la France et à l'Angleterre au nom de l'Europe, devenue l'idée

celle des deux puissances qui l'adopterait, contre la puissance qui le refuserait, pour accabler celle-ci sous la force et le bon droit du monde entier. Des hommes moins jeunes, moins nourris de théories, auraient vu tout simplement en cela une coalition avec l'Angleterre et une partie de l'Europe, contre la France. Ce plan, en effet, conçu d'une manière entièrement favorable à l'Angleterre qui flattait la Russie, et défavorable à la France qui ne la flattait guère, devait être à peu près acceptable par M. Pitt, inacceptable pour Napoléon, et suivi plus ou moins prochainement de la guerre contre celui-ci. Il conduisait à une troisième coalition. Les propositions présentées à l'empereur Alexandre furent mêlées de tant d'idées spécieuses et brillantes, quelques-unes même si généreuses et si vraies, que la vive imagination du jeune czar, d'abord effrayée de ce qu'on lui proposait, fut enfin saisie, et séduite au point de mettre immédiatement la main à l'œuvre.

Avant de raconter les négociations qui s'ensuivirent, il faut exposer ce plan d'arbitrage européen, et indiquer son auteur. On verra par la gravité des conséquences qu'ils méritent d'être connus.

L'un de ces aventuriers, doués quelquefois de facultés éminentes, qui vont porter dans le Nord l'esprit et le savoir du Midi, s'était rendu en Pologne pour y trouver l'emploi de ses talents. Il était abbé, s'appelait Piatoli, et avait été d'abord attaché au dernier roi de Pologne. Après les divers partages, il avait passé en Courlande et de Courlande en

Russie. C'était un de ces esprits actifs qui, ne pouvant s'élever au gouvernement des États, placé trop au-dessus d'eux, conçoivent des plans ordinairement chimériques, mais non toujours méprisables. Celui dont il s'agit avait beaucoup médité sur l'Europe, et il dut au hasard qui le mit en relation avec les jeunes amis d'Alexandre l'occasion d'exercer une influence occulte, assez considérable, et de faire prévaloir dans les résolutions des puissances une partie de ses conceptions. Ces penseurs subalternes ont rarement un tel honneur. L'abbé Piatoli a eu le triste avantage de fournir en 1805 quelques-unes des principales idées qui ont fini par être admises dans les traités de 1815. A ce titre, il est digne d'attention, et les pensées que nous lui prêtons ne sont pas une supposition, car elles sont contenues dans des mémoires secrets remis alors à l'empereur Alexandre [1]. Cet étranger, trouvant dans le prince Czartoryski un esprit plus méditatif, plus sérieux que chez les autres jeunes gens qui gouvernaient la Russie, s'était plus intimement associé à lui, et leurs vues étaient devenues tout à fait communes, au point que le plan proposé à l'Empereur appartenait presque autant à l'un qu'à l'autre. Voici quel était ce plan.

L'ambition des puissances du nord, et les conquêtes de la Révolution française, avaient depuis trente ans bouleversé l'Europe, et opprimé toutes les nations du second ordre. Il fallait y pourvoir

---

[1] Il existe une copie de ces Mémoires en France.

par une organisation nouvelle, et par l'établissement d'un nouveau droit des gens, mis sous la protection de la grande confédération européenne. Pour cela on avait besoin d'une puissance parfaitement désintéressée, qui fît partager son désintéressement à toutes les autres, et qui travaillât à l'accomplissement de l'œuvre proposée.

Une seule puissance avait en elle tous les signes de cette noble mission, et cette puissance était la Russie. Son ambition véritable devait être, si elle comprenait son rôle, non pas d'acquérir des territoires, comme le voulaient l'Angleterre, la Prusse ou l'Autriche, mais de l'influence morale. Pour un grand État, l'influence est tout. Après une longue influence viennent les acquisitions territoriales. Cet Italien avait raison. En paraissant protéger en Europe, contre ce qu'on appelle la Révolution, les princes grands ou petits, qui en ont peur, la Russie a gagné la Pologne. Il ne serait pas impossible qu'elle y gagnât encore Constantinople. On influe d'abord, on conquiert ensuite.

La Russie devait donc proposer à toutes les cours, non la guerre contre la France, ce qui n'aurait été ni juste ni politique, mais une *alliance de médiation pour la pacification de l'Europe*. On n'aurait certainement aucune peine à y faire adhérer l'Autriche et l'Angleterre; mais tout était dangereux sans le concours de la Prusse. Il fallait donc arracher à ses hésitations intéressées cette cour astucieuse, ou bien la fouler sous les pieds des armées européennes, si elle se refusait à concourir au projet commun. Il ne fallait aucun ménagement ni envers la Prusse, ni envers tout autre État qui résisterait au plan proposé, *parce qu'ils auraient déserté la cause du genre humain.*

Tous les États européens, sauf la France, une fois réunis, on devait former trois grandes masses de forces : une au midi, composée de Russes et d'Anglais venus en Italie sur des vaisseaux, et destinés à remonter avec les Napolitains la péninsule italienne, pour se joindre à une colonne de cent mille Autrichiens opérant en Lombardie; une masse à l'orient, composée de deux grandes armées autrichienne et russe, marchant par la vallée du Danube vers la Souabe et la Suisse; enfin une masse au nord, composée de Russes, de Prussiens, de Suédois, de Danois, et descendant perpendiculairement du nord au midi sur le Rhin. Ces trois grandes masses de forces devaient agir indépendamment les unes des autres, afin d'éviter les inconvénients des coalitions, qui se font battre pour tenter un concert impossible. Chacune des trois se dirigerait comme une armée, n'ayant à songer qu'à sa propre sûreté, et à sa propre action. C'était pour avoir voulu combiner leurs mouvements, que l'archiduc Charles et Suvarow avaient causé le désastre de Zurich.

Ces trois masses de forces ainsi formées, on parlerait au nom d'un congrès commun, représentant *l'alliance de médiation*. On offrirait à la France des conditions compatibles avec sa grandeur ac-

Avril 1805

L'alliance de médiation appuyée sur trois grandes masses de forces.

Les trois grandes masses de forces réunies, on doit parler au nom

21.

tuelle, conditions auxquelles on aurait préalablement amené l'Angleterre, et on n'en viendrait à la guerre qu'en cas de refus. Ces conditions seraient celles-ci : les traités de Lunéville et d'Amiens, mais, bien entendu, expliqués par l'Europe. On peut, du reste, se faire une grande idée de notre puissance à cette époque, seulement en voyant les projets auxquels s'arrêtaient nos jaloux ennemis.

La France garderait les Alpes et le Rhin, c'est-à-dire la Savoie, Genève, les provinces rhénanes, Mayence, Cologne, Luxembourg et la Belgique. Le Piémont serait restitué. Le nouvel État créé en Lombardie ne serait pas détruit pour en rendre les lambeaux à l'Autriche, mais employé à constituer une Italie indépendante. Dans ce but on demanderait même à l'Autriche d'abandonner Venise. La Suisse, conservant l'organisation que lui avait donnée Napoléon, serait fermée aux troupes françaises, et déclarée perpétuellement neutre. Il en serait de même pour la Hollande. La France, en un mot, maintenue dans ses grandes limites des Alpes et du Rhin, serait obligée d'évacuer l'Italie entière, la Suisse, la Hollande, sans compter le Hanovre, qui, la guerre cessant, ne pourrait plus être occupé.

En retour de ces concessions exigées de la part de la France, on obligerait l'Angleterre à quitter Malte, à restituer les colonies dont elle se serait emparée, et même à seconder les Français dans une autre entreprise contre Saint-Domingue, car l'Europe avait intérêt à arracher cette magnifique terre à la barbarie des nègres révoltés. On l'obligerait enfin à convenir avec toutes les nations d'un code maritime équitable. Pour dernière condition, toutes les cours reconnaîtraient Napoléon comme empereur des Français.

Avril 1805.

Certes, si la Russie eût été assez forte pour faire consentir l'Autriche à l'indépendance de l'Italie, l'Angleterre à l'indépendance des mers, Napoléon eût été bien coupable de se refuser aux conditions proposées! Mais, loin d'abandonner Venise à ces bienveillants organisateurs d'une nouvelle Europe, l'Autriche était impatiente de revenir à Milan, et de s'avancer en Souabe; l'Angleterre entendait garder Malte, et ne pas reconnaître les droits des neutres. Si donc Napoléon s'obstinait à retenir, comme il n'y avait pas à en douter, le Piémont, la Suisse, la Hollande, pour faire servir à son avantage des pays que ses ennemis voulaient constituer contre lui, on peut certainement excuser son ambition en présence de celle des autres gouvernements européens.

Ce projet, conçu d'abord sincèrement et dans des intentions généreuses, eût été de tout point équitable si tout le monde l'eût accepté en son entier. Mais il devait être, dans les mains d'une coalition hypocrite, un prétexte pour amener la France à un refus, qui lui mettrait encore l'Europe sur les bras. Les faits vont bientôt le prouver.

Si la France refusait, ce qui était probable, on devait agir militairement contre elle. Il fal-

Comment on devait agir dans le cas

Avril 1805.

très-probable d'un refus de la part de la France.

lait dans ce cas plutôt cacher que publier l'intention de changer son gouvernement, ménager son orgueil, rassurer les acquéreurs de biens nationaux, promettre à l'armée la conservation de ses grades (tout ce qu'on a fait en 1814), et, si la fatigue d'un gouvernement belliqueux et agité ramenait les esprits en France à l'ancienne dynastie, alors seulement songer à la rétablir, parce que cette dynastie, tenant sa restauration de l'Europe, se contenterait bien plus facilement que la famille Bonaparte du petit État qu'on voulait lui laisser.

Deux manières de traiter la France, suivant les deux chances présumées de la guerre.

La guerre pouvait présenter des chances diverses. Si elle n'était qu'à moitié heureuse, on enlèverait à la France l'Italie et la Belgique; si elle était complétement heureuse, on ôterait encore à la France les provinces rhénanes, c'est-à-dire le territoire compris entre la Meuse et le Rhin. Il faudrait toutefois ne pas oublier la faute commise contre Louis XIV, et se garder de renouveler l'exemple des hauteurs du pensionnaire Heinsius, car la France trop maltraitée ne serait jamais en repos. On devait donc lui conserver quelque chose de ses conquêtes actuelles, en tirant une ligne de Luxembourg à Mayence, et en lui concédant, outre la place de Mayence, ce qu'on appelle la Bavière rhénane. On voit que les combinaisons de cette politique, n'ayant pas encore été remaniées par M. Pitt, ne portaient pas l'empreinte d'une haine passionnée, comme celles qui ont prévalu dix années plus tard.

Dans cette double hypothèse d'une guerre plus

ou moins heureuse, on distribuait l'Europe de la manière suivante.

Avril 1805.

Il importait avant tout de se prémunir contre cette nation française, douée de *talents si dangereux*, et d'un caractère si entreprenant. Pour cela il était nécessaire de l'entourer d'États puissants, capables de se défendre. Il fallait premièrement renforcer la Hollande, et dans ce but lui donner la Belgique, pour faire de ces deux pays ce qu'on appelait le *royaume des Deux-Belgiques*, lequel serait accordé à la maison d'Orange, qui avait tant souffert des suites de la Révolution française. On maintiendrait la Prusse sur le Rhin, où elle était : peut-être lui rendrait-on les petites provinces qu'elle avait cédées à la République française, telles que les duchés de Clèves et de Gueldre, et, autant que possible, on l'établirait en Westphalie autour de la Hollande, pour la séparer de tout contact avec la France. Cependant, en vertu du principe de désintéressement imposé aux grandes cours, principe sans lequel on ne pouvait pas établir l'Europe sur des bases durables, on donnerait peu de chose à la Prusse, afin de pouvoir organiser l'Allemagne et l'Italie d'une façon convenable. Après le royaume des Deux-Belgiques créé au nord de la France, on créerait au midi et à l'est le royaume de Piémont, sous le nom de *royaume Subalpin*, et on l'adjugerait à la maison de Savoie, maintenant détrônée, laquelle avait plus souffert encore que la maison d'Orange pour la cause commune des rois. On ne lui rendrait pas la Savoie,

Plan d'une constitution générale de l'Europe, en se servant des dépouilles de la France, et des sacrifices obtenus de l'Autriche.

Création d'un royaume des Deux-Belgiques.

Création d'un vaste royaume de Piémont.

mais on lui accorderait tout le Piémont, toute la Lombardie, même l'État vénitien, enlevé dans cette intention à l'Autriche, moyennant le dédommagement qui va suivre. Enfin à ce vaste territoire on ajouterait Gênes. Ce royaume Subalpin, formant ainsi l'État le plus considérable de l'Italie, serait capable de tenir la balance entre la France et l'Autriche, et de servir plus tard de fondement à l'indépendance italienne.

Constitution de l'Italie, sous la forme d'une confédération, imitée de la Constitution germanique.

L'Italie, cette belle et intéressante contrée, serait constituée à part, et de façon à jouir de cette existence propre tant et si vainement désirée par elle. La réunir en un seul corps de nation était pour le moment impossible. On la composerait de plusieurs États, unis par un lien fédératif, lien assez fort pour rendre l'action commune aussi prompte que facile. Outre le royaume Subalpin, comprenant toute la haute Italie depuis les Alpes maritimes jusqu'aux Alpes juliennes, et ayant deux ports tels que Gênes et Venise, il y aurait le royaume des Deux-Siciles conservé dans ses limites actuelles, lequel serait placé à l'autre extrémité de la Péninsule; au centre se trouverait le Pape, remis en possession des Légations, jouissant d'une neutralité perpétuelle, et, comme l'Électeur de Mayence dans le corps germanique, faisant les fonctions de chancelier de la confédération; au centre encore serait le royaume d'Étrurie laissé à l'Espagne; puis, soit dans les interstices, soit aux extrémités, la république de Lucques, l'ordre de Malte, la république de Raguse et les Sept-Iles. Ce corps italique, dans son organisation fédérative, aurait un chef comme le corps germanique, mais non électif. Le roi de Piémont et le roi des Deux-Siciles jouiraient alternativement de cette dignité.

Avril 1805.

C'était là sans doute une généreuse et savante combinaison, pour laquelle la France aurait dû s'imposer des sacrifices, si les jeunes têtes qui gouvernaient la Russie avaient été capables de vouloir sérieusement et fortement une grande chose.

La Savoie, enlevée à la couronne de Sardaigne, n'eût pas été rendue à la France, mais, avec la Valteline et les Grisons, convertie en canton suisse. La Suisse, divisée en cantons, eût été réunie à l'Allemagne comme un des États confédérés.

L'Empire germanique devait être soumis à un régime absolument nouveau. Il était opprimé alternativement par l'Autriche et par la Prusse, qui s'en disputaient la domination. Ces deux puissances seraient mises en dehors de la Confédération, dans laquelle elles ne jouaient que le rôle de chefs de parti ambitieux. Le corps germanique, livré ainsi à lui-même, diminué de ces deux grandes masses, mais accru du royaume des Deux-Belgiques et de la Suisse, affranchi de toute fâcheuse influence, n'ayant en vue que l'intérêt allemand, ne serait plus entraîné, malgré lui, dans des guerres injustes ou étrangères à ses vrais intérêts. La couronne cesserait d'y être élective. Les principaux États de la Confédération en auraient tour à tour la direction suprême, comme il était proposé pour l'Italie. On renforcerait, au moyen de nou-

Constitution de l'Allemagne.

velles délimitations territoriales, Bade, le Wurtemberg, la Bavière. On terminerait la querelle toujours inquiétante de la Bavière et de l'Autriche, en attribuant la frontière de l'Inn à celle-ci.

Les trois grands États du continent, la France, la Prusse et l'Autriche, seraient ainsi séparés les uns des autres, par trois grandes Confédérations indépendantes : la Confédération germanique, la Confédération suisse, la Confédération italique, se donnant la main depuis le Zuiderzée jusqu'à l'Adriatique.

En supposant ces diverses combinaisons bonnes et praticables, nous ne saurions nous empêcher de faire observer, que retrancher la Prusse et l'Autriche du corps germanique, ce n'était pas affranchir l'Allemagne, car ces deux ambitions, restées en dehors, auraient agi à son égard comme les États absolus placés autour d'un État libre, comme Frédéric et Catherine autour de la Pologne; ils l'auraient divisée et agitée ; au lieu de vouloir y exercer de l'influence, ils auraient tendu à la conquérir. La vraie indépendance de l'Allemagne consistait alors dans une forte organisation de la Diète, dans un équitable partage de voix entre l'Autriche et la Prusse, de telle sorte que la Confédération pût tenir la balance entre elles. Ajoutez à cela des arrangements européens qui ne rendissent pas la Prusse l'ennemie naturelle de la France (comme on a fait en 1815 en lui donnant les provinces du Rhin), et les deux puissances allemandes restées rivales, mais tenues en équilibre par la Diète, l'Allemagne aurait été libre, c'est-à-dire capable de faire pencher ses résolutions du côté de ses intérêts véritables.

Avril 1805.

Supprimer l'élection pour la couronne impériale, n'aurait pas mieux valu, à ce qu'il nous semble. Bien que depuis deux siècles cette couronne ne sortît pas de la maison d'Autriche, l'élection était néanmoins un lien de dépendance qui rendait cette maison l'obligée des États d'Allemagne. Or il est utile quelquefois de faire dépendre les grands du suffrage des petits, quand l'anarchie n'en est pas la conséquence. L'Allemagne constituée comme elle l'avait été en 1803 par Napoléon, avec quelques voix rendues aux catholiques, pour y rétablir la balance, trop changée aux dépens de l'Autriche, présentait à notre avis un arrangement meilleur et plus naturel que celui qui était conçu par les auteurs de la nouvelle organisation européenne.

Quoique le désintéressement fût le principe essentiel du plan proposé, ce désintéressement pouvait bien aller jusqu'à ne pas acquérir, et à se contenter d'un meilleur arrangement de l'Europe pour unique indemnité des frais de la guerre, mais il ne pouvait aller jusqu'à perdre. On devait donc un dédommagement à l'Autriche pour l'État de Venise auquel on voulait lui demander de renoncer. En conséquence, on lui donnait la Moldavie et la Valachie, pour la porter ainsi jusqu'à la mer Noire, et la rassurer contre le danger futur de se voir bloquée par la Russie.

La Moldavie et la Valachie données à l'Autriche, en dédommagement des sacrifices qui lui sont imposés.

L'empire Ottoman était maintenu tel quel, sauf quelques restrictions que l'on va faire connaître.

Restait le Nord. Il y avait là beaucoup à faire, suivant le singulier organisateur de l'Europe, qui travaillait si librement sur la carte du monde. La frontière qui séparait la Prusse de la Russie était mauvaise. La Pologne était partagée entre ces deux puissances. Pour l'abbé Piatoli, pour les jeunes gens dont il inspirait la politique, pour le prince Czartoryski surtout, même pour Alexandre, c'était un grand attentat que le démembrement de la Pologne. Alexandre, en effet, dans sa jeunesse oisive et opprimée, du temps de Paul, avait souvent dit, au milieu de ses épanchements, que le démembrement de la Pologne était un crime de ses aïeux, qu'il serait heureux de réparer. Mais comment refaire cette Pologne? comment la placer, debout et isolée, entre les États rivaux qui l'avaient détruite? Il existait un moyen, c'était de la reconstituer entièrement, de lui rendre toutes les parties dont elle s'était autrefois composée, et de la donner ensuite à l'empereur de Russie, qui lui octroierait des institutions indépendantes, de façon que la Pologne, destinée dans les anciennes idées de l'Europe à servir de barrière à l'Allemagne contre la Russie, devait servir ici de barrière, ou plutôt d'avant-garde à la Russie contre l'Allemagne. Tel était le rêve de ces jeunes politiques, telle était l'ambition dont ils nourrissaient Alexandre! Cette grande indignation contre l'attentat du dernier siècle, ce noble désintéressement imposé à toutes les cours pour comprimer l'ambition de la France, aurait donc abouti en définitive à refaire la Pologne, pour la donner à la Russie! Ce n'est pas la première fois que sous des vertus fastueuses, s'offrant avec ostentation à l'estime du monde, se sont cachées une grande vanité et une grande ambition. Cette cour de Russie, qui alors poussait au plus haut point l'affectation de l'équité et du désintéressement, qui prétendait, du haut du pôle, faire la leçon à l'Angleterre et à la France, rêvait donc au fond la possession complète de la Pologne! Toutefois il se cachait dans ces projets un sentiment qu'il faut honorer, c'est celui du prince Czartoryski, lequel, ne voyant dans le moment aucune possibilité de rétablir la Pologne par les seules mains polonaises, voulait, à défaut d'autres, se servir des mains russes. Celui-ci du moins avait un but légitime : on ne pouvait lui reprocher qu'une chose, souvent aperçue des Russes, et plus d'une fois dénoncée à l'empereur Alexandre, c'était de songer moins aux intérêts de la Russie qu'à ceux de sa patrie originaire, et, dans cette vue, de pousser son maître à une guerre mal calculée. L'abbé Piatoli, long-temps attaché à la Pologne, partageait toutes ces idées. Il était difficile cependant de proposer à *cette alliance de médiation*, fondée sur le principe du désintéressement, il était difficile de lui proposer l'abandon de la Pologne à la Russie; mais il y avait un moyen d'arriver au but. La Prusse, aimant la paix et les profits de la neutralité, ne consentirait probablement pas à se prononcer. Alors, pour la punir de son refus, on lui passerait sur le

Avril 1805.

corps, on lui enlèverait Varsovie et la Vistule; et avec ces vastes portions de l'ancienne Pologne réunies à celles que possédait déjà la Russie, on constituerait la nouvelle Pologne, dont Alexandre devait être le roi et le législateur.

A ces idées s'en joignaient quelques autres, accessoires au plan, parfois singulières, parfois justes et généreuses.

On devait obliger l'Angleterre à rendre Malte à l'ordre. La Russie abandonnerait Corfou, qui figurerait dès lors parmi les Sept-Iles. L'Angleterre avait pris l'Inde, qu'il fallait bien lui laisser; mais on pouvait tirer de l'Égypte un immense parti pour la civilisation, le commerce général, et l'équilibre des mers. On l'enlèverait à la Porte, et on la remettrait à la France, pour que celle-ci se chargeât de la civiliser. On en composerait un royaume oriental, qui serait placé sous la suzeraineté de la France. On y ferait régner les Bourbons, si à la paix Napoléon était maintenu sur le trône; et Napoléon, si les Bourbons étaient rétablis. On restituerait à la Porte les États barbaresques; on l'aiderait même à les reconquérir, afin qu'elle y abolît la piraterie, qui était une barbarie déshonorante pour l'Europe. Enfin, il y avait certaines possessions contraires à la nature des choses, quoique consacrées par le temps et la conquête, qu'il serait sage et humain de faire cesser. Par exemple, Gibraltar servait aux Anglais à entretenir en Espagne une contrebande honteuse et corruptrice pour ce pays; les îles de Jersey et Guernesey aidaient les Anglais à susciter la guerre civile en France ; Memel, dans les mains de la Prusse, était sur le territoire de la Russie une espèce de Gibraltar pour la fraude. On devait, s'il était possible, au moyen de certaines compensations, amener les possesseurs à renoncer à des postes dont on faisait un si condamnable usage.

Avril 1805.

L'Espagne et le Portugal devaient être réconciliés et unis par un lien fédéral, qui les mît à l'abri de l'influence française d'un côté, de l'influence anglaise de l'autre. Il fallait obliger l'Angleterre à réparer les torts qu'elle avait eus envers l'Espagne, peser sur elle pour la forcer à rendre les galions enlevés, et, en se conduisant ainsi, arracher la cour de Madrid, qui ne demandait pas mieux, à la tyrannie de la France.

Pour compléter ce grand ouvrage de la réorganisation européenne, l'empereur de Russie devait s'adresser à tous les savants de l'Europe, et leur demander un code du droit des gens, comprenant un nouveau droit maritime. Il était, disait-on, inhumain, barbare, qu'une nation déclarât la guerre sans avoir auparavant subi l'arbitrage d'un État voisin et désintéressé, et surtout qu'une nation commençât les hostilités contre une autre sans déclaration préalable de guerre, ainsi que venait de faire l'Angleterre à l'égard de l'Espagne, et que d'innocents commerçants se trouvassent ruinés ou privés de leur liberté par une espèce de guet-apens. Il était intolérable encore que les nations neutres fussent victimes des fureurs de puissances rivales, et ne

Nouveau code du droit des gens, promulgué sous les auspices de la Russie.

pussent traverser les mers sans être exposées aux conséquences d'une lutte qui leur était étrangère. L'honneur de la grande cour réformatrice exigeait qu'il fût pourvu à tous ces maux par des lois internationales. Des prix devaient être accordés aux savants qui auraient proposé sur ce sujet le meilleur système de droit des gens.

C'est par ce mélange d'idées bizarres, les unes élevées, les autres purement ambitieuses, celles-ci sages, celles-là chimériques, qu'on exaltait la tête et le cœur de ce jeune empereur, mobile, spirituel, vain de ses intentions, honnêtes mais fugitives, comme on le serait de vertus éprouvées. Il se croyait véritablement appelé à régénérer l'Europe; et s'il s'interrompait quelquefois dans ces beaux rêves, c'était en songeant au grand homme qui dominait à l'occident, et qui n'était pas d'humeur à la laisser régénérer sans lui ni contre lui. Ceux qui observaient Alexandre de près remarquaient bien que son cœur s'ébranlait, dès qu'il entrevoyait la guerre avec Napoléon, comme fin dernière et probable de tous ses plans.

Cette étrange conception ne mériterait pas l'honneur d'être rapportée si longuement, pas plus que les mille propositions dont les faiseurs de projets accablent souvent les cours qui ont la faiblesse de les écouter, si elle n'était entrée dans la tête d'Alexandre et de ses amis, et, ce qui est plus grave, si elle n'était devenue le texte de toutes les négociations qui suivirent, pour servir enfin de fond aux traités de 1815.

Une chose est digne de remarque. On reprochait à cette époque à la Révolution française d'avoir promis, sans les donner, la liberté, l'indépendance, le bonheur, à tous les peuples, et d'avoir manqué de parole au genre humain. Voici le pouvoir absolu à l'œuvre. Des jeunes gens spirituels, les uns honnêtes et sincères, les autres purement ambitieux, tous élevés à l'école des philosophes, réunis par leur naissance, par l'uniformité de leurs goûts, autour de l'héritier du plus grand empire despotique de la terre, s'étaient épris de l'idée de rivaliser avec la Révolution française en fait d'intentions généreuses et populaires. Cette Révolution qui, suivant eux, n'avait pas même procuré la liberté à la France, car elle venait de lui donner un maître, et qui n'avait valu aux autres nations qu'une dépendance humiliante de l'Empire français, cette Révolution, ils voulaient la confondre en lui opposant une régénération européenne, fondée sur une équitable distribution des territoires, et sur un nouveau droit des gens. Il devait y avoir une Italie indépendante, une Allemagne libre, une Pologne reconstituée. Chaque grande puissance serait contenue par d'utiles contre-poids: La France elle-même serait, non pas humiliée, mais ramenée au respect des droits d'autrui. Les abus de la guerre disparaîtraient sur terre et sur mer; la piraterie serait abolie; l'antique voie du commerce serait rétablie par l'Égypte; la science enfin serait appelée à écrire le droit public des nations. Tout cela était, non pas seulement libellé par un vulgaire rédacteur de mémoires, mais sérieusement proposé à toutes les cours, et discuté avec le moins chimérique des hommes, avec M. Pitt! Nous savons aujourd'hui, nous qui avons quarante ans de plus, ce qu'il en est advenu de toutes ces vues philanthropiques du pouvoir absolu. Les inventeurs de ces plans, battus, déconcertés pendant dix ans par celui qu'ils voulaient détruire, vainqueurs une fois en 1815, n'ont fait ni code du droit des gens, ni code du droit maritime; n'ont affranchi ni l'Italie, ni l'Allemagne, ni la Pologne. Malte et Gibraltar n'ont pas cessé d'être aux Anglais, et les délimitations de l'Europe, tracées dans des intérêts du moment, sans aucun calcul d'avenir, sont les moins sages qui se puissent imaginer.

Toutefois n'anticipons point sur la suite de cette histoire. Dire comment toutes ces idées devinrent communes aux amis d'Alexandre et à lui-même, serait un détail inutile. Ce qu'il y a de certain, c'est qu'ils en étaient pénétrés les uns et les autres, et qu'ils se promirent d'en faire la base de la politique russe. Le prince Czartoryski, y voyant une chance de reconstitution pour la Pologne, désirait fort ardemment les mettre à exécution. Il était devenu, depuis la retraite de M. de Woronzoff à la campagne, de simple adjoint aux affaires étrangères, ministre dirigeant de ce département. MM. de Nowosiltzoff et de Strogonoff adjoints, l'un à la justice, l'autre à l'intérieur, se consacraient à de bien autres soins que celui de leur charge apparente; ils s'occupaient avec leur jeune collègue et l'empereur d'asseoir le monde sur de nouvelles bases. Il fut résolu que celui d'entre eux qui avait le plus de dextérité, M. de Nowosiltzoff, serait envoyé à Londres pour conférer avec M. Pitt, et lui faire agréer les projets de la cour de Russie. Il fallait convertir l'ambitieux cabinet britannique, l'amener aux vues désintéressées du projet, afin de pouvoir fonder ce qu'on appelait l'*alliance de médiation*, et, au nom de cette alliance, parler à la France de manière à être écouté. Un cousin de M. de Strogonoff partit pour Madrid, dans le double but de pacifier l'Angleterre et l'Espagne, et de lier ensemble par des liens indissolubles l'Espagne et le Portugal. Il fut décidé que M. de Strogonoff passerait par Londres, avant de se rendre à Madrid, afin de commencer dans cette capitale sa mission conciliatrice. Au jugement de toute l'Europe, les procédés du gouvernement britannique envers le commerce espagnol avaient été considérés comme injustes et odieux. On devait lui dire que, s'il ne devenait pas plus raisonnable, on le laisserait engagé seul contre la France, et qu'on se renfermerait, avec toutes les puissances continentales, dans une neutralité mortelle pour la Grande-Bretagne.

Les deux jeunes Russes chargés de faire adopter au dehors la politique de leur cabinet, se mirent en route pour Londres dans les derniers jours de 1804. M. de Nowosiltzoff, présenté à la cour d'Angleterre par l'ambassadeur Woronzoff, frère du chancelier en retraite, fut reçu avec une distinction et des soins propres à toucher un jeune homme d'État, admis pour la première fois à l'honneur de traiter les grandes

Avril 1805.

M. de Nowosiltzoff chargé de traiter à Londres, M. de Strogonoff de traiter à Madrid.

affaires de l'Europe. C'est bien plutôt la rudesse et l'orgueil que l'astuce, qui caractérisent ordinairement la diplomatie anglaise. Cependant lord Harrowby, et surtout M. Pitt, avec lequel l'envoyé russe entra directement en conférence, purent bientôt démêler à quels esprits ils avaient affaire, et se conduisirent en conséquence. Le vieux Pitt, vieux par son rôle bien plus que par son âge, assoupli par le danger, tout hautain qu'il était, s'estimait trop heureux de retrouver l'alliance du continent, pour se montrer difficile. Il fut complaisant autant qu'il fallait l'être, envers des jeunes gens sans expérience et nourris de chimères. Il écouta les singulières propositions du cabinet russe, parut les accueillir avec grande considération, mais les modifia comme il convenait à sa politique, se gardant de repousser, et se bornant à renvoyer à la paix générale ce qui était incompatible avec les intérêts de la politique anglaise. Il se fit remettre les propositions de l'envoyé russe, et écrivit en regard ses propres observations[1]. D'abord M. Pitt consentit à être gourmandé par le jeune envoyé russe; il se laissa reprocher l'ambition de l'Angleterre, la dureté de ses procédés, son système envahissant, qui servait de prétexte au système envahissant de la France. Il se laissa dire que, pour former une alliance nouvelle, il fallait la fonder sur un grand désintéressement de la part de toutes les puissances contractantes. Le chef du cabinet britannique prit feu à ce sujet, approuva fort les idées de

[1] J'ai lu moi-même le procès-verbal de ces conférences, dont une copie se trouve en France.

l'ambassadeur d'Alexandre, et déclara qu'il fallait effectivement montrer le plus complet détachement de toute vue personnelle, si l'on voulait arracher le masque dont se couvrait l'ambition de la France; qu'il fallait indispensablement que les alliés ne parussent point songer à eux-mêmes, mais à l'affranchissement de l'Europe, opprimée par une puissance barbare et tyrannique. La gravité des hommes, la gravité des intérêts qu'ils traitent, n'empêchent pas qu'ils ne donnent souvent un spectacle bien puéril! N'est-ce pas, en effet, quelque chose de bien puéril que de voir ces diplomates, représentants d'ambitions qui agitent le monde depuis des siècles, reprocher à la France son avidité insatiable? Comme si le ministre anglais avait voulu ici autre chose que Malte, les Indes et l'empire de la mer! comme si le ministre russe avait voulu autre chose que la Pologne et une influence dominante sur le continent! Quelle pitié que d'entendre les chefs des États s'adresser sérieusement de pareils reproches! Sans doute, Napoléon fut beaucoup trop ambitieux dans son propre intérêt, et surtout dans le nôtre; mais Napoléon, envisagé, si l'on peut dire, dans ses causes morales, Napoléon fut-il autre chose que la réaction de la puissance française contre les envahissements des cours européennes au dernier siècle, contre le partage de la Pologne et la conquête des Indes? L'ambition est le vice ou la vertu de toutes les nations, vice, quand elle tourmente le monde sans lui faire aucun bien, vertu, quand elle l'agite en le civilisant. De ce point de vue, l'ambition dont les nations ont encore le moins à se plaindre, quoiqu'elles en aient souffert, est celle de la France. Il n'y a pas un des pays traversés par ses armées, que la France n'ait laissé meilleur et plus éclairé.

Il fut donc convenu entre M. Pitt et M. de Nowosiltzoff que la nouvelle alliance afficherait le plus grand désintéressement, afin de rendre plus évidente encore la cupidité insatiable de l'Empereur des Français. En admettant qu'il serait bien utile de débarrasser l'Europe de ce personnage redoutable, on reconnut cependant qu'il serait imprudent d'annoncer l'intention d'imposer un gouvernement nouveau à la France. On devait attendre que le pays se prononçât lui-même, le seconder s'il se montrait disposé à secouer le joug du gouvernement impérial, et surtout mettre un grand soin à rassurer les chefs de l'armée sur la conservation de leurs grades, et les propriétaires de biens nationaux sur la conservation de leurs biens. Toutes les proclamations adressées à la nation française devaient être remplies des assurances les plus tranquillisantes à ce sujet. M. Pitt allait même jusqu'à regarder cette précaution comme si importante, qu'il se disait tout prêt à faire, avec les fonds de l'Angleterre, *une provision*, c'est sa propre expression, pour indemniser les émigrés restés autour des Bourbons, et leur ôter ainsi tout motif d'alarmer les acquéreurs de biens nationaux. M. Pitt rêvait donc la fameuse indemnité aux émigrés, vingt ans avant le jour où elle a été votée par le Parlement de France. En voulant désintéresser de telles préten-

tions, il ne savait pas assurément à quoi il s'engageait ; mais, en se montrant disposé à l'essayer aux
dépens du trésor britannique, il prouvait quel prix
immense l'Angleterre attachait à la chute de Napoléon, devenu si menaçant pour elle.

L'idée de réunir une masse imposante de forces,
au nom de laquelle on traiterait avant de combattre,
fut naturellement admise par M. Pitt avec un extrême empressement. Il consentait au simulacre d'une
négociation préalable, sachant bien qu'elle n'aurait
pas de conséquence, et que les conditions proposées
ne conviendraient jamais à la fierté de Napoléon.
Celui-ci ne pouvait souffrir en aucun cas qu'on
organisât sans lui, contre lui, l'Italie, la Suisse,
la Hollande, sous le spécieux prétexte de leur
indépendance. M. Pitt laissait donc les jeunes gou-
vernants russes croire qu'ils travaillaient à une
grande médiation, convaincu qu'ils marchaient purement et simplement à une troisième coalition. Quant
à la distribution des forces, il contredisait certaines
parties du projet. Il acceptait bien trois grandes
masses : une au midi, composée de Russes, de
Napolitains, d'Anglais ; une autre à l'est, composée de Russes et d'Autrichiens ; une au nord,
composée de Prussiens, de Russes, de Suédois,
d'Hanovriens, d'Anglais. Mais il déclarait ne pouvoir fournir un seul Anglais dans le moment. Il
soutenait qu'en les tenant sur les côtes d'Angleterre
toujours prêts à s'embarquer, on produirait un résultat fort utile, celui de menacer le littoral de l'Empire français sur tous les points à la fois. Ce qui si-

Avril 1805.

Opinion
de M. Pitt
sur la
distribution
des forces.

Avril 1805.

Question des subsides.

M. Pitt veut qu'on essaie d'entraîner la Prusse.

gnifiait que, vivant dans la terreur de l'expédition préparée à Boulogne, le gouvernement britannique ne voulait pas dégarnir son territoire, chose au reste fort naturelle. M. Pitt promettait des subsides, mais pas autant à beaucoup près qu'on en demandait; il offrait 6 millions sterling environ (150 millions de francs). Il insistait particulièrement sur un objet que les auteurs du projet russe lui semblaient traiter bien légèrement, c'était le concours de la Prusse. Sans elle tout lui paraissait difficile, presque impossible. A ses yeux, il fallait le concours de l'Europe entière pour détruire Napoléon. Il approuvait fort que, si on ne parvenait pas à entraîner la Prusse, on lui passât sur le corps; car la Russie se liait ainsi pour jamais à la politique anglaise; il offrait même dans ce cas de faire refluer vers Saint-Pétersbourg la part de subsides destinée à la Prusse; mais il trouvait cela bien grave, et il était d'avis d'adresser au cabinet de Berlin les propositions les plus avantageuses afin de l'entraîner. — Ne croyez pas, dit-il à M. de Nowosiltzoff, que je sois le moins du monde favorable à ce cabinet faux, astucieux, cupide, qui demande tantôt à l'Europe, tantôt à Napoléon, le prix de ses perfidies; non. Mais c'est en lui que repose le sort du présent, et même de l'avenir. La Prusse, jalouse de l'Autriche, craignant la Russie, sera toujours portée vers la France. Il faut l'en détacher, sans quoi elle ne cessera jamais d'être la complice de notre irréconciliable ennemi. Il est nécessaire de manquer pour elle seule à vos idées de désintéressement; il faut lui donner plus que Napoléon ne saurait lui offrir, quelque chose surtout qui la brouille irrévocablement avec la France. — M. Pitt, alors conduit par la haine, qui éclaire quelquefois si elle aveugle souvent, M. Pitt imagina une modification au plan russe, fatale autant pour l'Allemagne que pour la France. Il trouvait lumineuse et profonde l'idée de construire autour de notre sol des royaumes capables de nous résister, un royaume des Deux-Belgiques et un royaume Subalpin : l'un pour la maison d'Orange, protégée de l'Angleterre, l'autre pour la maison de Savoie, protégée de la Russie. Mais il pensait que c'était là une précaution insuffisante. Il voulait qu'au lieu de séparer la Prusse et la France par le Rhin, on les mît au contraire en contact immédiat; et il proposa d'accorder à la Prusse, si elle se prononçait pour la coalition, tout le pays compris entre la Meuse, la Moselle et le Rhin, ce que nous appelons aujourd'hui les provinces rhénanes. Cela lui semblait indispensable, si on voulait à l'avenir arracher la Prusse à sa neutralité intéressée, et à son penchant pour Napoléon, auprès duquel elle cherchait et trouvait sans cesse un appui contre l'Autriche. On a étendu ce projet en 1815, en plaçant sur le Rhin, outre la Prusse, la Bavière, afin de nous ôter tous nos anciens alliés en Allemagne. Quand elle aura un jour besoin d'appui contre les dangers qui lui viendront du côté du nord, l'Allemagne appréciera quel service lui ont rendu ceux qui se sont étudiés à créer des sujets de division entre elle et la France.

Il sortit de ces conférences une nouvelle idée,

destinée à compléter la création d'un royaume des Deux-Belgiques : ce fut de construire une ceinture de forteresses, à l'image de celles que Vauban avait élevées autrefois pour couvrir la France, dans ce pays sans frontières, et de construire ces forteresses aux frais de l'alliance.

Quant à l'Allemagne, quant à l'Italie, le ministre anglais fit sentir combien ces vastes projets étaient loin de pouvoir s'exécuter dans le moment, combien ils blesseraient les deux puissances dont on avait le plus besoin, la Prusse et l'Autriche. Elles ne consentiraient ni l'une ni l'autre à sortir de la Confédération germanique; la Prusse, en particulier, se refuserait à rendre héréditaire la couronne d'Allemagne; l'Autriche repousserait une constitution de l'Italie qui l'exclurait de cette contrée. Du projet sur l'Italie, M. Pitt n'admit que la constitution du royaume de Piémont. Il voulait qu'on ajoutât la Savoie elle-même à tout ce que le projet russe attribuait déjà au Piémont.

Enfin on ne parla guère de la Pologne; tout cela supposait la guerre avec la Prusse, que M. Pitt tenait surtout à éviter. Le diplomate russe, imbu de si généreuses idées en quittant Pétersbourg, n'osa pas même faire mention de l'Égypte, de Gibraltar, de Memel, de tout ce qu'il y avait de plus élevé enfin dans le projet primitif. Sur deux objets fort importants, M. Pitt fut peu satisfaisant, et à peu près négatif : nous voulons dire Malte et le droit maritime. Relativement à Malte, M. Pitt refusa péremptoirement l'entretien, et ajourna les explications sur ce point jusqu'à l'époque où l'on connaîtrait les sacrifices que la France était disposée à faire. Quant au nouveau droit des gens, il dit qu'il faudrait renvoyer cette œuvre, morale mais peu praticable, à un congrès qui s'assemblerait après la guerre, pour conclure une paix dans laquelle tous les intérêts des nations seraient équitablement balancés. L'idée d'un nouveau droit des gens lui semblait fort belle, mais difficile à réaliser, car les peuples adopteraient difficilement des dispositions uniformes, et les observeraient plus difficilement encore lorsqu'ils les auraient adoptées. Toutefois il ne se refusait pas à laisser traiter ces matières dans le congrès, qui devait régler plus tard les conditions de la paix générale.

Avril 1805.

Ces conférences se terminèrent par une singulière explication. Elle eut pour objet l'Orient et Constantinople. Tout récemment, par sa politique en Géorgie, par ses relations avec les insurgés des provinces du Danube, la Russie avait donné quelques ombrages à l'Angleterre, et provoqué de sa part une note dans laquelle l'indépendance et l'intégrité de l'Empire ottoman étaient déjà professées comme principes de la politique européenne. — Ce n'est pas ainsi qu'on procède quand on veut établir la confiance entre alliés, dit M. de Nowosiltzoff à M. Pitt. De tous les hommes mon maître est celui qui a le caractère le plus noble, le plus généreux ; il suffit de s'en fier à sa probité. Mais chercher à l'arrêter par des menaces, ou seulement par des insinuations, c'est le blesser inutilement. On l'exciterait plutôt qu'on ne le

Explications entre MM. Pitt et de Nowosiltzoff, au sujet de l'Orient et de Constantinople.

retiendrait par de tels moyens. Là-dessus, M. Pitt s'excusa beaucoup d'avoir laissé apercevoir des ombrages aussi mal fondés, qui étaient naturels avant qu'on fût arrivé à s'inspirer une pleine confiance les uns aux autres, mais qui pour l'avenir et avec l'intimité qui allait s'établir étaient impossibles. D'ailleurs, dit M. de Nowosiltzoff, quel inconvénient y aurait-il à ce que Constantinople appartînt à un peuple civilisateur comme les Russes, au lieu d'appartenir à un peuple barbare comme les Turcs? Votre commerce de la mer Noire n'y gagnerait-il pas considérablement? Sans doute, si l'Orient était soumis à cette France toujours envahissante, le danger serait réel; mais à la Russie, le danger serait nul. L'Angleterre n'y devait rien trouver à redire. M. Pitt [1] répondit que ces considérations avaient assurément beaucoup de poids à ses yeux; que, quant à lui, il n'avait aucun préjugé à cet égard, qu'il ne verrait pas grand péril à ce que Constantinople échût aux Russes; mais que c'était un préjugé enraciné de sa nation, qu'il était obligé de ménager, et qu'il faudrait bien se garder de toucher actuellement à un pareil sujet.

M. de Strogonoff n'obtint rien ou presque rien relativement à l'Espagne. Elle livrait, disait le cabinet anglais, toutes ses ressources à la France; c'était duperie de la ménager. Toutefois, si elle voulait se déclarer contre la France, on lui rendrait ses galions.

[1] Ce détail se trouve contenu dans une lettre fort curieuse de M. de Nowosiltzoff à son cabinet.

TROISIÈME COALITION. 349

M. de Strogonoff partit pour Madrid, M. de Nowosiltzoff pour Pétersbourg. Il fut convenu que lord Gower, depuis lord Granville, alors ambassadeur d'Angleterre à Pétersbourg, serait chargé de pouvoirs détaillés, pour conclure un traité sur les bases arrêtées entre les deux cours.

Avril 1805.

Retour de M. de Nowosiltzoff à Pétersbourg.

Le plan russe n'avait subi que quelques jours d'élaboration à Londres, et il revenait dépouillé de tout ce qu'il avait de généreux, et aussi de peu pratique. Il était réduit à un projet de destruction contre la France. Plus d'Italie, plus d'Allemagne, plus de Pologne indépendantes! Le royaume de Piémont, le royaume des Deux-Belgiques, avec une idée profondément haineuse, la Prusse sur le Rhin; la restitution de Malte éludée, le nouveau droit des gens remis à un futur congrès; enfin, avant de commencer les hostilités, un simulacre de négociation, simulacre bien vain, car la guerre générale et immédiate était au fond des choses, voilà ce qu'il restait de ce fastueux projet de reconstitution européenne, éclos d'une sorte de fermentation d'esprit dans les jeunes têtes qui gouvernaient la Russie. On se mit donc à négocier à Pétersbourg, avec lord Gower, sur les points admis à Londres, entre MM. Pitt et de Nowosiltzoff.

Tandis qu'on se liguait ainsi avec l'Angleterre, il fallait entreprendre un travail analogue auprès de l'Autriche et de la Prusse, pour les amener à la nouvelle coalition. La Prusse, qui s'était engagée avec la Russie à faire la guerre si les Français dépassaient le Hanovre, mais qui, en même temps, avait promis à la

Négociations avec la Prusse pour l'amener à concourir au nouveau projet de médiation.

France de rester inviolablement neutre si le nombre des Français n'était pas augmenté en Allemagne, la Prusse ne voulait pas sortir de ce périlleux équilibre. Elle feignait de ne pas comprendre ce que lui disait la Russie, et se renfermait dans son vieux système, devenu proverbial, *la neutralité du nord de l'Allemagne*. Cette manière d'éluder la question lui était d'autant plus facile, que, par crainte de voir les secrets de la nouvelle coalition livrés à Napoléon, les diplomates russes n'osaient pas s'expliquer ouvertement. Le cabinet de Berlin, par ses hésitations, s'était donné une telle réputation de duplicité, qu'on ne croyait pas pouvoir lui confier un secret, sans qu'il le communiquât aussitôt à la France. On ne lui parlait donc pas du projet porté à Londres, et de la négociation qui s'en était suivie, mais on lui citait chaque jour les nouveaux empiétements de Napoléon, notamment la conversion de la République italienne en royaume, ce qui revenait, disait-on, à une réunion de la Lombardie à la France, pareille à la réunion du Piémont. On annonçait les plans les plus gigantesques. On répandait que Napoléon allait faire de Parme et de Plaisance, de Naples, enfin de l'Espagne elle-même, des royaumes pour sa famille; que la Hollande aurait bientôt un sort pareil; que la Suisse serait incorporée, sous prétexte d'une rectification des frontières françaises; que le cardinal Fesch serait prochainement élevé à la papauté; qu'il fallait sauver l'Europe menacée d'une domination universelle; que les cours qui s'obstineraient à vivre dans l'incurie seraient cause de la perte commune, et finiraient par y être enveloppées elles-mêmes. Sachant surtout que la rivalité de l'Autriche et de la Prusse était la cause principale qui ramenait celle-ci vers la France, on cherchait à les réconcilier toutes deux. On demandait à la Prusse de fixer ses prétentions et de les faire connaître; on lui disait qu'on tâcherait d'arracher à l'Autriche l'aveu des siennes, et qu'on s'efforcerait de concilier les unes et les autres par un arbitrage définitif. On annonçait que, moyennant quelques voix catholiques de plus dans le Collége des princes, concession de peu d'importance, l'Autriche se contenterait pour toujours du recès de 1803, et consacrerait par son adhésion irrévocable les nouveaux arrangements, auxquels la Prusse avait tant gagné. On allait même jusqu'à insinuer que, si par malheur une lutte devenait inévitable, la Prusse serait largement dédommagée des chances de la guerre. Pourtant on n'avouait pas qu'une coalition fût prête à se former, qu'elle était même conclue en principe; on paraissait n'exprimer qu'un vœu, celui de voir la Prusse s'unir au reste de l'Europe, pour garantir l'équilibre du monde, sérieusement menacé.

Afin d'aborder de plus près la cour de Prusse, on lui envoya un général russe, officier d'état-major instruit, M. de Vintzingérode, qui devait s'ouvrir peu à peu avec le roi, mais avec le roi seul, et qui, ayant la connaissance du plan militaire, pouvait, s'il parvenait à se faire écouter, pro-

Avril 1805.

Envoi à Berlin de M. de Vintzingerode.

poser les moyens d'exécution, et régler l'ensemble et les détails de la future guerre. M. de Vintzingerode, arrivé à la fin de l'hiver de 1804, moment où Napoléon se disposait à partir pour l'Italie, observa une grande réserve auprès du cabinet prussien, mais s'avança un peu plus avec le roi, et, invoquant l'amitié commencée à Memel entre les deux souverains, tâcha d'entraîner ce prince au nom de cette amitié et de la cause commune des rois. Le jeune Frédéric-Guillaume, se voyant pressé davantage et comprenant enfin de quoi il s'agissait, protesta de son affection personnelle pour Alexandre, de ses vives sympathies pour la cause de l'Europe, mais objecta qu'il était exposé le premier aux coups de Napoléon, qu'il ne se croyait pas assez fort pour lutter avec ce puissant adversaire ; que les secours qu'on lui faisait espérer n'arriveraient que fort tard, parce qu'ils étaient fort loin, et qu'il serait vaincu, détruit peut-être, avant qu'on fût venu à son aide. Il refusa obstinément toute participation à une coalition, qu'on lui avait laissé entrevoir sans la lui avouer expressément. Il fit valoir aussi le danger de s'en rapporter aux suggestions de l'Angleterre, et proposa même, pour prévenir une guerre générale, dont il était fort effrayé, de servir d'intermédiaire entre la Russie et la France.

Dans cette conjoncture délicate, le roi avait appelé en consultation M. d'Haugwitz, retiré depuis quelque temps dans ses terres de Silésie, et avait trouvé dans ses avis un nouvel encouragement pour sa politique ambiguë et pacifique. S'il fallait toutefois prendre une résolution positive, M. d'Haugwitz aurait penché plutôt vers la France. M. de Hardenberg, qui lui avait succédé, aurait plutôt penché vers la Russie; mais ce dernier était prêt à se décider, disait-il, en faveur de la France aussi bien qu'en faveur de la Russie, pourvu qu'on prît un parti. Avec moins d'esprit, de tact et de prudence que M. d'Haugwitz, il aimait à blâmer les tergiversations de celui-ci, et professait, pour se distinguer de son prédécesseur, le goût des partis fortement arrêtés. Il fallait, à son sens, se jeter du côté de la France, si on le jugeait utile, embrasser sa cause, mais avoir dans ce cas les avantages et recueillir le prix d'une option décidée. En cela, il était moins agréable au roi que M. d'Haugwitz, qui laissait goûter à ce prince la douceur de l'indécision; et on pouvait apercevoir déjà entre M. d'Haugwitz et M. de Hardenberg cette diversité de langage, par laquelle commencent les ruptures entre les ministres rivaux, soit dans les cours, soit dans les États libres.

Avril 1805.

Le roi, pour répondre à l'envoi de M. de Vintzingerode, voulut aussi envoyer un homme de confiance à Pétersbourg, et dépêcha M. de Zastrow, avec mission d'expliquer sa position à l'empereur Alexandre, de lui faire agréer sa conduite réservée, et de pénétrer, s'il était possible, plus profondément le secret encore voilé de la nouvelle coalition. Tandis qu'il expédiait M. de Zastrow à Pétersbourg pour y dire de telles choses, Frédéric-Guillaume se vantait auprès de Napoléon de sa résistance aux suggestions de la Russie; il parlait de la neutralité

Le roi de Prusse répond à l'envoi de M. de Vintzingerode à Berlin par l'envoi de M. de Zastrow à Pétersbourg.

du nord de l'Allemagne, non comme d'une véritable neutralité, ce qu'elle était en effet, mais comme d'une alliance positive, qui couvrirait la France au nord contre tous les ennemis qu'elle pourrait avoir à combattre ; ce prince lui offrait en outre, ainsi qu'il l'avait offert à la Russie, de jouer le rôle de conciliateur.

M. de Vintzingerode, après avoir prolongé son séjour à Berlin jusqu'à se rendre importun à la cour de Prusse, qui craignait d'être compromise par la présence prolongée d'un agent russe, se rendit à Vienne, où l'on tentait les mêmes efforts qu'à Berlin. Il n'était pas besoin avec l'Autriche d'autant de dissimulation qu'avec la Prusse. Il n'en fallait même pas du tout. L'Autriche était pleine de haine contre Napoléon, et elle souhaitait ardemment l'expulsion des Français de l'Italie. Avec elle, il n'était pas nécessaire, comme avec le roi de Prusse, de se couvrir de beaux semblants de désintéressement. On pouvait parler net, et dire ce qu'on voulait ; car elle désirait ce qu'on désirait à Pétersbourg ; il n'y avait de moins chez elle que les illusions de la jeunesse, et un faux sentimentalisme qui n'allait pas à sa vieille expérience. De plus, elle savait garder un secret. Si en apparence elle avait pour la France des ménagements infinis, et pour la personne de Napoléon le langage constant de la flatterie, elle nourrissait au fond du cœur tout le ressentiment d'une ambition souffrante, et toujours maltraitée depuis dix années. Elle était donc secrètement entrée, dès l'abord, dans les passions de la Russie ; mais, se souvenant de ses défaites, elle n'avait consenti à se lier qu'avec une extrême prudence, et n'avait pris que des engagements conditionnels et de pure précaution. Elle avait signé avec la Russie une convention secrète, qui était pour le Midi de l'Europe ce qu'était pour le Nord la convention signée par la Prusse. Elle promettait, dans cette convention, de sortir de son rôle inactif, si la France, commettant de nouvelles usurpations en Italie, étendait davantage l'occupation du royaume de Naples, bornée actuellement au golfe de Tarente, opérait de nouvelles incorporations, comme celle du Piémont, ou menaçait quelque partie de l'empire turc, telle que l'Égypte. Trois cent cinquante mille Autrichiens devaient être en ce cas son contingent de guerre. Elle avait l'assurance, si la fortune était favorable aux armes des coalisés, d'obtenir en Italie jusqu'à l'Adda et au Pô, ce qui laissait le Milanais en dehors. On lui promettait en outre de replacer les deux archiducs de Toscane et de Modène dans leurs anciens États; de lui donner dès lors le pays de Salzbourg et le Brisgau devenus vacants. La maison de Savoie devait avoir un grand établissement en Italie, composé du Milanais, du Piémont, de Gênes. Voilà encore ce que devenait le plan russe : à Vienne comme à Londres il n'en restait que la partie hostile à la France, et avantageuse aux coalisés. L'Autriche avait voulu et obtenu que cette convention demeurât ensevelie

---

Cette convention est du 6 novembre 1804. Nous en donnons le texte jusqu'ici inconnu, comme celui de la convention avec la Prusse.

Déclaration signée le $\frac{\text{25 octobre,}}{\text{6 novembre}}$ 1804.

L'influence prépondérante exercée par le Gouvernement français sur

dans un profond mystère, afin de n'être pas compromise trop tôt avec Napoléon. Il faut rendre cette justice à l'Autriche, qu'au moins elle ne faisait pas, comme la Prusse et la Russie, étalage de fausses vertus. Elle suivait son intérêt sans distraction, sans légèreté, sans charlatanisme. On ne peut blâmer en cette circonstance que la fausseté de son langage à Paris.

Toutefois, en signant cette convention, elle aimait à espérer que ce serait là un acte de simple précau-

les États circonvoisins, et le nombre de pays occupés par ses troupes, inspirant de justes inquiétudes pour le maintien de la tranquillité et de la sûreté générale de l'Europe; S. M. l'Empereur de toutes les Russies partage avec S. M. l'Empereur roi la conviction que cet état de choses réclame leur sollicitude mutuelle la plus sérieuse, et rend urgent qu'elles s'unissent à cet effet par un concert étroit adapté à l'état de crise et de danger auquel l'Europe se trouve exposée.

Les soussignés...... munis en conséquence des instructions et pouvoirs pour négocier et conclure un ouvrage aussi salutaire avec le plénipotentiaire de S. M. l'Empereur roi pour en traiter avec lui, et après s'être mutuellement communiqué les pleins pouvoirs trouvés en due forme, sont convenus avec ledit plénipotentiaire des stipulations renfermées dans les articles suivants :

ARTICLE PREMIER. S. M. l'Empereur de toutes les Russies promet et s'engage d'établir, à l'égard de la crise et du danger sus-mentionnés, le concert le plus intime avec S. M. l'Empereur roi, et les deux monarques auront soin de se prévenir et de s'entendre mutuellement sur les négociations et les concerts qu'ils seront dans le cas de lier avec d'autres puissances pour le même but convenu entre eux, et leurs démarches à cet égard seront conduites de manière à ne compromettre en aucune façon le présent engagement arrêté entre eux, avant qu'ils ne se soient décidés en commun accord à le rendre public.

ART. 2. S. M. l'Empereur de toutes les Russies et S. M. l'Empereur roi ne négligeront aucune occasion et facilité pour se mettre en état de coopérer d'une manière efficace aux mesures actives qu'elles jugeront nécessaires pour prévenir des dangers qui menaceraient immédiatement la sûreté générale.

tion, car elle ne cessait pas de redouter la guerre. Aussi, après l'avoir signée, se refusait-elle à toutes les sollicitations de l'empereur de Russie pour passer immédiatement à des préparatifs militaires; elle le désespérait même par son inertie. Mais à la nouvelle des arrangements faits par Napoléon en Italie, elle fut arrachée tout d'un coup à son inaction. Le titre de roi pris par Napoléon, et surtout le titre si général de roi d'Italie, qui semblait devoir s'étendre à la Péninsule tout entière, l'avait alarmée au plus haut

Avril 1805.

Art. 3. Si, en haine de l'opposition que les deux cours impériales apporteront aux vues ambitieuses de la France en vertu de leurs concerts mutuels, l'une d'elles se trouvait immédiatement attaquée (les troupes russes stationnées pour le moment aux sept Iles Ioniennes faisant partie de la présente stipulation), chacune des deux hautes puissances contractantes s'oblige, de la manière la plus formelle, de mettre en action, pour la défense commune, le plus tôt possible, les forces ci-dessous énoncées dans l'article 8.

Art. 4. S'il arrivait que le Gouvernement français, abusant des avantages que lui procure la position de ses troupes qui occupent maintenant le territoire de l'Empire d'Allemagne, envahissait les pays adjacents, dont l'intégrité et l'indépendance sont essentiellement liées aux intérêts de la Russie, et que, par conséquent, ne pouvant voir un tel empiétement d'un œil indifférent, S. M. l'Empereur de toutes les Russies se trouvât obligé d'y porter ses forces, S. M. l'Empereur roi regardera une telle conduite de la part de la France comme une agression qui lui imposera le devoir de se mettre au plus tôt en état de fournir un prompt secours, conformément aux stipulations du présent concert.

Art. 5. S. M. impériale de toutes les Russies partage complétement le vif intérêt que S. M. impériale et royale apostolique prend au maintien de la Porte Ottomane, dont le voisinage leur convient à tous les deux; et comme une attaque dirigée contre la Turquie européenne par toute autre puissance ne peut que compromettre la sûreté de la Russie et de l'Autriche, et que la Porte, dans son état de trouble actuel, ne saurait elle-même repousser une entreprise formée contre elle, dans ladite supposition, et si la guerre se trouvait, par cette raison, engagée directement entre l'une des deux cours impériales et le Gouvernement

Avril 1805.

point. Sur-le-champ elle commença les armements qu'elle avait d'abord voulu différer, et elle appela au ministère de la guerre le célèbre Mack, qui, bien que dépourvu des qualités d'un général en chef, ne manquait pas de talent pour l'organisation des armées. Elle écouta dès lors, avec une attention toute nouvelle, les propositions pressantes de la Russie, et, sans s'engager encore par un consentement écrit à une guerre immédiate, elle lui laissa le soin de pousser les négociations com-

français, l'autre se préparera aussitôt afin d'assister, dans le plus court délai possible, la puissance en guerre, et de contribuer de concert à la conservation de la Porte Ottomane dans son état de possession actuel.

Art. 6. Le sort du royaume de Naples devant influer sur celui de l'Italie, à l'indépendance de laquelle LL. MM. II. prennent un intérêt tout particulier, il est entendu que les stipulations du présent concert auront leur effet dans le cas que les Français voulussent s'étendre dans le royaume de Naples, au delà de leurs bornes actuelles, pour s'emparer de la capitale, des places fortes de ce pays, pénétrer dans la Calabre; en un mot, s'ils forçaient S. M. le roi de Naples de risquer le tout pour le tout, et de s'opposer par la force à cette nouvelle violation de sa neutralité, et que S. M. I. de toutes les Russies, par les secours que, dans cette supposition, elle devrait fournir au roi des Deux-Siciles, se trouvant engagée dans une guerre contre la France, S. M. impériale et royale s'oblige à commencer de son côté les opérations contre l'ennemi commun d'après les stipulations, et nommément d'après les articles 4, 5, 8 et 9 du présent concert.

Art. 7. Vu l'incertitude où les deux hautes puissances contractantes se trouvent encore actuellement sur les desseins futurs du Gouvernement français, elles se réservent, en outre de ce qui est stipulé ci-dessus, de convenir, suivant l'urgence des circonstances, de différents cas qui seraient de nature à exiger aussi l'emploi de leurs forces mutuelles.

Art. 8. Dans tous les cas où les deux cours impériales en viendront à des mesures actives, en vertu du présent concert ou de ceux qu'elles formeront ultérieurement entre elles, elles se promettent et s'engagent de coopérer simultanément et d'après un plan qui sera convenu inces-

munes avec l'Angleterre, et de traiter avec cette puissance la question difficile des subsides. En attendant, elle discutait avec M. de Vintzingerode un plan de guerre conçu dans toutes les hypothèses imaginables.

C'était donc à Pétersbourg qu'avait à se nouer définitivement la nouvelle coalition, c'est-à-dire la troisième, en comptant depuis le commencement de la Révolution française. Celle de 1792 s'était terminée en 1797 à Campo-Formio, sous

---

samment entre elles, avec des forces suffisantes pour espérer combattre avec succès celles de l'ennemi, et pour le repousser dans ses foyers, lesquelles forces ne seront pas moins de 350 mille hommes sous les armes pour les deux cours impériales; S. M. impériale et royale fournira 235 mille pour sa part, et le reste sera donné par S. M. l'Empereur de Russie. Ces troupes seront mises et entretenues constamment des deux côtés sur un pied complet, et il sera laissé en outre un corps d'observation pour s'assurer que la cour de Berlin restera passive. Les armées respectives seront distribuées de manière que les forces des deux cours impériales, qui agiront de concert, ne seront pas inférieures en nombre à celles de l'ennemi qu'elles auront à combattre.

Art. 9. Conformément au désir manifesté par la cour impériale, royale, S. M. impériale de toutes les Russies s'engage d'employer ses bons offices à l'effet d'obtenir de la cour de Londres à S. M. impériale et royale apostolique, pour les cas d'une guerre avec la France énoncés dans la présente déclaration, ou qui résulteront des concerts futurs que les deux cours impériales se réservent de prendre dans l'article 7, des subsides tant pour la première mise en campagne, qu'annuellement pour toute la durée de la guerre, qui soient, autant que possible, à la convenance de la cour de Vienne.

Art. 10. Dans l'exécution des plans arrêtés, il sera porté un juste égard aux obstacles qui résultent tant de l'état actuel des forces et des frontières de la monarchie autrichienne, que des dangers imminents auxquels elle serait exposée dans cet état par des démonstrations et des armements qui provoqueraient immédiatement une invasion prématurée de la part de la France. En conséquence, dans la détermination des mesures actives dont on conviendra mutuellement, et tant que la sûreté

les coups du général Bonaparte; celle de 1798 s'était terminée en 1804, sous les coups du Premier Consul; la troisième, celle de 1804, ne devait pas avoir une issue plus heureuse sous les coups de l'Empereur Napoléon.

Lord Gower avait, comme nous l'avons dit, les pouvoirs de sa cour pour traiter avec le cabinet russe. Après de longs débats, on convint des conditions suivantes. Il devait être formé une coalition entre les puissances de l'Europe, comprenant d'abord

des deux Empires et l'intérêt essentiel de la chose commune le permettront, il sera porté la plus grande attention à en combiner l'emploi avec le temps et la possibilité de mettre les forces et les frontières de S. M. l'Empereur roi en situation de pouvoir ouvrir la campagne avec l'énergie nécessaire pour atteindre le but de la guerre. Une fois cependant que les empiétements des Français auront établi les cas dans lesquels sadite Majesté impériale et royale apostolique sera engagée à prendre part à la guerre en vertu du présent concert et de ceux qui seront formés mutuellement par la suite, elle s'engage à ne pas perdre un instant pour se mettre en état dans le plus court délai possible, et qui ne devra pas dépasser trois mois après la réclamation faite de coopérer efficacement avec S. M. impériale de toutes les Russies, et de procéder avec vigueur à l'exécution du plan qui sera arrêté.

Art. 11. Les principes des deux souverains ne leur permettant pas, dans aucun cas, de vouloir contraindre le libre vœu de la nation française, le but de la guerre ne sera pas d'opérer la contre-révolution, mais uniquement de remédier aux dangers communs de l'Europe.

Art. 12. S. M. l'Empereur de toutes les Russies, reconnaissant qu'il est juste que, dans le cas d'une nouvelle explosion de guerre, la maison d'Autriche soit dédommagée des immenses pertes qu'elle a essuyées dans ses dernières guerres avec la France, s'engage à coopérer pour lui obtenir ce dédommagement en pareil cas, autant que le succès des armes le comportera. Cependant, dans le cas le plus heureux, S. M. l'Empereur roi n'étendra pas en Italie sa limite au-delà de l'Adda à l'occident, et du Pô au midi; bien entendu que des différentes embouchures de ce dernier fleuve, c'est la plus méridionale qui y serait employée. Les deux cours impériales désirent que, dans le cas supposé de

l'Angleterre et la Russie, et plus tard celles qu'on pourrait entraîner. Le but était, l'évacuation du Hanovre et du nord de l'Allemagne, l'indépendance effective de la Hollande et de la Suisse, l'évacuation de toute l'Italie, y compris l'île d'Elbe, la reconstitution et l'agrandissement du royaume de Piémont, la consolidation du royaume de Naples, enfin l'établissement d'un ordre de choses en Europe qui garantît la sûreté de tous les États contre les usurpations de la France. Ce but n'était pas marqué d'une manière plus précise, afin de laisser une certaine latitude pour traiter avec la France, au

Avril 1805.

But de la coalition.

succès, S. A. R. l'électeur de Salzbourg puisse être replacé en Italie, et qu'à cet effet il soit remis ou bien en possession du grand-duché de Toscane, ou qu'il obtienne quelque autre établissement convenable dans la partie septentrionale de l'Italie, supposé que les événements rendent cet arrangement possible.

Art. 13. LL. MM. II., dans la même supposition, auront à cœur de procurer le rétablissement du roi de Sardaigne dans le Piémont, même avec un grand agrandissement ultérieur. Dans des hypothèses moins heureuses, il conviendrait toujours de lui assurer un établissement sortable en Italie.

Art. 14. Dans le même cas de grands succès, les deux cours impériales s'entendront sur le sort des Légations et concourront à faire restituer les duchés de Modène, de Massa et de Carrara aux légitimes héritiers du dernier duc; mais, dans le cas où les événements obligeraient de restreindre ces projets, lesdites Légations ou le Modénois pourraient servir d'établissement au roi de Sardaigne; l'archiduc Ferdinand resterait en Allemagne, et S. M. se contenterait elle-même, s'il le fallait, d'une frontière en Italie plus rapprochée que l'Adda de celle qui existe présentement.

Art. 15. Si les circonstances permettaient de replacer l'électeur de Salzbourg en Italie, le pays de Salzbourg, Berchtolsgaden et Passau seraient réunis à la monarchie autrichienne. Ce serait le seul cas où S. M. obtiendrait aussi une extension de sa frontière en Allemagne.

Quant à la partie du pays d'Aichstaedt, possédée présentement par l'électeur de Salzbourg, il en serait disposé alors de la manière dont les

moins fictivement. Toutes les puissances devaient être ensuite invitées à donner leur adhésion.

La coalition avait résolu de réunir au moins 500 mille hommes, et d'entrer en action dès qu'elle en aurait 400 mille. L'Angleterre fournissait 1,250,000 liv. sterling (31,250,000 fr.) par 100 mille hommes. Elle accordait en outre une somme une fois payée, représentant trois mois de subsides pour les frais de l'entrée en campagne. L'Autriche s'engageait à mettre sur pied 250 mille hommes sur 500 mille; le reste devait être fourni par la Russie, la Suède, le Hanovre, l'Angleterre et Naples. La question fort grave

deux cours en conviendraient entre elles, et notamment en faveur de l'électeur de Bavière, si, par la part qu'il prendrait pour la cause commune, il se mettait dans le cas d'être avantagé. Pareillement, dans le cas supposé au précédent article du rétablissement des héritiers du feu duc de Modène dans ses anciennes possessions, la propriété de Brisgau et de l'Ortenau pourrait devenir un moyen d'encouragement pour la bonne cause à un des principaux princes de l'Allemagne, et nommément à l'électeur de Bade, en faveur duquel il y serait renoncé par la maison d'Autriche.

Art. 16. Les deux hautes puissances contractantes s'engagent à ne poser les armes et à ne traiter d'un accommodement avec l'ennemi commun que du consentement mutuel et après un accord préalable entre elles.

Art. 17. En bornant pour le moment aux objets et points ci-dessus le présent concert préalable, sur lequel les deux monarques se promettent de part et d'autre le secret le plus inviolable, ils se réservent, sans aucun retard et immédiatement, de convenir par des arrangements ultérieurs, tant sur un plan d'opérations, pour le cas que la guerre serait inévitable, que de tout ce qui est relatif à l'entretien des troupes respectives, tant dans les états autrichiens que sur le territoire étranger.

Art. 18. La présente déclaration, mutuellement reconnue aussi obligatoire que le traité le plus solennel, sera ratifiée dans l'espace de six semaines ou plus tôt, si faire se peut, et les actes de ratification également échangés en même temps.

En foi de quoi, etc.

de l'adhésion de la Prusse était résolue de la manière la plus téméraire. L'Angleterre et la Russie se promettaient de faire cause commune contre toute puissance, qui, par ses mesures hostiles ou seulement ses liaisons trop étroites avec la France, s'opposerait aux desseins de la coalition. Il était décidé en effet que la Russie, partageant ses forces en deux masses, enverrait l'une par la Gallicie au secours de l'Autriche, l'autre par la Pologne à la limite du territoire prussien, et si définitivement la Prusse se refusait à entrer dans la coalition, passerait sur le corps de cette puissance, avant qu'elle eût pu se mettre en défense; et, comme on ne voulait pas lui donner trop d'éveil par la réunion d'une telle armée sur sa frontière, il était convenu qu'on prendrait pour prétexte le désir de courir à son secours, dans le cas où Napoléon, se défiant d'elle, se jetterait sur ses États. On devait donc qualifier d'auxiliaires et d'amis ces quatre-vingt mille Russes, destinés à fouler la Prusse sous leurs pieds.

Cette violence projetée contre la Prusse, quoique paraissant un peu téméraire à l'Angleterre, était fort acceptable pour elle, qui n'avait pas mieux à faire pour se sauver de l'invasion que d'allumer un vaste incendie sur le continent, et d'y exciter une guerre effroyable, quels que fussent les combattants, quels que fussent les vaincus et les vainqueurs. De la part de la Russie, c'était au contraire une grande légèreté; car s'exposer à jeter la Prusse dans les bras de Napoléon, c'était s'assurer une défaite certaine, l'invasion du territoire prussien fût-elle aussi

Avril 1805.

Manière d'agir à l'égard de la Prusse.

prompte qu'on l'imaginait. Mais le prince Czartoryski, le plus opiniâtre de ces jeunes gens à poursuivre un but, ne voyait en tout cela qu'un moyen d'arracher Varsovie à la Prusse, afin de reconstituer la Pologne, en la donnant à Alexandre.

Le plan militaire indiqué par la situation des puissances était toujours d'attaquer avec trois masses : par le Midi, avec les Russes de Corfou, les Napolitains, les Anglais, remontant la péninsule italienne et se joignant à cent mille Autrichiens en Lombardie ; par l'Est, avec la grande armée autrichienne et russe agissant sur le Danube ; par le Nord enfin, avec les Suédois, les Hanovriens, et les Russes descendant sur le Rhin.

Quant au plan diplomatique, il consistait à intervenir au nom d'une *alliance de médiation*, et à offrir une négociation préalable avant de combattre. La Russie tenait beaucoup à cette partie de son projet primitif, qui lui conservait cette attitude d'arbitre, agréable à son orgueil, et, il faut le dire aussi, à la secrète faiblesse de son souverain. Celui-ci espérait encore vaguement que la Prusse serait entraînée, pourvu qu'on ne l'alarmât pas trop en lui découvrant le dessein arrêté d'une coalition, et qu'on plaçât Napoléon entre une ligue effrayante de toute l'Europe, ou des concessions modérées.

On obtint donc de l'Angleterre la plus singulière dissimulation, la moins digne, mais la mieux calculée pour ses vues. L'Angleterre consentit à être mise à l'écart, à n'être pas nommée dans les négociations, surtout auprès de la Prusse. La Russie devait, dans ses tentatives auprès de cette dernière puissance, se présenter toujours comme n'étant pas liée à la Grande-Bretagne par un projet de guerre commune, mais comme voulant imposer une médiation, afin de faire cesser un état de choses oppressif pour toute l'Europe. Dans une démarche solennelle à l'égard de la France, la Russie devait, sans agir ostensiblement au nom d'une coalition des puissances, offrir sa médiation en affirmant qu'elle ferait accepter par tout le monde des conditions équitables, si Napoléon en acceptait de pareilles. C'était là le double moyen imaginé pour ne pas effaroucher la Prusse, et pour ne pas irriter l'orgueil de Napoléon. L'Angleterre se prêtait à tout, pourvu que la Russie, compromise par cette médiation, fût définitivement entraînée à la guerre. Quant à l'Autriche, on mettait le plus grand soin à la laisser dans l'ombre, et à ne pas même la nommer, car, si elle paraissait être du complot, Napoléon se jetterait sur elle, avant qu'on fût en mesure de la secourir. Elle se préparait activement, sans se mêler en rien aux négociations. Il était nécessaire de suivre le même système de conduite pour la cour de Naples, qui se trouvait exposée la première aux coups de Napoléon, car le général Saint-Cyr était à Tarente avec une division de 15 à 18 mille Français. On avait recommandé à la reine Caroline de prendre tous les engagements de neutralité, ou même d'alliance, que Napoléon voudrait lui imposer. En attendant, on transportait peu à peu des troupes russes sur des bâtiments, qui passaient par les Dardanelles, et venaient débarquer à Corfou. C'est là que se préparait une forte division qu'on devait au dernier moment réunir à Naples avec un renfort d'Anglais, d'Albanais et autres. Il serait temps alors de lever le masque, et d'attaquer les Français par l'extrémité de la Péninsule.

En se proposant d'essayer une négociation préalable avec Napoléon, il fallait avoir à lui présenter des conditions au moins spécieuses. Il n'y en avait pas sans l'offre de faire évacuer Malte par les Anglais. Le cabinet russe avait mis à l'écart toute la partie brillante de son plan, telle que la réorganisation de l'Italie et de l'Allemagne, la reconstitution de la Pologne, la rédaction d'un nouveau droit maritime. S'il concédait en outre Malte aux Anglais, au lieu de jouer le rôle d'arbitre entre la France et l'Angleterre, il n'était plus que l'agent de celle-ci, tout au plus son allié docile et dépendant. Le cabinet russe tint donc à l'évacuation de Malte, avec une obstination qui ne lui était pas ordinaire, et, lorsqu'il fallut signer le traité, il montra une résolution inébranlable. Jusqu'ici lord Gower s'était prêté à tout, pour compromettre la Russie dans un concert quelconque avec l'Angleterre; mais on lui demandait cette fois d'abandonner une position maritime de la plus grande importance, position qui était sinon la cause unique, au moins la cause principale de la guerre, et il ne voulait pas céder. Lord Gower se crut trop lié par ses instructions pour passer outre, et il refusa de signer l'abandon de Malte. Le projet allait échouer.

Cependant l'empereur Alexandre consentit à signer la convention le 11 avril, en déclarant qu'il ne la ratifierait que si le cabinet anglais renonçait à l'île de Malte. Un courrier fut donc envoyé à Londres, porteur de la convention, ainsi que de la condition qui y était annexée, et de laquelle dépendaient les ratifications russes.

Avril 1805.

de la convention par laquelle la Russie et l'Angleterre sont liées l'une à l'autre, ajournée jusqu'à l'abandon de Malte par l'Angleterre.

Il fut arrêté que, sans perdre de temps, afin de ne pas laisser passer la saison des opérations militaires, on ferait la démarche convenue auprès de l'Empereur des Français. On choisit pour ce rôle le personnage qui avait formé à Londres le premier nœud de cette troisième coalition, M. de Nowosiltzoff. On lui destina pour adjoint l'auteur même de ce plan d'une nouvelle Europe, déjà si défiguré, l'abbé Piatoli.

Choix de M. de Nowosiltzoff pour négocier à Paris.

M. de Nowosiltzoff était tout fier d'aller bientôt à Paris se placer en présence du grand homme qui, depuis quelques années, attirait les regards du monde entier. Si, à mesure que l'instant décisif approchait, l'empereur Alexandre éprouvait plus vivement le désir de voir cette médiation préalable réussir, M. de Nowosiltzoff ne le désirait pas moins. Il était jeune, ambitieux; il regardait comme une gloire infinie, premièrement de traiter avec Napoléon, et secondement d'être le négociateur qui, dans un moment où l'Europe semblait prête à rentrer en guerre, la pacifierait tout à coup par son habile intervention. On pouvait dès lors compter qu'il n'ajouterait pas lui-même aux difficultés de la négociation. Après de longues délibérations, on convint des conditions

Désir secret d'Alexandre de voir la médiation aboutir à la paix et non à la guerre.

qu'il devait offrir à Napoléon, et on résolut de les tenir profondément secrètes. Il était chargé de présenter un premier, un second, un troisième projet, chacun plus avantageux que le précédent pour la France, mais avec la recommandation de ne passer de l'un à l'autre qu'après une grande résistance.

La base de tous ces projets était l'évacuation du Hanovre et de Naples, l'indépendance réelle de la Suisse, de la Hollande, et, en retour, l'évacuation de Malte par les Anglais, et la promesse de rédiger ultérieurement un nouveau code de droit maritime. Sur tout cela Napoléon ne devait pas opposer de difficultés sérieuses. Dans le cas, en effet, d'une paix solide, il n'avait pas d'objection à évacuer le Hanovre, Naples, la Hollande et même la Suisse, à condition pour cette dernière d'y maintenir l'acte de médiation. La véritable difficulté, c'était l'Italie. La Russie, déjà obligée de renoncer à ses plans de reconstitution européenne, avait promis, dans le cas où la guerre serait devenue inévitable, une partie de l'Italie à l'Autriche, une autre au futur royaume de Piémont. Maintenant, dans l'hypothèse d'une médiation, il fallait bien, sous peine de voir le négociateur renvoyé de Paris le lendemain de son arrivée, accorder à la France une partie de cette même Italie. Il le fallait pour que la médiation parût sérieuse, pour qu'elle le parût surtout à la Prusse, et qu'on pût entraîner et compromettre celle-ci par l'apparence d'une négociation tentée de bonne foi. Voici donc les arrangements qu'on devait successivement proposer. On voulait demander d'abord la séparation du Piémont, sauf à le reconstituer en État détaché pour une branche de la famille Bonaparte, et de plus l'abandon du royaume actuel d'Italie, destiné avec Gênes à la maison de Savoie. Parme et Plaisance restaient pour fournir une autre dotation à un prince de la famille Bonaparte. Ce n'était là que la première proposition. On passerait ensuite à la seconde. D'après celle-ci, le Piémont demeurerait incorporé à la France; le royaume d'Italie, accru de Gênes, serait, comme dans le premier projet, donné à la maison de Savoie; Parme et Plaisance resteraient la seule dotation des branches collatérales de la maison Bonaparte. De cette seconde proposition on passerait enfin à la troisième, qui serait la suivante : le Piémont continuant d'être province française, le royaume actuel d'Italie étant donné à la famille Bonaparte, on réduirait l'indemnité de la maison de Savoie à Parme, Plaisance et Gênes. Le royaume d'Étrurie, assigné depuis quatre ans à une branche espagnole, demeurerait tel qu'il était.

Il faut le dire, si on avait ajouté à ces dernières conditions l'évacuation de Malte par les Anglais, Napoléon n'avait aucune raison légitime de refuser la paix, car c'étaient les conditions de Lunéville et d'Amiens, avec le Piémont de plus pour la France. Le sacrifice demandé à Napoléon se bornant en réalité à celui de Parme et Plaisance, devenus propriétés françaises par la mort du dernier duc, et de Gênes jusqu'ici indépendante, Napoléon pouvait consentir à un tel projet, si d'ailleurs on ménageait sa dignité dans la forme donnée aux propositions.

Tous les beaux projets des amis d'Alexandre aboutissaient donc à un bien mince résultat! Après avoir rêvé une reconstitution de l'Europe, par le moyen d'une médiation puissante; après avoir vu cette reconstitution de l'Europe convertie à Londres en un projet de destruction contre la France, la Russie, effrayée de s'être tant avancée, réduisait sa grande médiation à obtenir Parme et Plaisance pour indemnité de la maison de Savoie; car l'évacuation du Hanovre et de Naples, l'indépendance de la Hollande et de la Suisse, qu'elle demandait en plus, n'avaient jamais été contestées par Napoléon, la paix une fois rétablie. Et si une si petite chose n'était point obtenue, elle avait sur les bras une guerre redoutable! Une conduite irréfléchie et légère avait conduit la Russie à un défilé bien étroit.

Il fut convenu en outre qu'on demanderait des passe-ports pour M. de Nowosiltzoff par l'entremise d'une cour amie. Il n'y avait à choisir qu'entre la Prusse et l'Autriche. S'adresser à l'Autriche, c'était attirer sur celle-ci les yeux pénétrants de Napoléon, et on voulait, comme nous l'avons dit, la faire oublier le plus possible, afin qu'elle eût le temps de se préparer. La Prusse au contraire avait offert d'être médiatrice, ce qui était une occasion naturelle de se servir de son entremise pour avoir les passe-ports de M. de Nowosiltzoff. Celui-ci devait en même temps passer par Berlin, voir le roi de Prusse, essayer auprès de ce prince une dernière tentative, communiquer à lui seul, et non à son cabinet, les conditions modérées proposées à la France, et lui faire sentir que si elle se refusait à de tels arrangements, c'est qu'elle avait des vues alarmantes pour l'Europe, des vues inconciliables avec l'indépendance de tous les États, et qu'alors il était du devoir du monde entier de s'unir afin de marcher contre l'ennemi commun.

Avril 1805

M. de Nowosiltzoff partit donc pour Berlin, où il arriva en toute hâte, pressé qu'il était de commencer la négociation. Il avait avec lui l'abbé Piatoli. Il se montra doux, conciliant, parfaitement réservé. Malheureusement le roi de Prusse était absent, et occupé à visiter ses provinces de Franconie. Cette circonstance était fâcheuse. On courait le double danger : ou d'un refus de l'Angleterre relativement à Malte, qui rendrait toute négociation impossible, ou de quelque nouvelle entreprise de Napoléon sur l'Italie, dans laquelle il était actuellement, entreprise qui ruinerait d'avance les divers projets de rapprochement apportés à Paris. La prompte arrivée de M. de Nowosiltzoff en France était par conséquent d'un intérêt immense pour la paix. D'ailleurs les jeunes Russes qui gouvernaient l'empire étaient si impressionnables, que leur premier contact avec Napoléon pouvait les attirer à lui et les séduire, comme le contact avec M. Pitt les avait entraînés bien loin de leur premier plan de régénération européenne. Il y avait donc lieu de regretter beaucoup le temps qu'on allait perdre.

Départ de M. de Nowosiltzoff pour Berlin.

Regrettable perte de temps à Berlin, par suite de l'absence du roi de Prusse.

Le roi de Prusse, ayant appris qu'on le chargeait de demander des passe-ports pour l'envoyé russe, s'applaudit fort de cette circonstance, et des probabilités de paix qu'il crut y entrevoir. Il ne se doutait pas que, derrière cette tentative de rapprochement, il y avait un projet de guerre plus mûr qu'on ne le lui disait, plus mûr que ne le pensaient ceux qui s'y étaient si légèrement engagés. Le pacifique Frédéric-Guillaume donna l'ordre à son cabinet de demander immédiatement à Napoléon des passe-ports pour M. de Nowosiltzoff. Celui-ci ne devait prendre à Paris aucune qualité officielle, afin d'éviter la difficulté de la reconnaissance du titre impérial porté par Napoléon ; mais, en s'adressant à lui, il ne voulait l'appeler que du titre de Sire et de Majesté, et il avait, en outre, des pouvoirs complets et positifs, qu'il devait montrer dès qu'on serait d'accord, et qui l'autorisaient à concéder sur-le-champ la reconnaissance.

Pendant qu'on s'agitait ainsi en Europe contre Napoléon, lui, environné de toutes les pompes de la royauté italienne, abondait dans des idées toutes opposées à celles de ses adversaires, même les plus modérés. La vue de cette Italie, théâtre de ses premières victoires, objet de toutes ses prédilections, le remplissait de desseins nouveaux pour la grandeur de son Empire et l'établissement de sa famille. Loin de la vouloir partager avec personne, il songeait, au contraire, à l'occuper tout entière, et à y créer quelques-uns de ces royaumes vassaux, qui devaient fortifier le nouvel empire d'Occident. Les membres de la Consulte italienne, qui avaient assisté à la formalité de l'institution du royaume d'Italie, accompagnés du vice-président Melzi, du ministre Marescalchi, avaient pris les devants pour préparer sa réception à Milan. Bien que les Italiens fussent fiers de l'avoir pour roi, que son gouvernement les rassurât plus qu'aucun autre, cependant l'espérance perdue, ou tout au moins ajournée, d'une royauté purement italienne, la crainte d'une guerre avec l'Autriche par suite de ce changement, la généralité même de ce titre de roi d'Italie, faite pour leur plaire à eux, mais aussi pour alarmer l'Europe, tout cela les avait fort inquiétés. MM. Melzi et Marescalchi les avaient trouvés plus troublés, et encore moins empressés qu'avant leur départ. Le parti libéral exagéré s'éloignait chaque jour davantage, et l'aristocratie ne se rapprochait pas. Napoléon seul pouvait changer cet état de choses. Le cardinal Caprara était arrivé, et avait tâché d'inspirer au clergé ses sentiments de dévouement pour l'Empereur. M. de Ségur, accompagnant M. Marescalchi, avait choisi les dames et les officiers du palais dans les premières familles italiennes. Quelques-unes s'étaient excusées d'abord. L'action de M. Marescalchi, de quelques membres de la Consulte, l'entraînement général produit par les fêtes qui se préparaient, avaient fini par amener les récalcitrants, et enfin la venue de Napoléon avait achevé de décider tout le monde. Sa présence comme général avait toujours profondément ému les Italiens; sa présence comme empereur et roi devait les frapper davantage; car ce prodige de la fortune, qu'ils aimaient à contempler, était encore agrandi. Des troupes magnifiques, réunies sur les champs de bataille de Marengo et de Castiglione, se disposaient à exécuter de grandes manœuvres et à représenter d'immortelles batailles. Tous les ministres étrangers étaient convoqués à Milan. L'affluence des curieux qui s'étaient portés à Paris pour y voir le couronnement refluait vers la Lombardie. Le mouvement était donné, et les imaginations italiennes s'étaient reprises d'amour et d'admiration pour l'homme qui depuis neuf ans les avait tant agitées. On avait, à l'imitation des villes de France, formé avec la jeunesse des grandes familles des gardes d'honneur pour le recevoir.

Arrivé à Turin, il y avait rencontré Pie VII, et échangé avec lui de derniers et tendres adieux. Puis il avait accueilli ses nouveaux sujets avec une grâce infinie, et s'était occupé de leurs intérêts, distincts encore des intérêts du reste de l'Empire français, avec cette sollicitude intelligente qu'il apportait dans ses voyages. Il avait réparé des fautes ou des injustices de l'administration, fait droit à une foule de demandes, et déployé, pour séduire les peuples, tous les attraits de la suprême puissance. Il avait ensuite employé plusieurs jours à visiter la place forte, qui était sa grande création, et la base de son établissement en Italie, celle d'Alexandrie. Des milliers de travailleurs y étaient réunis en ce moment. Enfin, le 5 mai, au milieu de la plaine de Marengo, du haut d'un trône élevé dans cette plaine, où cinq ans auparavant il gagnait l'autorité souveraine, il avait assisté à de belles manœuvres, représentant la bataille. Lannes, Murat, Bessières commandaient ces manœuvres. Il n'y manquait que Desaix! Napoléon avait posé la première pierre d'un monument destiné à la mémoire des braves morts sur ce champ de bataille. D'Alexandrie il s'était rendu à Pavie, où les magistrats de Milan étaient venus lui apporter les hommages de sa nouvelle capitale, et il était entré à Milan même le 8 mai, au bruit du canon et des cloches, parmi les acclamations d'un peuple enthousiasmé par sa présence. Entouré des autorités italiennes et du clergé, il était allé s'agenouiller dans cette vieille cathédrale lombarde, admirée de l'Europe, et destinée à recevoir de lui son dernier achèvement. Les Italiens, sensibles au plus haut point, s'émeuvent quelquefois pour des souverains qu'ils n'aiment pas, séduits, comme le sont tous les peuples, par la puissance des grands spectacles : que ne devaient-ils pas éprouver en présence de cet homme dont la grandeur avait commencé sous leurs yeux, pour cet astre qu'ils pouvaient se vanter d'avoir aperçu les premiers, sur l'horizon européen!

C'est au milieu de ces enivrements de la grandeur que la proposition d'admettre à Paris M. de Nowosiltzoff parvint à Napoléon. Il éprouva la meilleure disposition à recevoir le ministre russe, à l'entendre, à traiter avec lui, n'importe dans quelle forme, officielle ou non, pourvu que ce fût sérieusement; et qu'en cherchant à agir sur lui,

Mai 1805.

Entrée de Napoléon à Milan.

Juin 1805.

Napoléon accueille la demande de passe-ports qu'on lui fait pour M. de Nowosiltzoff, et assigne pour le recevoir le mois de juillet.

on ne montrât point des condescendances partiales pour l'Angleterre. Quant aux conditions, il était loin de compte avec les Russes. Mais il ignorait leurs offres; il ne voyait que la démarche, qui était faite en termes convenables, et il se garda bien de se donner le tort de la repousser. Il répondit qu'il accueillerait à Paris M. de Nowosiltzoff vers le mois de juillet; ses projets maritimes, dont il ne cessait de s'occuper malgré des distractions apparentes, ne devaient le ramener en France qu'à cette époque. Alors il se proposait de recevoir M. de Nowosiltzoff, de juger s'il valait la peine de l'écouter, et il devait en même temps se tenir toujours prêt à interrompre cet entretien diplomatique, pour aller couper à Londres le nœud gordien de toutes les coalitions.

Quoiqu'il ne sût pas le secret de celle qui venait de s'organiser, et qu'il fût loin de la croire aussi formée qu'elle l'était réellement, il jugeait bien le caractère de l'empereur Alexandre, les entraînements irréfléchis qui l'amenaient rapidement vers la politique anglaise, et, en adressant à la Prusse les passe-ports de M. de Nowosiltzoff, il fit communiquer à cette cour les observations suivantes :

« L'Empereur, disait le ministre des affaires étran» gères à M. de Laforest, l'Empereur, après avoir lu
» votre dépêche, a trouvé qu'elle justifiait pleinement
» les craintes qu'il avait manifestées dans sa lettre au
» roi de Prusse, et tout ce qui revient à Sa Majesté
» du langage que tiennent les ministres britanniques
» tend à le maintenir dans cet état de défiance.

» L'empereur Alexandre est entraîné malgré lui;
» il n'a pas reconnu que le plan du cabinet anglais,
» en lui offrant le rôle de médiateur, était de lier
» les intérêts de l'Angleterre et ceux de la Russie,
» et d'amener celle-ci à prendre un jour les armes
» pour le soutien d'une cause qui serait devenue la
» sienne.

» Du moment que, par l'expérience des affaires,
» l'empereur Napoléon eut acquis des notions pré-
» cises sur le caractère de l'empereur Alexandre, il
» a senti qu'un jour ou l'autre ce prince serait en-
» traîné dans les intérêts de l'Angleterre, qui a tant
» de moyens pour gagner une cour aussi corrompue
» que celle de Pétersbourg.

» Quelque vraisemblable que cette perspective fût
» pour l'empereur Napoléon, il l'a considérée de
» sang-froid, et s'est mis en mesure autant que cela
» pouvait dépendre de lui. Indépendamment de la
» conscription de l'année, il vient de faire un appel
» sur la réserve de l'an XI et de l'an XII, et a aug-
» menté de 15 mille hommes l'appel fait sur la con-
» scription de l'an XIII.

» Au moindre mot que M. de Nowosiltzoff ferait
» entendre de menaces, d'insultes ou de traités
» hypothétiques avec l'Angleterre, il ne serait plus
» écouté... Si la Russie ou toute autre puissance
» du continent veut intervenir dans les affaires du
» moment, et peser également sur la France et sur
» l'Angleterre, l'Empereur ne le trouvera pas mau-
» vais, et fera avec plaisir des sacrifices. L'Angle-
» terre, de son côté, doit en faire d'équivalents;

» mais si, au contraire, on n'exigeait de sacrifices » que de la France seule, alors, quelle que fût l'union » des puissances, l'Empereur se servirait dans toute » leur étendue de son bon droit, de son génie, de » ses armées. » (Milan, 15 prairial an XIII. — 4 juin 1805.)

Juin 1805.

Couronnement de Napoléon à Milan comme roi d'Italie.

Le 26 mai, Napoléon fut sacré dans la cathédrale de Milan avec autant d'éclat qu'il l'avait été à Paris, six mois auparavant, en présence des ministres de l'Europe et des députés de toute l'Italie. La couronne de fer, réputée l'ancienne couronne des rois lombards, avait été apportée de Monza, où elle est précieusement gardée. Après que le cardinal Caprara, archevêque de Milan, l'eut bénie et avec les formes jadis usitées à l'égard des empereurs germaniques pour les couronner rois d'Italie, Napoléon la posa lui-même sur sa tête, comme il avait posé celle d'Empereur des Français, en prononçant en italien ces mots sacramentels : *Dieu me la donne, gare à qui la touche !* (Dio me l'ha data, guai a chi la toccherà). En disant ces mots, il fit tressaillir l'assistance par l'énergie significative de son accent. Cette pompe, préparée par des mains italiennes, notamment par le célèbre peintre Appiani, surpassa tout ce qu'on avait vu jadis de plus beau en Italie.

Après cette cérémonie, Napoléon promulgua le statut organique, par lequel il créait en Italie une monarchie à l'imitation de celle de France, et nommait pour vice-roi Eugène de Beauharnais. Il présenta ensuite ce jeune prince à la nation italienne, dans une séance royale du Corps Législatif. Il employa tout le mois de juin à présider le Conseil d'État, et à donner à l'administration de l'Italie l'impulsion qu'il avait donnée à l'administration de la France, en s'occupant jour par jour du détail des affaires.

Les Italiens, auxquels il ne fallait, pour être satisfaits, qu'un gouvernement présent au milieu d'eux, en avaient un maintenant sous leurs yeux, qui joignait à sa valeur réelle une prodigieuse magie de formes. Aussi, arrachés à leurs mécontentements, à leurs répugnances pour les étrangers, étaient-ils déjà ralliés, grands et petits, autour du nouveau roi. La présence de Napoléon appuyé de ces redoutables armées, qu'il organisait, et complétait, à tout événement, avait dissipé la crainte de la guerre. Les Italiens commençaient à croire qu'ils ne la verraient plus sur leur territoire, si elle avait lieu, et que le bruit leur en viendrait des bords du Danube et des portes même de Vienne. Napoléon passait tous les dimanches de grandes revues de troupes à Milan ; puis il rentrait dans son palais, et recevait en audience publique les ambassadeurs de toutes les cours de l'Europe, les étrangers de distinction, et surtout les représentants des grandes familles italiennes et du clergé. C'est dans l'une de ces réceptions qu'il fit l'échange des insignes de la Légion-d'Honneur, avec les insignes des ordres les plus anciens et les plus illustres en Europe. Le ministre de Prusse se présenta le premier pour lui remettre l'Aigle-Noir et l'Aigle-Rouge. Puis vint l'ambassadeur d'Espagne, qui lui remit la Toison-d'Or, puis enfin les ministres de Bavière et de Portugal, qui lui remirent les ordres de Saint-Hubert et du Christ. Napoléon leur donna en échange le grand cordon de la Légion-d'Honneur, et accorda un nombre de décorations égal à celui qu'il recevait. Il distribua ensuite ces décorations étrangères entre les principaux personnages de l'Empire. En quelques mois, sa cour se trouva sur le pied de toutes les cours de l'Europe; elle portait les mêmes insignes, avec de riches costumes, inclinant vers l'habit militaire. Au milieu de cet éclat, Napoléon, resté simple de sa personne, ayant pour unique décoration une plaque de la Légion-d'Honneur sur la poitrine, portant un habit des chasseurs de la garde sans aucune broderie d'or, un chapeau noir où ne brillait que la cocarde tricolore, voulait qu'il fût bien entendu que le luxe dont il était environné, n'était pas fait pour lui. Sa noble et belle figure, autour de laquelle l'imagination des hommes plaçait tant de trophées glorieux, était tout ce qu'il voulait montrer à l'attention empressée des peuples. Sa personne était cependant la seule qu'on cherchât, qu'on désirât voir au milieu de ce cortége, reluisant d'or et chamarré des couleurs de toute l'Europe.

Les différentes villes de l'Italie lui envoyèrent des députations pour obtenir la faveur de le posséder dans leurs murs. C'était non-seulement un honneur, mais un avantage qu'elles ambitionnaient, car partout son œil pénétrant découvrait quelque bien à faire, et sa main puissante trouvait le moyen de l'accomplir. Résolu de donner le printemps et la moitié de l'été à l'Italie, pour mieux détourner l'attention des Anglais de Boulogne, il promit de visiter Mantoue, Bergame, Vérone, Ferrare, Bologne, Modène, Plaisance. Cette nouvelle combla de joie les Italiens, et leur fit espérer à tous de participer aux bienfaits du nouveau règne.

Juin 1805.

Son séjour dans ce beau pays produisit bientôt sur lui les redoutables entraînements qui étaient si fort à craindre pour le maintien de la paix générale. Il commençait à concevoir une extrême irritation contre la cour de Naples, qui livrée entièrement aux Anglais et aux Russes, publiquement protégée par ces derniers dans toutes les négociations, ne cessait de montrer les sentiments les plus hostiles à la France. La reine imprudente, qui avait laissé compromettre le gouvernement de son époux par d'odieuses cruautés, venait de faire une démarche fort malheureusement imaginée. Elle avait envoyé à Milan le plus gauche des négociateurs, un certain prince de Cardito, pour protester contre le titre de roi d'Italie, pris par Napoléon, titre que beaucoup de gens traduisaient par ces mots inscrits sur la couronne de fer, *rex totius Italiæ*. Le marquis de Gallo, ambassadeur de Naples, homme de sens, assez agréable à la cour impériale, avait cherché à empêcher cette dangereuse démarche, sans y réussir. Napoléon avait consenti à recevoir le prince de Cardito, mais un jour de réception diplomatique. Ce jour même il fit d'abord l'accueil le plus gracieux à M. de Gallo, puis il adressa en italien la

Projets que suggère à Napoléon la vue de l'Italie.

Juin 1805.

harangue la plus foudroyante au prince de Cardito, et lui déclara, dans un langage aussi dur que méprisant pour sa reine, qu'il la chasserait d'Italie, et lui laisserait à peine la Sicile pour refuge. On emporta le prince de Cardito presque évanoui. Cet éclat produisit une grande sensation, et remplit bientôt les dépêches de toute l'Europe. Napoléon conçut dès cet instant l'idée de faire du royaume de Naples un royaume de famille, et l'un des fiefs de son grand Empire. Peu à peu commençait à entrer dans son esprit la pensée de chasser les Bourbons de tous les trônes de l'Europe. Cependant le zèle accidentel que montraient ceux d'Espagne, dans la guerre contre les Anglais, éloignait pour eux l'accomplissement de cette redoutable pensée. Mais Napoléon se doutant qu'il aurait bientôt l'Europe à remanier, soit qu'il devînt tout-puissant en franchissant le détroit de Calais, soit que, détourné par la guerre continentale de la guerre maritime, il achevât d'expulser les Autrichiens d'Italie, Napoléon se disait qu'il réunirait les États vénitiens à son royaume de Lombardie, et qu'il opérerait alors la conquête de Naples pour un de ses frères. Mais tout cela dans ses desseins était momentanément différé. Ex-

Projet de réunir Gênes à la France.

clusivement occupé de la descente, il ne voulait pas provoquer actuellement une guerre continentale. Il y avait néanmoins une disposition qui lui semblait opportune et sans danger, c'était de mettre un terme à la situation funeste de la République de Gênes. Cette République, placée entre la Méditerranée que l'Angleterre dominait, et le Piémont que la France avait joint à son territoire, était comme emprisonnée entre deux grandes puissances, et voyait son ancienne prospérité périr; car elle avait tous les inconvénients de la réunion à la France, sans en avoir les avantages. En effet, les Anglais n'avaient pas voulu la reconnaître, la considérant comme une annexe de l'Empire français, et poursuivaient son pavillon. Les Barbaresques eux-mêmes la pillaient, et l'insultaient sans aucune espèce d'égards. La France, la traitant comme terre étrangère, l'avait séparée du Piémont et du pays de Nice, par des lignes de douanes et des tarifs exclusifs. Gênes étouffait par conséquent entre la mer et la terre, toutes deux fermées pour elle. Quant à la France, elle n'en recueillait pas plus d'avantages qu'elle ne lui en procurait. L'Apennin, qui séparait Gênes du Piémont, formait une frontière infestée de brigands; il fallait la plus nombreuse et la plus brave gendarmerie pour y maintenir la sûreté des routes. Sous le rapport de la marine, le traité qu'on avait fait récemment n'assurait que d'une manière fort incomplète les services que Gênes pouvait nous rendre. Cet emprunt d'un port étranger pour y fonder un établissement naval, sans aucune autorité directe, était un essai qui appelait autre chose. En réunissant le port de Gênes et la population des Deux-Rivières à l'Empire français, Napoléon se donnait, depuis le Texel jusqu'au fond du principal golfe de la Méditerranée, une étendue de côtes et une quantité de matelots, qui pouvaient, avec beaucoup de temps et de suite, le rendre, si-

Juin 1805.

Motifs qui décident Napoléon à la réunion de Gênes.

non l'égal de l'Angleterre sur les mers, du moins son rival respectable.

Napoléon ne résista pas à toutes ces considérations. Il crut que l'Angleterre seule pouvait prendre à cette question un véritable intérêt. Il n'aurait pas osé décider du sort du duché de Parme et de Plaisance, soit à cause du Pape, pour lequel ce duché était un motif d'espérance, soit à cause de l'Espagne qui le convoitait pour agrandir le royaume d'Étrurie, soit enfin à cause de la Russie elle-même, qui ne désespérait pas de l'indemnité de l'ancien roi de Piémont tant qu'il restait un territoire vacant en Italie. Mais Gênes lui semblant de peu d'intérêt pour l'Autriche, qui en était trop éloignée, de nulle considération pour le Pape et pour la Russie, n'importait selon lui qu'à l'Angleterre; et n'ayant aucunement à ménager celle-ci, ne la croyant pas aussi fortement liée qu'elle l'était avec la Russie, il résolut de réunir la République ligurienne à l'Empire français.

C'était une faute, car dans la disposition d'esprit de l'Autriche, c'était la jeter dans les bras de la coalition que de prononcer une nouvelle réunion; c'était fournir à tous nos ennemis, qui remplissaient l'Europe de bruits perfides, un nouveau prétexte fondé de se récrier contre l'ambition de la France, et surtout contre la violation de ses promesses, puisque Napoléon lui-même, en instituant le royaume d'Italie, avait promis au Sénat de ne pas ajouter une seule province de plus à son Empire. Mais Napoléon, connaissant assez les mauvais desseins du continent pour se croire dispensé de ménagements, pas assez pour apprécier au juste le danger d'une nouvelle provocation, se flattant d'ailleurs d'aller bientôt résoudre à Londres toutes les questions européennes, n'hésita point, et voulut donner Gênes à la marine française.

Juin 1805.

Il avait pour ministre auprès de cette république son compatriote Salicetti, qu'il chargea de sonder et de préparer les esprits. La mission n'était pas difficile, car les esprits en Ligurie étaient fort bien disposés. Le parti aristocrate et anglo-autrichien ne pouvait pas être plus hostile qu'il n'était. Le protectorat actuel sous lequel Gênes était placée, lui semblait aussi odieux que la réunion à la France. Quant au parti populaire, il apercevait dans cette réunion la liberté de son commerce avec l'intérieur de l'Empire, la certitude d'une grande prospérité future, la garantie de ne jamais retomber sous le joug oligarchique, enfin l'avantage d'appartenir au plus grand État de l'Europe. La minorité de la noblesse, portée pour la Révolution, voyait seule avec quelque peine la destruction de la nationalité génoise; mais les grandes charges de la cour impériale étaient un appât suffisant pour dédommager les principaux personnages de cette classe.

La proposition préparée avec quelques sénateurs, et présentée par eux au Sénat génois, y fut adoptée par 20 membres sur 22 délibérants. Elle fut ensuite confirmée par une espèce de plébiscite, rendu dans la forme employée en France depuis le Consulat. Des registres furent ouverts, sur lesquels chacun put inscrire son vote. Le peuple de Gênes s'empressa,

Le Sénat de Gênes amené à demander la réunion à la France.

comme avait fait celui de France, d'apporter ses suffrages, presque tous favorables. Le Sénat et le doge, sur le conseil de Salicetti, se rendirent à Milan pour y présenter leur vœu à Napoléon. Ils furent introduits auprès de lui avec un appareil qui rappelait les temps où les peuples vaincus venaient réclamer l'honneur de faire partie de l'Empire romain. Napoléon les reçut sur son trône, le 4 juin, déclara qu'il exauçait leur vœu, et leur promit de visiter Gênes en quittant l'Italie.

A cette incorporation s'en joignit une autre peu importante, mais qui fut comme la goutte d'eau qui fait déborder un vase. La république de Lucques était sans gouvernement, et sans cesse ballottée entre l'Étrurie devenue espagnole et le Piémont devenu français, comme un vaisseau privé de gouvernail, petit vaisseau, il est vrai, sur une petite mer. Les mêmes suggestions la disposèrent à s'offrir à la France, et ses magistrats, imitant ceux de Gênes, vinrent demander à Milan le bienfait d'une constitution et d'un gouvernement. Napoléon accueillit aussi leur vœu; mais, les trouvant trop éloignés pour les réunir à l'Empire, il fit de leur territoire l'apanage de sa sœur aînée, la princesse Élisa, femme de tête, adonnée au bel esprit, mais douée des qualités d'une reine gouvernante, et qui sut faire aimer son autorité dans ce petit pays, qu'elle administra sagement; ce qui lui valut le titre, spirituellement imaginé par M. de Talleyrand, de *Sémiramis de Lucques*. Déjà Napoléon lui avait conféré le duché de Piombino; il lui donna cette fois, à elle et à son époux le prince Bacciochi, le pays de Lucques, en forme de principauté héréditaire, dépendant de l'Empire français, devant faire retour à la couronne en cas d'extinction de la ligne mâle, avec toutes les conditions, par conséquent, des anciens fiefs de l'Empire germanique. Cette sœur dut porter à l'avenir le titre de princesse de Piombino et de Lucques.

Juin 1805.

M. de Talleyrand fut chargé d'écrire en Prusse, en Autriche, pour expliquer ces actes, que Napoléon regardait comme indifférents à la politique de ces puissances, ou du moins comme n'étant pas capables d'arracher la cour de Vienne à son inertie. Toutefois, quelque dissimulés que fussent les armements de l'Autriche, il en avait percé quelque chose, et le regard expérimenté de Napoléon en avait été frappé. Des corps étaient en mouvement vers le Tyrol et vers les anciennes provinces vénitiennes. La marche de ces corps ne pouvait pas être niée, et l'Autriche ne la niait pas; mais elle s'était pressée de déclarer que, les grandes réunions de troupes françaises à Marengo, à Castiglione, lui paraissant trop considérables pour de simples fêtes militaires, elle avait fait quelques rassemblements de pure précaution, rassemblements que motivait d'ailleurs suffisamment la fièvre jaune répandue en Espagne et en Toscane, surtout à Livourne. Cette excuse était jusqu'à un certain point croyable; mais il s'agissait de savoir si on se bornait à changer l'emplacement de quelques troupes, ou si l'on recrutait véritablement l'armée, si on complétait les régiments, si on remon-

Armements de l'Autriche assez considérables pour frapper l'œil de Napoléon.

Explications peu satisfaisantes du cabinet de Vienne.

tait la cavalerie; et plus d'un avis secret, transmis par des Polonais attachés à la France, commençait à rendre ces choses vraisemblables. Napoléon envoya sur-le-champ des officiers déguisés dans le Tyrol, dans le Frioul, dans la Carinthie, pour juger par leurs propres yeux de la nature des préparatifs qui s'y exécutaient, et demanda en même temps à l'Autriche des explications décisives.

Il imagina un autre moyen de sonder les dispositions de cette cour. Il avait échangé la Légion-d'Honneur contre les ordres des cours amies; il n'avait pas encore opéré cet échange contre les ordres d'Autriche, et il désirait se mettre avec cette puissance sur le même pied qu'avec toutes les autres. Il eut donc l'idée d'adresser à ce sujet une proposition immédiate à l'Autriche, et de s'assurer ainsi de ses sentiments véritables. Il pensa que, si elle était en effet décidée à une guerre prochaine, elle n'oserait pas, à la face de l'Europe et de ses alliés, donner un témoignage de cordialité, qui, dans les usages des cours, était le plus significatif qu'on pût donner, surtout à une puissance aussi nouvelle que l'Empire français. M. de La Rochefoucauld avait remplacé à Vienne M. de Champagny, devenu ministre de l'intérieur. Il lui fut prescrit de faire expliquer l'Autriche sur ses armements, et de lui proposer l'échange de ses ordres contre l'ordre de la Légion-d'Honneur.

Napoléon, continuant du fond de l'Italie à maintenir les Anglais dans l'illusion que la descente tant annoncée, tant retardée, n'était qu'une feinte, s'occupait sans cesse d'en assurer l'exécution pour l'été. Jamais opération n'a déterminé l'envoi d'autant de dépêches et de courriers que celle qu'il méditait à cette époque. Des agents consulaires et des officiers de marine, placés dans les ports espagnols et français, à Carthagène, à Cadix, au Ferrol, à Bayonne, à l'embouchure de la Gironde, à Rochefort, à l'embouchure de la Loire, à Lorient, Brest, Cherbourg, ayant à leur disposition des courriers, transmettaient les moindres nouvelles de mer qui leur arrivaient, et les acheminaient vers l'Italie. De nombreux agents secrets, entretenus dans les ports d'Angleterre, expédiaient leurs rapports, qui étaient transmis immédiatement à Napoléon. Enfin, M. de Marbois, qui possédait une grande connaissance des affaires britanniques, avait la mission particulière de lire lui-même tous les journaux publiés en Angleterre, et de traduire les moindres nouvelles relatives aux opérations navales; et, circonstance digne de remarque, c'est par ces journaux surtout, que Napoléon, qui sut prévenir avec une parfaite justesse toutes les combinaisons de l'amirauté anglaise, parvint à être le mieux instruit. Quoique rapportant des faits le plus souvent faux, ils finissaient par fournir à sa prodigieuse sagacité le moyen de deviner les faits vrais. Il y a quelque chose de plus singulier encore. A force de prêter à Napoléon les plans les plus extraordinaires, souvent les plus absurdes, plusieurs d'entre eux avaient découvert, sans s'en douter, son projet véritable, et avaient dit qu'il envoyait ses

Juin 1803.

Usage que Napoléon fait des journaux publiés à Londres pour deviner les projets de l'amirauté anglaise.

Juin 1805.

Heureuse navigation des flottes françaises.

flottes au loin pour les réunir soudainement dans la Manche. L'amirauté ne s'était pas arrêtée à cette supposition, qui cependant était la vraie. Ses combinaisons du moins laissent supposer qu'elle n'y croyait pas.

Napoléon, sauf une circonstance qui le contrariait vivement, et qui avait déterminé une dernière modification à son vaste plan, avait tout lieu d'être satisfait de la marche de ses opérations. L'amiral Missiessy, comme on l'a vu, avait fait voile en janvier vers les Antilles. On ne connaissait pas encore les détails de son expédition, mais on savait que les Anglais étaient fort alarmés pour leurs colonies; que l'une d'elles, la Dominique, venait d'être prise, et qu'ils envoyaient des renforts dans les mers d'Amérique, ce qui était une diversion tout à notre profit dans les mers d'Europe. L'amiral Villeneuve, sorti de Toulon le 30 mars, après une navigation dont on ignorait les détails, avait paru à Cadix, rallié l'amiral Gravina avec une division espagnole de 6 vaisseaux et plusieurs frégates, plus le vaisseau français *l'Aigle*, et s'était dirigé vers la Martinique. On n'avait pas eu de ses nouvelles depuis, mais on savait que Nelson, chargé de garder la Méditerranée, n'avait pu le joindre, ni à la sortie de Toulon ni à la sortie du détroit. Les marins espagnols faisaient de leur mieux, dans l'état de dénûment où les laissait un gouvernement ignorant, corrompu et inerte. L'amiral Salcedo avait réuni une flotte de 7 vaisseaux à Carthagène; l'amiral Gravina, comme on vient de le voir, une de 6 à

Cadix; l'amiral Grandellana, une troisième de 8 au Ferrol, laquelle devait opérer avec la division française en relâche dans ce port. Mais les matelots manquaient, par suite de l'épidémie et du mauvais état du commerce espagnol, et on prenait des pêcheurs, des ouvriers des villes, pour former les équipages. Enfin, une disette de grains, jointe à la disette financière et à l'épidémie, avait tellement appauvri les ressources de l'Espagne, qu'on ne pouvait pas se procurer les six mois de biscuit nécessaires à chaque escadre. L'amiral Gravina en portait à peine pour trois mois, quand il avait rejoint Villeneuve; et l'amiral Grandellana, au Ferrol, en avait à peine pour quinze jours. Heureusement, M. Ouvrard, que nous avons vu se charger des affaires de France et d'Espagne, était arrivé à Madrid, avait charmé par les projets les plus séduisants une cour obérée, obtenu sa confiance, conclu avec elle un traité dont plus tard nous donnerons connaissance, et fait cesser par diverses combinaisons les horreurs de la disette. Il venait en même temps de pourvoir les flottes espagnoles de quelque quantité de biscuit. Les choses allaient donc, dans les ports de la Péninsule, aussi bien que permettait de l'espérer le délabrement de l'administration espagnole.

Mais tandis que l'amiral Missiessy répandait l'épouvante dans les Antilles anglaises, et que les amiraux Villeneuve et Gravina réunis naviguaient sans accident vers la Martinique, Ganteaume destiné à les rejoindre, Ganteaume, par une sorte de

Juin 1805.

Ganteaume retenu à Brest par un beau temps continu.

phénomène dans la saison, n'avait pu trouver un seul jour pour sortir du port de Brest. Il ne s'était jamais vu, de mémoire d'homme, que l'équinoxe ne se fût pas manifesté par quelque coup de vent. Les mois de mars, d'avril, de mai (1805) s'étaient cependant écoulés, sans qu'une seule fois la flotte anglaise eût été forcée de s'éloigner des parages de Brest. L'amiral Ganteaume, qui savait à quelle immense opération il était appelé à concourir, attendait avec une telle impatience le moment de sortir, qu'il avait fini par en être malade de chagrin[1]. Le temps était presque toujours calme et se-

---

[1] Je cite les deux lettres suivantes, qui prouveront l'état d'esprit de cet amiral, et le sérieux du grand projet naval, que quelques personnes, voulant toujours voir des feintes où il n'y en a pas, ont supposé n'être qu'une démonstration. Ces lettres ne sont pas les seules du même genre. Mais je prends celles-ci dans le nombre pour les citer.

Ganteaume à l'Empereur.

À bord de *l'Impérial*, 11 floréal an XIII. — 1er mai 1805.

Sire,

Les temps extraordinaires qui règnent depuis que nous sommes en partance sont désespérants; il me serait impossible de vous peindre les sentiments pénibles que j'éprouve en me voyant retenu dans le port, lorsque les autres escadres vont à pleines voiles vers leur destination, et que nos retards et nos contrariétés peuvent cruellement les compromettre; cette dernière et affligeante idée ne me laisse pas un moment de repos, et si jusqu'à ce jour j'ai résisté à l'impatience et aux tourments qui me dévorent, c'est que je n'ai vu, en nous hasardant à sortir, aucune chance en notre faveur, lorsqu'elles étaient toutes pour l'ennemi : un combat désavantageux était et est encore inévitable, tant que l'ennemi restera dans sa position, et alors notre expédition serait sans ressource manquée et nos forces paralysées pour long-temps.

Cependant, au moment où j'ai reçu la dépêche de Votre Majesté du 3 floréal, je me proposais de hasarder un appareillage; tous les vaisseaux étaient désaffourchés; un vent d'ouest, qui avait soufflé avec un

rein. Quelquefois un vent d'ouest, accompagné de
nuages orageux, avait fait espérer une tempête, et
tout à coup le ciel s'était remis au beau. Il n'y avait
d'autre ressource que de livrer un combat désavantageux à une escadre qui était maintenant à peu
près égale en nombre à l'escadre française, et très-
supérieure en qualité. Les Anglais, sans se douter
précisément de ce qui les menaçait, frappés de la
présence d'une flotte à Brest, d'une autre au Ferrol, éveillés en outre par les sorties de Toulon et de
Cadix, avaient augmenté la force de leurs blocus. Ils
avaient une vingtaine de vaisseaux devant Brest,
commandés par l'amiral Cornwallis, et 7 ou 8 devant

peu plus de force pendant douze heures, m'avait fait espérer que l'ennemi aurait pu être au large, lorsque son escadre légère a été aperçue
de notre mouillage, et son armée signalée sur Ouessant, et que l'incertitude et la faiblesse des vents m'ont empêché de donner suite à mon
projet. Certain d'être obligé de m'arrêter sur la rade de Bertheaume et
d'y fixer l'attention de l'ennemi, j'ai renoncé à tout mouvement, et je
désire lui persuader que jamais notre dessein ne fut de sortir.

Je me permets ici de réitérer à Votre Majesté l'assurance que je lui
ai déjà donnée sur l'ordre et la situation dans lesquels je tiens tous les
vaisseaux : les équipages sont consignés, les communications avec la
terre n'ont lieu que pour les objets indispensables de service, et à chaque
heure du jour tout bâtiment est en état d'exécuter les signaux qui
pourraient lui être adressés; ces dispositions, qui seules peuvent nous
mettre à même de profiter du premier moment favorable, seront con-
tinuées avec la dernière des exactitudes.

Ganteaume à Decrès.

Ce 7 floréal an XIII — 27 avril 1805.

Je juge, mon ami, que tu partages tout ce que j'éprouve. Chaque
jour qui s'écoule est un jour de tourment pour moi, et je tremble d'être
à la fin obligé de faire quelque grosse sottise! Les vents, qui, pendant
deux jours, avaient été à l'ouest, mais peu forts, quoique avec pluie

394   LIVRE XXI.

Juin 1805.

le Ferrol, commandés par l'amiral Calder. L'amiral Ganteaume, dans cette position, sortait de la rade et y rentrait, allait mouiller à Bertheaume ou revenait au mouillage intérieur, tenant depuis deux mois tout son monde consigné à bord, soldats de terre et matelots. Il demandait, dans son chagrin, si on voulait qu'il livrât bataille pour gagner la pleine mer, ce qu'on lui avait très-expressément défendu.

Dernier changement apporté par Napoléon à la combinaison qui a pour but d'amener les flottes françaises et espagnoles dans la Manche.

Napoléon, calculant qu'arrivé au milieu de mai, il devenait dangereux de faire attendre plus long-temps Villeneuve, Gravina et Missiessy à la Martinique, que les escadres anglaises accourues à leur poursuite finiraient par les atteindre, modifia en-

et mauvaise apparence, ont poussé hier au N.-N.-E. frais, et j'ai été tenté de courir les hasards, malgré que l'ennemi continuât d'être signalé dans l'Yroise, que ses vaisseaux avancés fussent à la vue de la rade, et que le temps fût très-clair. La certitude, cependant, d'un combat désavantageux que me donnaient sa position et sa force, et la variété des vents, m'en ont empêché, et je m'en félicite aujourd'hui; mais je n'en reste pas moins horriblement tourmenté.

La longueur des jours, la beauté de la saison, me font presque aujourd'hui desespérer de l'expédition, et alors comment supporter l'idée de faire attendre inutilement nos amis au point de rendez-vous, et de les compromettre en les exposant nécessairement à des retards et à un retour extrêmement dangereux? Ces idées ne me laissent pas un instant de tranquillité, et je crois qu'elles doivent également te tourmenter beaucoup. Cependant, mon ami, tu peux bien être persuadé qu'il m'a été impossible de mieux faire, à moins d'avoir voulu courir les hasards d'une affaire qui eût, indépendamment des chances que donnait à l'ennemi sa supériorité, fait également manquer l'expédition. Ainsi que je l'ai mandé, les temps ont toujours été tels, qu'il nous a été impossible de nous dérober.

Quoique tu m'aies recommandé par tes dernières d'écrire souvent à l'Empereur, je n'ose lui rien dire, n'ayant rien d'agréable à lui annoncer; je me tais en attendant les événements, ne voulant pour peu de chose l'importuner, et je me borne à désirer qu'il veuille nous rendre justice...

core une fois cette partie de son plan. Il décida que si Ganteaume n'avait pu partir le 20 mai, il ne partirait plus, et attendrait dans Brest qu'on vînt le débloquer. Villeneuve eut donc l'ordre de retourner en Europe avec Gravina, et d'y faire ce qui était d'abord confié à Ganteaume, c'est-à-dire de débloquer le Ferrol, où il devait trouver 5 vaisseaux français, 7 espagnols, de toucher ensuite, s'il le pouvait, à Rochefort pour y rallier Missiessy, probablement revenu des Antilles à cette époque, et enfin de se présenter devant Brest, pour ouvrir la mer à Ganteaume, ce qui porterait à 56 vaisseaux la somme totale de ses forces. Il devait entrer dans la Manche avec cette escadre, la plus grande qui eût jamais paru sur l'Océan.

Ce plan était parfaitement praticable, et avait même de grandes chances de réussite, comme l'événement le prouvera bientôt. Toutefois, il était moins sûr que le précédent. Effectivement, si Ganteaume avait pu sortir en avril, débloquer le Ferrol, ce qui était possible sans combat, car 5 à 6 vaisseaux anglais bloquaient alors ce port, et se rendre à la Martinique, la réunion s'opérait avec Villeneuve et Gravina, sans aucune probabilité de bataille; ils reparaissaient en Europe au nombre de 50 vaisseaux, et n'avaient besoin de toucher nulle part, avant de pénétrer dans la Manche. Il n'y avait d'autres chances à courir que celles des rencontres en mer, chances si rares qu'on pouvait les mettre hors de compte. Le nouveau plan, au contraire, avait l'inconvénient d'exposer Villeneuve à un combat devant le Ferrol, à un autre devant

Juin 1805.

Villeneuve, au lieu d'attendre à la Martinique la jonction des escadres du Ferrol et de Brest, doit venir les débloquer lui-même et les conduire dans la Manche.

Brest ; et, bien que la supériorité de ses forces dans ces deux rencontres fût grande, on n'était jamais assuré que les deux escadres qu'il venait débloquer eussent le temps d'accourir à son aide, et de prendre part à la bataille. On ne sort, en effet, du Ferrol et de Brest que par des passes étroites; là comme ailleurs, le vent qui fait entrer n'est pas celui qui fait sortir, et il était bien possible qu'une bataille se livrât à l'entrée de ces ports, et fût terminée avant que les flottes placées dans leur intérieur pussent y participer. Un combat même incertain était capable de démoraliser des généraux dont la confiance à la mer n'était pas grande, quelque braves qu'ils fussent d'ailleurs de leur personne. L'amiral Villeneuve surtout, quoique soldat intrépide, n'avait pas une fermeté proportionnée à ces chances, et il était à regretter que la beauté du temps eût empêché la première combinaison.

Il y en avait une autre à laquelle Napoléon s'arrêta un moment, qui procurait moins de forces, mais qui conduisait Villeneuve d'une manière certaine dans la Manche : c'était de n'amener Villeneuve ni devant le Ferrol, ni devant Brest, mais de lui faire tourner l'Écosse, de le diriger ensuite dans la mer du Nord, et devant Boulogne. Il est vrai qu'il n'arrivait qu'avec 20 vaisseaux au lieu de 50 ; mais cela suffisait pour trois jours, et la flottille, suffisamment protégée, passait à coup sûr. Cette pensée se présenta un instant à l'esprit de Napoléon, il l'écrivit, puis, voulant plus de sûreté encore, il préféra une plus grande réunion de forces à une plus grande certitude d'arriver dans la Manche, et il revint au plan de faire débloquer le Ferrol et Brest par Villeneuve.

Juin 1805.

Ce fut le dernier changement apporté par les circonstances à son projet. C'est au milieu d'une fête, comme il le raconte lui-même dans le post-scriptum d'une de ses lettres, qu'il avait ruminé toutes ces combinaisons et pris son parti. Il donna sur-le-champ les instructions nécessaires. Deux vaisseaux avaient été préparés à Rochefort; le contre-amiral Magon les commandait. Il appareilla aussitôt pour annoncer à la Martinique le changement survenu dans les déterminations de Napoléon. Des frégates armées à Lorient, à Nantes, à Rochefort, étaient prêtes à en partir, dès qu'on serait assuré que Ganteaume ne devait plus sortir, et elles étaient chargées de porter à Villeneuve l'ordre de retourner immédiatement en Europe, pour y exécuter le nouveau plan. Chaque frégate devait être accompagnée d'un brick, muni du duplicata de ces ordres. Si la frégate était prise, le brick se sauvait, et transmettait le duplicata. Les dépêches étaient renfermées dans des boîtes en plomb, et remises à des capitaines de confiance, pour être jetées à la mer en cas de danger. Ces précautions et celles qui vont suivre sont dignes d'être mentionnées pour l'instruction des gouvernements.

Afin que les flottes de Brest et du Ferrol pussent seconder celles qui venaient les débloquer, de grandes précautions avaient été prises. Ganteaume devait mouiller en dehors de la rade de Brest dans

Précautions infinies pour le succès du plan définitivement adopté.

l'anse de Bertheaume, lieu ouvert et d'une sûreté douteuse. Pour corriger ce défaut, un général d'artillerie avait été envoyé de Paris, et 150 bouches à feu venaient d'être mises en batterie afin d'appuyer l'escadre. Gourdon, remplaçant au Ferrol l'amiral Boudet tombé malade, avait ordre de se porter du Ferrol à la Corogne, dont le mouillage est ouvert, et d'y conduire la division française. Il avait été prescrit à l'amiral Grandellana d'en faire autant pour les vaisseaux espagnols. On avait sollicité de la cour d'Espagne des précautions semblables à celles qui avaient été prises à Bertheaume, dans le but d'assurer le mouillage par des batteries. Enfin, pour prévoir le cas où les vaisseaux, chargés d'opérer le déblocus, auraient consommé leurs vivres, on avait préparé au Ferrol, à Rochefort, à Brest, à Cherbourg, à Boulogne, des barils de biscuit, montant à plusieurs millions de rations, et qu'on aurait pu embarquer, sans perdre un instant. Un ordre attendait à Rochefort l'amiral Missiessy s'il venait à y rentrer. Cet ordre lui enjoignait de repartir sur-le-champ, d'aller inquiéter l'Irlande par une apparition de quelques jours, et puis de croiser à quelque distance du Ferrol, dans une latitude déterminée, où l'amiral Villeneuve averti par une frégate devait le rencontrer.

Tandis que ces prévoyantes mesures étaient prises pour l'armée de mer, des soins continus et secrets donnés à l'armée de terre tendaient à augmenter l'effectif des bataillons de guerre sur les côtes de l'Océan. Les troupes d'expédition montaient alors à 160 mille hommes, sans le corps de Brest, qui venait d'être dissous depuis la nouvelle destination assignée à la flotte de Ganteaume. L'amiral Verhuell avec la flotte batave avait reçu ordre de se réunir à Ambleteuse, afin que l'expédition tout entière pût partir des quatre ports dépendant de Boulogne. Ces ports, de création artificielle, s'étaient ensablés depuis deux ans qu'ils étaient construits. De nouveaux travaux les avaient déblayés. De plus, on avait réparé les bâtiments de la flottille, un peu fatigués par leurs sorties continuelles, et par un mouillage tourmenté le long de la ligne d'embossage.

Juillet 1805.

Tout en expédiant cette multitude d'ordres, Napoléon avait continué son voyage d'Italie. Il avait visité Bergame, Vérone, Mantoue, assisté à une représentation de la bataille de Castiglione, donnée par un corps de 25 mille hommes, sur le terrain même de cette bataille; il avait habité plusieurs jours Bologne, et charmé les savants de cette célèbre université; puis il avait traversé Modène, Parme, Plaisance, et enfin la magnifique Gênes, acquise d'un trait de plume. Il y passa du 30 juin au 7 juillet, au milieu de fêtes dignes de la ville de marbre, et supérieures encore à tout ce que les Italiens avaient imaginé de plus beau pour le recevoir. Il rencontra là un personnage illustre, fatigué d'un exil qui durait depuis douze années, et d'une opposition que ses devoirs religieux ne justifiaient plus; ce personnage était le cardinal Maury. Le Pape venait de lui donner un exemple qu'il s'était enfin décidé à suivre, et il avait pris le parti de se rattacher

Napoléon achève son voyage en Italie.

Napoléon à Gênes.

Rencontre de Napoléon avec le cardinal Maury.

au restaurateur des autels. C'est à Gênes qu'on lui avait ménagé l'occasion de rentrer en grâce. Comme ces partisans de Pompée qui, l'un après l'autre, cherchaient à rencontrer César dans l'une des villes de l'Empire romain pour se livrer volontairement à ses séductions, le cardinal Maury dans la ville de Gênes s'inclina devant le nouveau César. Il en fut accueilli avec la courtoisie d'un homme de génie désirant plaire à un homme d'esprit, et put entrevoir que son retour en France y serait payé des plus hautes dignités de l'Église.

Après avoir reçu le serment des Génois, préparé avec l'ingénieur Forfait le futur établissement naval qu'il voulait créer dans cette mer, et confié à l'architrésorier Lebrun le soin d'organiser l'administration de cette nouvelle partie de l'Empire, Napoléon partit pour Turin, où il feignit de s'occuper de revues; puis le 8 juillet au soir, laissant l'Impératrice en Italie, il prit les devants avec deux voitures de poste fort simples, se fit passer sur la route pour le ministre de l'intérieur, et arriva en quatre-vingts heures à Fontainebleau. Il s'y trouvait le 11 au matin. Déjà l'archichancelier Cambacérès et les ministres y étaient afin de recevoir ses derniers ordres. Il allait partir pour une expédition qui devait ou le rendre maître absolu du monde, ou, nouveau Pharaon, l'engloutir dans les abîmes de l'Océan. Il n'avait jamais été ni plus calme, ni plus dispos, ni plus confiant. Mais les plus grands génies ont beau vouloir; leur volonté, si puissante qu'elle soit, comme volonté d'homme, est à peine un caprice sans force, quand la Providence veut autrement. En voici un bien mémorable exemple. Tandis que Napoléon avait tout préparé pour une rencontre avec l'Europe armée, entre Boulogne et Douvres, la Providence lui préparait cette rencontre en de bien autres lieux!

Juillet 1805.

L'empereur Alexandre avait ajourné la ratification du traité qui constituait la nouvelle coalition, jusqu'au moment où l'Angleterre consentirait à évacuer Malte. Ne doutant pas d'une réponse favorable, il avait demandé les passe-ports de M. de Nowosiltzoff, afin de se mettre le plus tôt possible en rapport avec Napoléon. L'empereur Alexandre, moins belliqueux à mesure qu'il approchait du dénoûment, avait espéré, par cette promptitude, augmenter les chances de paix. Mais il avait mal jugé le cabinet de Londres. Celui-ci, résolu à garder une position capitale, que le hasard des événements et un acte de mauvaise foi avaient mise dans ses mains, avait refusé positivement d'abandonner l'île de Malte. Cette nouvelle, arrivée à Pétersbourg pendant que M. de Nowosiltzoff était à Berlin, avait jeté le cabinet russe dans un trouble indicible. Que faire? En passer par où voulait l'Angleterre, subir les exigences de son ambition intraitable, c'était, aux yeux de l'Europe, accepter le rôle le plus secondaire, c'était renoncer à la négociation de M. de Nowosiltzoff, car il serait renvoyé de Paris le jour même de son arrivée, et d'une façon peut-être humiliante, s'il n'apportait l'évacuation de Malte. C'était donc la guerre immédiate pour le compte de l'Angleterre, à

Suite des projets de la coalition.

Refus de l'Angleterre de rendre Malte, et embarras de la Russie privée des moyens de négocier à Paris.

sa suite, à sa solde, et l'Europe sachant qu'il en était ainsi. Au contraire, rompre avec elle sur ce refus, c'était avouer publiquement qu'on s'était engagé dans sa politique sans la connaître, c'était donner gain de cause à Napoléon à la face du monde, et se placer dans un isolement ridicule, brouillé avec l'Angleterre pour ses exigences, brouillé avec la France pour des actes de légèreté. En ne voulant pas être à la merci de l'Angleterre, on tombait à la merci de Napoléon, qui serait maître des conditions du rapprochement avec la France.

Si Napoléon, par la faute qu'il avait commise de réunir Gênes à la France, n'était venu au secours du cabinet russe [1], il aurait vu ses ennemis plongés dans la plus grande confusion. En effet, le cabinet russe était occupé à délibérer sur cette grave situation, quand il apprit la réunion de Gênes. Ce fut un vrai sujet de joie, car cet événement imprévu tira de leur embarras des hommes d'État fort imprudemment engagés. On résolut d'en faire beaucoup de bruit, et de dire bien haut qu'on ne pouvait plus traiter avec un gouvernement qui chaque jour commettait de nouvelles usurpations. On trouva là un prétexte tout naturel de rappeler M. de Nowosiltzoff de Berlin, et sur-le-champ on lui envoya l'ordre de revenir à Pétersbourg, en laissant une note au roi de Prusse pour expliquer ce changement de détermination. On se tint pour dispensé d'insister auprès de l'Angleterre relativement à Malte, on ratifia le traité qui

---

[1] C'est sur des documents authentiques que je raconte cet embarras du cabinet russe.

constituait la troisième coalition, en alléguant les récentes usurpations de l'Empereur des Français.

M. de Nowosiltzoff se trouvait à Berlin, où était enfin arrivé le roi de Prusse. L'ordre de son rappel le surprit, le chagrina vivement, car c'était une occasion perdue d'entreprendre la plus belle des négociations. Il ne dissimula pas son déplaisir au roi lui-même, lui fit connaître la disposition où il était personnellement de tout tenter pour gagner l'empereur Napoléon, s'il était allé à Paris, et les concessions même auxquelles il aurait souscrit au nom de sa cour. Ce fut une raison de plus pour le roi de Prusse de déplorer le nouvel entraînement auquel Napoléon avait cédé, et d'en faire ses plaintes ordinaires, fort douces comme de coutume, mais aussi fort mélancoliques; car chaque chance de plus, ajoutée aux chances de guerre déjà si nombreuses, l'affectait profondément.

A Vienne, l'effet fut encore plus décisif. Ce n'était pas des embarras d'une conduite légère qu'on était soudainement tiré par la réunion de Gênes, c'était des longues hésitations de la prudence. On voyait bien depuis long-temps que Napoléon désirait l'Italie tout entière, et on ne pouvait se résigner à la lui abandonner, sans lutter une dernière fois avec le courage du désespoir. Mais les finances autrichiennes étaient dans un état déplorable; une disette affreuse de grains affligeait l'Autriche haute et basse, la Bohême, la Moravie, la Hongrie. Le pain était si cher à Vienne, que le peuple, ordinairement doux et soumis, de cette capitale,

Juillet 1805.

L'Autriche comme la Russie, entraînée à la guerre par la réunion de Gênes.

Juillet 1805.

s'était emporté jusqu'à piller les boutiques de quelques boulangers. Dans cette situation, on aurait hésité encore long-temps à se jeter dans les dépenses d'une troisième lutte contre un adversaire aussi redoutable que Napoléon; mais en apprenant la réunion de Gênes, la création du duché de Lucques, toutes les incertitudes cessèrent à l'instant même. La résolution de combattre fut immédiatement prise. Des dépêches envoyées à Pétersbourg annoncèrent cette résolution définitive, et remplirent de joie le cabinet russe, qui, se voyant entraîné à la guerre, regardait le concours de l'Autriche comme le plus heureux des événements.

Distribution des forces de la coalition.

L'adhésion de cette cour au traité de coalition fut signée sans désemparer. La Russie fut chargée de négocier auprès de l'Angleterre pour ménager à l'Autriche la plus grande somme possible de subsides. On demanda et on obtint pour premiers frais d'entrée en campagne 1 million sterling (25 millions de francs), plus la remise instantanée de la moitié du subside annuel, c'est-à-dire 2 autres millions sterling (50 millions de francs). Le plan de campagne, discuté entre M. de Vintzingerode et le prince de Schwartzenberg, fut arrêté le 16 juillet. Il fut convenu que 10 mille Russes, quelques mille Albanais jetés en temps et lieu à Naples, y prépareraient un mouvement vers la Basse-Italie, tandis que 100 mille Autrichiens marcheraient sur la Lombardie; que la grande armée autrichienne, appuyée par une armée russe de 60 mille hommes au moins entrant par la Gallicie, agirait en Bavière; qu'une armée de 80 mille Russes s'avancerait vers la Prusse ; qu'une autre armée russe, anglaise, hanovrienne, suédoise, réunie dans la Poméranie suédoise, se dirigerait sur le Hanovre ; qu'enfin les Russes auraient des réserves considérables pour les porter où besoin serait. Les Anglais devaient opérer des débarquements sur les points de l'Empire français jugés les plus accessibles, dès que la diversion dont Napoléon était menacé aurait amené la dissolution de l'armée des côtes de l'Océan. Il fut arrêté que les troupes destinées à venir au secours de l'Autriche seraient prêtes à marcher avant l'automne de la présente année, afin d'empêcher que Napoléon ne profitât de l'hiver pour écraser l'armée autrichienne.

Il fut convenu en outre que la cour de Vienne, continuant son système de profonde dissimulation, persisterait à nier ses armements, en armant plus activement que jamais ; et puis, quand elle ne pourrait plus les dissimuler, parlerait de négocier, et de reprendre pour elle et pour la Russie les négociations abandonnées par M. de Nowosiltzoff. On devait, cette fois encore, désavouer toute liaison avec l'Angleterre, et paraître ne traiter que pour le continent. La fausseté ordinaire de la faiblesse caractérisait toute cette conduite.

La Prusse était dans de cruelles anxiétés. Elle pressentait, sans le pénétrer complétement, ce parti pris de faire la guerre, et elle se défendait de tout engagement en disant à la Russie qu'elle était trop exposée aux coups de Napoléon, et à Napoléon,

Juillet 1805.

Cruelles anxiétés de la Prusse.

qui lui renouvelait ses offres d'alliance, qu'elle était trop exposée aux coups de la Russie.

M. de Zastrow était revenu de Pétersbourg, après une mission désagréable et sans résultat. Une circonstance imprévue faillit amener la découverte soudaine de la coalition, et l'obligation pour la Prusse de se prononcer. Depuis qu'un traité de subsides, conclu entre les Anglais et la Suède, avait assuré à la coalition le concours de cette royauté folle, Stralsund se remplissait de troupes. On sait que cette place importante était le dernier pied-à-terre de la Suède dans le nord de l'Allemagne. Napoléon avait entrevu, par certains rapports des agents diplomatiques, qu'on préparait quelque chose de ce côté, et en avait averti le roi de Prusse, en lui disant de prendre garde à cette neutralité du nord de l'Allemagne, objet de toutes ses sollicitudes; que, quant à lui, au premier danger, il enverrait trente mille hommes de plus en Hanovre. Ce peu de paroles avaient suffi pour émouvoir le roi de Prusse, qui avait signifié au roi de Suède de cesser ses armements dans la Poméranie suédoise. Le roi de Suède, se sentant appuyé, avait répondu au roi de Prusse qu'il était maître chez lui, qu'il y faisait les armements jugés utiles à sa sûreté, et que, si la Prusse voulait gêner sa liberté, il comptait sur le roi d'Angleterre et l'empereur de Russie, ses alliés, pour l'aider à faire respecter l'indépendance de ses États. Ne bornant point là ses incartades, il renvoya au roi Frédéric-Guillaume les ordres de Prusse, lui disant qu'il ne voulait plus les porter depuis que ce mo-

narque les avait donnés au plus cruel ennemi de
l'Europe.

Juillet 1805.

Cet outrage irrita vivement Frédéric-Guillaume, qui, tout prudent qu'il était, en aurait tiré vengeance, si la Russie, intervenant sur-le-champ, n'avait déclaré à la Prusse que le territoire de la Poméranie suédoise était sous sa garde et devait rester inviolable. Cette espèce de défense d'agir, signifiée à la Prusse, lui donna fort à penser, et l'humilia cruellement. Elle prit le parti de ne pas répliquer, se bornant à renvoyer le ministre de Suède, et fit déclarer à Napoléon qu'elle ne pouvait pas répondre des événements qui se passeraient en Hanovre, que toutefois elle garantissait que le territoire prussien ne servirait pas de chemin à une armée d'invasion.

L'horizon se chargeait donc de tout côté, et d'une manière très-visible à l'œil le moins clairvoyant. De toute part on annonçait des rassemblements en Frioul, en Tyrol et dans la haute Autriche. On ne parlait pas seulement de simples concentrations de troupes, mais de l'organisation des armes spéciales, ce qui était bien plus significatif. La cavalerie remontée, l'artillerie pourvue de chevaux et conduite en trains nombreux sur les bords de l'Adige, des magasins considérables partout formés, des ponts jetés sur la Piave et le Tagliamento, des ouvrages de campagne élevés dans les lagunes de Venise, tout cela ne pouvait guère laisser de doute. L'Autriche niait, avec une fausseté qui a bien peu d'exemples dans l'histoire, et n'avouait que quelques précautions dans les États vénitiens, motivées par les rassemblements français formés en Italie. Quant à l'échange des grandes décorations qui lui avait été demandé, elle l'avait refusé sous divers prétextes.

C'est sur cet ensemble de circonstances que Napoléon avait à prendre un parti dans le peu de jours qu'il devait passer à Fontainebleau et à Saint-Cloud, avant d'aller à Boulogne. Il fallait se décider pour la descente, ou pour une marche foudroyante sur les puissances continentales. Le 11 juillet, jour même de son arrivée à Fontainebleau, l'archichancelier Cambacérès s'y était rendu, et avait commencé à traiter avec lui les grandes affaires du moment. Ce grave personnage était effrayé de l'état du continent, des symptômes frappants d'une guerre prochaine, et regardait avec raison les réunions opérées en Italie, comme étant la cause certaine d'une rupture. Dans cette situation, il ne s'expliquait pas bien que Napoléon laissât l'Italie et la France exposées aux coups de la coalition, pour se jeter sur l'Angleterre. Napoléon, plein de confiance, de passion, pour son vaste plan maritime, dont il n'avait pas donné le secret tout entier même à l'archichancelier, Napoléon n'était embarrassé par aucune de ces objections. Selon lui, les prises de possession de Gênes et de Lucques ne regardaient pas la Russie, car l'Italie n'était pas faite pour subir son influence. Cette cour devait se tenir heureuse qu'il ne lui demandât pas compte de ce qu'elle faisait en Géorgie, en Perse, même en Turquie. Elle s'était laissé engager dans la politique anglaise; elle était visiblement en état de coalition avec elle; M. de Nowosiltzoff n'était qu'un commissaire anglais qu'on avait voulu lui envoyer, mais qu'il aurait accueilli en conséquence. Bien évidemment la partie se trouvait fortement liée entre la Russie et l'Angleterre, mais ces deux puissances ne pouvaient rien sans l'Autriche, sans les armées et sans le territoire de cette puissance, et l'Autriche, craignant toujours profondément la France, hésiterait encore quelque temps avant qu'on l'entraînât entièrement. En tout cas, elle ne serait pas prête assez tôt pour empêcher l'expédition d'Angleterre. Quelques jours suffisaient pour exécuter cette expédition, et la mer franchie, toutes les coalitions seraient détruites d'un coup; le bras de l'Autriche, actuellement levé sur la France, serait abattu à l'instant même. Fiez-vous-en à moi, dit Napoléon à l'archichancelier Cambacérès, fiez-vous-en à mon activité; je surprendrai le monde par la grandeur et la rapidité de mes coups! —

Juillet 1805.

Il donna ensuite quelques ordres pour l'Italie et la frontière du Rhin. Il enjoignit à Eugène resté à Milan, et au maréchal Jourdan, son guide militaire, de commencer les approvisionnements des places, de réunir l'artillerie de campagne, d'acheter les chevaux de trait, de former les parcs. Il fit rapprocher de l'Adige les troupes qui venaient de parader à Marengo et Castiglione. Il avait depuis quelque temps disposé aux environs de Pescara une division en réserve, afin d'appuyer le général Saint-Cyr si celui-ci en avait besoin. Il prescrivit à ce général de se tenir bien informé, et, s'il apprenait la moindre tentative des Russes ou des Anglais sur un point

Premiers préparatifs de Napoléon pour le cas où la guerre continentale viendrait le surprendre.

quelconque des Calabres, de se porter de Tarente à Naples même, de jeter la cour à la mer, et de s'emparer du royaume.

Il achemina sur le Rhin la grosse cavalerie qui n'était pas destinée à s'embarquer pour l'Angleterre, et dirigea sur ce même point les régiments qui ne devaient pas être compris dans l'expédition. Il ordonna surtout de commencer à Metz, Strasbourg et Mayence, la formation de l'artillerie de campagne.

Il donna ensuite ses dernières instructions à M. de Talleyrand, relativement aux affaires diplomatiques. Il fallait, à chaque nouvelle information recueillie sur les armements de l'Autriche, en instruire cette cour, la convaincre de sa mauvaise foi, et la faire trembler sur les conséquences de sa conduite. Cette fois elle périrait, et on ne lui accorderait plus de quartier si elle interrompait l'expédition d'Angleterre. Quant à la Prusse, l'entretien était depuis long-temps ouvert avec elle sur le Hanovre. On devait profiter de l'occasion pour la sonder sur cette précieuse acquisition, pour éveiller son ambition connue, et si elle mordait à cet appât, le lui offrir immédiatement, à condition d'une alliance avec la France, conclue sur-le-champ, et publiquement proclamée. Avec une telle alliance, Napoléon était sûr de glacer l'Autriche d'effroi, et de la rendre immobile pour bien des années. En tout cas, il croyait qu'entre Boulogne et Douvres, il allait avancer les affaires, beaucoup plus que ne pourraient le faire les négociateurs les plus heureux et les plus habiles.

Le temps pressait, tout était prêt sur les côtes de l'Océan, et chaque moment qui s'écoulait pouvait amener l'amiral Villeneuve devant le Ferrol, devant Brest et dans la Manche. L'amiral Missiessy était revenu à Rochefort, après avoir parcouru les Antilles, enlevé la Dominique aux Anglais, jeté des troupes, des armes, des munitions à la Guadeloupe et à la Martinique, fait beaucoup de prises, et montré le pavillon français sur l'Océan, sans essuyer d'échecs. Cependant il était revenu trop tôt, et, comme il montrait quelque répugnance à se remettre en mer, Napoléon l'avait remplacé par le capitaine Lallemand, excellent officier, qu'il avait forcé à partir avant que les vaisseaux fussent réparés, pour aller à la rencontre de Villeneuve dans les environs du Ferrol. Tout cela terminé, Napoléon se rendit à Boulogne, laissant MM. Cambacérès et de Talleyrand à Paris, emmenant avec lui le maréchal Berthier, et donnant ordre à l'amiral Decrès de le rejoindre sans tarder. Il arriva le 3 août à Boulogne, au milieu des transports de joie de l'armée qui commençait à s'ennuyer de répéter tous les jours les mêmes exercices depuis deux ans et demi, et qui croyait fermement que Napoléon, cette fois, venait se mettre à sa tête, pour passer définitivement en Angleterre.

Le lendemain même de son arrivée, il fit rassembler toute l'infanterie sur la laisse de basse mer. Elle occupait plus de 3 lieues, et présentait la masse énorme de cent mille hommes d'infanterie, rangés sur une seule ligne. Depuis qu'il commandait, il n'avait rien vu de plus beau. Aussi, rentré le soir à son quartier général, il écrivit à l'amiral Decrès ces mots significatifs : *Les Anglais ne savent pas ce qui leur pend à l'oreille. Si nous sommes maîtres douze heures de la traversée, l'Angleterre a vécu*[1].

Il avait maintenant réuni, dans les quatre ports d'Ambleteuse, Wimereux, Boulogne, Étaples, c'est-à-dire à la gauche du cap Grisnez, et au vent de Boulogne, tous les corps qui devaient s'embarquer sur la flottille. Ce vœu formé depuis deux ans était enfin accompli, grâce au soin qu'on avait mis à se serrer, grâce à un superbe combat que la flottille batave avait soutenu sous les ordres de l'amiral Verhuell, pour doubler le cap Grisnez en présence de toute l'escadre anglaise. Ce combat livré le 18 juillet (29 messidor), quelques jours avant l'arrivée de Napoléon, était le plus considérable que la flottille eût soutenu contre les Anglais. Plusieurs divisions de chaloupes canonnières hollandaises avaient rencontré au cap Grisnez 15 voiles anglaises, tant vaisseaux que frégates, corvettes et bricks, et les avaient combattus avec un rare sang-froid, et un succès complet. La rencontre au cap était dangereuse, parce que vers ce point l'eau étant profonde, les vaisseaux anglais pouvaient, sans crainte d'échouer, serrer de près nos frêles bâtiments. Malgré cet avantage de l'ennemi, les canonnières hollandaises s'étaient maintenues en présence de leurs puissants adversaires. L'artillerie qui gardait la plage était accourue pour les soutenir, la flottille de Boulogne était sortie pour

---

[1] Lettre à M. Decrès, du 16 thermidor an XIII, 4 août 1805; dépôt de la secrétairerie d'État.

les appuyer, et, au milieu d'une grêle de projectiles, l'amiral Verhuell, ayant à côté de lui le maréchal Davout, avait passé à demi-portée de canon de l'escadre anglaise, sans perdre un seul bâtiment. Ce combat avait fait dans l'armée la réputation de l'amiral Verhuell, qui jouissait déjà d'une grande estime, et avait rempli de confiance les cent soixante mille hommes, soldats et matelots, prêts à traverser la Manche sur les flottilles française et batave.

Août 1805.

Napoléon avait actuellement toute son armée sous la main. En deux heures, hommes, chevaux pouvaient être embarqués, et en deux marées, c'est-à-dire en vingt-quatre heures, transportés à Douvres. Quant au matériel, il était depuis long-temps à bord des bâtiments.

L'armée rassemblée sur ce point, successivement accrue, présentait à peu près une force de 132 mille combattants et de 15 mille chevaux, indépendamment du corps du général Marmont, placé au Texel, et s'élevant à 24 mille hommes, et des 4 mille hommes de Brest, destinés à naviguer sur l'escadre de Ganteaume.

Force totale de l'armée.

Les 132 mille, qui devaient passer sur la flottille et partir des quatre ports d'Ambleteuse, Wimereux, Boulogne, Étaples, étaient distribués en six corps d'armée. L'avant-garde, commandée par Lannes, forte de 14 mille hommes, composée de la division Gazan et des fameux grenadiers réunis, campés à Arras, devait s'embarquer à Wimereux. Ces dix bataillons de grenadiers, formant à eux seuls un corps de 8 mille hommes de la plus belle infanterie

Composition et distribution de l'armée.

qui existât dans le monde, embarqués sur une légère division de péniches, étaient appelés à l'honneur de se jeter les premiers à la côte d'Angleterre, sous l'impulsion entraînante de Lannes et d'Oudinot. Puis, venait le corps de bataille, divisé en aile droite, centre, aile gauche. L'aile droite, commandée par Davout, comptant 26 mille hommes, composée de ces vaillantes divisions Morand[1], Friant, Gudin, qui s'immortalisèrent depuis à Awerstædt et en cent combats, était destinée à s'embarquer à Ambleteuse, sur la flottille hollandaise. Le centre, sous le maréchal Soult, porté à 40 mille hommes, distribué en quatre divisions, à la tête desquelles se trouvaient les généraux Vandamme, Suchet, Legrand, Saint-Hilaire, devait s'embarquer sur les quatre escadrilles réunies à Boulogne. Enfin l'aile gauche, ou camp de Montreuil, était commandée par l'intrépide Ney. Elle était de 22 mille hommes; elle comptait trois divisions, et notamment cette division Dupont, qui bientôt se couvrit de gloire à Albek, au pont de Halle, à Friedland. Ce corps devait partir d'Étaples, sur deux escadrilles de la flottille. Une division d'élite de la garde, forte de 3 mille hommes et actuellement en marche, allait arriver à Boulogne pour s'y réunir au corps du centre.

Enfin, la sixième subdivision de cette grande armée était ce qu'on appelait la réserve. Elle avait pour chef le prince Louis; elle comprenait les dragons et

---

[1] A cette époque division Bisson.

les chasseurs à pied, commandés par les généraux Klein et Margaron; la grosse cavalerie, commandée par Nansouty, et une division italienne, parfaitement disciplinée et ne le cédant pas pour la tenue aux plus belles divisions françaises. Napoléon avait dit qu'il voulait montrer aux Anglais ce qu'ils n'avaient pas vu depuis César, des Italiens dans leur île, et apprendre à ces Italiens à s'estimer eux-mêmes, en les amenant à se battre aussi bien que des Français. Cette réserve, s'élevant à 27 mille hommes, et placée en arrière de tous les camps, devait venir occuper le rivage, quand les cinq premiers corps de l'armée seraient partis; et, comme on supposait qu'une escadre couvrant le passage on serait maître du détroit pendant quelques jours, la flottille de transport, se séparant pour quelques heures de la flottille de guerre, devait venir chercher cette réserve ainsi que la seconde moitié des chevaux. En effet, sur 15 mille chevaux, la flottille n'en pouvait embarquer que 8 mille à la fois. Un second transport aurait amené les 7 mille autres.

Ainsi, outre les 24 mille hommes de Marmont, embarqués sur la flotte du Texel, les 4 mille hommes embarqués à Brest, Napoléon pouvait mouvoir directement une masse totale de 132 mille hommes, dont 100 mille d'infanterie, 7 mille de cavalerie montée, 12 mille de cavalerie non montée, 13 mille d'artillerie[1].

---

[1] J'ai emprunté tous ces nombres au livret de l'Empereur, celui même qu'il portait avec lui. Ce livret se trouve au dépôt du Louvre, et il donne seul les vrais états de l'armée de l'Océan, qui ne sont ni

C'est dans ce formidable appareil que Napoléon attendait l'escadre de Villeneuve.

Cet amiral était, comme on l'a vu, parti le 30 mars de Toulon, avec 11 vaisseaux, dont 2 de 80, et 6 frégates. Nelson croisait vers Barcelone. S'attachant à faire croire que son intention était de se fixer dans ces parages, il s'était subitement porté au sud de la Sardaigne, dans l'espérance que les Français, trompés par les bruits qu'il avait répandus, chercheraient à éviter les côtes d'Espagne, et viendraient eux-mêmes à sa rencontre. La flotte française sortie par un bon vent, et informée de la vérité par un bâtiment ragusais, se dirigea entre les Baléares et Carthagène, y toucha le 7 avril, et s'y arrêta une journée à cause d'un calme plat. Villeneuve offrit à l'amiral espagnol Salcedo de le rallier à son pavillon, ce que celui-ci, faute d'ordre, ne put accepter, et, reprenant sa route par un vent favorable, il se présenta le 9 avril à l'entrée du détroit. Le même jour, à midi, il était engagé dans le détroit, formé sur deux colonnes, ses frégates en avant, le branle-bas de combat exécuté sur tous ses navires, et prêt à combattre. On avait reconnu de Gibraltar la flotte française; on s'était mis alors à sonner les cloches, à tirer le canon d'alarme, car il n'y avait dans le port qu'une très-faible division. Villeneuve parut le soir même en vue de Cadix. Averti par ses signaux, le capitaine

---

au dépôt de la guerre ni à celui de la marine. Aussi tous les ouvrages militaires n'ont-ils donné que des nombres inexacts relativement à la composition de l'armée.

de *l'Aigle* se hâta de sortir de la rade, et le brave Gravina, qui n'avait rien négligé pour être en mesure, se dépêcha de lever l'ancre afin de se réunir à l'amiral français. Mais beaucoup de choses étaient en retard à Cadix. Les 2,500 Espagnols qu'on devait transporter aux îles n'étaient pas même embarqués. On achevait de mettre les vivres à bord. Il aurait fallu au moins quarante-huit heures de plus à l'amiral Gravina ; mais Villeneuve était pressant, et disait qu'il n'attendrait pas si on ne le joignait sur-le-champ. Quoique un peu remis du trouble de sa première sortie, l'amiral français était cependant poursuivi sans cesse par l'image de Nelson, qu'il croyait toujours voir sur ses traces.

Gravina, fort dévoué aux projets de Napoléon, embarqua tout confusément, se proposant d'achever ses arrangements à la mer, et sortit de Cadix pendant la nuit. Il arriva même à un bâtiment de toucher, dans l'extrême précipitation de cette sortie.

Vers deux heures du matin, Villeneuve, qui s'était borné à mouiller une ancre, profita du vent, et reprit sa direction vers l'ouest. Il était le 11 en plein océan, ayant échappé à la redoutable surveillance des Anglais. Le 11 et le 12, il attendit les vaisseaux espagnols ; mais deux seulement parurent, et, ne voulant pas perdre plus de temps, il fit voile, comptant qu'il serait rejoint plus tard, ou en route, ou à la Martinique même, car chaque commandant avait reçu l'indication de ce rendez-vous commun. Personne d'ailleurs, Villeneuve excepté, ne connaissait la grande destination de l'escadre.

Août 1805.

Démoralisation anticipée de Villeneuve.

Villeneuve aurait dû se rassurer et prendre quelque confiance en lui-même, car il venait de vaincre les plus sérieuses difficultés de sa navigation, en quittant Toulon, en traversant le détroit, et en ralliant les Espagnols sans aucun accident. Mais la vue de ses équipages le remplissait de chagrin. Il les trouvait fort au-dessous de ce qu'étaient les Anglais, et de ce qu'avaient été jadis les Français du temps de la guerre d'Amérique. C'était naturel, puisqu'ils sortaient du port pour la première fois. Il se plaignait non-seulement du personnel, mais du matériel de son escadre. Trois de ses vaisseaux marchaient médiocrement ou mal : c'étaient *le Formidable*, *l'Intrépide*, surtout *l'Atlas*. Un vaisseau neuf, *le Pluton*, avait de mauvais fers, qui cassaient fréquemment. L'amiral Villeneuve ressentait de tout cela une contrariété excessive, qui affectait son moral. L'aide-de-camp de l'Empereur, Lauriston, faisait tous ses efforts pour le remonter, et n'y réussissait guère. Il avait du reste d'excellents capitaines, qui suppléaient autant que possible à l'inexpérience des équipages et aux défauts de l'armement. Villeneuve ne se consolait qu'en voyant l'état des bâtiments espagnols, qui étaient de beaucoup inférieurs aux siens. Cependant la navigation, quoique ralentie par trois vaisseaux, ce qui n'est pas extraordinaire quand on marche en escadre, paraissait heureuse et se poursuivait sans accident.

Erreur de Nelson sur la marche de notre escadre.

Nelson, trompé, avait d'abord cherché l'escadre française au sud et à l'est de la Méditerranée. Il avait su, le 16 avril, qu'elle s'avançait vers le dé-

TROISIÈME COALITION.

troit, avait été retenu par des vents d'ouest jusqu'au 30, avait mouillé le 10 mai dans la baie de Lagos, et, après avoir détaché un de ses vaisseaux pour escorter un convoi, il ne s'était engagé sur l'Océan que le 11 mai, pour faire voile vers les Antilles, où il supposait que se rendait notre escadre.

Août 1805.

A cette époque, Villeneuve était bien près du but, car le 14 mai il atteignit la Martinique, après six semaines de navigation. Il avait eu, en y touchant, la satisfaction d'y trouver les quatre vaisseaux espagnols séparés de l'escadre, arrivant presque en même temps que lui. C'était un grand avantage, et il aurait dû compter un peu plus sur son étoile, qui jusqu'ici ne lui avait ménagé que des événements favorables.

Heureuse arrivée de Villeneuve à la Martinique.

Cette traversée avait été fort utile. Elle avait donné de l'expérience aux équipages. Comme il avait fait petit temps, on en avait profité pour améliorer le gréement. *Nous sommes*, écrivait le général Lauriston à l'Empereur, *d'un tiers plus forts qu'au moment de notre sortie*[1]. Une flotte manœuvrière et exercée ne gagne rien à parcourir douze ou quinze cents lieues de plus, mais une flotte qui n'a pas navigué y peut

Amélioration considérable dans les équipages, par suite de la navigation de Toulon à la Martinique.

---

[1] « Tous nos vaisseaux sont en bon état, et en meilleur état, suivant « moi, que lors de notre sortie de Toulon. Le petit temps a donné les « moyens de rider les gréements au fur et à mesure; malgré cela, les « chaînes de haubans et généralement tous les fers du *Pluton* et de « *l'Hermione* sont de si mauvaise qualité, ainsi que les cordages, les « bois de mâture et les vergues, que beaucoup de ces objets ont cassé.
« Actuellement tout est rassis, tout est réparé; les marins ont ac-« quis beaucoup; il y a une différence sensible dans la manœuvre; *nous* « *sommes d'un tiers plus forts qu'au moment de notre sortie.* » (*Lettre du général Lauriston à l'Empereur.*)

acquérir le gros de son instruction, et c'est ce qui était arrivé à la nôtre.

L'amiral Villeneuve, effrayé de sa responsabilité, n'appréciant aucun des avantages qu'on venait de se procurer, trouvait que nous étions privés de tant de qualités, que quelques améliorations obtenues en route ne suffisaient pas pour suppléer à ce qui nous manquait. Il avait le tort, comme un homme dont le moral est affecté, d'exagérer le mérite de l'ennemi, et de déprécier celui de ses soldats. Il disait qu'avec vingt vaisseaux français ou espagnols il n'en voudrait pas combattre quatorze anglais, et il tenait ce langage devant ses propres officiers. Heureusement qu'officiers et matelots, remplis des meilleures dispositions, sentant moins que leur chef l'insuffisance de leurs moyens, mais pleins de confiance dans leur propre courage, désiraient avec ardeur la rencontre de l'ennemi. Le général Lauriston, placé par l'Empereur auprès de Villeneuve pour le soutenir et l'exciter, remplissait son devoir avec un zèle continu, il ne contribuait pourtant qu'à le chagriner, et à l'irriter par la contradiction. Gravina, simple, sensé, plein d'énergie, pensait comme Villeneuve sur la qualité de ses vaisseaux, comme Lauriston sur la nécessité de se dévouer, et il était décidé à se faire détruire n'importe où, pour seconder les desseins de Napoléon.

Maintenant qu'on avait échappé aux hasards de la traversée, il fallait attendre quarante jours à la Martinique l'arrivée de Ganteaume, dont on ignorait l'immobilité forcée à Brest, par suite d'un équinoxe sans coup de vent. Villeneuve, arrivé le 14 mai, avait donc à séjourner dans ces parages jusqu'au 23 juin ; et il se disait avec chagrin qu'il y avait là plus que le temps nécessaire pour être rejoint par Nelson, et bloqué à la Martinique, ou battu si on voulait sortir.

Août 1805.

Ses ordres étaient d'attendre Ganteaume, ce qui impliquait une sorte d'inaction ; et, comme les gens qui sont mal à l'aise, il aurait voulu se mouvoir. Il se plaignait de ne pouvoir aller désoler les îles anglaises, ce qu'il aurait fait facilement avec une force de vingt vaisseaux. Pour tuer le temps, on s'empara du fort du Diamant, qui est placé devant la Martinique, et que l'amiral Missiessy, au grand regret de Napoléon, avait négligé de prendre. On le canonna avec plusieurs vaisseaux, puis quelques centaines d'hommes débarqués dans des chaloupes l'enlevèrent. On aurait voulu compléter l'occupation de la Dominique par la prise du morne Cabry, dont l'amiral Missiessy avait encore négligé de se rendre maître ; mais cette position, très-défendue par la nature et par l'art, exigeait un siège en règle, et on n'osa pas l'entreprendre. Villeneuve envoya ses frégates, qui étaient excellentes et bonnes marcheuses, croiser dans les Antilles, pour faire des prises, et lui procurer des nouvelles des escadres anglaises.

Séjour forcé de Villeneuve à la Martinique.

On avait apporté des troupes ; Missiessy en avait apporté aussi ; il y avait environ douze mille hommes dans les Antilles françaises. Une telle force aurait permis d'exécuter d'importantes opérations, mais on ne l'osait pas de peur de manquer Ganteaume. Du

Août 1805.

Pour s'occuper, Villeneuve projette une expédition contre la Barbade.

reste, les îles françaises étaient dans le meilleur état, pourvues de soldats, de munitions, abondamment fournies de vivres, grâce aux corsaires, et de plus animées du meilleur esprit.

Cependant, pour ne pas exposer les équipages aux maladies qu'ils commençaient à gagner en séjournant dans ces régions, et pour empêcher aussi la désertion, à laquelle les Espagnols étaient fort enclins, on résolut de tenter un coup de main sur la Barbade, où les Anglais avaient d'importants établissements militaires. C'était là, en effet, qu'ils tenaient tous les dépôts de leurs troupes coloniales. Le général Lauriston avait amené une bonne division de 5 mille hommes, organisée et équipée avec le plus grand soin. Elle fut destinée à cette opération. Le général Lauriston imagina de passer par la Guadeloupe pour y prendre un bataillon de plus, car on comptait trouver une dizaine de mille hommes à la Barbade, moitié milice, moitié troupes de ligne. On se décida donc à partir le 4 juin ; mais le jour même assigné pour le départ, arriva le contre-amiral Magon avec les deux vaisseaux de Rochefort, que Napoléon avait expédiés pour donner la première nouvelle du changement survenu dans ses projets. Magon venait dire que Ganteaume n'ayant pu sortir de Brest, il fallait aller le débloquer, non-seulement lui, mais l'escadre du Ferrol, et, après avoir rallié les flottes qui se trouvaient dans ces ports, se rendre en masse dans la Manche. Toutefois, il apportait aussi l'ordre d'attendre jusqu'au 21 juin, car, jusqu'au 21 mai, il était possible que Ganteaume fût sorti de Brest, et, en supposant un mois pour la traversée de Brest à la Martinique, on ne pouvait savoir que le 24 juin si définitivement cet amiral n'avait pas mis à la voile. On avait donc le temps de persister dans le projet sur la Barbade. Magon avait à son bord des troupes et des munitions. Il suivit l'escadre, forte maintenant de 27 voiles, dont 14 vaisseaux français, 6 vaisseaux espagnols et 7 frégates. Le 6 juin on était devant la Guadeloupe. On prit un bataillon. Le 7 on était remonté jusqu'à Antigoa; le 8 on dépassait cette île, qui n'avait cessé de tirer, lorsqu'on aperçut un convoi de quinze voiles qui en sortait. C'étaient des bâtiments de commerce, chargés de denrées coloniales, et escortés par une simple corvette. Sur-le-champ l'amiral fit signal de courir dessus, en suivant l'*ordre de vitesse*, selon l'expression des marins, c'est-à-dire chaque vaisseau marchant le mieux qu'il pouvait, et prenant le rang que lui assignait sa marche. Avant la fin du jour le convoi était pris. Il valait de neuf à dix millions de francs. Quelques passagers américains et italiens donnèrent des nouvelles de Nelson. Ils le disaient arrivé à la Barbade, là même où on allait. Ils variaient sur la force de son escadre. Généralement on lui donnait une douzaine de vaisseaux. Mais il avait rallié l'amiral Cochrane qui gardait ces mers. Cette nouvelle produisit sur l'esprit de l'amiral Villeneuve une impression extraordinaire. Il vit Nelson avec 14, 16, peut-être 18 vaisseaux, c'est-à-dire avec une force presque égale à la sienne, prêt à le joindre et à le combattre. Aussi forma-t-il sur-le-

Août 1805.

Départ de la Martinique pour la Barbade.

Prise d'un riche convoi.

Nouvelles de Nelson.

Août 1805.

En apprenant que Nelson est aux Antilles, Villeneuve forme le projet de revenir en Europe.

Il charge ses frégates de déposer aux Antilles une partie des troupes, et de rejoindre l'escadre vers les Açores.

champ le projet de retourner en Europe. Lauriston, au contraire, s'appuyant sur l'assertion des prisonniers, qui ne donnaient que 2 vaisseaux à Cochrane, ce qui en devait faire supposer tout au plus 14 à Nelson, soutenait qu'avec 20 on était en mesure de le combattre avantageusement, et qu'après s'être débarrassé de sa poursuite par une bataille, on serait bien plus assuré de remplir sa mission. Villeneuve ne fut point de cet avis, et voulut absolument faire voile vers l'Europe. Il était si pressé qu'il ne consentit pas même à revenir aux Antilles françaises, pour restituer les troupes qu'on y avait prises. Il aurait fallu remonter dans le vent qui souffle de l'est à l'ouest le long des Antilles, et on était à Antigoa, fort à l'ouest de la Martinique. On aurait perdu dix jours peut-être, et on se serait exposé à rencontrer les Anglais. Il se décida donc à choisir les quatre meilleures frégates, à y verser le plus de troupes qu'il pourrait, et à les dépêcher vers la Martinique. Il leur donna l'ordre de rejoindre l'escadre aux Açores. Mais il restait encore 4 à 5 mille hommes environ sur la flotte, charge singulièrement embarrassante. En les gardant, on privait les colonies d'une force précieuse, qu'il était extrêmement difficile de leur envoyer de la métropole; et on se donnait des bouches de plus à nourrir, ce qui était fâcheux, car on avait peu de vivres, et de l'eau à peine pour la traversée. Enfin on courait le danger de manquer Ganteaume, car jusqu'au 21 juin on ne saurait pas d'une manière certaine s'il avait quitté Brest pour venir à la Martinique. Par le fait, on était dans le vrai en supposant qu'il n'était pas parti ; mais on l'ignorait : c'était donc une grave faute. A ces objections Villeneuve répondait que si Ganteaume était parti, il fallait s'en applaudir; qu'il n'y aurait plus alors de blocus à Brest, et qu'on passerait devant ce port sans difficulté pour entrer dans la Manche.

Villeneuve se détermina sur-le-champ, fit déposer le plus de troupes qu'il put sur les frégates, et les expédia pour la Martinique. Ne voulant ni s'embarrasser du convoi, ni le perdre, il chargea une autre frégate de l'escorter jusqu'à l'une des îles françaises. Le 10 juin, il était en route vers l'Europe. Sa résolution, quoique blâmable en principe, n'était pas mauvaise par le fait, s'il était retourné à la Martinique pour y déposer son monde, pour y prendre de l'eau et des vivres, pour y recueillir des nouvelles d'Europe.

Nelson, qu'il craignait tant, était arrivé à la Barbade dans les premiers jours de juin, après une navigation d'une rapidité prodigieuse, marchant sans crainte avec 9 vaisseaux seulement. Supposant que les Français allaient reconquérir la Trinité pour le compte des Espagnols, il avait pris 2 mille hommes à la Barbade, rallié les deux vaisseaux de l'amiral Cochrane, et, ne s'arrêtant jamais pour se ravitailler ou se réparer, il était le 7 dans le golfe de Paria, île de la Trinité. Là, reconnaissant son erreur, il était reparti, et se trouvait le 10 à la Grenade. Il se disposait à remonter à la Barbade, à y déposer les troupes qu'il avait prises mal à propos,

Août 1805.

Marche de Nelson pendant la navigation de Villeneuve.

et à regagner l'Europe avec 11 vaisseaux. Que d'activité! que d'énergie! quel admirable emploi du temps! C'est une nouvelle preuve qu'à la guerre, et dans la guerre de mer plus encore que dans la guerre de terre, la qualité des forces vaut toujours mieux que la quantité. Nelson, avec 11 vaisseaux, était en confiance sur cette mer où Villeneuve tremblait avec 20 vaisseaux, montés cependant par des matelots héroïques!

Villeneuve marchait vers l'Europe, faisant voile au nord-est par une mer assez favorable. Arrivé aux Açores le 30 juin, il y trouva ses frégates, qui n'avaient mis que quatre jours à déposer leurs chargements de troupes, et qui n'avaient pas rencontré les Anglais, ce qui prouvait que Villeneuve aurait bien pu en faire autant sans danger. Les quatre frégates détachées avaient rencontré la cinquième frégate escortant le convoi capturé, et ne pouvant venir à bout de le conduire. Elles s'étaient décidées à le brûler, ce qui entraînait une perte de dix millions. On était donc réuni aux Açores et on se remit en route avec les 20 vaisseaux et les 7 frégates, se dirigeant vers la côte d'Espagne. On fut dédommagé de la perte du convoi par une riche prise, celle d'un galion de Lima, chargé de piastres pour une valeur de sept à huit millions, enlevé par un corsaire anglais et repris à ce corsaire. C'était une ressource qui devint bientôt fort utile. Tout à coup, dans les premiers jours de juillet, n'ayant plus que soixante lieues à faire pour atteindre le cap Finistère, le vent changea brusquement, et, soufflant du nord-est, devint entièrement contraire. On se mit à louvoyer pour gagner du temps, sans être ramené en arrière. Mais le vent s'obstina, et devint si violent que plusieurs bâtiments essuyèrent des avaries; quelques-uns même perdirent leurs mâts de hune. Les deux vaisseaux partis de Rochefort avec Magon avaient apporté avec eux les fièvres de la Charente. Ils étaient encombrés de malades. Les troupes, qu'on avait amenées d'Europe en Amérique, qu'on ramenait d'Amérique en Europe, sans presque toucher terre, étaient atteintes de souffrances de toute espèce. La tristesse régnait sur l'escadre. Dix-huit jours d'un vent contraire la portèrent au comble, et contribuèrent à ébranler davantage encore le courage de l'amiral Villeneuve. Il voulait aller à Cadix, c'est-à-dire à l'opposé du point où l'attendait Napoléon, où l'appelaient ses instructions. Le général Lauriston résista de toutes ses forces, et finit par l'emporter. Le vent ayant d'ailleurs changé vers le 20 juillet, on fit de nouveau route vers le Ferrol.

Le mauvais temps survenu avait causé deux malheurs : le premier, d'affecter le moral de l'escadre et de son chef; le second, de procurer des nouvelles de sa marche à l'amirauté anglaise. Nelson avait envoyé devant lui le brick *le Curieux* pour porter en Angleterre le bulletin de sa marche. Ce brick avait aperçu l'escadre française, et, faisant force de voiles, il était arrivé à Portsmouth le 7 juillet. Le 8 juillet, les dépêches avaient été remises à l'amirauté. Sans connaître encore le but de

Août 1805.

L'escadre assaillie par des vents contraires.

Le mauvais temps, en retardant la marche de l'escadre française, l'expose à être aperçue.

l'escadre française, mais imaginant qu'elle voulait peut-être débloquer le Ferrol, l'amirauté avait ordonné à l'amiral Sterling, détaché du blocus de Brest pour observer Rochefort, de se rendre avec cinq vaisseaux auprès de Calder, qui croisait aux environs du cap Finistère. Le long temps écoulé depuis que Napoléon songeait à sa grande combinaison navale, les diverses sorties essayées récemment, le départ de Villeneuve, son passage à Cadix, sa jonction avec Gravina, son retour vers l'Europe, où deux flottes en partance depuis long-temps, l'une à Brest, l'autre au Ferrol, semblaient attendre une force suffisante pour les débloquer, toutes ces circonstances avaient fini par amener peu à peu les Anglais à soupçonner, vaguement au moins, une partie des projets de Napoléon. Ils ne songeaient pas précisément à une réunion d'escadres dans la Manche, mais ils voulaient prévenir le déblocus du Ferrol ou de Brest, qui leur paraissait probable. Aussi avaient-ils porté la flotte de Cornwallis devant Brest à 24 vaisseaux, dont 5 détachés devant Rochefort, et à 10 celle du Ferrol. Cette dernière allait être de 14 ou 15 vaisseaux par la jonction de la division de Rochefort. Tout retard est un malheur dans un projet qui exige du secret. On donne à l'ennemi le temps de penser, quelquefois de deviner à force de penser, et souvent aussi de recueillir des indices qui finissent par l'instruire.

Le 22 juillet Villeneuve, marchant sur trois colonnes, remontait vers le Ferrol, c'est-à-dire au nord-est, par un assez bon vent de nord-ouest, qu'il recevait par le travers. Il aperçut, vers le milieu du jour, 21 voiles, dont 15 vaisseaux : c'était l'escadre anglaise de l'amiral Calder, s'avançant en sens contraire, et venant à sa rencontre pour lui couper le chemin du Ferrol. On était à une quarantaine de lieues de ce port.

Août 1805.

Heues du Ferrol, l'escadre de l'amiral Calder.

Il n'y avait guère à douter d'une bataille navale. Villeneuve ne songeait plus à l'éviter ; car c'était la responsabilité, et nullement le péril, dont il avait peur ; mais, toujours dévoré d'anxiétés, il perdit un temps précieux à se mettre en bataille. Le général Lauriston, le stimulant sans cesse, le pressait, dès onze heures du matin, de donner les ordres qu'il ne donna qu'à une heure. La meilleure partie de la journée se trouva ainsi perdue, ce qu'on eut bientôt à regretter. Les vaisseaux des deux escadres combinées employèrent deux heures à se ranger en bataille, et ce ne fut qu'à trois heures de l'après-midi que les 20 vaisseaux français et espagnols furent sur une seule ligne régulière, les Espagnols occupant la tête de la colonne, et Magon en occupant la queue avec la division de Rochefort et plusieurs frégates. L'amiral anglais Calder, avec 15 vaisseaux, dont plusieurs de cent canons, tandis que les plus forts de notre côté n'étaient que de 80, se mit à son tour en bataille, et forma une longue ligne parallèle à la nôtre, mais courant en sens contraire. (Voir la carte n° 26.) Les Anglais se dirigeaient vers le sud-ouest, et nous vers le nord-est. Le vent soufflant du nord-ouest, les deux escadres le recevaient par le travers. Défilant parallèlement l'une à

Bataille navale du Ferrol.

Ligne de bataille des deux armées.

l'autre, et dans des directions opposées, elles auraient bientôt fini par s'éviter, lorsque Calder replia la tête de la sienne sur la queue de la nôtre, pour l'envelopper. Villeneuve, à qui le danger rendait la résolution d'un homme de cœur, prévoyant que l'amiral anglais, suivant une tactique souvent répétée dans ce siècle, voulait envelopper notre arrière-garde pour la mettre entre deux feux, imita la manœuvre de son ennemi, et, virant, comme disent les marins, *lof pour lof par la contre-marche*, déroba la queue de sa colonne, et vint en présenter la tête à la tête de la colonne ennemie. Dans ce double mouvement, les deux escadres se rencontrant, le premier vaisseau espagnol, *l'Argonaute*, monté par l'amiral Gravina, se trouva engagé avec le premier vaisseau anglais, *le Héro*. Anglais et Français, poursuivant cette marche, furent bientôt aux prises, dans toute l'étendue de leur ligne. Mais, l'escadre anglaise étant moins nombreuse que la nôtre, le feu ne s'étendit guère de notre côté que jusqu'au treizième ou quatorzième vaisseau. Notre arrière-garde, sans ennemi devant elle, recevant à peine quelques boulets perdus, c'était le cas de s'en servir pour quelque manœuvre décisive. Malheureusement une brume épaisse, qui dans ce moment occupait plusieurs centaines de lieues, car elle fut aperçue à Brest, couvrait les deux flottes, à ce point que le vaisseau amiral fut quelques instants à savoir s'il avait l'ennemi à bâbord ou à tribord. Chaque bâtiment ne voyait que le bâtiment qu'il avait devant lui, et n'en combattait pas d'autre. On entendait une canonnade vive, continue, mais non précipitée. Les Français et les Espagnols, malgré leur inexpérience, se battaient avec ordre et sang-froid. Nos équipages n'avaient pas encore acquis la précision de tir qui les distingue aujourd'hui; néanmoins, dans cette espèce de duel de vaisseau à vaisseau, les Anglais souffraient autant que nous; et, si notre arrière-garde, qui n'avait pas d'ennemis à combattre, avait pu découvrir ce qui se passait, et que, se reployant sur la ligne anglaise, elle en eût mis une partie entre deux feux, la victoire eût été assurée. Villeneuve, ne discernant rien à travers la brume, pouvait difficilement donner des ordres. Magon, il est vrai, lui avait fait savoir qu'il était dans l'inaction; mais cet avis, à cause de l'état du ciel, n'ayant été transmis que par les frégates, était arrivé tard, et n'avait provoqué aucune détermination de la part de l'amiral français, qui, après un instant de décision au début de la bataille, était retombé dans son incertitude accoutumée, craignant d'agir dans l'obscurité, et de faire de faux mouvements. Tout ce qu'il osait, c'était de combattre bravement avec son vaisseau amiral.

Après une longue canonnade, le vaisseau anglais *le Windsor* se trouva si maltraité, qu'une frégate fut obligée de le retirer du combat, pour l'empêcher de tomber en nos mains. D'autres bâtiments anglais avaient essuyé de fortes avaries. Les vaisseaux français, au contraire, se comportaient vaillamment, et avaient été assez heureux pour ne pas éprouver de grands dommages. Nos alliés espagnols, qui formaient le premier tiers de la ligne de bataille, avaient beaucoup plus souffert, sans qu'il y eût de leur faute. Leurs trois vaisseaux *l'España*, *le San-Firmo*, *le San-Rafaël*, les plus voisins de nous, se trouvaient dans un état fâcheux. *Le San-Firmo* notamment avait perdu deux mâts. Comme le vent portait de nous aux Anglais, ces vaisseaux, ne pouvant plus manœuvrer, étaient entraînés vers l'ennemi. Voyant cela, le brave capitaine du *Pluton*, M. de Cosmao, placé le plus près des Espagnols, sortit de la ligne, et s'avança pour couvrir avec son vaisseau les vaisseaux espagnols désemparés. Le premier des trois espagnols en dérive, *le San-Rafaël*, mauvais marcheur, avait imaginé de se laisser couler, entre les deux lignes, vers l'arrière-garde, dans l'espérance de se sauver par ce mouvement. *Le San-Firmo*, plus maltraité, fut en vain défendu par M. de Cosmao, qui ne put l'empêcher de tomber sous le vent, et dès lors d'être jeté au milieu des Anglais. Mais M. de Cosmao parvint à sauver *l'España*, qui, grâce à lui, fut maintenue dans la ligne. Vers six heures une éclaircie découvrit ce spectacle à l'amiral Villeneuve. On voyait *le San-Rafaël* s'échappant vers l'arrière-garde, *le San-Firmo* entouré déjà d'ennemis, et entraîné peu à peu vers l'escadre anglaise. Comme on se battait de loin, il restait assez d'espace entre les deux armées pour qu'on pût se porter tous en avant, et, par ce mouvement de notre ligne, replacer dans nos rangs les vaisseaux désemparés. Le général Lauriston n'avait pas quitté Villeneuve, et il entendait les officiers de l'escadre proposer cette manœuvre. Il lui conseilla donc de faire le signal de *laisser arriver* tous ensemble, c'est-à-dire de céder au vent, qui, conduisant vers les Anglais, aurait permis de remettre au milieu de nous les vaisseaux compromis. On se serait trouvé plus près de l'ennemi, et celui-ci, maltraité et moins nombreux, aurait probablement plié devant ce mouvement offensif. Villeneuve, à travers la brume, voyant mal ce qui se passait, craignant de déranger son ordre de bataille, et de courir de nouveaux hasards, préféra la perte de deux vaisseaux au risque de réengager l'action. Il se refusa donc à donner l'ordre sollicité de toutes parts. Dans ce moment la nuit se faisait, et le feu avait presque cessé. Les Anglais se retiraient, traînant à la remorque deux de leurs vaisseaux très-endommagés par le feu, et les deux espagnols que nous leur abandonnions par notre faute.

Quant à nous, nous avions peu souffert ; il n'y avait pas un de nos équipages qui ne fût prêt à recommencer le combat, et qui ne se crût vainqueur, à voir le champ de bataille nous rester. On ignorait dans la flotte la perte des deux bâtiments espagnols.

Toute la nuit on aperçut les Anglais, ayant des feux à leur poupe, placés au loin sous le vent, et tâchant de se réparer.

On en faisait autant de notre côté. A la pointe du jour on discerna clairement la situation des deux escadres. Les Anglais étaient en retraite, mais emmenant avec eux deux vaisseaux espagnols. La dou-

Août 1805.

l'occasion de reprendre les vaisseaux perdus, faute d'oser faire une manœuvre réclamée par tous les officiers de l'escadre.

Les Français

leur et l'exaspération devinrent générales à bord de nos bâtiments. On demandait à combattre et à livrer une action décisive. On avait le vent pour soi, car il était le même que la veille, et portait de nous aux Anglais. Si, en cet instant, Villeneuve avait résolument fait signal de courir sur l'ennemi, sans autre ordre de bataille que l'ordre de vitesse, quatorze de nos bâtiments sur dix-huit qui nous restaient, ayant une marche égale, seraient arrivés ensemble sur les Anglais; les quatre autres seraient arrivés peu après, et le combat eût été certainement à notre avantage. Poussé par le cri qui s'élevait chez tous les officiers, Villeneuve prescrivit enfin ce mouvement, et passa avec Lauriston à bord de la frégate *l'Hortense*, pour donner ses ordres à la voix à chaque chef de division. *L'Argonaute*, vaisseau amiral espagnol, ayant sa vergue de petit hunier cassée, demanda le temps de la réparer. Villeneuve voulut l'attendre, ce qui prit jusqu'à midi. Alors il commença la poursuite; mais le vent avait molli, et il vit les Anglais se dérober devant lui, sans qu'il s'en rapprochât beaucoup, même en faisant force de voiles. Imaginant qu'il ne les joindrait qu'à la nuit, il remit au lendemain afin de combattre de jour. Mais le lendemain le vent avait passé au nord-est, c'est-à-dire à une direction toute contraire. Les Anglais étaient au-dessus de nous dans le vent : les joindre devenait difficile. Villeneuve avait dès lors une bonne raison pour s'arrêter. Il s'éloignait du Ferrol, courait la chance de trouver les Anglais renforcés, et, pour deux vaisseaux perdus, s'exposait à manquer son but, celui de débloquer le Ferrol, et de poursuivre l'objet de sa mission.

Août 1805.

Ainsi finit ce combat, qui aurait pu passer pour une victoire, sans la perte des deux vaisseaux espagnols. Les équipages, malgré leur inexpérience, s'étaient bien battus; mais, d'une part, la brume qui avait ajouté aux irrésolutions naturelles de l'amiral Villeneuve, de l'autre sa défiance exagérée de lui-même et de ses matelots, avaient paralysé les ressources dont il disposait, et empêché que cette rencontre ne devînt un succès éclatant. Là, comme en tant de batailles navales, une aile de notre armée n'était pas venue au secours de l'autre; mais cette fois ce n'était pas la faute de l'aile restée inactive, car le contre-amiral Magon n'était pas homme à se tenir volontairement éloigné du feu. Dans le premier moment qui suivit la bataille, Villeneuve était presque heureux d'avoir pu rencontrer les Anglais sans essuyer un désastre; mais, sorti de l'action, rendu à lui-même, son découragement et sa tristesse habituelle se changèrent en une profonde douleur. Il se vit exposé au blâme de Napoléon et de l'opinion publique, pour avoir perdu deux vaisseaux en combattant avec vingt contre quinze. Il se crut déshonoré, et tomba dans une sorte d'abattement voisin du désespoir. Le jugement sévère de ses équipages, qui se plaignaient tout haut de son irrésolution, et qui exaltaient la bravoure, la décision de l'amiral Gravina, lui poignait le cœur. Pour comble de disgrâce, le vent, deux jours favorable, était redevenu contraire. Aux malades, dont le

Sans la perte des deux vaisseaux espagnols, la bataille pourrait être considérée comme gagnée.

Abattement de Villeneuve, se jugeant lui-même plus sévèrement qu'il ne méritait.

28.

nombre s'était accru, il fallait ajouter les blessés. On manquait de rafraîchissements à leur donner; on n'avait de l'eau que pour cinq ou six jours. Dans cet état, Villeneuve voulut encore se rendre à Cadix. Le général Lauriston s'y opposa de nouveau : on transigea, et on fit une relâche à Vigo.

Ce port était peu sûr, et ne présentait pas d'ailleurs de grandes ressources. Cependant on y trouva des moyens de soulagement pour les malades et les blessés. Trois vaisseaux, un français, *l'Atlas*, deux espagnols, *l'America* et *l'España*, étaient si mauvais marcheurs, qu'ils ne pouvaient pas naviguer en escadre. Villeneuve prit le parti de les laisser à Vigo. On fit de *l'Atlas* un hôpital, dans lequel on déposa les malades et les blessés. Le général Lauriston avait apporté, pour sa division, le matériel nécessaire à une ambulance; il l'employa au soulagement des marins laissés à Vigo. On avait l'argent du galion espagnol, on s'en servit pour se procurer tout ce dont l'escadre avait besoin. On se munit de vivres frais, on prit de l'eau pour un mois, on donna la solde à toute l'escadre, et, ayant un peu ranimé les esprits, ce qui se fait vite avec des soldats d'un tempérament vif, on remit à la voile après une relâche de cinq jours, qui avait été utile. Le vent n'était pas mauvais, l'escadre remonta de Vigo jusqu'à la hauteur du Ferrol, et, le 2 août, entra dans la rade ouverte qui sépare le Ferrol de la Corogne.

A l'instant même où l'escadre française paraissait, les agents consulaires, placés sur le rivage par ordre de Napoléon, communiquaient à l'amiral Villeneuve les ordres qui lui étaient destinés. Ces ordres lui enjoignaient de ne pas entrer dans le Ferrol, d'où l'on ne sort pas aisément; de prendre à peine le temps de rallier les deux divisions qui attendaient la jonction, et de repartir pour Brest. Villeneuve transmit cet ordre à Gravina, mais celui-ci était déjà dans la passe, il ne pouvait plus rétrograder, et une partie de l'armée y entra avec lui. Le reste, obéissant à Villeneuve, s'arrêta vis-à-vis, c'est-à-dire à la Corogne.

Août 1805.

C'était une séparation qui mettait les deux escadres à trois ou quatre lieues de distance. Le plus grand mal qui en pût résulter, était une perte de deux à trois jours pour ressortir. Cette perte eût été fort regrettable avec un amiral qui n'aurait pas souvent perdu des journées; mais, avec Villeneuve, on pouvait s'en consoler.

Cet amiral trouva à la Corogne les ordres pressants de Napoléon, ses paroles encourageantes, ses promesses magnifiques, et les lettres intimes du ministre Decrès, son ami d'enfance. L'Empereur et le ministre l'engageaient à ne pas séjourner un instant, à se porter devant Brest, à livrer bataille à Cornwallis, à se faire détruire, s'il le fallait, pourvu que Ganteaume parvînt à sortir sain et sauf, et à rallier ce qui resterait entier de l'escadre qui l'aurait débloqué. Toutes ces nouvelles relevèrent un moment le moral de Villeneuve. Le peu d'importance que Napoléon mettait à sacrifier des vaisseaux, afin qu'une flotte arrivât dans la Manche, avait de quoi

Les lettres de Napoléon reçues à la Corogne, remontent le moral de Villeneuve.

Août 1805.

le rassurer. S'il eût bien compris sa mission, il aurait dû être satisfait plutôt que désolé. Après tout, si on lui avait ravi deux vaisseaux dans la dernière bataille, il avait rejoint le Ferrol sain et sauf, échappé aux croisières ennemies, et trompé les précautions de l'amirauté anglaise. Des deux amiraux anglais et français, le plus maltraité par la fortune était Calder, et non pas Villeneuve ; car Villeneuve avait atteint son but, et Calder avait manqué le sien. En défalquant les 2 vaisseaux pris, les 3 laissés à Vigo, il y avait maintenant 29 vaisseaux français et espagnols réunis au Ferrol, pouvant à tout moment être portés, par la division Lallemand, à 34, et dès lors assez nombreux pour oser tenter le déblocus de Brest. Du reste, l'amirauté anglaise elle-même et Napoléon en jugeaient ainsi peu de jours après ; l'amirauté faisait comparaître l'amiral Calder devant une cour martiale, et Napoléon adressait publiquement de grands éloges à Villeneuve, pour avoir rempli, disait-il, l'objet de sa mission, bien que deux vaisseaux fussent demeurés au pouvoir de l'ennemi.

Quelle crainte pouvait donc concevoir pour sa responsabilité, un officier auquel un maître tout-puissant, disposant de la réputation et de la fortune de ses lieutenants, ne cessait de dire : Faites-vous battre, même détruire, pourvu que, par vos efforts, la porte de Brest soit ouverte. — Mais il semble qu'une sorte de fatalité s'attachât aux pas de ce malheureux homme de mer, pour lui troubler l'esprit, pour le conduire, de douleur en douleur, au résultat qu'il voulait fuir, c'est-à-dire à une grande bataille perdue, et perdue sans qu'il parvînt au seul résultat que lui demandait Napoléon, celui d'être vingt-quatre heures dans la Manche.

Il éprouva cependant quelque consolation en voyant la division du contre-amiral Gourdon, qui avait beaucoup navigué avant d'être enfermée au Ferrol, qui avait été soigneusement réparée et complétée, et qui méritait toute confiance. Il vit avec non moins de satisfaction 9 vaisseaux espagnols, équipés par M. de Grandellana, et de beaucoup supérieurs à ceux de l'amiral Gravina, parce qu'on avait mis à les équiper le temps qui avait manqué pour ceux qui étaient sortis de Cadix. « Plût à Dieu, écrivait » Villeneuve en comparant la division du Ferrol à » celle de Cadix, que jamais l'escadre espagnole » (l'*Argonaute* excepté) et le vaisseau l'*Atlas* » n'eussent fait partie de mon escadre. Ces vais- » seaux ne sont absolument propres qu'à tout com- » promettre, ainsi qu'ils l'ont toujours fait. Ce sont » eux qui nous ont conduits au dernier degré des » malheurs! »

Ce langage montre à quel point l'âme de Villeneuve était affectée, puisqu'il appelait le dernier degré des malheurs une campagne qui, jusqu'ici, le menait au but indiqué par Napoléon, et qui lui valait même des éloges de la part de ce maître difficile.

Villeneuve, en ce moment, était tout entier à ce qui l'attendait au sortir du Ferrol. Il supposait que Calder allait reparaître, joint à Nelson ou à Cornwallis,

Août 1805.

Fausses nouvelles de Nelson, de nature à troubler profondément l'esprit de Villeneuve.

et qu'on trouverait une nouvelle bataille, dans laquelle, cette fois, on pourrait bien être détruit. Des lettres de Cadix lui disaient, en effet, que Nelson était revenu en Europe, qu'il avait été vu à Gibraltar, mais qu'il était reparti pour l'Océan, afin de se réunir ou à Calder devant le Ferrol, ou à Cornwallis devant Brest. La vérité est que Nelson, marchant avec une rapidité prodigieuse, avait abordé à Gibraltar vers la fin de juillet, à l'époque même où Villeneuve livrait bataille à Calder; qu'il avait repassé le détroit, qu'il luttait actuellement contre les vents contraires pour regagner la Manche, qu'il n'avait que onze vaisseaux, qu'il n'avait encore rallié ni Calder, ni Cornwallis, que son intention, après deux ans de navigation continue, était de prendre un instant de relâche pour ravitailler sa division épuisée. Villeneuve ignorait ces faits; mais il connaissait ses ordres, qui, pour un homme de cœur, étaient les plus faciles à exécuter, puisqu'on ne lui ordonnait pas de vaincre, mais de combattre à outrance pour débloquer Brest. Si devant Brest, il était secondé par Ganteaume, il n'est pas probable que la bataille, livrée avec 50 ou 55 vaisseaux contre 20 ou 25, fût perdue. Si, au contraire, les circonstances de mer empêchaient Ganteaume de prendre part à l'action, Villeneuve, en combattant à outrance, même jusqu'à se faire détruire, devait mettre Cornwallis dans l'impossibilité de tenir la mer et de continuer le blocus, et Ganteaume, recueillant avec sa flotte restée entière les débris d'une flotte glorieusement vaincue, pouvait encore dominer la Manche pendant quelques jours.

C'était tout ce que Napoléon demandait à ses amiraux.

Malheureusement Villeneuve avait touché terre. Les vaisseaux qui avaient combattu tenaient à se refaire. Ils auraient navigué encore plus d'un mois ou deux, s'ils avaient été condamnés à tenir la pleine mer; mais, à portée d'un grand arsenal, ils voulaient tous réparer quelque avarie. On prit des mâts de rechange, on raccommoda le gréement, on fit de l'eau; on voulut verser les vivres des vaisseaux qui en avaient plus, sur ceux qui en avaient moins. On mit ainsi toute l'escadre à 45 jours. Les ordres de Napoléon d'avoir du biscuit par deux et trois millions de rations dans chaque port, n'avaient pu s'exécuter au Ferrol, à cause de la disette espagnole. Mais on devait en trouver à Brest, à Cherbourg, à Boulogne. D'ailleurs, 45 jours suffisaient. Enfin on se disposa, le 10 août, à lever l'ancre. Villeneuve se plaça en dehors de la Corogne, à la baie d'Arès, attendant que Gravina et la seconde division espagnole sortissent du Ferrol, ce qui n'était pas facile à cause du vent. Il attendit trois jours, et les employa à se tourmenter. Il écrivait au ministre Decrès : « On me rend l'arbitre des plus grands
» intérêts; mon désespoir redouble d'autant plus que
» l'on me témoigne plus de confiance, parce que je
» ne puis prétendre à aucun succès, quelque parti
» que je prenne. Il m'est bien démontré que les ma-
» rines de France et d'Espagne ne peuvent pas se
» montrer en grandes escadres... Des divisions de
» trois, quatre ou cinq vaisseaux au plus, c'est tout

» ce que nous pouvons faire que d'être capables de
» les conduire. Que Ganteaume sorte, et il en jugera.
» *L'opinion publique sera fixée.* »

» Je vais partir, mais je ne sais ce que je ferai.
» Huit vaisseaux se tiennent en vue de la côte, à
» huit lieues. Ils nous suivront; je ne pourrai pas
» les joindre, et ils iront se rallier aux escadres de-
» vant Brest ou Cadix, suivant que je ferai route
» pour l'un ou l'autre de ces deux ports. Il s'en faut
» beaucoup que, sortant d'ici avec 29 vaisseaux, je
» puisse être considéré comme pouvant lutter contre
» un nombre de vaisseaux approchant; je ne crains
» pas de le dire, à vous, je serais bien fâché d'en
» rencontrer vingt. Nous avons une tactique navale
» surannée; nous ne savons que nous mettre en li-
» gne, et c'est justement ce que demande l'ennemi...
» Je n'ai ni le moyen ni le temps d'en adopter une
» autre, avec les commandants auxquels sont con-
» fiés les vaisseaux des deux marines..... Je pré-
» voyais tout cela avant de partir de Toulon; mais je
» me suis fait illusion seulement jusqu'au jour où
» j'ai vu les vaisseaux espagnols qui se sont joints
» à moi... alors, il a fallu désespérer de tout... »

Au moment de partir, les vaisseaux provenant de
Rochefort, *l'Algésiras* et *l'Achille*, avaient été envahis de nouveau par la fièvre; des vaisseaux espagnols, en sortant du Ferrol, s'étaient abordés; il
y avait eu des bouts de beaupré cassés, des voiles
déchirées. Ces accidents, fort indifférents en eux-
mêmes, s'ajoutant à toutes les contrariétés que Villeneuve avait déjà éprouvées, achevèrent de le ré-

TROISIÈME COALITION.

duire au désespoir. Prêt à mettre à la voile, il donna ses ordres au capitaine Lallemand. Celui-ci, avec une excellente division de 5 vaisseaux et plusieurs frégates, devait aborder le 15 ou le 16 août à Vigo. Il aurait suffi à Villeneuve de s'y transporter pour rallier cette division, et se procurer ainsi une augmentation considérable de forces; mais n'osant pas se mouvoir, toujours de peur de rencontrer Nelson, il envoya un officier au capitaine Lallemand, et lui prescrivit de se rendre à Brest, sans être sûr de s'y rendre lui-même, exposant ainsi cette division à périr si elle y arrivait seule. Il écrivit à l'amiral Decrès une dépêche où, mettant à nu les douleurs de son âme, il laissa entrevoir la disposition de se porter à Cadix plutôt qu'à Brest. A Lauriston, dont la présence importune lui rappelait l'Empereur, il dit qu'on ferait voile vers Brest. Lauriston, affligé de le voir dans un pareil état, mais charmé de sa résolution, écrivit à l'Empereur par un courrier dépêché du Ferrol, qu'enfin on allait à Brest, et de Brest dans la Manche.

Au milieu de ces anxiétés déplorables Villeneuve s'éloigna de la Corogne, et perdit de vue la terre dans la journée du 14. Pour surcroît de malheur, le vent de nord-est, qui soufflait assez fort, était loin de le pousser vers sa grande destination. Triste conséquence du découragement, qui nous fait négliger souvent les plus belles faveurs de la fortune! Dans ce même instant, Calder et Nelson n'étaient pas, comme le craignait Villeneuve, réunis près du Ferrol. Nelson, après avoir vainement cherché les

Août 1805.

Villeneuve quitte le Ferrol en écrivant à Decrès qu'il se rend à Cadix, et en faisant écrire à l'Empereur qu'il se rend à Brest.

Chance heureuse que la fortune présentait

Français à Cadix, était remonté au nord, avait long-temps louvoyé contre ce même vent de nord-est, qui soufflait actuellement, et avait enfin rejoint Cornwallis devant Brest, le jour même (14 août) où l'escadre française sortait du Ferrol. Il laissait à Cornwallis le petit nombre de ses bâtiments qui pouvaient encore tenir la mer, et allait avec les autres se refaire à Portsmouth, où il touchait le 18 août. Calder, de son côté, après la bataille du Ferrol, avait rejoint Cornwallis avec sa flotte maltraitée. Une partie de ses vaisseaux avait été expédiée dans les ports de la Manche pour y être réparés. Cornwallis lui avait immédiatement recomposé une division de 17 ou 18 vaisseaux, et l'avait renvoyé devant le Ferrol, gardant tout au plus 18 vaisseaux pour bloquer Brest. Calder revenait donc, et allait trouver le Ferrol évacué. Si Villeneuve, reprenant un peu de confiance, ralliait Lallemand à Vigo, et s'acheminait vers la Manche par la pleine mer, il se croisait, sans le rencontrer, avec Calder, qui serait venu bloquer le Ferrol vide; il surprenait Cornwallis séparé de Nelson et de Calder, ayant 18 ou 20 vaisseaux au plus, l'abordait avec 35, sans compter les 21 de Ganteaume. Quelle chance lui faisait perdre l'abattement de son âme! Du reste, le général Lauriston l'obsédait de ses vives instances : un moment de retour dans les vents et dans les esprits abattus de Villeneuve, et la grande pensée de Napoléon pouvait encore s'accomplir!

On se figurerait difficilement l'impatience dont Napoléon était dévoré sur cette plage de Boulogne, où il attendait à chaque instant l'apparition de ses flottes, et l'occasion tant désirée d'envahir l'Angleterre. Tout son monde était embarqué, depuis le Texel jusqu'à Étaples. Au Texel, les chevaux d'artillerie et de cavalerie étaient à bord depuis plusieurs semaines. Les troupes, sans exception, étaient sur les bâtiments. L'escadre de ligne, chargée d'escorter le convoi, n'attendait que le signal de lever l'ancre. Dans les quatre ports d'Ambleteuse, Wimereux, Boulogne, Étaples, on avait fait prendre plusieurs fois les armes aux 130 mille hommes destinés à passer sur les bateaux plats. On les avait amenés sur les quais, et on leur avait fait occuper à tous leur place sur chaque bâtiment. On avait ainsi reconnu quel était le temps nécessaire pour cette opération. A Ambleteuse, les hommes du corps de Davout avaient été embarqués en une heure un quart, et les chevaux en une heure et demie. Il en avait été de même à Étaples et à Boulogne, proportion gardée du nombre d'hommes et de chevaux.

Tout était donc prêt lorsque Napoléon apprit enfin la nouvelle du combat du Ferrol, de la relâche à Vigo, et de l'entrée à la Corogne. Quelque déplaisir que lui causât l'état moral de Villeneuve, quelque sévèrement qu'il le jugeât, il fut cependant satisfait du résultat total, et par ses ordres toutes les gazettes continrent le récit du combat naval, avec les réflexions les plus louangeuses pour Villeneuve, et pour les deux flottes combinées. Les deux vaisseaux perdus ne lui parurent qu'un accident attribuable à la brume, regrettable sans doute, mais de nulle importance à

Août 1805.

sur la plage de Boulogne.

Embarquement de toute l'armée.

Août 1805.

Espérances de Napoléon en apprenant la jonction des flottes au Ferrol.

côté du résultat obtenu, celui de l'entrée à Vigo, et de la jonction des deux flottes[1].

Maintenant il ne doutait plus que Villeneuve n'essayât de se présenter à Brest. Ganteaume était à Bertheaume, c'est-à-dire hors de la rade intérieure, en face de la pleine mer, appuyé par 150 bouches à feu, disposées en batterie sur la côte. Il fallait bien des malheurs pour que Ganteaume ne pût pas prendre part à la bataille du déblocus, et que les Français réunissant 50 vaisseaux, 29 sous Villeneuve,

[1] Voici les lettres que Napoléon écrivait à ce sujet à l'amiral Villeneuve et à son aide-de-camp Lauriston.

Boulogne, le 25 thermidor an XIII (13 août 1805).

A l'amiral Villeneuve.

Monsieur le vice-amiral Villeneuve, j'ai vu avec plaisir, par le combat du 3 thermidor, que plusieurs de mes vaisseaux se sont comportés avec la bravoure que je devais en attendre. Je vous sais gré de la belle manœuvre que vous avez faite au commencement de l'action, et qui a dérouté les projets de l'ennemi. J'aurais désiré que vous eussiez employé ce grand nombre de vos frégates à secourir les vaisseaux espagnols qui, se trouvant les premiers engagés, devaient nécessairement en avoir le plus besoin. J'aurais également désiré que le lendemain de l'affaire vous n'eussiez pas donné le temps à l'ennemi de mettre en sûreté ses vaisseaux *le Windsord-Castle* et *le Malta*, et les deux vaisseaux espagnols qui, étant dégréés, rendaient sa marche embarrassée et lourde. Cela aurait donné à mes armes l'éclat d'une grande victoire. La lenteur de cette manœuvre a laissé le temps aux Anglais de les envoyer dans leurs ports. Mais je suis fondé à penser que la victoire est restée à mes armes, puisque vous êtes entré à la Corogne. J'espère que cette dépêche ne vous y trouvera pas; que vous aurez repoussé la croisière pour faire votre jonction avec le capitaine Lallemand, balayer tout ce qui se trouverait devant vous, et venir dans la Manche, où nous vous attendons avec anxiété. Si vous ne l'avez pas fait, faites-le. Marchez hardiment à l'ennemi. L'ordre de bataille qui me paraît le préférable, c'est d'entremêler les vaisseaux espagnols avec les vaisseaux français, et de mettre derrière chaque vaisseau espagnol des frégates

21 sous Ganteaume, ne parvinssent pas à chasser l'ennemi devant eux, et à entrer avec 30 ou 40 dans la Manche, en perdissent-ils 10 ou 20.

— Vous voyez bien, disait Napoléon à Decrès qui était auprès de lui à Boulogne, que, malgré une foule de fautes, d'accidents défavorables, la nature du plan est foncièrement si bonne, que tous les avantages sont encore de notre côté, et que nous sommes près de réussir. —

Decrès, qui avait la secrète confidence des dou-

pour les secourir dans le combat, et utiliser ainsi le grand nombre de frégates que vous avez. Vous pouvez encore l'accroître au moyen de *la Guerrière* et de *la Revanche*, qui emploieront les équipages de *l'Atlas*; sans cependant que cela retarde vos opérations. Vous avez en ce moment sous votre commandement dix-huit de nos vaisseaux, douze ou au moins dix du roi d'Espagne. Mon intention est que, partout où l'ennemi se présentera devant vous avec moins de vingt-quatre vaisseaux, vous l'attaquiez.

Par le retour de la frégate *le Président* et de plusieurs autres que je vous avais expédiées à la Martinique et à la Guadeloupe, j'ai appris qu'au lieu de débarquer des troupes dans ces deux îles, elles se trouvent plus faibles qu'auparavant. Cependant Nelson n'avait que neuf vaisseaux. Les Anglais ne sont pas aussi nombreux que vous le pensez. Ils sont partout tenus en haleine. Si vous paraissez ici trois jours, n'y paraîtriez-vous que vingt-quatre heures, votre mission sera remplie. Prévenez par un courrier extraordinaire l'amiral Ganteaume du moment de votre départ. Enfin, jamais pour un plus grand but une escadre n'aura couru quelques hasards, et jamais nos soldats de terre et de mer n'auront pu répandre leur sang pour un plus grand et un plus noble résultat. Pour ce grand objet de favoriser une descente chez cette puissance qui depuis six siècles opprime la France, nous pouvons tous mourir sans regretter la vie. Tels sont les sentiments qui doivent vous animer, qui doivent animer tous mes soldats. L'Angleterre n'a pas aux dunes plus de quatre vaisseaux de ligne, que nous harcelons tous les jours avec nos prames et nos flottilles.

Sur ce, etc.

Au 14 août, il veut encore, et plus que jamais, l'expédition, malgré Decrès.

leurs de Villeneuve, et qui partageait sa défiance de la fortune, n'était pas aussi tranquille. Tout cela est possible, répondait-il, car tout cela a été parfaitement calculé; mais si cela réussit, j'y verrai le doigt de Dieu! Au reste, il s'est montré si souvent dans les opérations de Votre Majesté, que je ne serais

Au général Lauriston.

Boulogne, le 26 thermidor an XIII (14 août 1805).

Monsieur le général Lauriston, j'ai reçu vos deux lettres des 9 et 11 thermidor. J'espère que cette dépêche ne vous trouvera plus au Ferrol, et que l'escadre aura déjà mis à la voile pour suivre sa destination. Je ne vois point pourquoi vous n'avez pas laissé le 67ᵉ et le 16ᵉ régiment à la Martinique et à la Guadeloupe. C'était cependant bien exprimé dans vos instructions. Ainsi, après une expédition aussi étendue, je n'ai pas même le plaisir de voir mes îles à l'abri de toute attaque. Il n'y a pas à présent 3,000 hommes, et après vendémiaire il n'y en aura pas 2,500. — J'espère que Villeneuve ne se laissera pas bloquer par une escadre inférieure à la sienne. Il doit avoir actuellement 30 vaisseaux de guerre. Je pense qu'avec cette escadre il est dans le cas d'en attaquer une de 24 vaisseaux. Aidez et poussez l'amiral autant qu'il vous sera possible. Concertez-vous avec lui pour les troupes que vous avez à bord, et envoyez-m'en l'état de situation; vous pouvez les laisser à bord. Si l'amiral le juge convenable, vous pouvez les débarquer, et en former une division au Ferrol.

Prenez des mesures pour former un dépôt des hommes que vous avez débarqués à Vigo, et pour que toutes les troupes qui arriveraient du Ferrol puissent s'y rendre et rejoindre après leurs corps.

Le capitaine Lallemand s'est fait voir sur les côtes d'Irlande dans les premiers jours de thermidor. Il doit être depuis long-temps au rendez-vous. Il devait prendre des renseignements de l'escadre, s'il n'en avait pas eu connaissance, à Vigo, où un officier s'était rendu, dans la supposition que l'amiral Villeneuve n'eût pas paru au 20 thermidor. *Nous sommes prêts partout. Une apparition de vingt-quatre heures suffirait.*

Sur ce, etc.

pas étonné de l'y voir encore apparaître en cette occasion¹.—

C'est du 15 au 20 août que Napoléon fut en proie à la plus vive attente. Des signaux préparés sur les points les plus élevés de la côte, étaient destinés à lui apprendre si la flotte française paraissait à l'horizon. Attentif à chaque courrier qui arrivait de Paris ou des ports, il donnait à tout moment de nouveaux ordres pour parer aux accidents qui auraient pu contrarier ses desseins. M. de Talleyrand lui ayant appris que les armements de l'Autriche devenaient de jour en jour plus significatifs et plus menaçants, et qu'une guerre continentale était à craindre, mais qu'en même temps la Prusse, séduite par l'appât qu'on avait fait briller à ses yeux, celui du Hanovre, était prête à convenir d'une alliance avec la France; Napoléon, sans prendre une heure pour délibérer, avait appelé Duroc, lui avait remis une lettre pour le roi, et tous les pouvoirs nécessaires pour signer un traité. — Partez sur-le-champ, lui avait-il dit, rendez-vous à Berlin sans passer par Paris, et décidez la Prusse à signer un traité d'alliance avec moi. Je lui donne le Hanovre, mais à condition qu'elle se décidera tout de suite. Le présent que je lui fais en vaut la peine. Dans quinze jours je ne lui referai pas la même offre. Aujourd'hui j'ai besoin d'être couvert du côté de

Août 1805.

Vive attente de Napoléon du 15 au 20 août.

Napoléon envoie Duroc à Berlin, pour que la Prusse, en menaçant l'Autriche, lui ménage le temps de passer le détroit de Calais.

---

¹ Je me borne à analyser textuellement les nombreux billets que Napoléon et l'amiral Decrès s'écrivaient tous les jours, quoiqu'ils fussent à une demi-lieue de distance. L'un était au Pont-de-Briques, l'autre au bord de la mer.

l'Autriche, pendant que je vais m'embarquer. Pour obtenir ce service de la Prusse, je lui accorde un vaste pays qui ajoutera quarante mille hommes à son armée. Mais si plus tard j'étais obligé de quitter les bords de l'Océan pour me retourner vers le continent, mes camps levés, mes projets contre l'Angleterre abandonnés, je n'aurai plus besoin de personne pour mettre l'Autriche à la raison, et je ne payerai pas si cher un service qui me serait devenu inutile. — En conséquence, Napoléon exigeait que la Prusse fît immédiatement des mouvements de troupes vers la Bohême, et ne voulait d'ailleurs pas qu'on surchargeât le traité de conditions relatives à la Hollande, à la Suisse, à l'Italie. Il cédait le Hanovre, et voulait qu'on s'unît à lui sans autre condition [1].

On peut juger, par une démarche si grave, si promptement résolue, du prix que Napoléon attachait dans ce moment au libre accomplissement de ses projets. Le jour même où il donnait ces instructions à Duroc, c'est-à-dire le 22 août, le courrier qui était parti du Ferrol pendant que Villeneuve mettait à la voile arrivait à Boulogne. Napoléon recevait directement au petit château du Pont-de-Briques la dépêche de Lauriston, tandis que celle de Villeneuve, adressée à Decrès, allait chercher celui-ci au bord de la mer, dans la baraque où il était établi.

Napoléon, charmé de ces mots de Lauriston:

[1] C'est l'analyse des instructions secrètes remises au grand maréchal Duroc.

Nous allons à Brest, avait tout de suite dicté deux lettres pour Villeneuve et Ganteaume. Elles sont trop dignes d'être conservées par l'histoire pour que nous ne les rapportions pas ici.

Il disait à Ganteaume :

« Je vous ai déjà fait connaître par le télégraphe
» que mon intention est que vous ne souffriez pas
» que Villeneuve perde un seul jour, afin que, pro-
» fitant de la supériorité que me donnent 50 vais-
» seaux de ligne, vous mettiez sur-le-champ en mer
» pour remplir votre destination et pour vous porter
» dans la Manche avec toutes vos forces. Je compte
» sur vos talents, votre fermeté, votre caractère,
» dans une circonstance si importante. Partez, et
» venez ici. Nous aurons vengé six siècles d'in-
» sultes et de honte. Jamais, pour un plus grand
» objet, mes soldats de terre et de mer n'auront ex-
» posé leur vie ! — (Du camp impérial de Boulogne,
» 22 août 1805.) »

Il écrivait à Villeneuve :

« Monsieur le vice-amiral, j'espère que vous êtes
» arrivé à Brest. Partez, ne perdez pas un mo-
» ment, et avec mes escadres réunies entrez dans la
» Manche. L'Angleterre est a nous ! Nous sommes
» tout prêts, tout est embarqué. Paraissez 24 heu-
» res, et tout est terminé. — (Camp impérial de
» Boulogne, 22 août.) »

Mais, tandis que Napoléon, trompé par la dépêche de Lauriston, adressait ces ardentes paroles aux deux amiraux, Decrès avait reçu de Villeneuve, par le même courrier, une dépêche fort différente, et qui laissait peu d'espérance d'une marche sur Brest. Il s'était hâté de se rendre auprès de l'Empereur, et de lui faire connaître le triste état moral dans lequel se trouvait Villeneuve en quittant le Ferrol.

En apprenant ces nouvelles contradictoires, Napoléon fut saisi d'une violente colère. Les premiers éclats de cette colère rejaillirent sur l'amiral Decrès, qui lui avait donné un tel homme pour commander la flotte. Il s'emporta d'autant plus vivement contre ce ministre qu'il lui attribuait, outre le choix de Villeneuve, des opinions analogues à celles qui avaient ôté tout courage à ce malheureux amiral. Il lui reprochait et la faiblesse de son ami, et le dénigrement de la marine française, qui portait le désespoir dans le cœur de tous les hommes de mer. Il se plaignit de n'être pas secondé dans ses grands desseins, et de ne trouver que des hommes qui, pour ménager ou leur personne ou leur réputation, ne savaient pas même perdre une bataille, quand il ne leur demandait, après tout, que le courage de la livrer et de la perdre. — Votre Villeneuve, dit-il à Decrès, n'est pas même capable de commander une frégate. Que dire d'un homme qui, pour quelques matelots tombés malades sur deux vaisseaux de son escadre, pour un bout de beaupré cassé, pour quelques voiles déchirées, pour un bruit de réunion entre Nelson et Calder, perd la tête, et renonce à ses projets? Mais, si Nelson et Calder étaient réunis, ils seraient à l'entrée même du Ferrol, prêts à saisir les Français au passage, et non dans la pleine mer!

Cela est tout simple, et frappe les yeux de quiconque n'est pas aveuglé par la peur[1]. — Napoléon appela encore Villeneuve un lâche, même un traître, et prescrivit de rédiger tout de suite des ordres pour le ramener forcément de Cadix dans la Manche, s'il était allé à Cadix ; et, dans le cas où il aurait fait voile vers Brest, pour donner à Ganteaume le commandement des deux escadres réunies. Le ministre de la marine, qui n'avait pas encore osé dire toute son opinion sur la réunion des flottes au milieu de la Manche et dans les circonstances présentes, mais qui trouvait cette réunion horriblement dangereuse, depuis que les Anglais avertis s'étaient concentrés entre le Ferrol, Brest et Portsmouth, supplia l'Empereur de ne pas donner un ordre aussi funeste, lui dit que la saison était trop avancée, que les Anglais étaient trop sur leurs gardes, et que, si on s'obstinait, on subirait devant Brest quelque horrible catastrophe. Napoléon avait à tout une réponse, c'est que 50 vaisseaux seraient réunis à Brest si on y paraissait, que les Anglais n'auraient jamais ce nombre, qu'en tout cas l'une des deux flottes perdue n'était rien pour lui, si l'autre, débloquée, pouvait entrer dans la Manche et y dominer vingt-quatre heures.

Decrès, accablé par l'Empereur, prit le parti de lui

[1] Ces scènes, qui n'ont plus de témoins vivants, seraient perdues pour l'histoire sans les lettres particulières et autographes de l'amiral Decrès et de l'Empereur. On y voit toutes les agitations de ces journées mémorables. Il y en a un grand nombre pour le même jour, quoique l'Empereur et Decrès fussent à une demi-lieue l'un de l'autre.

écrire ce qu'il n'osait pas lui dire, et le soir même lui adressa au Pont-de-Briques la lettre suivante :

4 fructidor an XIII (22 août 1805).

Lettre de l'amiral Decrès à l'Empereur.

« ... *Je me suis mis aux pieds* de Votre Majesté » pour la supplier de ne pas associer aux opérations » de ses escadres les vaisseaux espagnols. Loin d'a- » voir obtenu quelque chose à cet égard, Votre Ma- » jesté entend que cette association s'accroisse des » vaisseaux de Cadix et de ceux de Carthagène.

» Elle veut qu'avec une pareille agrégation on » entreprenne une chose très difficile en elle-même, » et qui le devient davantage avec les éléments » dont l'armée se compose, avec l'inexpérience des » chefs, leur inhabitude du commandement, et les » circonstances enfin que Votre Majesté connaît » comme moi-même, et qu'il est superflu de re- » tracer.

» Dans cet état de choses, où Votre Majesté ne » compte pour rien mon raisonnement et mon ex- » périence, je ne connais pas de situation plus pé- » nible que la mienne. Je désire que Votre Majesté » veuille bien prendre en considération que je n'ai » d'intérêt que celui de son pavillon et que l'hon- » neur de ses armes ; et, si son escadre est à Cadix, » je la supplie de considérer cet événement comme » un arrêt du destin, qui la réserve à d'autres opé- » rations. Je la supplie de ne point la faire venir de » Cadix dans la Manche, parce que ce ne sera » qu'avec des malheurs que s'en fera la tentative » en ce moment. Je la supplie surtout de ne pas

» ordonner qu'elle tente cette traversée avec deux
» mois de vivres, parce que M. d'Estaing a, je crois,
» mis 70 jours ou 80 pour venir de Cadix à Brest (et
» peut-être plus).

» Si ces prières, que j'adresse à Votre Majesté,
» ne lui paraissent d'aucun poids, elle doit juger ce
» qui se passe dans mon cœur...

» C'est surtout dans ce moment, où je puis ar-
» rêter l'émission des ordres funestes, selon moi,
» au service de Votre Majesté, que je dois insis-
» ter fortement. Puissé-je être plus heureux, dans
» cette circonstance, que je ne l'ai été précé-
» demment.

» Mais il est malheureux pour moi de connaître
» le métier de la mer, puisque cette connaissance
» n'obtient aucune confiance et ne produit aucun ré-
» sultat dans les combinaisons de Votre Majesté. En
» vérité, Sire, ma situation devient trop pénible. Je
» me reproche de ne savoir pas persuader Votre Ma-
» jesté. Je doute qu'un homme seul y parvienne.
» Veuillez, sur les opérations de mer, vous former
» un conseil, une amirauté, tout ce qui pourra
» convenir à Votre Majesté; mais, pour moi, je
» sens qu'au lieu de me fortifier, je faiblis tous
» les jours. Et il faut être vrai, un ministre de la
» marine, subjugué par Votre Majesté en ce qui
» concerne la mer, vous sert mal et devient nul
» pour la gloire de vos armes, s'il ne lui devient
» nuisible.

» C'est dans l'amertume de mon âme, qui ne di-
» minue rien de mon dévouement et de ma fidélité

» à votre personne, que je prie Votre Majesté d'a-
» gréer mon profond respect.

» *Signé :* Decrès. »

L'Empereur, mécontent mais touché, lui répondit sur-le-champ du Pont-de-Briques. « Je vous prie de
» m'envoyer, dans la journée de demain, un mé-
» moire sur cette question : Dans la situation des
» choses, si Villeneuve reste à Cadix, que faut-il
» faire? Élevez-vous à la hauteur des circonstances
» et de la situation où se trouvent la France et l'An-
» gleterre; ne m'écrivez plus de lettre comme celle
» que vous m'avez écrite, cela ne signifie rien. Pour
» moi, je n'ai qu'un besoin, c'est celui de réussir. »
(22 août. — *Dépôt du Louvre.*)

Le lendemain, 23, Decrès proposa à l'Empereur son plan. C'était, d'abord, d'ajourner l'expédition à l'hiver, car il était trop tard pour ramener la flotte de Cadix dans la Manche. On serait exposé à exécuter l'entreprise au milieu des bourrasques de l'équinoxe. D'ailleurs les Anglais étaient avertis. Tout le monde avait fini par entrevoir un projet de jonction entre Boulogne et Brest. Suivant lui, il fallait diviser ces trop nombreuses escadres en sept ou huit croisières de 5 ou 6 vaisseaux chacune. Ce que faisait dans le moment celle du capitaine Lallemand était une preuve de ce qu'on pouvait attendre de ces divisions détachées. Il fallait les composer des meilleurs officiers, des meilleurs vaisseaux, et les lancer sur l'Océan. Elles désespéreraient les Anglais en ruinant leur commerce, et formeraient d'excellents matelots et des chefs d'escadre. On tirerait de là les éléments d'une flotte pour un grand projet ultérieur.

C'est là, disait l'amiral Decrès, *la guerre suivant mon cœur*.

Si enfin, à l'hiver, vous voulez, ajoutait-il, une flotte dans la Manche, il y a moyen de l'y amener. Vous aurez à Cadix une quarantaine de vaisseaux. Réunissez là une armée d'embarquement, et donnez à cette réunion la couleur d'un projet sur l'Inde ou sur la Jamaïque. Puis, faites deux parts de l'escadre. Prenez, parmi les vaisseaux, les meilleurs marcheurs; parmi les officiers, ceux qu'on a éprouvés depuis un an comme les plus capables et les plus hardis; sortez secrètement avec 20 vaisseaux seulement, en ayant soin de laisser les autres pour attirer l'attention des Anglais; puis portez ces 20 vaisseaux autour de l'Irlande et de l'Écosse, et de là dans la Manche. Appelez à Paris Villeneuve et Gravina, ranimez leur cœur, et ils exécuteront, à coup sûr, cette manœuvre.

A la lecture de ce projet, Napoléon renonça entièrement à l'idée de faire revenir immédiatement la flotte de Cadix, si elle y était allée en effet, et il écrivit de sa main, sur le dos de la dépêche: *Former sept croisières, distribuées entre l'Afrique, Surinam, Sainte-Hélène, le Cap, l'Ile de France, les îles du Vent, les États-Unis, les côtes d'Irlande et d'Écosse, l'embouchure de la Tamise*[1]. Puis il se

---

[1] C'est sur la pièce même que je transcris ces détails.

mit à lire et relire les dépêches de Villeneuve, de Lauriston et de l'agent consulaire qui avait longtemps suivi, à la lunette, la marche de l'escadre française lorsqu'on l'avait perdue de vue des hauteurs du Ferrol. Il cherchait là, comme dans une page du livre du Destin, une réponse à cette question : Villeneuve marche-t-il vers Cadix ou marche-t-il vers Brest?... L'incertitude dans laquelle le laissaient ces dépêches, l'irritait encore plus que ne l'aurait irrité la connaissance certaine de la marche sur Cadix. Dans cet état d'agitation, et surtout dans la situation de l'Europe, c'eût été le plus grand des services que de lui dire ce qui en était, car les nouvelles de la frontière d'Autriche étaient à chaque instant plus alarmantes. Les Autrichiens ne se cachaient presque plus; ils bordaient l'Adige en force considérable, et menaçaient l'Inn et la Bavière. Or, s'il ne frappait pas à Londres un coup de foudre, qui fît trembler et reculer l'Europe, il fallait qu'il se dirigeât à marches forcées sur le Rhin, pour prévenir l'outrage qu'on lui préparait, celui d'être à sa frontière avant lui. Dans ce besoin de savoir la vérité, il écrivit plusieurs lettres à l'amiral Decrès, du Pont-de-Briques au camp, pour savoir de lui son avis personnel sur la détermination probable de Villeneuve. Celui-ci, craignant de trop irriter l'Empereur, et se faisant en même temps scrupule de le tromper, lui répondit chaque fois d'une manière presque contradictoire, lui disant tantôt oui, tantôt non, et partageant l'anxiété de son maître, mais inclinant visiblement vers l'opinion que Villeneuve allait à Cadix.

Au fond, il n'en doutait presque pas. C'est alors que Napoléon, afin de n'être pas pris au dépourvu, se partagea entre deux projets, et passa quelques jours dans une de ces situations ambiguës, insupportables pour un caractère comme le sien, prêt à la fois à franchir la mer ou à se jeter sur le continent, à faire une descente en Angleterre ou une marche militaire vers l'Autriche. C'était le trait particulier de son caractère, dès qu'il fallait agir, de se dominer sur-le-champ, de revenir tout à coup de ces emportements auxquels il lui avait plu de livrer un instant son âme, comme pour être plus maître de la reprendre, et de la gouverner au moment où il en avait besoin. Après de nombreuses perplexités dans la journée du 23, il donna les ordres nécessaires pour une double hypothèse. — Ma résolution est fixée, écrivit-il à M. de Talleyrand. Mes flottes ont été perdues de vue, des hauteurs du cap Ortégal, le 14 août. Si elles viennent dans la Manche, il en est temps encore, je m'embarque et je fais la descente ; je vais couper, à Londres, le nœud de toutes les coalitions. Si, au contraire, mes amiraux manquent de caractère ou manœuvrent mal, je lève mes camps de l'Océan, j'entre avec deux cent mille hommes en Allemagne, et je ne m'arrête pas que je n'aie *touché barre à Vienne*, ôté Venise et tout ce qu'elle garde encore de l'Italie à l'Autriche, et chassé les Bourbons de Naples. Je ne laisserai pas les Autrichiens, les Russes se réunir, je les frapperai avant leur jonction. Le continent pacifié, je reviendrai sur l'Océan travailler de nouveau à la paix maritime. —

Marginal note: Août 1805. Après une longue et violente agitation, Napoléon prend enfin le parti de se jeter sur le continent.

Août 1805.

Premiers ordres pour la guerre du continent.

Instructions au général Saint-Cyr, relativement à Naples.

Puis, avec cette profonde et incomparable expérience de la guerre qu'il avait acquise, avec ce discernement sans pareil de ce qui pressait plus ou moins dans les dispositions à prendre, il donna ses premiers ordres pour la guerre continentale, sans rien déranger encore à son expédition maritime, qui restait toujours prête, car tout le monde continuait à demeurer ou à bord ou au pied des bâtiments. Il commença par Naples et le Hanovre, les deux points les plus éloignés de sa volonté. Il prescrivit d'ajouter à la division qui s'organisait à Pescara sous le général Reynier, plusieurs régiments de cavalerie légère et quelques batteries d'artillerie à cheval, afin de former dans ce pays de guérillas des colonnes mobiles. Il transmit au général Saint-Cyr l'ordre d'amener à lui cette division Reynier au premier signe d'hostilité, de la joindre au corps qu'il ramènerait de Tarente, et de se jeter sur Naples avec 20 mille hommes, afin de ne pas permettre la descente, en Italie, aux Russes de Corfou, aux Anglais de Malte.

Il commanda ensuite au prince Eugène, qui, bien que vice-roi d'Italie, était sous la tutelle militaire du maréchal Jourdan, de réunir sur-le-champ les troupes françaises répandues depuis Gênes jusqu'à Bologne et Vérone, de les porter sur l'Adige, d'acheter des chevaux d'artillerie dans toute l'Italie, et d'atteler immédiatement cent bouches à feu. Comme les troupes françaises étaient formées en divisions et sur le pied de guerre, ces dispositions étaient faciles et de prompte exécution. Il ordonna de leur envoyer des recrues des dépôts. Il prescrivit en même temps de faire cuire du biscuit partout, pour en remplir les places d'Italie. Alexandrie n'étant pas encore achevée, il voulut que la citadelle de Turin servît de place de dépôt pour le Piémont.

Août 1805.

Il prit des dispositions semblables pour l'Allemagne. Ce même jour, 23, il fit partir un courrier pour Bernadotte, qui avait remplacé le général Mortier dans le commandement du Hanovre. Il lui enjoignait, sous le sceau du plus grand secret, et sans donner aucun signe extérieur de sa nouvelle destination, de réunir à Gœttingen, c'est-à-dire à l'extrémité de cet électorat, et à la tête des routes de l'Allemagne centrale, la plus grande partie de son corps d'armée; de commencer par acheminer sur ce point l'artillerie et les gros bagages; d'exécuter ces mouvements de manière qu'ils ne pussent être clairement discernés avant dix ou quinze jours, et, pour prolonger le doute, de se montrer de sa personne au point opposé, d'attendre enfin un dernier ordre pour se mettre définitivement en marche. Sa pensée était, s'il s'entendait avec la Prusse, comme il n'en doutait pas, relativement au Hanovre, d'évacuer ce royaume et de traverser, sans permission, tous les petits États de l'Allemagne centrale, pour porter en Bavière le corps d'armée qu'on retirait du Hanovre.

Instructions au général Bernadotte relativement au Hanovre.

Par le même courrier, il enjoignit au général Marmont au Texel, de préparer sur-le-champ ses attelages et son matériel, pour pouvoir en trois jours se mettre en marche avec son corps d'armée, lui recommandant de garder le secret, et de ne rien changer à

Ordre au général Marmont, embarqué au Texel.

l'embarquement de ses troupes avant un nouvel ordre. Enfin auprès de lui, à Boulogne même, il fit une première et seule distraction des forces qu'il avait sous sa main, celle de la grosse cavalerie et des dragons. Il avait réuni beaucoup plus de cavalerie qu'il ne lui en fallait en réalité, et beaucoup plus surtout qu'il ne pourrait probablement en embarquer. Il fit porter à une marche en arrière la division des cuirassiers de Nansouty, et réunir à Saint-Omer ses dragons à pied et à cheval, placés sous les ordres de Baraguay-d'Hilliers. Il leur adjoignit un certain nombre de pièces d'artillerie à cheval, et les achemina sur-le-champ vers Strasbourg. Il ordonna en même temps de réunir en Alsace tout ce qui restait en France de grosse cavalerie, dépêcha le général en chef de l'artillerie, Songis, pour préparer un parc de campagne entre Metz et Strasbourg, avec des fonds pour acheter, en Lorraine, en Suisse, en Alsace, tous les chevaux de trait qu'on pourrait se procurer. Même ordre fut donné pour l'infanterie qui était à portée de la frontière de l'est. Cinq cent mille rations de biscuit furent commandées à Strasbourg. Cette nombreuse cavalerie, accompagnée d'artillerie à cheval, assistée d'une espèce d'infanterie, celle des dragons, pouvait fournir un premier appui aux Bavarois menacés, demandant du secours à grands cris. Quelques régiments d'infanterie devaient être très-prochainement en mesure de les secourir. Enfin Bernadotte pouvait être rendu à Wurtzbourg en dix ou douze marches. Ainsi, en quelques jours, sans avoir rien distrait de ses forces embarquées, rien que quelques divisions de grosse cavalerie et de dragons, il était en mesure de soutenir les Bavarois, sur lesquels l'Autriche voulait faire tomber ses premiers coups.

Ces dispositions exécutées avec la promptitude d'un grand caractère, il reprit un peu de tranquillité d'esprit, et se mit à attendre ce que les vents lui apporteraient.

Il était sombre, préoccupé, dur pour l'amiral Decrès, sur le visage duquel il semblait voir toutes les opinions qui avaient ébranlé Villeneuve, et il était sans cesse sur le rivage de la mer, cherchant à l'horizon quelque apparition inattendue. Des officiers de marine, placés avec des lunettes sur les divers points de la côte, étaient chargés d'observer toutes les circonstances de mer, et de lui en rendre compte. Il passa ainsi trois jours, dans une de ces situations incertaines qui répugnent le plus aux âmes ardentes et fortes, aimant les partis décidés. Enfin l'amiral Decrès, sans cesse interrogé, lui déclara que, dans son opinion, vu le temps écoulé, vu les vents qui avaient régné sur la côte, depuis le golfe de Gascogne jusqu'au détroit de Calais, vu les dispositions morales de Villeneuve, il était persuadé que les flottes avaient fait voile vers Cadix.

Ce fut avec une profonde douleur, mêlée de violentes explosions de colère, que Napoléon renonça enfin à l'espérance de voir arriver sa flotte dans le détroit. Son irritation fut telle qu'un homme qu'il aimait d'une manière particulière, le savant Monge, qui presque chaque matin faisait un déjeuner tout militaire avec lui, au bord de la mer, dans la baraque impériale, Monge, en le voyant dans cet état, se retira discrètement, jugeant sa présence importune. Il alla auprès de M. Daru, alors principal commis de la guerre, et lui raconta ce qu'il avait vu. Au même instant M. Daru fut appelé lui-même, et dut se rendre auprès de l'Empereur. Il le trouva agité, parlant seul, semblant ne pas apercevoir les personnes qui arrivaient. A peine M. Daru était-il entré, debout, silencieux, attendant des ordres, que Napoléon venant à sa rencontre, et s'adressant à lui comme s'il avait été instruit de tout : — Savez-vous, lui dit-il, savez-vous où est Villeneuve? Il est à Cadix! — Puis il se livra à une longue diatribe sur la faiblesse, sur l'incapacité de tout ce qui l'entourait, se dit trahi par la lâcheté des hommes, déplora la ruine du plan le plus beau, le plus sûr qu'il eût conçu de sa vie, et montra dans toute son amertume la douleur du génie abandonné par la fortune. Tout à coup, revenu de cet emportement, il se calma d'une manière soudaine, et, reportant son esprit avec une surprenante facilité de ces routes fermées de l'Océan vers les routes ouvertes du continent, il dicta pendant plusieurs heures de suite, avec une présence d'esprit, une précision de détail extraordinaires, le plan qu'on va lire dans le livre suivant. C'était le plan de l'immortelle campagne de 1805. Il n'y avait plus trace d'irritation ni dans sa voix, ni sur son visage[1].

[1] J'extrais ce récit d'un fragment de Mémoires écrit par M. Daru,

Chez lui les grandes conceptions de l'esprit avaient dissipé les douleurs de l'âme. Au lieu d'attaquer l'Angleterre par la voie directe, il allait la combattre par la longue et sinueuse route du continent, et il allait trouver sur cette route une incomparable grandeur, avant d'y trouver sa ruine.

Août 1805.

Aurait-il plus sûrement atteint le but par la voie directe, c'est-à-dire par la descente? C'est là ce qu'on se demandera souvent dans le présent et dans l'avenir, et ce qu'on aura peine à décider. Cependant, si Napoléon eût été une fois transporté à Douvres, ce n'est pas offenser la nation britannique que de croire qu'elle pouvait être vaincue par l'armée et le capitaine qui en dix-huit mois ont vaincu et soumis l'Autriche, l'Allemagne, la Prusse et la Russie. Il n'y avait, en effet, pas un homme de plus dans cette même armée de l'Océan qui a battu à Austerlitz, à Iéna et à Friedland les huit cent mille soldats du continent. Il faut même le dire; l'inviolabilité territoriale dont jouit l'Angleterre n'a pas façonné son cœur au danger de l'invasion, ce qui ne diminue pas la gloire de ses escadres et de ses armées régulières. Il est dès lors peu probable qu'elle eût osé tenir devant les soldats de Napoléon, non encore épuisés par la fatigue, non encore décimés par la guerre. Une résolution héroïque de son gouvernement, se réfugiant en Écosse, par exemple, et laissant ravager l'Angleterre jusqu'à ce que Nelson vînt, avec toutes les escadres anglaises, fermer le retour à Napoléon vain-

Quelles chances présentait le projet de descente?

dont la copie est actuellement en ma possession par un acte d'obligeance de son fils.

queur, et l'exposer à être prisonnier dans sa propre conquête, aurait amené sans doute de singulières combinaisons; mais elle était hors de toutes les vraisemblances. Nous sommes fermement persuadé que, Napoléon parvenu à Londres, l'Angleterre aurait traité.

La question était donc tout entière dans le passage du détroit. Bien que la flottille pût le franchir en été par le calme, en hiver par la brume, ce passage était hasardeux. Aussi Napoléon avait songé au secours d'une flotte pour protéger l'expédition. La question était ramenée, dira-t-on, à la difficulté première, celle d'être supérieur aux Anglais sur mer. Non, car il ne s'agissait ni de les surpasser, ni même de les égaler. Il s'agissait uniquement de faire arriver, par une combinaison habile, une flotte dans la Manche, en profitant des hasards de la mer et de son immensité, qui rend les rencontres difficiles. Le plan de Napoléon, si souvent remanié, reproduit avec tant de fécondité, avait toute chance de réussir aux mains d'un homme plus ferme que Villeneuve. Sans doute Napoléon retrouva ici, sous une autre forme, les inconvénients de son infériorité maritime; Villeneuve, sentant vivement cette infériorité, en fut déconcerté; mais il le fut trop, il le fut même d'une manière qui compromet son honneur devant l'histoire. Après tout, sa flotte s'était bien battue au Ferrol; et, si l'on suppose qu'il eût livré devant Brest la désastreuse bataille qu'il livra peu de temps après à Trafalgar, Ganteaume serait sorti; et, à la perdre, ne valait-il pas mieux la perdre pour assurer le passage de la Manche? Pourrait-on, même dans ce cas, dire qu'elle a été perdue? Villeneuve eut donc tort, bien qu'on l'ait trop décrié, selon l'usage pratiqué envers ceux qui sont malheureux. Homme de métier, oubliant qu'avec du dévouement on supplée souvent à ce qui manque sous le rapport matériel, il ne sut pas s'élever à la hauteur de sa mission, et faire ce que Latouche-Tréville eût certainement fait à sa place.

L'entreprise de Napoléon n'était donc pas une chimère; elle était parfaitement réalisable, telle qu'il l'avait préparée; et peut-être, aux yeux des bons juges, cette entreprise, qui n'a pas eu de résultat, lui fera-t-elle plus d'honneur que celles qui ont été couronnées du plus éclatant succès. Elle ne fut pas non plus une feinte, comme l'ont imaginé certaines gens, qui veulent chercher des profondeurs où il n'y en a pas: quelque mille lettres des ministres et de l'Empereur ne laissent à cet égard aucun doute. Ce fut une entreprise sérieuse, poursuivie pendant plusieurs années avec une passion véritable. On a prétendu également que, si Napoléon n'eût pas repoussé Fulton venant lui offrir la navigation à vapeur, il aurait franchi le détroit. Le rôle de la navigation à vapeur est impossible à prédire aujourd'hui dans les événements futurs. Qu'elle donne des forces de plus à la France contre l'Angleterre, cela est probable. Qu'elle rende le détroit plus facile à traverser, cela dépendra des efforts que la France saura faire pour s'assurer la supériorité dans l'emploi de cette puissance toute nouvelle; cela dépendra de son patriotisme et de sa prévoyance. Mais ce qu'il est permis d'affirmer touchant le refus de Napoléon, c'est que Fulton lui apporta un art dans son enfance, et qui dans le moment ne lui aurait été d'aucun secours. Napoléon fit donc tout ce qu'il put. Il n'y a pas en cette circonstance une seule faute à lui reprocher. La Providence sans doute ne voulait pas qu'il réussît. Et pourquoi? Lui qui n'a pas toujours eu raison avec ses ennemis, avait cette fois le droit de son côté.

FIN DU LIVRE VINGT ET UNIÈME
ET DU CINQUIÈME VOLUME.

TABLE DES MATIÈRES

CONTENUES

DANS LE TOME CINQUIÈME.

LIVRE DIX-NEUVIÈME.

L'EMPIRE.

Effet produit en Europe par la mort du duc d'Enghien. — La Prusse, prête à former une alliance avec la France, se rejette vers la Russie, et se lie à cette dernière puissance par une convention secrète. — Quelle était en 1803 la véritable alliance de la France, et comment cette alliance se trouve manquée. — La conduite de MM. Drake, Smith et Taylor dénoncée à tous les cabinets. — Le sentiment qu'elle inspire atténue l'effet produit par la mort du duc d'Enghien. — Sensation éprouvée à Pétersbourg. — Deuil de cour pris spontanément. — Conduite légère et irréfléchie du jeune empereur. — Il veut réclamer auprès de la Diète de Ratisbonne contre la violation du territoire germanique, et adresse des notes imprudentes à la Diète et à la France. — Circonspection de l'Autriche. — Celle-ci ne se plaint pas de ce qui s'est passé à Ettenheim, mais profite des embarras supposés du Premier Consul pour se permettre en Empire les plus grands excès de pouvoir. — Spoliations et violences dans toute l'Allemagne. — Énergie du Premier Consul. — Réponse cruelle à l'empereur Alexandre, et rappel de l'ambassadeur français. — Indifférence méprisante pour les réclamations élevées à la Diète. — Expédient imaginé par M. de Talleyrand pour faire aboutir ces réclamations à un résultat insignifiant. — Conduite équivoque des ministres autrichiens à la Diète. — Ajournement de la question. — Signification à l'Autriche de cesser ses violences dans l'Empire. — Déférence de cette cour. — Suite du procès de Georges et Moreau. — Suicide de Pichegru. — Agitation des esprits. — Il résulte de cette agitation un retour général vers les idées monarchiques. — On considère l'hérédité comme un moyen de consolider l'ordre établi, et de le mettre à l'abri des conséquences d'un assassinat. — Nombreuses adresses. — Discours de M. de Fontanes à l'occasion de l'achèvement du Code civil. — Rôle de M. Fouché dans cette circonstance. — Il est l'instrument du changement qui se prépare. — M. Cambacérès oppose quelque résistance à ce changement. — Explication du Premier Consul avec celui-ci. — Démarche du Sénat préparée par M. Fouché. — Le Premier Consul diffère de répondre à la démarche du Sénat, et s'adresse aux cours étrangères, pour savoir s'il obtiendra d'elles la reconnaissance du nouveau titre qu'il veut prendre. — Réponse favorable de la Prusse et de l'Autriche. — Conditions que cette dernière cour met à la reconnaissance. — Disposition empressée de l'armée à proclamer un Empereur. — Le Premier Consul, après un assez long silence, répond au Sénat en demandant à ce corps de faire connaître sa pensée tout entière. — Le Sénat délibère. — Motion du tribun Curée ayant pour objet de demander le rétablissement de la monarchie. — Discussion sur ce sujet dans le sein du Tribunat, et discours du tribun Carnot. — Cette motion est portée au Sénat, qui l'accueille, et adresse un message au Premier Consul, pour lui proposer de revenir à la monarchie. — Comité chargé de proposer les changements nécessaires à la Constitution consulaire. — Changements adoptés. — Constitution impériale. — Grands dignitaires. — Charges militaires et civiles. — Projet de rétablir un jour l'empire d'occident. — Les nouvelles dispositions constitutionnelles converties en un sénatus-consulte. — Le Sénat se transporte en corps à Saint-Cloud, et proclame Napoléon Empereur. — Singularité et grandeur du spectacle. — Suite du procès de Georges et Moreau. — Georges condamné à mort, et exécuté. — MM. Armand de Polignac et de Rivière condamnés à mort, et graciés. — Moreau exilé. — Sa destinée et celle de Napoléon. — Nouvelle phase de la Révolution française. — La République convertie en monarchie militaire.   1 à 153

LIVRE VINGTIÈME.

LE SACRE.

Retard apporté à l'expédition d'Angleterre. — Motifs et avantages de ce retard. — Redoublement de soins dans les préparatifs. — Moyens financiers. — Budget des années XI, XII et XIII. — Création des contributions indirectes. — Ancienne théorie de l'impôt unique sur la terre. — Napoléon la réfute, et fait adopter un impôt sur les consommations. — Première organisation de la régie des droits réunis. — L'Espagne paye son subside en obligations à terme. — Une association de financiers se présente pour les escompter. — Premières opérations de la compagnie dite *des négociants réunis*. — Toutes les ressources disponibles consacrées aux escadres de Brest, de Rochefort et de Toulon. — Napoléon prépare l'arrivée d'une flotte française dans la Manche, afin de rendre certain le passage de la flottille. — Première combinaison à laquelle il s'arrête. — L'amiral Latouche-Tréville chargé d'exécuter cette combinaison. — Cet amiral doit quitter Toulon, tromper les Anglais en faisant fausse route, et paraître dans la Manche, en ralliant dans le trajet l'escadre de Rochefort. — La descente projetée pour juillet et août, avant la cérémonie du couronnement. — Les ministres des cours en paix avec la France remettent à Napoléon leurs lettres de créance. — L'ambassadeur d'Autriche seul en retard. — Départ de Napoléon pour Boulogne. — Inspection générale de la flottille, bâtiment par bâtiment. — La flottille batave. — Grande fête au bord de l'Océan, et distribution à l'armée des décorations de la Légion-d'Honneur. — Suite des événements en Angleterre. — Extrême agitation des esprits. — Renversement du ministère Addington par la coalition de MM. Fox et Pitt. — Rentrée de M. Pitt au ministère, et ses premières démarches pour renouer une coalition sur le continent. — Soupçons de Napoléon. — Il force l'Autriche à s'expliquer, en exigeant que les lettres de créance de M. de Cobentzel lui soient remises à Aix-la-Chapelle. — Il rompt les relations diplomatiques avec la Russie, en laissant partir M. d'Oubril. — Mort de l'amiral Latouche-Tréville, et ajournement de la descente à l'hiver. — L'amiral Latouche-Tréville remplacé par l'amiral Villeneuve. — Caractère de ce dernier. — Voyage de Napoléon sur les bords du Rhin. — Grande affluence à Aix-la-Chapelle. — M. de Cobentzel y remet ses lettres de créance à Napoléon. — La cour impériale se transporte à Mayence. — Retour à Paris. — Apprêts du sacre. — Difficile négociation pour amener Pie VII à venir sacrer Napoléon. — Le cardinal Fesch ambassadeur. — Caractère et conduite de ce personnage. — Terreurs qui saisissent Pie VII à l'idée de se rendre en France. — Il consulte une congrégation de cardinaux. — Cinq se prononcent contre son voyage, quinze pour, mais avec des conditions. — Long débat sur ces conditions. — Consentement définitif. — La question du cérémonial laissée en suspens. — L'évêque Bernier et l'archichancelier Cambacérès choisissent dans le Pontifical romain et dans le Pontifical français les cérémonies compatibles avec l'esprit du siècle. — Napoléon refuse de se laisser poser la couronne sur la tête. — Prétentions de famille. — Départ du Pape pour la France. — Son voyage. — Son arrivée à Fontainebleau. — Sa joie et sa confiance en voyant l'accueil dont il est l'objet. — Mariage religieux de Joséphine et de Napoléon. — Cérémonie du sacre. 154 à 268

LIVRE VINGT ET UNIÈME.

TROISIÈME COALITION.

Séjour du Pape à Paris. — Soins de Napoléon pour l'y retenir. — Les flottes n'ayant pu agir en décembre, Napoléon emploie l'hiver à organiser l'Italie. — Transformation de la République italienne en un royaume vassal de l'Empire français. — Offre de ce royaume à Joseph Bonaparte, et refus de celui-ci. — Napoléon se décide à poser la couronne de fer sur sa tête, en déclarant que les deux couronnes de France et d'Italie seront séparées à la paix. — Séance solennelle au Sénat. — Second couronnement à Milan fixé au mois de mai 1805. — Napoléon trouve dans sa présence au delà des Alpes un moyen de mieux cacher ses nouveaux projets maritimes. — Ses ressources navales se sont accrues par une soudaine déclaration de guerre de l'Angleterre à l'Espagne. — Forces navales de la Hollande, de la France, de l'Espagne. — Projet d'une grande expédition dans l'Inde. — Hésitation d'un moment entre ce projet et celui d'une expédition directe contre l'Angleterre. — Préférence définitive pour ce dernier. — Tout est préparé pour exécuter la descente dans les mois de juillet et d'août. — Les flottes de Toulon, de Cadix, du Ferrol, de Rochefort, de Brest, doivent se réunir à la Martinique, pour revenir en juillet dans la Manche, au nombre de soixante vaisseaux. — Le Pape se dispose enfin à retourner à Rome. — Ses ouvertures à Napoléon avant de le quitter. — Réponses sur les divers points traités par le Pape. — Déplaisir de celui-ci, tempéré toutefois par le succès de son voyage en France. — Départ du Pape pour Rome, et de Napoléon pour Milan. — Dispositions des cours de l'Europe. — Leur tendance à une nouvelle coalition. — État du cabinet russe. — Les jeunes amis d'Alexandre forment un grand plan de médiation européenne. — Idées dont se compose ce plan, véritable origine des traités de 1815. — M. de Nowosiltzoff chargé de les faire agréer à Londres. — Accueil qu'il reçoit de M. Pitt. — Le plan de médiation est converti par le ministre anglais en un plan de coalition contre la France. — Retour de M. de Nowosiltzoff à Pétersbourg. — Le cabinet russe signe avec lord Gower le traité qui constitue la troisième coalition. — La ratification de ce traité est soumise à une condition, l'évacuation de Malte par l'Angleterre. — Afin de conserver à cette coalition la forme préalable d'une médiation, M. de Nowosiltzoff doit se rendre à Paris pour traiter avec Napoléon. — Inutiles efforts de la Russie pour amener la Prusse à la nouvelle coalition. — Efforts plus heureux auprès de l'Autriche, qui prend des engagements éventuels. — La Russie se sert de l'intermédiaire de la Prusse, afin d'obtenir de Napoléon des passe-ports pour M. de Nowosiltzoff. — Ces passe-ports sont accordés. — Napoléon en Italie. — Enthousiasme des Italiens pour sa personne. — Couronnement à Milan. — Eugène de Beauharnais déclaré vice-roi. — Fêtes militaires et visites à toutes les villes. — Napoléon invinciblement entraîné à certains projets par la vue de l'Italie. — Il projette d'expulser un jour les Bourbons de Naples, et se décide immédiatement à réunir Gênes à la France. — Motifs de cette réunion. — Constitution du duché de Lucques en un fief impérial, au profit de la princesse Élisa. — Après un séjour de trois mois en Italie, Napoléon se dispose à se rendre à Boulogne, afin d'exécuter la descente. — Ganteaume à Brest n'a pu trouver un seul jour pour mettre à la voile. — Villeneuve et Gravina, sortis heureusement de Toulon et de Cadix, sont chargés de venir débloquer Ganteaume, pour se rendre tous ensemble dans la Manche. — Séjour de Napoléon à Gênes. — Son brusque départ pour Fontainebleau. — Tandis que Napoléon prépare la descente en Angleterre, toutes les puissances du continent préparent une guerre formidable contre la France. — La Russie, embarrassée par le refus de l'Angleterre d'abandonner Malte, trouve dans la réunion de Gênes un prétexte pour passer outre, et l'Autriche une raison pour se décider sur-le-champ. — Traité de subside. — Armements immédiats obstinément niés à Napoléon. — Celui-ci s'en aperçoit, et demande des explications, en commençant quelques préparatifs vers l'Italie et sur le Rhin. — Persuadé plus que jamais qu'il faut aller couper à Londres le nœud de toutes les coalitions, il part pour Boulogne. — Sa résolution de s'embarquer, et son impatience en attendant la flotte française — Mouvement des escadres. — Longue et heureuse navigation de Villeneuve et de Gravina jusqu'à la Martinique. — Premières atteintes de découragement chez l'amiral Villeneuve. — Brusque retour en Europe, et marche sur le Ferrol pour débloquer ce port. — Bataille navale du Ferrol contre l'amiral Calder. — L'amiral français pourrait s'attribuer la victoire, s'il n'avait perdu deux vaisseaux espagnols. — Il a rempli son but en débloquant le Ferrol, et en ralliant deux nouvelles divisions française et espagnole. — Au lieu de prendre confiance, et de venir débloquer Ganteaume pour se rendre avec cinquante vaisseaux dans la Manche, Villeneuve déconcerté se décide à faire voile vers Cadix, en laissant croire à Napoléon qu'il marche sur Brest. — Longue attente de Napoléon à Boulogne. — Ses espérances en recevant les premières dépêches du Ferrol. — Son irritation lorsqu'il commence à croire que Villeneuve a marché vers Cadix. — Violente agitation et emportement contre l'amiral Decrès. — Nouvelles positives des projets de l'Autriche. — Brusque changement de résolution. — Plan de la campagne de 1805. — Quelles étaient les chances de succès de la descente, manquée par la faute de Villeneuve. — Napoléon tourne définitivement ses forces contre le continent. 269 à 468

FIN DE LA TABLE DU CINQUIÈME VOLUME.

www.ingramcontent.com/pod-product-compliance
Lightning Source LLC
Chambersburg PA
CBHW072107220426
43664CB00013B/2031